● 本书获中国社会科学院出版基金资助

中国社会科学院文库·中国哲学社会科学30年丛书

总主编 王伟光

中国民族学30年
(1978—2008)

THIRTY YEARS OF STUDIES ON
ETHNOLOGY IN CHINA

揣振宇 主编

中国社会科学出版社

图书在版编目（CIP）数据

中国民族学 30 年（1978—2008）／揣振宇主编 . —北京：中国社会科学出版社，2008.10
（中国哲学社会科学 30 年丛书）
ISBN 978 - 7 - 5004 - 7253 - 7

Ⅰ. 中… Ⅱ. 揣… Ⅲ. 民族学—研究—中国—1978～2008
Ⅳ. K28

中国版本图书馆 CIP 数据核字（2008）第 150379 号

丛书总策划	赵剑英
责任编辑	黄燕生
特邀编辑	华祖根 李 彬
责任校对	韩天炜
封面设计	孙元明
版式设计	戴 宽

出版发行	中国社会科学出版社		
社　　址	北京鼓楼西大街甲 158 号	邮　编	100720
电　　话	010—84029450（邮购）		
网　　址	http://www.csspw.cn		
经　　销	新华书店		
印刷装订	一二〇一印刷厂		
版　　次	2008 年 10 月第 1 版	印　次	2008 年 10 月第 1 次印刷
开　　本	710×1000　1/16		
印　　张	24.5	插　页	2
字　　数	420 千字		
定　　价	42.00 元		

凡购买中国社会科学出版社图书，如有质量问题请与本社发行部联系调换
版权所有　侵权必究

总　序

改革开放
是发展中国特色社会主义的强大动力

王伟光[*]

我国30年的改革开放既是我们党领导的一场新的伟大革命，又是社会主义制度的自我完善和发展。通过这场伟大革命，中华民族大踏步地赶上了时代潮流，社会主义中国走在了时代前列，我们党成为时代先锋。

党的十一届三中全会开启了我国社会主义改革开放的序幕。党的十二大、十三大、十四大、十五大、十六大都对改革开放作了重要阐述，指导和推动了改革开放。党的十七大集中论述了改革开放的历史进程和经验，提出了我国改革开放"十个结合"的宝贵经验，进一步推进了改革开放。总结30年改革开放的历史经验，对于我们在新的历史条件下继续推进改革开放，发展中国特色社会主义，有着重大现实意义和深远历史意义。

改革开放是发展中国特色社会主义的强大动力。改革开放30年的历史经验启示我们：发展中国特色社会主义，必须坚持解放思想，进一步改革开放。

一、我国改革开放有着深厚的国际国内背景，面临世界社会主义运动和我国社会主义建设的严重困难，面对发达资本主义国家快速发展的严峻挑战，中国共产党人着力回答社会主义与马克思主义的历史命运时代课题

一方面，从国际背景来看，西方发达资本主义国家实现快速发展，世界社会主义遇到严重困难和挑战。第二次世界大战结束后，形成了社会主义和资本主义两大阵营。建立在经济文化落后基础上的社会主义各国，在

---

[*] 中国社会科学院常务副院长，哲学教授，博士生导师。

发展初期取得了多方面的重大成就，但后来由于没有创造性地坚持和发展马克思主义，体制和机制逐步僵化，导致发展速度缓慢甚至停滞，至20世纪70年代初，世界社会主义面临严重的困难。而在此同时，世界范围内蓬勃兴起的新科技革命推动世界经济以更快的速度向前发展，发达资本主义国家抓住新技术革命兴起的机遇，大力发展社会生产力，不断调整自己的体制和政策，缓解社会矛盾，表现出稳定和快速发展的势头。

另一方面，从国内背景来看，我国社会主义建设事业也遭遇了极大的挫折。我们党在领导人民建立新中国和社会主义制度后，极大地发展了经济社会等项事业，但也走了弯路，甚至发生"文化大革命"这样全局性的失误，使我国社会主义建设一度停滞，经济实力、科技实力与国际先进水平的差距明显拉大，面临着巨大的国际性挑战和压力。

在这样的国际国内历史背景下，肩负着复兴中华民族和发展社会主义双重使命的中国共产党人，开始深刻思考为什么社会主义在发展的进程中面临如此巨大的挑战和困难，而资本主义为什么在发展进程中又起死回生，表现出新的发展势头，中国社会主义事业怎样才能克服困难和挫折，发展起来，并最终战胜资本主义。这一重大现实问题引出如何认识当代资本主义、如何认识当代社会主义的时代课题，引出了中国共产党人毅然决然走改革开放之路，发展中国特色社会主义的必然抉择。

对于我国社会主义改革开放的实践者们来说，推进改革开放，建设和发展社会主义，必须正确认识和把握当代社会主义的发展规律，这就必须首先回答在经济文化比较落后的中国，"什么是社会主义，怎样建设社会主义"这个首要的基本问题，又要依次回答"建设一个什么样的执政党，怎样建设执政党"，"实现什么样的发展，怎样发展"问题。而上述三个问题最终归于"什么是马克思主义，怎样坚持和发展马克思主义"这一根本性问题。这事关马克思主义政党的长期执政，中国特色社会主义的发展和社会主义事业的兴衰成败，归结起来，就是社会主义和马克思主义的历史命运问题。这些问题在改革开放过程中依次提出，而又依次得到回答，并随着中国特色社会主义新的实践，又不断地得到新的解决。历史实践已经证明，我们党在改革开放的历程中，已经创造性地并将进一步深入地回答这一系列重大历史性课题。

"什么是社会主义，怎样建设社会主义"，这是改革开放，发展中国特色社会主义的首要的基本问题。邓小平科学地破解了这个课题，邓小平理论是中国特色社会主义理论体系的开篇。第二个问题是"建设一个什么样的执政党，怎样建设执政党"。邓小平在80年代初就提出了"执政党应该是一个什么样的党，执政党的党员应该怎样才合格，党怎样才叫善于领导"的问题。以江泽民为代表的第三代党的领导集体在进一步回答"什么是社会主义，怎样建设社会主义"问题的同时，创造性地回答了这一问题，提出了"三个代表"重要思想，这是中国特色社会主义理论体系的第二篇答卷。在新世纪新阶段"实现什么样的发展，怎样发展"，这是要回答的第三个问题。以胡锦涛为总书记的党中央提出科学发展观，成为中国特色社会主义理论体系的第三篇答卷。对三大问题的依次回答，使我们党创造并不断丰富和发展了中国特色社会主义理论体系，推进了马克思主义中国化的不断创新，这就不间断地回答了"什么是马克思主义，怎样坚持和发展马克思主义"这一根本性问题。因此，中国特色社会主义理论体系既是中国社会主义改革开放的理论产物，又是中国社会主义改革开放的指导思想。

二、改革开放30年，深刻的思想解放运动带动了中国特色社会主义实践和理论的伟大飞跃

中国共产党人担负着通过改革开放，使社会主义从困境中走出来，开创社会主义现代化建设新局面的历史重任，而要完成这一历史重任，首要的是回答在经济文化比较落后的中国，"什么是社会主义，怎样建设社会主义"。邓小平说："我们之所以走了20年的弯路，根本原因就是在'什么是社会主义，怎样建设社会主义'这个问题上不清楚。"而要解决这个首要问题，就要抛弃禁锢头脑的思想束缚，抛弃沉重的历史包袱和思想包袱，彻底解放思想。改革开放30年来，围绕着"什么是社会主义，怎样建设社会主义"这一首要的基本问题，中国共产党人展开了深刻的、持续的思想解放运动。思想解放在我国改革开放历程中起到了思想动力的巨大作用，思想解放带动了改革开放新时期中国特色社会主义实践和理论的伟大飞跃。

关于实践是检验真理唯一标准的大讨论是率先发动的思想解放运动。

粉碎江青反革命集团之后，中国共产党人面临两个问题需要回答和解决。第一个问题就是回答"文化大革命"和社会主义建设道路是否一度走错了，错在哪里，也就是要实现拨乱反正的任务，确立正确的思想路线。第二个问题是回答社会主义建设正确的道路是什么，怎样走出一条新路，也就是实现改革开放的任务,确定符合中国国情的社会主义建设道路。

从1978年十一届三中全会到80年代末90年代初,是我国改革开放和中国特色社会主义事业发展的第一个阶段。这个阶段是以邓小平在十一届三中全会上的重要讲话《解放思想,实事求是,团结一致向前看》作为标志的,党的十五大把这篇重要讲话概括为我国社会主义改革开放和现代化建设进程中的第一篇政治宣言书。

中国共产党历史上曾经有过两次重大转折:一次是遵义会议,一次是党的十一届三中全会。十一届三中全会是我们党在社会主义正处于生死存亡的关键时刻召开的一次极其重要的会议。党的十一届三中全会以前的20多年间,尤其是十年动乱期间,正是"以阶级斗争为纲"的"左"的政治路线和作为这条政治路线的思想理论基础的主观唯心主义、教条主义、个人崇拜等错误思想路线的指导,导致了我党在社会主义建设的实际工作中的长期重大失误和"文化大革命"的空前浩劫。粉碎江青反革命集团以后,广大群众强烈要求纠正过去"左"的思想路线和政治路线,但是,当时主持中央工作的领导同志却提出了"两个凡是"(即"凡是毛主席的决策,都坚决拥护;凡是毛主席的指示,都始终不渝地遵循")的错误主张,严重地束缚了人们的思想,压制了人民群众要求拨乱反正的积极性。1976年粉碎江青反革命集团到1978年,我国社会主义建设正处于徘徊时期。因为当时是按照"两个凡是"的错误主张指导工作的。所谓"两个凡是",实质上就是仍然坚持"文化大革命"所奉行的"左"的理论和路线不变。1976年,我国已经被江青反革命集团破坏到近于崩溃的边缘,又经过两年的徘徊,我国经济社会发展更是雪上加霜,处于危机状态。而恰恰在这个时期,世界上发生了翻天覆地的变化,亚洲"四小龙"已经腾飞,资本主义世界已经进入现代资本主义发展的新阶段。在这样的历史背景下,究竟什么是检验真理的标准,是实践,还是"最高指示"?如此重大的问题必然要反映到理论上,反映到思想上,并集中通过作为世界观方法论的哲学问题而反映出来。当时,如果不彻底搞清这个问题,就无法实现思想上的大解放,就无法从思想理论上同"左"的思想政治路线相决裂。于是,一场不可避免的思想理论大决战就开始了。在这个重要的历史转折关头,邓小平提出了"解放思想、实事求是,团结一致向前看"的正确主张,发动了"实践是检验真理的唯一标准"的大讨论,解放了人们被束缚已久的思想,恢复了实事求是的思想路线,进行了理论上和路线上的拨乱反正,确定了以经济建设为中心,坚持改革开放,坚持四项基本原则的正确路线。邓小平的第一篇政治宣言书,起到了在历史转折关头力挽狂澜的巨大历史作用。实践标准的大讨论,为我们党重新确立一条实事求是的思想路线和正确的马克思主义政治路线、组织路线,为十一届三中全会以来全面拨乱反正,纠正"文化大革命"极"左"的错误,为冲破长期以来禁锢人们的思想枷锁,并为以后实行改革开放,开创社会主义现代化建设的崭新局面开辟了道路。正是在正确的思想路线和政治路线的指引下,在事实上形成了以邓小平为核心的党的第二代领导集体。党领导全国人民按照邓小平开创的改革开放新思路和新格局,把社会主义经济建设作为首要任务,同时加强社会主义民主法制建设和精神文明建设,开启改革开放新时期。农村改革成功启动,对外开放迈出坚实步伐,城市改革进入攻坚阶段,各项改革全面展开,中国特色社会主义现代化建设取得了重大成就。

我国改革开放和中国特色社会主义事业发展的第一个阶段,也正是中国特色社会主义理论体系的开篇之作——邓小平理论逐步系统化的阶段。党的十二大正式提出"走自己的道路,建设有中国特色社会主义",标志着我们党确立了中国特色社会主义的主题。党的十三大全面阐述了社会主义初级阶段理论,确定了党在社会主义初级阶段的基本路线,制定了分"三步走"的经济发展战略,中国特色社会主义理论体系逐步形成轮廓,标志着我们党实现了马克思主义与中国实际相结合的第二次历史性的飞跃。

关于生产力标准的大讨论是深入展开的思想解放运动。

20世纪90年代初到20世纪末是改革开放和中国特色社会主义事业发展的第二个阶段,20世纪80年代末90年代初正是该阶段的历史转折关头。80年代末90年代初,国内发生严重的政治风波,国际发生了苏东剧变,列宁亲手创建的社会主义苏联崩溃了,东欧社会主义阵营不复存在了,社会主义在苏联和东欧暂时失败了,社会主义遭遇到前所未有的挑战。当时,我们党面临着国际国内复杂严峻的形势,面对着来自"左"和右两方面的干扰。"左"的干扰认为改革开放是错误的,以经济建设为中心也是错误的,应该回到"以阶级斗争为纲"路线的老路上去。右的干扰则鼓吹完全"西化",完全私有化,完全资本主义化,要求走到资本主义的邪路上去。中国特色社会主义究竟向何处去?成为世界瞩目的焦点。在这个关键的历史时刻,邓小平明确指出,坚持党的基本路线一百年不动摇。不坚持社会主义，不改革开放，不改善人民生活，只有死路一条。谁要改变十一届三中全会以来的路线、方针、政策，老百姓不答应，谁就会被打倒。这就是说，十一届三中全会以来的路线是完全正确的，要坚定不移地沿着十一届三中全会确定的路线走下去。南方谈话正是在这样大的历史背景下，经过邓小平深思熟虑而形成的，它是我们党在改革开放至关重要的历史关头的第二篇"解放思想、实事求是"的政治宣言书。南方谈话进一步解放了思想，极大地推动了改革开放，大大加快了中国特色社会主义发展进程。

南方谈话是对十一届三中全会以来我们党领导的社会主义改革开放新鲜经验的高度总结，是对世界各国社会主义建设历史经验教训的高度总结，是对国际共产主义运动及其发展经验教训的高度总结。南方谈话抓住了我国社会主义建设实践中长期困扰人们的根本性问题，抓住了中国特色社会主义建设进程中一系列重大问题，从理论上全面地、系统地、科学地回答了"什么是社会主义，怎样建设社会主义"的问题，对发展中国特色社会主义具有战略性、前瞻性和全局性的指导意义。如果说邓小平的《解放思想，实事求是，团结一致向前看》的重要讲话起到了拨乱反正、开辟中国特色社会主义建设正确航道的重要历史作用，那么南方谈话则起到了全面肯定十一届三中全会以来的理论、路线和实践，坚定不移地沿着社会主义改革开放的正确道路走下去，开拓社会主义改革开放新局面，掀起中国特色社会主义现代化建设新高潮的伟大历史作用。党的十四大对南方谈话的深远历史意义和伟大现实意义作出了高度的评价："以邓小平同志的谈话和今年三月中央政治局全体会议为标志，我国改革开放和现代化建设事业进入了一个新的阶段。"南方谈话在改革开放和中国特色社会主义发展的历史上，具有划时代的历史意义和现实意义。南方谈话朴实无华，道理深刻，既对前十年我国改革开放事业作了肯定和总结，又对推进改革开放第二个十年起到了巨大的推动作用。改革开放的伟大实践，充分证明了南方谈话所具有的强大的理论生命力。南方谈话标志着邓小平理论达到了成熟的高峰，标志着我国改革开放进入一个新的发展阶段。

南方谈话提出了判断"姓'社'姓'资'"的"三个有利于"判断标准，说到底，就是生产力标准，掀起了进一步的思想解放运动。邓小平指出："改革开放迈不开步子，不敢闯，说来说去就是怕资本主义的东西多了，走了资本主义道路。要害是姓'资'还是姓'社'的问题，判断的标准，应该主要看是否有利于发展社会主义社会的生产力，是否有利于增强社会主义国家的综合国力，是否有利于提高人民的生活水平。"增强国力和提高人民生活水平，关键和基础是发展生产力，在三个"有利于"判断标准中，最根本的还是生产力的标准。生产力标准是实践标准的深化和具体化。实践标准主要是针对两个"凡是"的观点，恢复和重新确立了马克思主义的思想路线，划清了辩证唯物主义和主观唯心主义的界限，是伟大的思想解放运动。生产力标准主要是针对"生产关系决定论"、"僵化的社会主义模式论"，判断姓"社"姓"资"的僵化固定的思维模式，恢复和坚持历史唯物主义原理，划清社会主义和种种空想社会主义的界限，形成了深入的思想解放运动。从实践标准到生产力标准的大讨论是思想解放的进一步深入，是以邓小平为代表的中国共产党人对马克思主义在新的历史条件下的再阐发。从实践标准到生产力标准，是十一届三中全会以来，坚持实事求是的思想路线，对"什么是社会主义，怎样建设社会主义"不断深入认识的必然结果，是进一步解放思想、大胆改革开放的必然结果。

依据实践标准，在建设有中国特色社会主义问题上，就必须一切从实际出发，从中国具体国情，尤其是从中国的生产力现实状况出发，制定出正确的马克思主义政治路线。那么，基于什么样的理论来制定正确的政治路线呢？根据马克思主义的生产力理论和生产力标准，就必须把是否有利于社会主义社会生产力的发展，作为制定正确的政治路线的根本着眼点和落脚点。必须从生产力标准出发，才能科学地回答"什么是社会主义，怎样建设社会主义"的问题。正是从这个根本标准出发，邓小平全面提出了社会主义本质论、社会主义市场经济论等一系列关于"什么是社会主义，怎样建设社会主义"的基本观点。这样，对生产力标准的学习、研究、讨论和落实，就成为进一步解放思想、解放生产力的关键环节。生产力标准正是在改革开放不断深入的新的历史条件下，为了进一步端正思想路线，加快改革开放步伐，集中力量发展中国特色社会主义的需要而提出来的。在十几年的改革和建设实践中，我们党每一项改革措施的提出、试验和推广，都贯彻了实事求是的思想路线和以经济建设为中心的指导方针。然而，在改革开放的实践过程中，我们每走一步，都涉及到进一步检验十一届三中全会以来思想政治路线的正确性，都涉及到衡量改革举措的必要性的客观标准问题。坚持客观的判断标准，克服来自右和"左"两个方面，特别是"左"的方面的干扰，是改革开放能否取得胜利的关键。到底以什么标准来看待改革开放十多年的成绩，要不要始终不渝地坚持党的基本路线，这在政治路线方面，在改革开放的实际举措方面就提出了一个衡量的客观标准问题，这个客观标准就是生产力标准。

应该说，在改革开放的根本方向、根本道路、大政方针乃至具体举措上，问一下姓"社"还是姓"资"，是应该也是必要的。然而，这里的关键是以什么样的标准来判断姓"社"还是姓"资"。生产力标准的观点告诉我们，既然生产力是一切社会发展的最终决定性力量，是判断社会进步的根本标准，是判断社会主体的认识和实践是否正确的最终尺度，那么离开生产力的发展来判断什么是资本主义和社会主义，就是用空想的原则、抽象的教条来裁剪火热的现实生活，就会在思想上陷入唯心史观的泥潭，在政治上导致或右或"左"的路线，在实践上阻碍生产力的发展。在这里，关键在于科学地掌握判断姓"社"与姓"资"的标准，只要用生产力这个根本标准来分析，关于"什么是社会主义，怎样建设社会主义"的许多疑惑不解就会一扫而光。在改革开放中，生产力标准是根本性的判断标准，如果离开这个标准，也就离开了社会主义的根本方向，离开了"什么是社会主义，怎样建设社会主义"的正确认识，就没有什么是非曲直可言，就会陷入主观随意性，甚至可能会重犯历史性的错误。一旦我们解决了这个根本标准的认识问题，那么我们就可以抛掉沉重的思想包袱，冲破思想牢笼，就会在改革开放实践中大胆地想、大胆地闯、大胆地试、大胆地干。

邓小平南方谈话和党的十四大，标志着中国改革开放和中国特色社会主义发展进入新阶段。党的十四大确定了经济体制改革的目标是建立社会主义市场经济体制。十四大以来，我们党坚定不移地以中国特色社会主义理论为指导，坚持党在社会主义初级阶段的基本路线，紧紧围绕"抓住机遇、深化改革、扩大开放、促进发展、保持稳定"的大局，努力推进社会主义市场经济体制改革，积极实施党的建设新的伟大工程，改革开放全面深入，现代化建设步伐明显加快。

三、世纪之交和新世纪新阶段，中国共产党人在回答"什么是社会主义，怎样建设社会主义"的同时，创造性地回答了"建设什么样的执政党，怎样建设执政党"，"实现什么样的发展，怎样发展"，继续解放思想，坚持改革开放，极大地推进了中国特色社会主义伟大事业和党的建设新的伟大工程

世纪之交和进入新世纪以来，是改革开放和中国特色社会主义发展的新阶段。世纪之交正是该阶段的历史关键时刻。回顾20世纪最后十年，对中国社会主义现代化进程发展影响最大的有两个重大政治事件。第一个重大政治事件是80年代末90年代初，在我国发生的"六四"政治风波和苏东剧变。

我国发生的"六四"政治风波和苏东剧变，是两件密切相连构成一个整体的带有世界性影响的历史事件。中国共产党在1989年"六四"政治风波中，在1992年苏东的剧变过程中，经受了巨大的政治考验。邓小平在《第三代领导集体的当务之急》这篇重要讲话中严肃地指出："常委会的同志要聚精会神地抓党的建设，这个党该抓了，不抓不行了。"这是邓小平对"六四"政治风波深刻思考的科学结论。"六四"政治风波也好，苏东剧变也好，这些问题集中到一点，其根本原因就在于党自身。国际国内的政治事件警醒我们：如果党的建设不抓好，最后会出大问题。江泽民精辟地指出，"中国的事情关键在党"，"要把中国的事情办好，关键取决于我们的党"。以江泽民为核心的第三代党中央领导集体按照邓小平的政治交代，认真思索怎样加强党的建设问题。

江泽民在深刻分析国内外的新情况、新变化时认为，有几件事值得深思：第一件事是1989年动乱，第二件事是苏东剧变，第三件事是法轮功事件，第四件事是台湾国民党下台。深思这四件事，特别是联系我们党内的腐败问题，使人们感到形势严峻。所有问题集中在一点，归结起来就是：一定要解决"建设一个什么样的党，怎样建设党"的问题。按照邓小平的指示，以江泽民为代表的第三代党中央领导集体致力于聚精会神地解决党的建设问题。在十三届四中全会上强调要大力加强党的建设；十四届四中全会就加强党的建设几个重大问题又做了专门决定；十五大提出了继续推进党的建设新的伟大工程的总目标。总之，我们党的一系列思考和措施，都是要集中解决党的建设问题。

第二个重大政治大事是1997年2月19日邓小平去世。邓小平是中国改革开放的总设计师，是中国特色社会主义现代化建设的开篇者。邓小平去世以后，世纪之交的中国共产党人还能不能继续高举邓小平理论伟大旗帜，坚持党的基本理论、基本路线，把建设中国特色社会主义事业进行到底。党的十五大高举邓小平理论伟大旗帜，在阐述社会主义初级阶段理论的基础上，规定了党在社会主义初级阶段的基本纲领和社会主义初级阶段的基本经济制度，提出依法治国、建设社会主义法治国家的基本方略，确定了跨世纪发展的奋斗目标和任务，并郑重地把"邓小平理论"作为我们党长期的指导思想写进党章。在这之后，我们党领导全国人民战胜特大自然灾害，成功地应对了亚洲金融危机的考验，提前实现"三步走"经济发展战略目标的前两步。

世纪之交，我们党面临着三大方面的考验：一是世界大变化的考验。整个世界呈现大动荡、大变化、大改组的局面。特别是随着高科技的发展，信息时代、知识经济时代的到来，世界发生了巨大的变化。如何应对世界性的大变化，对我们党是一个重大考验。二是执政的考验。党在夺取政权后，先后经过过渡时期、建设时期、"文化大革命"的挫折时期和改革开放新时期的发展，经受住了执政的考验。特别是在1989年的政治风波和1992年苏东剧变后，我们党经受住了执政的考验。还能不能继续经受住执政的考验，这又是一个重大课题。三是改革开放、市场经济的考验。在发展社会主义市场经济的过程中，一方面经济上去了，但另一方面党的干部队伍的腐败现象越来越严重，一些大案要案情况已经到了触目惊心的地步。说明党在改革开放、市场经济中面临着新形势下的新的考验。能否经得住市场经济的考验，这对我们党来说，也是一个严峻问题。

从历史来看，我们党经历了"两大转折"，从领导革命夺取政权到执政搞建设，从计划经济条件下的执政到市场经济条件下的执政，情况发生了很大变化。在新的历史条件下，党要着重解决"两个水平、两个能力"这两大历史性课题。"两个水平"，一是执政水平，一是领导水平；"两个能力"，一是防御风险的能力，一是拒腐防变的能力。因此，"建设一个什么样的执政党，怎样建设执政党"，这是摆在全党面前最重大最迫切的现实和理论问题。以江泽民为核心的党的第三代中央领导集体，在坚持邓小平理论，经受住国内国际的严峻考验，稳住改革开放大局的基础上，继续解放思想，不断改革开放，开拓创新，把中国特色社会主义的伟大实践成功地推向新世纪新阶段。

进入新世纪，以江泽民为代表的中国共产党人，着眼于我们党所处的历史方位，从党长期执政的战略高度，在继续回答"什么是社会主义，怎样建设社会主义"的同时，进一步回答了"建设什么样的执政党，怎样建设执政党"的问题，形成了"三个代表"重要思想，为中国特色社会主义理论体系增添了新的内容。"三个代表"重要思想，从最直接的意义来说，是解决党的建设问题，创造性地回答了"建设什么样的执政党，怎样建设执政党"，集中解决了党的先进性和执政能力问题。但是，它又不仅仅是解决党的建设问题，不仅仅是党的建设的全面纲领，它还进一步回答了"什么是社会主义，怎样建设社会主义"，是建设有中国特色社会主义事业的强大思想理论武器，是全面实现小康社会宏伟目标的根本指针。党的十六大全面总结党领导人民建设中国特色社会主义的基本经验，把"三个代表"重要思想确立为党的指导思想，确定了全面建设小康社会的伟大任务，对党的建设提出全面的要求，顺利实现了中央领导集体的整体性交接，开创了中国特色社会主义的新局面。

党的十六大以来，以胡锦涛同志为总书记的党中央以邓小平理论、"三个代表"重要思想为指导，提出了科学发展观、加强党的执政能力建设和先进性建设、构建社会主义和谐社会、建设社会主义新农村等一系列重大战略思想，创造性地回答了"实现什么样的发展，怎样发展"问题，进一步回答了社会主义建设和执政党建设等问题，这些思想是马克思主义中国化的理论创新成果。党的十七大，对科学发展观的重要地位、产生的实践基础和背景、科学内涵、精神实质以及如何贯彻落实进行了全面系统论述。对科学发展观在我们党的指导思想上的重要地位作了科学定位，把科学发展观确立为党的指导思想，作为继续解放思想，深入改革开放，发展中国特色社会主义必须遵循的基本原则和指导方针。总之，进入新世纪新阶段以来，以胡锦涛为总书记的党中央按照十一届三中全会以来确定的基本理论、基本路线、基本纲领、基本经验，进一步完善社会主义市场经济体制，努力推进中国特色社会主义的"科学发展、和谐发展、和平发展"，继续致力于党的自身建设，加强党的执政能力建设和先进性建设，大大推进了改革开放的历史进程，马克思主义中国化取得新的进展，中国特色社会主义道路探索实现新的突破，执政党的建设迈出新的步伐。

四、近代以来，中国实现了两次伟大革命，改革开放是第二次伟大革命，成功地开创和实践了中国特色社会主义道路，取得了经济的持续快速增长和社会全面发展的伟大成就

中国共产党成立以来，中国实现了两次革命，第一次是共产党领导的、先是新民主主义接着是社会主义的伟大革命。这次革命改变了制约中国生产力发展的半殖民地半封建的经济政治制度，建立了社会主义制度，极大地解放和发展了社会生产力。

鸦片战争以来，中国开始沦为半殖民地半封建国家。如何振兴中华？如何使中华民族再创辉煌？这是中华民族一切有志之士共同的理想和奋斗目标。在中国近代历史进程中，涌现出了一系列有作为的人物，为了中华民族的振兴，他们作出了不懈的努力，提出了种种救国方案，譬如太平天国运动、禁烟运动、洋务运动、义和团运动、戊戌变法、辛亥革命等等。然而在近代中国历史上，旨在救国救民的斗争和探索，每一次都在一定的历史条件下推动了中国的进步，但一次又一次总是归于失败。究其原因，除了一些旧式农民起义的方案外，主要是很多民族复兴的方案，其主要学习对象是西方的资本主义文明，主要是发展资本主义的经济、政治和文化，跳不出建立资本主义国家的窠臼。为什么这些救国方案和实践屡屡碰壁呢？这是由国内外的客观条件决定的。国内外条件不允许中国建立独立富强的资产阶级民主共和国。帝国主义列强从自身利益考虑，绝不会让中国变成一个强大的资产阶级民主共和国，必须要维持和强化半殖民地半封建制度。为了维持旧制度，封建势力和官僚资本主义势力也需要与帝国主义列强勾结，不允许中国民族资产阶级强大起来，不允许在中国进行资产阶级民主革命。同时，中国民族资产阶级是一个软弱的、两重性的阶级，担当不起革命的领导力量，资产阶级旧式民主革命注定是救不了中国的。

历史告诉我们，不触动封建根基的自强运动和改良主义、旧式农民战争、旧的民主主义革命，照抄照搬西方文明，这些方案都不能改变中国半殖民地半封建的社会性质和中国人民的悲惨命运。在帝国主义和封建势力打击下，这些方案和运动瞬息即逝。毛泽东同志讲，十月革命一声炮响，给我们送来了马克思主义，送来了社会主义。只有社会主义才能救中国，只有马克思主义才能救中国。只有中国工人阶级及其政党登上政治舞台，坚持马克思主义、举社会主义旗、走社会主义道路，才能解救中国。于是，产生了1919年的"五四"运动和1921年中国共产党的成立，中国进入新民主主义革命新的发展阶段。中国只有在马克思主义理论指导下，把马克思主义与中国实际相结合，进行共产党领导下的彻底的革命，才能振兴中华。中国共产党领导下的中国革命分两步走，第一步，进行共产党领导的，不同于孙中山所领导的旧民主主义革命的新民主主义革命。第二步，新民主主义革命成功以后，不间断地进行社会主义革命。以毛泽东为代表的第一代的党中央领导集体带领中国人民取得了新民主主义革命和社会主义革命的胜利，建立了社会主义制度，进入全面社会主义建设时期。

虽然经过了曲折的过程,但新中国初步建立了社会主义的工业体系,实现了农业合作化,社会主义建设取得了伟大成就。

改革开放是我们党领导的第二次革命。从新中国成立到党的十七大召开,党在全国执政的历史和社会主义建设的历史,以十一届三中全会为界,可以划分为前后两个时期。第一个时期是社会主义道路的探索时期,我们党确立了社会主义基本制度,建立了独立的比较完整的工业体系和国民经济体系,积累了丰富的正反两方面经验。第二个时期是改革开放新时期。在这个时期,我们党坚持改革开放,始终以经济建设为中心,中国特色社会主义事业取得了一系列巨大成就。

改革开放成果丰硕。农村改革和城市各项改革取得重大进展,确立了以公有制为主体、多种所有制经济共同发展的基本经济制度,初步建立起社会主义市场经济体制。实施"引进来"与"走出去"的对外开放战略,加入世界贸易组织,抓住机遇,积极投身于全球化浪潮,共享世界文明的先进成果,大大加快了我国现代化建设的步伐。

经济发展持续高速。国民经济长时间快速稳定增长,1978—2007年,国民生产总值年均增速高于9.7%,远远超过同期世界经济3%左右的平均增长速度。目前,经济总量居世界第四位,外贸进出口总额居世界第三位,外汇储备突破1.8万亿美元大关、居世界第一位,钢铁、煤炭、水泥等主要工业品产量居世界第一位。农村生产力得到极大的解放和发展,亿万农民的生活得到极大的改善,农村发生了历史巨变。

政治建设稳步推进。人民代表大会制度和共产党领导的多党合作、政治协商制度以及民族区域自治制度,进一步健全和完善。政治文明建设不断加强,民主向制度化、规范化方向发展。政府职能明显转变,依法行政与公正司法取得很大进展。基层民主不断扩大,农村普遍实行了村民自治。以宪法为核心、与社会主义市场经济体制相适应的中国特色社会主义法律体系初步形成,依法治国基本方略得到贯彻落实。广大人民享受到空前的自由民主权利。

文化建设成绩卓越。人民群众思想观念发生了深刻变化,公民意识、竞争意识、法制观念等现代意识显著增强。不断丰富发展马克思主义,初步构建起社会主义的核心价值体系,民族精神与良好的道德风尚得以弘扬。科教兴国、人才强国战略正在实施,具备了建设创新型国家的重要基础和良好条件。教育、科学、文化、艺术、新闻、出版、体育事业欣欣向荣，人民日益增长的精神文化需要不断得到满足。

社会建设成效显著。人民生活显著改善，十三亿人达到了总体小康。扶贫攻坚计划顺利实施，稳定地解决了十三亿人口的吃饭问题，反贫困事业成效显著。医疗、卫生事业不断发展。社会保险制度覆盖了大多数城镇从业人员和退休人员，城市普遍建立了居民最低生活保障制度，农村积极推进社会保障制度建设，与社会主义市场经济体制相适应的劳动和社会保障制度已初步建立。社会建设日益朝着全面和谐方向迈进。

国防建设成就巨大。指导思想实现了战略性转变，贯彻积极防御的军事战略方针，注重质量与法制建设，依靠科技强军，走中国特色的精兵之路，人民解放军的革命化、现代化、正规化建设全面展开，国防总体实力和防卫作战能力不断提高。

祖国统一取得历史性胜利。顺利恢复对香港和澳门行使主权，洗雪了中华民族的百年屈辱。积极贯彻"一国两制"的基本方针，保持香港和澳门特别行政区的繁荣稳定。祖国大陆同台湾的经贸关系空前发展，教育、文化、社会等方面的交流与合作不断加强，政党交流打开新的局面。反台独、反分裂斗争不断取得胜利。

对外关系迈上新台阶。高举和平、发展、合作的旗帜，坚持独立自主的和平外交政策，倡导建立和谐世界。与主要大国建立起不同形式的合作关系，加强了与广大发展中国家及周边国家的合作，积极参与处理国际和地区热点问题，树立起负责任大国的新形象。中国国际地位与国际影响力与日俱增。

党的建设全面加强。实施党的建设新的伟大工程，加强执政能力建设与先进性建设，党的领导水平和抵御风险的能力不断提高。廉政建设与反腐败斗争深入开展，党内民主向制度化、规范化方向迈出新步伐。

回顾30年改革开放走过的历史进程，我们在工作中也曾发生过失误和偏差，当前还面临着很多困难和问题，人民群众还有诸多不满意的地方。但是，从党在全国执政的历史、我国近代以来的历史以及社会主义运动史等多方面的视角来看，这30年是中国特色社会主义理论和体制创新最多的30年，是经济发展速度最快和人民生活水平提高幅度最大的30年，是社会政治最为稳定和民主法制建设成就最大的30年，是综合国力和国际地位提升最快的30年。我们走出了一条全新的中国特色社会主义发展道路，用短短30年的时间走过了许多国家上百年甚至几百年的发展历程，使中华民族以前所未有的姿态屹立于世界民族之林。

五、30年改革开放的伟大实践积累了十分宝贵的历史经验，奠定了中国特色社会主义理论体系的实践基础和经验依据，对于继续改革开放，发展中国特色社会主义，具有重要的指导意义

全面总结改革开放的历史经验，并把它上升为系统的理论，对于进一步推进改革开放，发展中国特色社会主义，丰富中国特色社会主义理论体系，是十分重要且必要的。

1. 始终坚持解放思想、实事求是的思想路线，坚持马克思主义基本原理与推进马克思主义中国化相结合

解放思想，实事求是，坚持马克思主义基本原理的普遍性与中国实际的特殊性具体的历史的统一，是改革开放伟大实践的首要经验。在改革开放的全过程，必须坚持马克思主义老祖宗不能丢，同时必须坚持马克思主义不断创新。马克思主义的不断创新，说到底，就是要把马克思主义的普遍原理与中国建设和发展的实际结合起来、与时代特征结合起来，不断推进马克思主义的当代化、中国化，创造出中国化的马克思主义。30年前，中国改革开放的总设计师邓小平作出的改革开放的历史性决策，正是基于马克思主义的基本原理同中国具体实际的结合所得出的必然结论。一部改革开放的实践发展史，也是一部马克思主义中国化的理论探索史。30年来，我们党始终坚持以科学的态度对待马克思主义，不断根据变化了的实践推进马克思主义中国化，赋予马克思主义基本原理以时代的和民族的内涵，形成了中国特色社会主义理论体系这一马克思主义中国化的最新成果，并成功地运用于指导改革开放的实践，成功地开辟出中国特色社会主义发展道路，取得了改革开放和现代化建设的辉煌成就。

解放思想是发展中国特色社会主义的一大法宝。坚持马克思主义基本原理与推进马克思主义中国化相结合，用发展着的中国化的马克思主义指导不断发展的改革开放和现代化建设实践，必须始终坚持党的解放思想、实事求是、与时俱进的思想路线，不断推进理论创新。30年的实践证明，改革开放和社会主义现代化建设的每一次重大推进，都以解放思想为前提，以思想理论的创新和观念的变革为发端和先导。解放思想、实事求是，带来了马克思主义中国化理论成果的不断创新并被正确运用，带来了改革开放和现代化建设实践突破性进展。

2. 始终坚持社会主义初级阶段的基本国情和"一个中心，两个基本

点"的基本路线，坚持四项基本原则与改革开放相结合

始终坚持"一个中心，两个基本点"的基本路线不动摇，是改革开放取得成功的基本经验。十一届三中全会以来，我们党在坚持以经济建设为中心的同时，始终正确认识和处理坚持四项基本原则和坚持改革开放的辩证统一关系。四项基本原则是立国之本，这个"本"是我们党和中国生存发展的政治基石，是以经济建设为中心的坚强保障，是改革开放正确方向的根本保证。改革开放是强国之路，这条"路"是发展中国特色社会主义、实现现代化的必由之路，是我们党和国家发展进步的活力源泉。改革开放的实践证明，无论是坚持四项基本原则，还是坚持改革开放，都必须基于两者的统一，一旦将坚持四项基本原则与坚持改革开放割裂或对立起来，中国特色社会主义必然会偏离正确的方向，中国特色社会主义建设事业就会陷入停顿或倒退。

坚持党在社会主义初级阶段的基本路线，必须始终坚持一切从中国的实际国情出发，把改革开放和现代化建设的大政方针建立在对国情的清醒和正确的认识上。一切从实际出发，最根本的，就是一切从中国处于并将长期处于社会主义初级阶段这个最大的实际、最基本的国情出发。党的基本纲领是党的基本路线的展开和具体化，坚持从初级阶段的基本国情出发，就要坚持和完善以公有制为主体、多种所有制经济共同发展的基本经济制度，就要坚持和完善以按劳分配为主体、多种分配方式并存的分配制度，就要坚持和完善共产党领导的多党合作和政治协商制度。

坚持党的基本路线，必须始终坚持在中国共产党的领导下，坚持工人阶级的领导，建立巩固的工农联盟，巩固和发展最广泛的爱国统一战线，积极争取和团结在改革开放中新产生的各社会阶层，团结一切可以团结的力量，发挥他们作为中国特色社会主义建设者的积极作用。

3. 始终坚持把人民利益作为改革开放的出发点和落脚点，坚持人民当家作主、尊重人民首创精神与加强和改善党的领导相结合

始终坚持以人为本的基本原则，把人民的根本利益作为改革开放的出发点和落脚点，尊重人民的首创精神，让人民共享改革发展成果，最终走共同富裕的道路，这是改革开放取得成功的重要经验。人民群众是历史的创造者和推动历史前进的力量，是改革开放各项事业发展的依靠力量和推动力量。中国农民最先揭开了我国改革的序幕。无论是家庭联产承包制还是乡镇企业，以及城市改革、全面改革，都是中国人民自己的独特创造。

离开人民群众的积极性和首创精神，改革开放则一事无成。推进改革开放，一定要充分尊重人民的首创精神，从人民的伟大创造中汲取经验，形成政策，付诸实践。

改革开放以来，我们党始终坚持把党的领导和依靠人民、由人民当家作主、尊重人民群众的首创精神有机地结合起来，积极调动最广大人民群众投身改革开放伟大实践的积极性、主动性和创造性，把实现好、维护好、发展好最广大人民的根本利益作为加强和改善党的领导的奋斗目标和检验标准，切实做到改革发展为了人民、改革发展依靠人民、改革发展成果由人民共享。实现党的领导，最重要的是党所制定的改革开放政策要符合人民的愿望、执行过程要维护人民的利益、实施结果要满足人民的需要。在改革开放过程中，我们党始终以人民满意不满意、高兴不高兴、赞成不赞成、拥护不拥护作为衡量改革开放成败与否的标准。正因为这样，我们党才通过改革开放，得到了人民的真心拥护。正是在改革开放的过程中，在一切为了人民、一切依靠人民的过程中，党的领导才得到了切实的加强和改善。

4. 始终坚持社会主义公有制为主体的根本方向和社会主义市场经济的改革取向，坚持社会主义基本制度与发展市场经济相结合

我国的改革开放是社会主义方向的改革开放，是社会主义市场经济的改革取向。社会主义与市场经济结合具有蓬勃的生机和活力，在实行社会主义市场经济体制改革的同时，始终坚持社会主义方向、坚持社会主义基本制度，实现社会主义制度与市场经济的有机结合，这是改革开放的成功经验。

提出社会主义市场经济理论，进行社会主义市场经济体制改革，是我们党的一个伟大创举。近30年改革开放所取得的巨大成就，已经初步显示出这一创举的强大威力。坚持社会主义基本制度，关键是坚持社会主义公有制为主体。在坚持社会主义市场经济体制改革的过程中，我们党始终坚持公有制经济为主体、多种所有制经济共同发展的基本经济制度，不断探索社会主义市场经济不同于其他市场经济运行的特殊规律和特殊运行方式，始终坚持在发挥市场配置资源的基础性作用的同时，不断加强和改善宏观调控，既发挥市场经济的优势，也发挥社会主义制度的优越性，促进社会主义制度与市场经济的有机结合，逐步完善社会主义市场经济体制。

5. 始终坚持社会主义制度的自我完善和发展，坚持推动经济基础变革

同推动上层建筑改革相结合

我国改革开放的实质是社会主义制度的自我完善和发展。努力通过经济基础和上层建筑的调整和变革，构建适合中国现阶段社会发展和生产力发展状况的社会体制，坚持社会主义制度的自我完善和发展，也是改革开放的一个成功经验。改革开放以来，在推动经济基础变革的同时，政治、文化和社会等上层建筑各个领域的体制改革也在稳步推进。与社会主义初级阶段相适应的经济体制、政治体制、文化体制和社会诸体制的逐步完善，是30年来我国经济社会健康发展的基础和保证。推进经济基础和上层建筑具体体制的改革，实现社会主义制度的自我完善和发展，实质上就是不断推进社会主义的制度创新。改革初期，家庭联产承包责任制的实行与人民公社体制的废除，掀开了社会主义生产关系体制改革和上层建筑体制改革、社会主义制度创新的序幕，极大地促进了农村生产力的发展。当前，我国正处于以贯彻落实科学发展观为中心内容的全面制度创新阶段，加大社会主义经济基础和上层建筑各个领域的制度文明的建设力度，必将极大推动改革开放的深入发展，推进社会主义制度的自我完善和发展。

6. 始终坚持我国经济社会的全面协调可持续的科学发展，坚持发展社会生产力同提高全民族文明素质相结合

必须始终坚持在大力发展生产力的同时，坚持以人为本，推进我国经济社会的全面协调可持续的科学发展，这是进一步改革开放必须坚持的重要经验。我国改革开放的社会主义性质不仅决定了发展不只是物质文明的单兵突进，还是物质文明、政治文明、精神文明和生态文明的共同发展，不仅是经济建设的单一推动，还是政治建设、文化建设、社会建设和生态建设的全面推进，不仅以发展生产力实现全体人民的共同富裕为目的，还要以提高全民族文明素质，实现人的全面发展为最终目标和落脚点。只有坚持通过改革开放，实现全民族的物质和文化生活水平和全民族的文化素质的不断提高，坚持全面发展、协调发展、和谐发展、可持续发展，把中国特色社会主义建设和发展逐步纳入科学发展的轨道，才能最终把我国建设成为富强民主文明和谐的社会主义现代化国家。

7. 始终坚持构建社会主义和谐社会，坚持提高效率同促进社会公平相结合

我国改革开放得到人民肯定的一条必须坚持的经验，就是构建社会主义和谐社会，坚持提高效率与促进社会公平相结合。社会主义和谐社会建

设是中国特色社会主义的本质要求，是发展中国特色社会主义的长期的历史任务。构建社会主义和谐社会，就要实现社会公平正义。改革开放以来，由当时我国的基本国情和具体的历史条件所决定，"效率优先，兼顾公平"曾作为改革开放一段时期内的方针。改革开放发展到今天，在坚持效率优先的前提下，我们党又把实现社会公平正义提到了更加突出的地位加以解决，提出了构建社会主义和谐社会的重大战略思想，将实现社会公平正义作为发展中国特色社会主义的一项重大任务。我国的改革是一个寓效率与公平于其中的总体性概念，我们党始终反对人为地将效率与公平二元化、对立起来的观点和做法，着力解决广大人民群众最关心、最直接、最现实的利益问题，切实把追求效率与实现公平辩证统一于改革开放的全过程。只有这样，才能不断取得人民对改革开放的支持，才能取得改革开放的成功。

8. 始终坚持统顾国内和国际两个大局，坚持独立自主与参与经济全球化、对内改革和对外开放相结合

统筹兼顾国内国际两个大局，着眼于两个大局，制定和实施对内改革和对外开放的政策和措施，坚持在与世界经济相联系和相互竞争中，自力更生地提升综合国力的开放战略，把社会主义市场经济的国内改革和与世界经济相联系的对外开放相结合，是改革开放30年的成功经验。经济全球化的发展，离不开市场化，国内市场发展，又离不开国际化。中国特色社会主义发展离不开市场经济的发展，离不开与世界的联系。在我国这样生产力水平还不发达，经济相对落后的国家进行社会主义建设，必须始终坚持"引进来"和"走出去"相结合的对外开放战略，积极参与到经济全球化之中，不断拓展对外开放的广度和深度，有效利用国外资金、技术和先进管理经验等外部条件发展自己，在全球竞争中趋利避害，努力实现互利、普惠、共赢。

坚持独立自主是参与经济全球化的前提和基础，坚持独立自主必须同参与经济全球化相结合。对中国这样一个发展中国家来说，要在经济全球化竞争中生存和发展，必须始终保持足够的清醒，始终在总体上保持发展的自主性，主要依靠自己的力量发展经济等各项事业。一定要在保持独立自主的前提下，积极扩大对外开放，参与全球经济合作，才能实现跨越式发展。

坚持改革与开放相结合，必须创造良好的外部环境，这就必须始终坚

持独立自主的和平外交政策，走和平发展道路，推动建设持久和平、共同繁荣的和谐世界，以维护国家发展利益和安全利益为最高准则，永远不称霸，维护世界和平与促进各国共同发展，为改革开放和现代化建设争取和平稳定的国际环境。

9. 始终坚持"三个有利于"的判断标准和渐进式改革策略，坚持促进改革发展同保持社会稳定相结合

我们党始终把"三个有利于"，即是否有利于发展社会主义社会的生产力，是否有利于增强社会主义国家的综合国力，是否有利于提高人民的生活水平，作为判断改革得失成败的根本标准。"三个有利于"最根本的是有利于生产力的发展，只有紧紧扭住经济建设这个中心不动摇，作为执政兴国的第一要务，才能迅速摆脱生产力不发达状态，早日实现国富民强，这是我国改革开放成功的根本经验。

在改革过程中，我们党时刻注意正确地处理好改革、发展、稳定三者的关系，使之相互协调、相互促进，把改革、发展的紧迫感同科学求实的精神结合起来，把实现当前目标和追求长远目标统一起来，把改革的力度、发展的速度和社会可承受程度统一起来，把握准改革举措出台的时机、力度和节奏，这也是我国改革开放的一条可行经验。改革是动力，发展是目标，稳定是前提。没有改革，就无法最大限度地解放和发展生产力，就不可能走出一条适合自己国情的正确的发展道路；没有发展，尤其是生产力的发展，中国就不可能实现现代化，也就不可能保持国家的长治久安；没有稳定，改革和发展都无从进行。三者关系处理得当，就能保证改革开放的健康平稳运行，否则，就会吃苦头，付代价，甚至给社会带来灾难。在改革开放过程中，我们党统筹改革，综合谋划，把不断改善人民生活作为处理改革发展稳定关系的重要结合点，把构建和谐社会作为协调改革发展稳定关系的长远目标，以改革促进和谐、以发展巩固和谐、以稳定保障和谐，努力实现社会稳定，为改革发展提供和谐的环境和氛围。

我国的改革开放，是前无古人的创举，走的是一条"摸着石头过河"的循序渐进的道路——这是中国取得巨大成功的一条举世公认的经验。改革开放近30年来，党始终坚持"渐进式"的改革策略，没有采取"休克疗法"、"硬着陆"等激进的方案，坚持试点先行，在取得试点经验的基础上再加以推广。在改革开放中，采取的是先农村后城市、先沿海后内地、先经济后政治、先发展后规范、先体制外后体制内、先易后难的改革策

略。在改革开放中，保持制度变革的连续性和渐进性，保证改革开放的顺利推进。坚持重点突破和整体推进相结合的改革战略。渐进式改革方案既避免了由于举措不当而出现的经济严重衰退、社会矛盾激化和社会剧烈动荡，又使中国社会充满活力、和谐稳定。

10. 始终坚持以改革创新的精神加强党的建设，坚持中国特色社会主义伟大事业与推进党的建设新的伟大工程相结合

始终坚持以改革创新的精神加强党的建设，改善党的领导，提高党的执政能力和水平，增强党的先进性，不断增强拒腐防变和抵御风险的能力，为改革开放和现代化建设提供坚强有力的政治保证，是改革开放取得伟大成就的政治经验。

我们党是中国特色社会主义事业的领导力量，中国共产党的自身状况与中国特色社会主义事业的发展休戚相关。我国的改革开放既给我们党注入了巨大的活力，也带来了许多前所未有的新课题、新考验。中国特色社会主义事业是改革创新的事业，中国共产党要站在时代前列带领中国人民开创事业发展新局面，必须坚持以改革创新精神加强自身建设。在30年改革开放的历史进程中，我们党从世情、国情和党情的发展变化出发，深入探索共产党执政的特殊规律，坚持把党建设成中国工人阶级的先锋队，同时是中国人民和中华民族的先锋队。坚持始终代表最广大人民根本利益的马克思主义立场，立党为公、执政为民。不断改革和完善党的领导方式和执政方式，坚持科学执政、民主执政、依法执政。不断巩固党的阶级基础，扩大党的群众基础，保持和发展党同人民群众的血肉联系。不断加强党的先进性建设和执政能力建设，积极推进党内民主建设，旗帜鲜明地反对腐败。总之，坚持改革开放，必须坚持把中国特色社会主义伟大事业与推进党的建设新的伟大工程相结合。

六、进一步改革开放，必须始终不渝地坚持和发展中国特色社会主义理论体系，坚定不移地以中国特色社会主义理论体系为思想指南

改革开放之所以是一场新的伟大革命，之所以发挥了中国特色社会主义强大动力的作用，之所以取得伟大成功，最重要的就在于走出了正确的道路，形成了正确的理论指南。这条正确的道路就是中国特色社会主义道路，这个正确的理论指南就是中国特色社会主义理论体系。

中国特色社会主义理论体系是改革开放新时期的实践产物，是马克思主义科学社会主义原理同中国具体实际相结合的产物，是党的几代领导集

体带领全党共同努力的结果,是马克思主义中国化的最新成果,是全国各族人民团结奋斗的共同思想基础。中国特色社会主义理论体系的前提和基础是毛泽东同志关于中国社会主义建设道路的理论和实践的初步探索,是经过党的几代领导集体的共同努力的全党智慧的结晶,中国特色社会主义理论体系是包括邓小平理论、"三个代表"重要思想、科学发展观等重大战略思想的完整统一体,是既一脉相承、又与时俱进的马克思主义中国化的科学的理论体系。

中国特色社会主义理论体系是由一系列紧密联系、相互贯通的新思想、新观点、新论断所构成的完整的系统的科学理论体系,该体系博大精深,内容十分丰富。它的哲学基础和精神实质是解放思想、实事求是的观点和生产力标准的观点;回答的主题是中国特色社会主义;解决的主要问题是中国的发展与改革;两个重要理论基础是改革观和发展观。这就构成了马克思主义中国化最新成果一以贯之的共同的时代主题、哲学依据和理论基础。解放思想、实事求是和生产力标准的观点,科学发展观和正确改革观是中国特色社会主义理论体系的重要内容。坚持解放思想、实事求是和生产力标准的观点,坚持科学发展观和正确改革观也就是坚持中国特色社会主义理论体系。

中国特色社会主义理论体系的哲学依据最主要的是两个基本支撑点,一是解放思想、实事求是的观点,一是生产力标准的观点。邓小平提出解放思想、实事求是的观点,奠定了中国特色社会主义理论的思想路线基础。江泽民把解放思想、实事求是的观点概括为与时俱进这一马克思主义的理论品质,进一步丰富和发展了党的思想路线。胡锦涛继承了解放思想、实事求是、与时俱进的思想路线,特别强调解放思想是党的思想路线的本质要求,是中国特色社会主义的一大法宝,继承了党的思想路线的真谛。我们党从邓小平、江泽民到胡锦涛,之所以不断把中国特色社会主义理论体系发扬光大,就是因为不断地在实践中继承和发扬党的解放思想、实事求是的思想路线。

生产力标准是马克思主义唯物史观的最基本的观点。正是根据生产力标准的观点,邓小平提出了一系列改革开放的重大决策,形成了党的基本路线和基本理论,并在改革开放的关键时刻,就如何判断改革成败的问题,如何判断姓"社"姓"资"的问题,提出了"三个有利于"的判断标准,"三个有利于"的判断标准实质上就是生产力标准。"三个代表"重要思想，把代表先进生产力作为第一个代表，同时提出代表先进文化、代表人民根本利益。这是对生产力标准和"三个有利于"标准的丰富和发展。解放思想、实事求是观点是辩证唯物主义的基本问题，生产力观点是历史唯物主义的基本问题。辩证唯物主义和历史唯物主义是我们党全部理论的哲学基础，解放思想、实事求是和生产力标准则构成了中国特色社会主义理论体系的基本哲学依据。

中国特色社会主义理论体系是围绕中国特色社会主义这一主题展开的，回答的主要问题是中国特色社会主义如何发展，而解决发展的问题，必须解决改革的问题。解决改革和发展问题，其重要理论根据一是发展观，一是改革观。科学发展观和正确改革观是中国特色社会主义理论体系的两个重要内容。

邓小平发展思想是邓小平理论的重要内容。邓小平十分强调发展、首先是发展生产力的重要意义。为什么中国特色社会主义理论体系那样强调发展问题？这是由中国特色社会主义现阶段，即初级阶段的基本国情和历史方位决定的。邓小平指出，我国目前还处于社会主义初级阶段，考虑一切问题都要从这个基本国情出发。我国社会主义初级阶段的主要矛盾是人民群众日益增长的物质文化需求和生产力不能满足这种需求的矛盾，解决这个矛盾就必须大力发展生产力。发展生产力是社会主义的根本任务，经济建设是中心任务。因此中国特色社会主义建设的主要问题可以归结为发展。当然，发展首先是发展生产力。

邓小平不仅强调发展生产力，还拟定了中国发展分三步走的发展战略，提出了实现小康社会的宏伟目标。邓小平指出，发展的第一步第二步，到20世纪末国内生产总值比1980年翻两番，基本实现温饱，奔向小康。发展的第三步，到21世纪中叶，人均国民生产总值达到中等发达国家水平，基本实现现代化。

在1992年南方谈话中，邓小平总结了多年的发展思想，提出了"发展是硬道理"的科学论断。并强调发展需要一定的速度和数量，但不单是速度和数量。要实现速度与效益、质量与数量的统一。这些构成了邓小平关于发展的基本思想。

江泽民提出"三个代表"重要思想，第一个代表就是代表先进生产力，也就是要不断地解放和发展生产力，并把它提高到了党的性质、党的建设的高度来认识，把发展生产力同党的执政理念、党的先进性建设和执政能力建设联系在一起，进一步丰富和发展了邓小平发展思想。江泽民提出了"发展是执政兴国的第一要务"，并且十分强调要全面理解发展问题。提出要正确处理社会主义现代化建设中的若干重大关系，把握好发展、稳定和改革的关系，处理好建设与效益、数量与质量的关系。提出关键要更新发展思路，要实现增长方式的转变，由粗放型转变到集约型。这不仅从理论上丰富了邓小平发展思想，而且对中国特色社会主义的发展思路作了战略调整。

以胡锦涛为总书记的党中央，在总结国际国内发展经验的基础上，针对我国在新世纪新阶段发展的新问题、新要求和新任务，提出了以人为本、全面协调、可持续的科学发展观，提出"科学发展、和谐发展、和平发展"的发展新理念，把中国特色社会主义发展理论推向一个新的高度。科学发展观站在历史和时代的高度，总结国内外在发展问题上的经验教训，吸收人类文明进步的新成果，进一步解决了新世纪新阶段我国"为什么发展，怎样发展和发展什么"等一系列发展中国特色社会主义的重大问题。在新的实践基础上，进一步回答了社会主义的本质及其主要特征，拓宽了对"什么是社会主义，怎样建设社会主义"的社会主义发展规律的认识视野；进一步明确了社会主义建设的指导思想，拓宽了对中国特色社会主义建设和发展规律的认识视野；进一步论述了共产党的执政任务，拓宽了对"建设什么样的执政党，怎样建设执政党"的共产党执政规律的认识视野。正是在进一步回答"什么是社会主义，怎样建设社会主义"，"建设什么样的执政党，怎样加强执政党建设"，"什么是马克思主义，怎样坚持和发展马克思主义"的意义上来说，科学发展观是对邓小平理论和"三个代表"重要思想的继承、丰富和发展，同邓小平理论和"三个代表"重要思想一样，也是马克思主义中国化的最新成果，是与时俱进的马克思主义发展观，是正确指导发展的马克思主义世界观和方法论的集中体现，是我们党对社会主义现代化建设理论和指导思想的新发展，开拓了中国特色社会主义的理论创新和实践创新的新境界。

关于改革的思想也是邓小平理论的重要内容。改革是中国特色社会主义理论体系的重要内容。社会主义的根本任务是解放和发展生产力，要解放和发展生产力，就必须不断改革。这是因为社会主义基本矛盾特点决定了必须要进行改革。社会主义制度建立后，我国的社会基本矛盾是适应前提下的不适应，也就是存在体制上的不适应：一是以往形成的僵化的经济政治体制，严重阻碍了生产力的发展；二是社会主义不是一成不变的，即使适合的体制也要随着经济社会的发展，也需要不断地进行体制创新，以适应经济发展的需要。因此，邓小平率先提出"革命是解放生产力，改革也是解放生产力，改革是第二次革命"。只有破除旧的体制，才能解放和发展生产力。改革是社会主义不断向前发展的动力。这就是邓小平改革思想立论的根据。邓小平改革思想在马克思主义发展史上是一个创新。

经济体制要改革，改革的方向是什么呢？邓小平经过长时间的反复思考，总结社会主义建设和我国实践的经验，提出以市场经济为取向的社会主义市场经济体制改革思路。社会主义市场经济的创新提法在理论上是一大突破，使人们从市场经济等于资本主义的陈旧观念中解放出来，在实践中为我国经济体制改革开辟了广阔的前景。在提出社会主义市场经济体制改革的同时，邓小平提出了政治体制改革的必要性、重要性，提出了政治体制改革的基本要求和战略任务，提出了建设社会主义民主政治的政治体制改革目标，提出了总体改革的重要思想。邓小平是中国社会主义改革开放的总设计师。

邓小平改革思想是极其丰富的，主要观点是："自我完善"的改革观，确定了改革的基本性质，即改革是"社会主义制度的自我完善"；"革命"的改革观，确定了改革的基本定位，即"改革是中国的第二次革命"；"全面"的改革观，确定了改革的全面性，即"改革是全面的改革，不仅经济、政治，还包括科技、教育等各行各业"；"贯穿发展全过程"的改革观，确定了改革的战略，即"改革开放要贯穿中国整个发展过程"；"三个有利于"的改革观，确定了改革成败的判断标准，即"是否有利于发展社会主义生产力，是否有利于增强社会主义国家的综合国力，是否有利于提高人民的生活水平"；"群众"的改革观，确定了改革的主体，即一定要把实现人民的根本利益，把依靠人民、尊重人民的首创精神，把人民"拥护不拥护"、"赞成不赞成"、"高兴不高兴"、"答应不答应"，作为改革的出发点和归宿。

以江泽民为核心的党的第三代领导集体丰富和充实了邓小平改革思想，明确提出建立社会主义市场经济体制的改革目标。他指出，"在坚持公有制和按劳分配为主体，其他经济成分和分配方式为补充的基础上，建立和完善社会主义市场经济体制"。强调把社会主义市场经济同社会主义基本经济制度结合在一起，建立这种经济体制就是要使其在国家宏观调控下对资源配置起基础性作用。为实现这个目标，必须坚持以公有制为主体,各种经济成分共同发展的方针,必须进一步转换国有企业制度,建立现代企业制度。江泽民勾画了社会主义市场经济体制的基本框架,规定了国有企业改革的方向。在党的十五大上,江泽民又就社会主义初级阶段的所有制结构和公有制实现形式问题作了论述,进一步从理论上加以突破。他指出,我国经济成分可以多样化,公有制实现形式可以多样化;公有制为主体主要体现在控制力上;非公有制经济是社会主义市场经济的重要组成部分;股份制是现代企业的一种资本组织形式,资本主义可以用,社会主义也可以用。这些论述为我国的经济体制改革进一步扫清了道路。

在改革发展的新阶段,胡锦涛为总书记的党中央提出了科学发展观,破解了"发展什么,怎么发展"这个发展中国特色社会主义伟大事业的根本性问题。继续改革开放,必须全面落实科学发展观。推进科学发展,必须进一步改革开放,集中破解影响科学发展的体制和机制性障碍。在今天,能不能理解和贯彻科学发展观的问题,就是能不能坚持改革开放,能不能坚持发展中国特色社会主义的问题。以胡锦涛为总书记的党中央,突出强调体制创新,强调改革问题上的创新,把体制改革创新和落实科学发展观结合起来。胡锦涛强调:"推进体制创新,是解决经济社会诸多矛盾和问题的必由之路,也是贯彻和落实科学发展观的必然要求。必须通过深化改革,努力形成一套有利于科学发展的体制机制。"他要求,第一,以转变政府职能为重点推进行政管理体制改革;第二,继续深化国有企业体制改革;第三,鼓励、支持和引导非公有制经济发展;第四,进一步破除垄断,加强现代市场经济体制建设;第五,提高对外开放水平。这些论述为我国推进改革开放、全面建设小康社会提供了坚实的理论基础,充实和丰富了中国特色社会主义理论体系的改革观。

胡锦涛同志指出,"改革开放是发展中国特色社会主义的强大动力"。"改革开放是决定当代中国命运的关键抉择,是发展中国特色社会主义、实现中华民族伟大复兴的必由之路;只有社会主义才能救中国,只有改革开放才能发展中国、发展社会主义、发展马克思主义。"我国改革开放的实践证明,能不能解放思想,实事求是,坚持解放和发展生产力,坚持发展和改革,关系到我们事业的兴衰成败。可以说,坚持解放思想、实事求是,坚持解放和发展生产力,坚持发展和改革,也就是坚持了中国特色社会主义、坚持了中国特色社会主义理论体系的指导。进一步改革开放,发展中国特色社会主义,最重要的是坚持中国特色社会主义理论体系的指导。只有坚持中国特色社会主义理论体系的指导,并在实践中不断创新这个理论体系,指导创新实践,才能不断地解放思想、改革开放,发展中国特色社会主义。

前 言

展现改革开放 30 年中国哲学社会科学创新的历程

赵剑英[*]

当代中国改革开放伟大事业，至今已经走过了 30 年不平凡的历程。30 年来，从南疆到北国，从农村到城市，从经济领域到其他各个领域，在当代中国大地上发生了翻天覆地的变化。我们的发展成就举世瞩目，我们的发展道路超迈前人。事实雄辩地证明，改革开放是决定当代中国命运的关键抉择，是发展中国特色社会主义、实现中华民族伟大复兴的必由之路；只有社会主义才能救中国，只有改革开放才能发展中国、发展社会主义、发展马克思主义。

伟大的事业，需要伟大的理论支撑。改革开放新时期以来，中国共产党把马克思主义基本原理与当代中国实际紧密结合起来，高举中国特色社会主义伟大旗帜，创造性地形成了中国特色社会主义理论体系，走出了一条符合中国国情的独特的中国特色社会主义道路。在中国特色社会主义理论的指引下，中国的综合国力和国际地位不断提升，人民生活水平不断提高，"改革发展"的中国特色、中国风格、中国经验日益吸引着世界的目光，当代中国以更加磅礴的发展态势巍然屹立于世界东方。

改革开放新时期的 30 年，对于中国哲学社会科学来讲也具有特别重要的意义。马克思曾经深刻地指出，每个原理都有其出现的世纪。任何一个时代条件下崭新的社会实践，总是强烈地吁求和催生着思想的变革和理论的创新。而任何真正符合科学精神的理论，总是深深地凝结和表征着人们在时代探索与实践活动中的思考知识和冀望。从这一意义上讲，改革开

---

[*] 中国社会科学出版社总编辑、编审。

放新时期的 30 年,是中国社会现代化理论创新的 30 年,是中国人民的理论思维水平和民族智慧不断迸发喷薄的 30 年,也是具有中国特色、中国风格和中国气派的哲学社会科学成长创新,立足中国、面向世界、走向未来的 30 年。

只有正确地总结历史,才能更好地把握未来。中国社会科学出版社在我国改革开放和中国特色哲学社会科学正逢 30 年发展历程之际,组织出版《中国哲学社会科学 30 年》丛书,正是为了深入反思、科学总结 30 年来哲学社会科学发展创新的宝贵经验,认真研究新的历史条件下哲学社会科学研究的内在逻辑与规律,努力提炼、概括哲学社会科学中具有普遍性、规律性、指导性的重要教益和启示,引导和推动中国哲学社会科学研究进一步创新发展。这一学术工作,对坚持和发展中国特色社会主义理论体系,更好更快地繁荣发展哲学社会科学,为中华民族伟大复兴提供源源不绝的智力支持、精神动力和文化支撑,具有极为重要的理论价值和现实意义。

总的来看,《中国哲学社会科学 30 年》丛书具有以下三个鲜明的特征:

第一,这套丛书深刻地反映了中国特色社会主义理论体系的不断创新、丰富、发展与中国哲学社会科学繁荣发展之间的辩证关系。

胡锦涛同志在党的十七大报告中深刻指出,中国特色社会主义理论体系,就是包括邓小平理论、"三个代表"重要思想以及科学发展观等重大战略思想在内的科学理论体系。这个理论体系,坚持和发展了马克思列宁主义、毛泽东思想,凝结了几代中国共产党人带领人民不懈探索实践的智慧和心血,是马克思主义中国化的最新成果,是党最可宝贵的政治和精神财富,是全国各族人民团结奋斗的共同思想基础。中国特色社会主义理论体系是不断发展的开放的理论体系。《共产党宣言》发表以来一百六十年的实践证明,马克思主义只有与本国国情相结合、与时代发展同进步、与人民群众同命运,才能焕发出强大的生命力、创造力、感召力。在当代中国,坚持中国特色社会主义理论体系,就是真正坚持马克思主义。

繁荣发展哲学社会科学,最首要的就是坚持马克思主义为指导,坚持中国特色社会主义理论体系为指导,在马克思主义基本原理与当代中国具体实际的紧密结合中推进哲学社会科学理论与方法的创新。马克思主义不是终结了其他学科探索世界的独特路径和选择,而是给其他学科的探索提供了科学的立场和方法；马克思主义没有穷尽世界的真理，而是为人们更加深刻地认识世界和更加有效地改造世界提供了方法论武器。这就要求哲学社会科学工作者，一方面必须旗帜鲜明地坚持马克思主义的指导地位，坚持马克思主义的立场、观点、方法，在马克思主义指导下，为历史发展和社会进步提供智慧。另一方面，必须旗帜鲜明地坚持解放思想、实事求是、与时俱进，不断深化学习中国特色社会主义理论体系研究，勇于探索真理，勇于追求真理。这两个方面并不是对立的，而是坚持马克思主义和发展马克思主义的关系，是一体两面辩证统一的关系。看不到时代的变化，不能以发展的眼光对待马克思主义，故步自封，不思进取，本身就不是彻底的唯物主义者。我们的研究必须立足于时代条件的新变化，面向新问题，提出新见解，创制新理论。在当前新的时代境遇中，当代中国学人必须以紧迫的时代责任感和高度的理论自觉性，不断提升马克思主义对现实的解释力，在坚持马克思主义基本原理的前提下，立足中国国情，把握时代变迁，在理论和实践的双重探索中，努力概括、提炼出新的学术理念、学术话语、研究范式和学科体系。

30 年来中国哲学社会科学的发展历程充分证明了这一点。各个学科和各个研究领域之所以能够取得突破性进展，之所以能够呈现出敏锐的时代特色和鲜明的实践特征，之所以能够系统反映、深刻概括和努力指导当代中国包括生产方式、生活方式、交往方式、价值观念、审美情趣、道德理想等方面在内的整个社会生活，就在于它们一方面旗帜鲜明地坚持马克思主义的指导地位，运用马克思主义的基本理论、立场、方法来研究新情况，解决新问题；另一方面坚持不懈地从各个学科、各个领域、各个角度进行富有问题意识的研究，不断丰富、补充、完善马克思主义对世界的根本判断和科学理解。这套丛书有助于人们深刻领悟 30 年来中国的巨变、中国特色社会主义的创新发展之于中国哲学社会科学研究、之于中国文化在承传中创新的重要价值。

第二，这套丛书全面地展示了 30 年来中国哲学社会科学发展的基本脉络和丰富内容。

改革开放 30 年来，伴随着当代中国经济社会发展的巨大成就，中国哲学社会科学研究也取得了历史性成就。在 30 年改革开放和中国特色社会主义现代化建设的宏阔舞台上，中国哲学社会科学研究承接中华学术源远流长、博大精深的优秀传统，立足当代中国丰富多彩、色彩斑斓的生活实践，放眼世界学术研究呈现出来的新问题域和新问题群，在学科建制、基础理论、问题研究、学派形成、学术史梳理等各个方面都获得了长足进步。当前对于我们来说，全面而科学地展示中国哲学社会科学30年来的发展历程，将中国哲学社会科学整体作为一门科学来研究，察其理据、审其现状、究其得失、明其路向，不仅是学术史回顾之必须，而且是学术进一步深化拓展之亟待。

事实上，任何一个时代的学术进步和理论创新都是"站在巨人的肩膀上"，深刻地解决和回答前人所未能解决的重大理论和现实问题所取得的。而当前中国哲学社会科学界，还没有如此全面、如此系统、如此具有自觉意识地对我们30年来的发展历程和主要进展作出梳理。正是基于对这一现状的敏锐自觉，《中国哲学社会科学30年》丛书回顾梳理了30年来中国哲学社会成长发展的历史进程和内在逻辑，分疏概括了各学科研究的基础研究、学术热点、前沿问题、重大理论突破、学术争论等，深入反思了各学科研究中存在的问题，站在学科制高点上展望了今后中国哲学社会科学的发展路向和路径择取。也正是由于上述理论自觉，这套丛书没有严格地依据一级学科、二级学科等学科界限筹划撰写，而是突出问题意识，凸显理论创新，不仅包括中国化马克思主义理论创新、中国哲学、中国宗教学、经济学、法学、社会学、民族学、历史学、世界史研究、文学等重要学科，而且还包括改革开放30年之经济发展、中国社会价值观变迁、中国新闻传媒、中美关系30年等重要问题研究。

从某种意义上说，《中国哲学社会科学30年》丛书填补了国内研究的空白，以其宏大的学术视野、深邃的历史反思意识和深入的学术梳理以及强烈的现实关切，站在了中国哲学社会科学承前启后、继往开来的关节点上。在这套丛书中，我们也愿意深刻地贯穿和呈现我们的学术理念，这就是：只有深刻地把握住时代与学术的相互映照、现实与理论的交织互动、历史与逻辑的辩证统一，我们才有可能破译当代中国哲学社会科学的成长密码，找到当代中国哲学社会科学据以安身立命、薪火承传的思想家园。

第三，这套丛书的作者编者均为当前我国哲学社会科学各学科的学术带头人，研究阵容强大，使丛书能够达到较高的学术质量和学术水准。

《中国哲学社会科学30年》丛书意义重大，为了顺利圆满地完成这一重大课题研究，我们从中国社会科学院、北京大学、中国人民大学、北京师范大学等科研院所约请相关专家共襄盛举。这些专家学者均是目前我国哲学社会科学主要学科的著名学术带头人，学术视野宽阔，理论功底扎实，在哲学社会科学界享有良好的声誉和广泛的影响力。其中，来自中国社会科学院的多位学者还是中国社会科学院学部委员和荣誉学部委员。

　　受邀参与撰写的专家学者充分肯定了这套丛书的选题意义和学术价值，高度重视课题研究和写作任务。在近两年的研究中，这些专家学者都投入了大量的精力和时间，从各个不同领域不同学术主题和写作方式，展现了30年来中国哲学社会科学研究的宏伟历程和思想景观。我们有理由这样说，《中国哲学社会科学30年》这套丛书承载的是一部精粹的当代中国学术思想史。这就是这套丛书的基本学术价值之所在。因此，在这套丛书付梓出版之际，我们谨对这些专家学者表示诚挚的谢意！

　　同时，我们还要十分感谢中国社会科学院常务副院长王伟光同志对编辑出版《中国哲学社会科学30年》丛书所给予的指导和帮助，他在百忙中欣然为丛书作序。衷心感谢院科研局李汉林局长、王正副局长等同志所给予的鼎力支持！

目　录

序言 …………………………………………………………… 郝时远(1)

第一章　中国民族理论研究 30 年 ………………………… 王希恩(1)
　　第一节　改革开放初期的初步繁荣 ………………………………(2)
　　第二节　20 世纪 90 年代的平稳推进 ……………………………(14)
　　第三节　世纪之交及新世纪初年的深入发展 ……………………(35)
　　第四节　把握正确方向，不断开拓创新 …………………………(57)

第二章　民族经济研究的兴起与发展 ……………………… 龙远蔚(60)
　　第一节　少数民族经济研究的兴起和初步繁荣 …………………(60)
　　第二节　学科基础理论研究的进展 ………………………………(65)
　　第三节　民族经济研究的时代特征 ………………………………(73)

第三章　民族学(社会文化人类学)的发展 ………… 何星亮　郭宏珍(80)
　　第一节　学术重建与初步发展 ……………………………………(81)
　　第二节　学术转型与多元发展 ……………………………………(99)
　　第三节　分支学科概况 ……………………………………………(116)

第四章　民族史学蓬勃发展的 30 年 ……………………… 华祖根(147)
　　第一节　新中国民族史研究的回顾 ………………………………(147)
　　第二节　近三十年来中国民族史研究的主要问题及成果 ………(153)

第五章　民族语言文字研究 30 年 ……………… 孙宏开(241)
　　第一节　绪论 ……………………………………………… (241)
　　第二节　改革开放以来的少数民族语言研究 …………… (256)

第六章　世界民族研究 30 年 ……………………… 朱　伦(322)
　　第一节　引言：世界民族研究 …………………………… (322)
　　第二节　学科的建立与发展 ……………………………… (324)
　　第三节　学术成果简述 …………………………………… (333)
　　第四节　主要问题和改进方向 …………………………… (348)

序　言

郝时远

中国的改革开放伟大事业走过了30年的历程，以经济建设为中心的发展取得了举世瞩目的巨大成就，并带动了社会各项事业的繁荣。哲学社会科学领域的繁荣发展取得了前所未有的长足进步，其中民族学、人类学研究事业的成绩也令人瞩目。

中国现代意义的民族学、人类学研究事业，其学科基础源自西方，但是它在中国已有百年发展的历史。在不同的历史发展阶段，民族学、人类学研究事业虽然经历过困惑、曲折、停滞的过程，但是这两个孪生学科在中国改革开放的巨大"田野"中形成了相辅相成、相得益彰的交融发展态势。不仅实现了在中国的落地植根，而且展现了当代根深叶茂的发展。其原因不仅在于中国具有丰厚的传统东方民族学土壤，而且在于它是认识和把握我们这个统一的多民族国家历史国情和现实国情不可或缺的科学工具。

中国的改革开放事业，是在坚持实事求是这一马克思主义精髓基础上的社会变革，一切从中国的基本国情出发是改革开放事业始终不渝坚持的基本准则。当代中国民族学、人类学研究学事业的繁荣发展正是遵循这一基本准则，立足于统一的多民族国家历史国情和现实国情实际的结果。改革开放30年来，中国民族学、人类学研究事业在继承和发展的进程中突出了立足本土，不断深化对基本国情的认知；发展理论，坚持推进马克思主义理论中国化；关注现实，对少数民族经济社会文化发展展开全方位的研究；展开视野，广泛吸取和借鉴世界各国解决民族问题的教训与经验。这些特点构成了中国民族学、人类学研究事业不断增强和彰显的中国特色。

指导中国改革开放伟大实践的思想理论，经过30年的丰富和发展，形成了以邓小平理论、"三个代表"重要思想和科学发展观组成的中国特色社会主义理论体系。这一思想理论体系既是对马克思列宁主义、毛泽东思想的继承和发展，又是立足于国情实际在改革开放实践中的丰富和升华，是马克思主义理论中国化的最新成就。其中，包括了马克思主义民族理论基本原理与中国解决民族问题实践相结合的中国化经验。改革开放以来的民族理论研究及其与民族工作实践的结合，为丰富和发展马克思主义民族理论提供了学术思想的资源。马克思主义民族理论的中国化进程也随着对党和国家几代领导人有关民族问题、民族工作论述的研究而取得了显著成绩。这些成果，不断被吸收到指导我国民族工作实践的思想体系和工作方针之中。

对统一的多民族国家历史国情的研究是把握现实国情的必由之路。因此，改革开放以来的民族史研究从理解历史上的"中国"概念及其"五方之民"的互动关系入手，开展了中国历史上民族关系的研究。在这一主题下，民族史学界对历史上的中国及其各民族的互动关系、民族同化与融合、各民族共同建立统一的多民族国家等重要的基本史实和理论进行了讨论，推出了翁独健主编的《中国民族关系史纲要》等奠基性的著作。进而在历史与现实的族别史研究基础上，开展了中华民族凝聚力的研究，产生了费孝通先生概括的中华民族"多元一体"理论。这一理论不仅有助于深化认识中国统一的多民族国家历史国情，而且为我们把握中国的现实国情和构建多民族、多宗教、多文化的和谐社会具有重要的现实意义。

我国的少数民族虽然只有1亿多人口，但是其聚居分布地区（民族区域自治地方）占到国土面积的64%，在两万多公里长的陆路边界线地区基本上都居住着少数民族，30多个少数民族与境外相关国家的主体民族或少数民族具有历史文化的渊源关系。因此，经济地理意义上的西部地区，事实上主要是少数民族地区。在西部大开发的进程中，西部地区的发展、特别是加快少数民族和民族地区的经济社会发展，不仅面临着经济基础薄弱等历史因素，而且涉及我国陆路边疆地区的现代化进程、社会稳定、边防巩固、民族团结、社会和谐等一系列重大问题。说到底，在关系到西部地区经济社会发展方面，由于历史、地理、民族、宗教、文化和环境等因素，在发展模式上需要探索新的思路和实践。20世纪90年代初中国社会科学院启动的《中国少数民族现状与发展调查》项目，不仅突出了多学科、综合性的学术研究特点，而且推动了学术界对少数民族地区乃至整个西部地区经济社会发展的关注。这种以深入少数民族聚居地区的田野调查工作，在自治区、自治州、自治县、民族乡和自然村寨等不同的经济社会单元不断展开，涉及农村、牧区、山区、林区等多种经济生活类型。这些调查研究，对进一步把握中国各民族在经济文化和社会生活方面的多样性以及历史形成的发展差距，提供了丰富的实证案例。为加快少数民族地区经济社会等各项事业的发展，提供了广泛的智力支持。

中国作为一个统一的多民族国家，文化多样性不仅具有深厚的历史渊源，而且具有丰富的现实依托。正如当今世界在全球化推动的现代化发展进程中，人类社会普遍遇到了生态和文化问题一样，生物多样性和文化多样性及其相互之间的密切关系正在为人们重新认识。在中国改革开放、特别是实施西部大开发战略的进程中，包括民族学研究在内的诸多学科在研究西部地区发展劣势的同时，也揭示了西部地区、特别是少数民族地区的潜在优势。这种优势不仅在于矿产、能源、森林、草地、水源等自然资源，而且还在于生物多样性、文化多样性。事实证明，中国的西部地区是文化多样性资源最丰厚的地区，也是中国文化宝库中最具斑斓色彩的资源。这些依托于各个少数民族的文化资源，表现在语言文字、宗教信仰、文学艺术、民间史诗、饮食、服饰、医药、建筑、生产技术等社会生活的各个方面，蕴含了丰富的传统智慧和生活经验。保护、利用和传承这些文化，不仅是中国民族政策的题中之意，而且也是西部大开发的重要任务。通过实地调查的田野工作，利用包括影视等科技手段记录、采集那些濒危的文化资源，都是具有紧迫性的任务。改革开放以来，少数民族语言学研究展开了更加深入的田野调查，完成了前所未有的反映中国各民族语言资源的《中国的语言》课题，揭示了到目前为止中国已发现的语言达到129种的基本国情。而对各个少数民族游牧、游猎、刀耕火种等传统生产方式的生态—文化解读，不仅揭示了其中所蕴含的人与自然和谐共生的朴素经验和传统智慧，而且对现代化进程中实现人、自然、经济、文化和社会协调发展提供了古老的启示。对少数民族多样性文化中人与自然和谐相处等传统知识和智慧进行发掘、提炼、升华，是实践创新性发展不可忽视的本土资源。这方面的研究及其所产生的思想影响，为党和国家的民族工作展开了新视野、提供了新观念。

在实施西部大开发战略的进程中学术界展开了更加广泛的视野，其中少数民族地区的生态环境保护，文化多样性资源及其旅游业的开发，少数民族传统经济生产方式和特色产业的发展，人口流动和城镇化，少数民族地区教育，人口素质和人力资本，少数民族干部队伍建设等一系列关系到以人为本、全面协调可持续发展的问题，受到了民族学、人类学等多学科视野的广泛关注。对西部少数民族地区经济社会发展潜在优势及其对整个国家现代化发展具有重大战略意义的研究，不仅进一步整合了全国一盘棋的"共同"意识，而且显著地提高了少数民族地区立足当地实际、发展优势的自信心。因此，以探索少数民族地区加快发展、跨越式发展模式为主导的研究，也更突出了因地制宜的取向。这一点正是巩固和完善民族区域自治制度的实践基础，也是在全面贯彻落实科学发展观的实践要求。

中国的改革开放事业，是一个不断对世界开放、融入国际社会的过程。在民族学研究领域，这种开放突出地体现在对民族大千世界和各国民族问题与民族政策等研究方面。改革开放以来，世界民族研究经历了20世纪80年代以"情况、问题、理论"为主的学术积累，并随着苏联解体和东欧剧变及其引发的世界范围民族、宗教问题的高涨形势，转向了地区性、国别性民族问题与民族政策的研究。对世界范围的民族问题开展研究，不仅是中国融入世界所必需的，而且是中国改革开放吸收和借鉴人类社会文明成就的重要途径之一，因为处理和解决民族问题是人类社会普遍面对的一个重大事务。民族问题不仅存在于发展中国家，也存在于发达国家；不仅存在于社会主义国家，也存在于资本主义国家。它与人权、生态、宗教、文化等都属于全球化进程中世界各国面对的共同性问题。因此，世界民族研究，一方面为我们提供了对民族大千世界及其文化多样性认识的基础，另一方面也为我们提供了从世界各国处理和解决民族问题的理论、政策、实践中吸取教训、借鉴经验的丰富资源。在这方面，全球化所推动和影响的许多重大现象和问题都引起学界的关注。从民族学、人类学视野开展欧洲联盟这种超国家形态的整合趋势，开展包括海外华人在内的国际移民现象，现代化进程中的文化认同问题，国际恐怖主义及其民族宗教问题的背景等，都为民族学研究事业的繁荣发展提供了更加宽广的研究领域和多学科合作的平台。

在全面建设小康社会的发展进程中，科学发展观统领下的政治、经济、文化和社会的四位一体建设，是构建社会主义和谐社会的内在要求。社会要和谐，首先要发展。和谐的民族关系必须建立在经济社会协调发展的基础之上。如上所述，改革开放以来我国民族问题显著增多的主要表现，集中反映了我国社会主义初级阶段的基本矛盾。因此，坚持用发展的办法解决前进中的问题，大力发展社会生产力，不断为社会和谐创造雄厚的物质基础，从而努力缩小和消除各民族在发展水平上的差距，这是整个社会主义初级阶段巩固和发展以平等、团结、互助、和谐为特征的社会主义民族关系的基本任务。但是，各民族之间经济社会发展差距及其所产生的影响虽然集中反映了我国当代民族问题的主题，但是民族问题的长期性、复杂性、国际性等特点，使我国在关系到国家统一、民族团结、社会和谐的现代化发展进程中，也面对着一系列影响民族关系的突出问题。如文化多样性资源的可持续发展、传承问题，城镇化进程中民族关系的民间化、社会化适应问题，境内外"三股势力"及其国际支持力量的渗透、干扰和破坏问题等。对这些问题，民族学界不仅给予了高度关注，而且在多学科的交融中取得了十分显著的学术成绩。

我国是人文资源极其深厚、丰富的多民族国家，也具有历史悠久的民族志传统。改革开放以来，我国的民族学研究事业在学科体系和学术研究方面取得了长足的发展，特别是社会文化人类学的合流交融中，学术研究呈现了蒸蒸日上的繁荣。民族学、人类学研究实体和在高等教育体系中的发展，全国性的学术团体纷纷建立，众多的民族学类学术期刊相继创办，与国际人类学民族学联合会以及相关的地区性、国别性学术团体和研究机构建立了广泛的交流合作关系，大量的著作、论文、资料、影视片等学术研究成果的刊布，国外民族学、人类学著述的译介，乃至国际人类学民族学科学大会选择在中国举行，都反映了改革开放以来我国民族学研究事业繁荣发展的现实。同时，我们也必须看到，目前我国还不是一个民族学等相关学科发达的国家。其重要原因之一，是我们还没有形成立足本土、符合国情实际的学科理论体系及其全面的学术规范。在引进、吸收和借鉴西方民族学、人类学理论、方法和规范方面还存在缺乏立足国情和本土资源的理论鉴别工具和对话能力。这正是我们在继续推动民族学研究事业繁荣发展中需要着力解决的问题。

我们党在构建社会主义和谐社会进程中提出了一个重要观念，即"尊重差异、包容多样"。这不仅是出于对我国社会生活领域阶层、利益、思想等多样性的现实认知，而且也是对多民族、多宗教、多文化国情的深刻把握。这一重要观念的提出，无论对国内的多样性而言，还是对世界多样性来说，都具有重大的现实意义。因为这一重要观念的内涵，突出了在差异中求和谐、在多样中求统一的基本理念。这也是构建和谐社会、和谐世界实践的目标。对自然界而言，物种多样性是生态平衡的基础；对人类社会来说，文化多样性无疑也应该成为维护和平的基础。这也正是民族学、社会文化人类学研究对多民族的中国和多样性的世界做出的理解。

值此中国改革开放 30 年之际，所内同仁编写了这部反映民族学、人类学研究事业繁荣发展的综述以示纪念，通览文稿，有感而发，故以为序。

2008 年 8 月 10 日

第一章

中国民族理论研究 30 年

王希恩

中国民族理论,或称"民族理论"、"马克思主义民族理论"、"马克思主义民族理论与政策",属民族学之下的二级学科。本学科传统上以马克思主义民族理论和中国现实民族问题和民族政策为研究对象,近年来研究领域不断扩大,倾向于三大块内容:以马克思主义为指导的宏观民族理论研究;国内为主,但也兼顾国外的现实民族问题研究;以国家制度和政策为主要内容的解决民族问题途径的研究。

早在民主革命时期,中国共产党就开始了对于马克思主义民族理论的研究和传播。20 世纪 20 年代早期,瞿秋白、蔡和森、李达和施存统等都曾在大学开设课程、撰写讲义,对马克思主义的人类进化和发展理论进行介绍宣传。1938 年,中共中央宣传部副部长杨松开设"民族殖民地问题讲座",讲述列宁、斯大林关于民族殖民地的理论。1939 年中共中央在延安成立了西北工作委员会,内设民族问题研究室,开始了对国内民族问题,首先是对回、蒙古两个少数民族的系统研究。作为研究成果的《关于回回民族问题的提纲》和《关于抗战中蒙古民族问题的提纲》对当时党的民族政策的制定和民族工作的开展起了重要的指导作用。1941 年中国共产党又在延安开办了民族学院,并下设研究部,国内民族问题和民族理论成为这个学院的重要研究和教学内容。中华人民共和国成立后,国内民族问题和政策以及马克思主义民族理论的研究得到了进一步的加强。50 年代初成立的中央民族学院和地方民族学院都把民族理论和政策的教学作为主要课程之一,新中国最早的民族工作干部大都由此接受了马克思主义民族观的教育和民族政策的培训。1956 年,由中共中央宣传部、中国科学院哲学社会科学部领导制定,政务院正式批准的"哲学社会科学研究十二年规划(1956—1967)"把马克思主义民族理论和政策正式列为一个门类。其后，民族理论以其鲜明的马克思主义理论属性和与现实问题的密切联系一直受到党和国家的重视，并成为我国民族研究领域中的主干性学科之一。目前从事民族理论研究和教学的主要有，中国社会科学院和部分地方社会科学院、国家民委和部分地方民委中的专门研究机构，中央民族大学和地方民族院校、其他部分高校、中央党校和部分地方党校中的教学和研究机构。这些机构的研究和教学人员密切联系实际，坚持马克思主义的指导，不但承担和完成了大量的研究课题，还培养出了一批包括硕士和博士在内的本领域的专门人才。

数十年来，中国民族理论密切结合国家的民族工作实践开展工作。从新中国建立之初的民族识别、少数民族社会历史大调查和民族区域自治制度的实施，到改革开放以来民族地区各项事业的推进和西部大开发，民族理论始终发挥着应有的理论引导和促进作用，其自身也在民族工作实践中实现着理论上的提高和发展。这期间，中国共产党的几代领导人始终关注民族理论的发展，各自就马克思主义民族理论的原则、中国的民族问题和民族政策发表过许多重要的讲话和文章。具体负责民族工作的一些领导人，如李维汉、乌兰夫等也就民族理论的一些基本问题进行过深入阐述。这些领导人的讲话和文章等也成为中国民族理论的重要内容。民族理论和民族工作实际的密切结合是其他学科所少有的。

中华人民共和国建立前期，民族理论配合党的工作在具体政策和马克思主义民族理论的阐发宣传上做了大量的工作，也在诸如民族定义和民族形成等基本理论问题上突破陈规，建立起了具有中国特色的"民族"概念和实践框架。但也不可避免地受到"左"的思想影响，提出过一些错误的观点，学术视野不够开阔，学科建设也不够规范。改革开放以后，民族理论界逐步摆脱了"左"的束缚，在继承优良传统的同时，也开始注重扩大基本理论研究的范围，注重学科建设，注重国际问题和国内民族问题的联系，注重国外民族理论的引入和消化。20世纪80—90年代以来，民族理论界的探索范围大大扩展，一些问题的研究明显深入，出现了大批有影响的研究成果。改革开放以来的30年是中国民族理论摆脱束缚、繁荣发展的30年。

第一节　改革开放初期的初步繁荣

与其他学术领域的境遇一样，"文化大革命"十年动乱曾为民族理论造成了严重损失。这期间，研究机构被拆散、人员被下放，资料被销毁，整个学科遭到严重摧残。民族理论研究的恢复几乎是和改革开放同时起步的，而且从一开始就显现出非常强劲的势头。这一点我们仅从1979年至1982年这一领域的主要活动就可看出：

1979年4月25日至5月6日，中国社会科学院在昆明召开全国民族研究工作规划会议，民族理论学科参与了规划的制定，并在会上成立了中国民族理论学会，选举出了以牙含章为理事长的第一届理事会。

这一年8月，中央党校理论研究室写出了《关于"消灭民族间事实上的不平等"的提法》一文。文章在阐述了列宁、斯大林的有关论述后认为，"消灭民族间事实上的不平等"是一个马克思主义的提法，当前我国进行四个现代化建设重新提出这一口号，是有意义的、必要的。

1980年，李维汉的《统一战线与民族问题》由人民出版社出版。这是在民族理论和民族工作领域都很有影响的著作。

当年4月7日，中共中央关于转发《西藏工作座谈会纪要》的通知指出："各民族的存在，多数是千百年历史形成的，今后很长时间也将继续存在。在我国各民族都已实行了社会主义改造的今天，各民族间的关系都是劳动人民间的关系。因此，所谓'民族问题实质是阶级问题'的说法是错误的，这种宣传只能在民族关系上造成严重误解。"7月15日，《人民日报》发表特约评论员文章《评所谓"民族问题的实质是阶级问题"》。这篇文章根据中共中央关于转发《西藏工作座谈会纪要》的通知的精神，澄清了"民族问题的实质是阶级问题"的说法造成的思想混乱，对民族工作的拨乱反正发挥了重要的作用，也对民族理论领域摆脱思想束缚发挥了重要作用。

这一年8月11—18日，首届全国民族理论学术讨论会在北京召开，有112人参会。会议就民族问题与现代化的关系、民族问题的含义与实质、民族区域自治等问题进行了研讨。

1981年1月，《民族理论和民族政策教学大纲》由民族出版社出版。这是我国民族理论课程公开出版的第一部教学大纲。

3月30日至4月6日，内蒙古自治区首届民族理论科学讨论会在呼和浩特召开。4月1—4日，云南省第一次民族理论讨论会在昆明召开；10月20日至26日，云南省民族理论研究会成立并召开该省第二次民族理论研讨会。

1982年1月，中国民族理论研究会创办学术季刊《民族理论研究通讯》（1987年改刊名为《民族理论研究》）。该刊的创办对民族理论学科的发展起到了重要的推动作用。

9月2—8日，第二届全国民族理论学术讨论会在北京召开，参与90人，提交论文74篇。会议就社会主义民族关系的若干问题进行研讨。

11月，云南省民族理论研究会召开扩大理事会会议，讨论了开创民族理论研究新局面的问题。

12月，吉林省民族理论讨论会在延吉市召开，就社会主义民族关系、民族自决权等问题进行讨论。①

在此之后，乃至整个80年代，民族理论学科一直保持了这样一种欣欣向荣的势头。这在遭受重创后刚刚得到恢复，改革开放刚刚开始的情势下，实在是一种难得的景象。从十一届三中全会之后的70年代末到80年代的十来年间，中国民族理论的繁盛局面还表现在以下几个方面。

一　学科基本建设顺利展开

实际上，除了上述全国和部分地方民族理论研究会得到成立以外，其他一些多民族地方也在此前后建立了相应的组织。它们纷纷联系各自的地方实际和研究兴趣，适时地举办各种学术研讨会，交流研究成果，推动民族工作。20世纪80年代仅由中国民族理论学会组织的全国性的民族理论研讨会就举行了十多次。

群众性学术团体的活跃实际反映了它们所依托的研究和教学实体科研活动的活跃。改革开放伊始，中国社会科学院民族研究所民族理论室便恢复了工作，增添了人员。1988年，国家民委成立了民族问题研究中心。在此前后，多民族地区的民委系统、社会科学院和党校也普遍建立了民族研究机构，其中民族理论成为其中的主要研究内容。1987年中央民族学院成立了民族理论政策教科部和民族理论政策研究所，各地方民族院校也普遍建立了民族理论教学体制，十年中培养出了一大批民族理论专业的本科毕业生和数十名硕士研究生，形成了一批有作为、有成就的民族理论教学和研究队伍。与此相应，北京、内蒙古、新疆、宁夏、广西、西藏、黑龙江、吉林、辽宁、甘肃、四川、云南、贵州、湖北、湖南和广东等各地，都结合本地的情况编写了民族理论和政策教科书，版本多达几十种，其中布赫主编的《马克思主义民族理论和民族政策》，彭英明主编的《马克思主义民族理论与中国民

---

① 以上参见孙青、揣振宇《建国以来民族理论学科大事记》，《民族研究动态》1986年第3期。

问题》，刘锷、何润著的《民族理论和民族政策纲要》，金炳镐著的《马克思主义民族理论基础教学大纲》等都很有影响。①

与这些基本建设同步推进的是该学科对自身认识的加深。在80年代的民族理论研究成果中，有一个非常显著的特点就是关注民族理论自身的地位、性质、研究内容等学科建设问题，在此问题上形成了许多热烈的讨论。这也是学科发展到一定阶段达至"自觉"的一个必然反映。

首先是民族理论是不是一个独立学科的问题。不同意为一学科的意见主要是：马、恩、列、斯虽对民族和民族问题有大量论述，但没有大部头的专著；国际上没有民族理论学科，我国主要将它归在科学社会主义之内，国务院的学科分类中没有这一学科；民族理论研究的任务与民族学基本一致。而大部分讨论则同意它是一个独立的学科。理由是：①在中国，50年代已经形成了独立的民族理论学科。民族理论与科学社会主义、历史唯物主义和民族学有严格的区分。②民族理论是研究民族形成、发展的一般规律及人类社会解决民族问题的方法、途径的科学，是民族学等学科无法替代的。民族理论研究对国家和民族的发展有着十分重要的意义。③民族理论学科是建立在马克思主义民族理论基础上的学科。其与现实的密切结合性、为民族事业发展的服务性和民族理论研究的综合性是其他学科代替不了的。它是一门具有中国特色的独立学科。④新中国成立后，民族理论在民族工作和教学科研实践中，已经初步形成了自己的学科体系，写出了教材。②

不能说这些理由非常充分，但无论如何，大家把它看做一个学科，并在用实际行动营造它、建设它，就比用各种理由来说明更有说服力了。

虽然大部分人都同意它是一个学科，但对于它该如何称呼又有着不同的意见。1988年，李毅夫先生在对我国民族研究学科体系做出整体反思的基础上，认为宜将民族理论学科的原有内容一分为二：一部分称为"民族哲学"，是最高层次的民族理论研究，也是民族科学最高层次和核心学科，而其他的属于具体科学性质的研究，则应称为"民族关系学"。③徐杰舜认为，所谓民族理论，就是研究民族和民族问题最普遍、最一般规律的学说，基于此，民族理论即可以顺理成章地称之为"民族理论学"。④这是有关民族理论学科名

---

① 参见金炳镐《民族理论研究的十年回顾和展望》，《黑龙江民族丛刊》1991年第3期。
② 参见仲言《民族理论学科有关问题的研究综述》，《黑龙江民族丛刊》1989年第4期。
③ 参见李毅夫《关于我国民族研究学科体系的反思和设想》，《民族研究动态》1988年第4期。
④ 参见徐杰舜《民族理论学刍议》，《内蒙古社会科学》1989年第4期。

称讨论的两种观点。与此相类，还有主张将其称为"理论民族学"、"民族政治学"、"政治民族学"和"民族问题学"等，此外，还有"民族理论"和"民族问题理论"之分歧。

与学科地位和名称的讨论相关，关于民族理论的研究对象和内容，关于学科体系的如何构建和关于学科研究的重点等也在这一时期有了较充分的讨论。

学科建设方面的这些讨论是空前的，它反映了中国民族理论在向更规范的方向发展的一种努力。这种努力是非常必要的，因为它产生的时间短，脱胎于革命战争年代的倥偬实践，又受到过"左"的错误的严重伤害，并没有过作为一种学科建设的自觉。这一点它不同于来源于西方的"民族学"或文化人类学。散漫、没有规则的研究是不利于民族理论作为一种学科发展的。

二　大量成果开始涌现

民族理论学科建设的推进带来了研究成果的大量涌现。这一时期发表的民族理论论文有上千篇，出版专著和论文集数十种，从量上讲已超过了新中国成立的前三十年的总和。这些论著涉及民族理论研究的各个方面，在学术和实际工作中都产生了不同程度的影响。其中一些作品成为了那一阶段中国民族理论代表性的成果。

《马克思恩格斯论民族问题》（上、下册）、《列宁论民族问题》（上、下册）和《斯大林论民族问题》，民族出版社1987—1990年出版。这是由中国社会科学院民族研究所受国家民委的委托，经过几年的努力完成的马克思主义经典作家关于民族问题论述的选编。内容包括马克思、恩格斯、列宁和斯大林各个时期有关民族形成发展与消亡、民族问题与阶级斗争、民族殖民地问题和民族解放运动、民族自决权、民族平等与联合、民族区域自治与民族发展、无产阶级国际主义与民族主义等重大理论问题的基本论著，比较完整地反映了马克思主义经典作家关于民族问题的理论体系。这套书因其对选编内容的完整性和准确性而为学术界所推崇，直到现在仍是马克思主义经典民族理论研究的必读书目。

《统一战线与民族问题》，人民出版社1980年出版。本书是李维汉关于统一战线和民族问题的一本文集。李维汉从1948年到1962年一直主持中共中央统战部的工作，是这一时期党在统一战线和民族工作部门的主要领导人。这本文集主要收集的是他在这一时期的有关著述，在一定程度上反映了这期间党的统一战线和民族工作的历史和理论脉络。作者在该书的序言中讲到，新中国成立后，我们党的统一战线和民族工作，在党中央的领导下，同全党的整个工作一样，取得了伟大的成就，又发生过重大的失误，也做过一些纠正错误的努力。这个文集在某种程度上就反映了这几个方面的情况。作者特别对1957年的反右派斗争和反地方民族主义问题做了说明，说当时确有极少数资产阶级右派分子向党和社会主义猖狂进攻，对这种思潮进行批判，对这种进攻进行反击，是完全必要的。不这样做，全国就要陷于思想上、政治上的大混乱。但是，随着斗争的发展，由于对当时阶级斗争形势估计得过于严重，把大量人民内部矛盾当作了敌我矛盾，以致造成了斗争扩大化，"把一大批少数民族干部错划为地方民族主义分子，误伤了许多同志和朋友。我作为中央统战部部长，应负重要责任。这里，我谨向一切被误伤的同志和朋友表示道歉和慰问"。从中可以看出老一辈无产阶级革命家的坦荡胸怀，可以看出党在这一时期关于统一战线和民族理论方面的艰辛探索。其中很多理论观点，如关于社会主义民族问题、关于民族融合问题等，都对我国的民族理论有着直接的影响。

此外，能够代表这一时期基本理论研究水准的专著有牙含章的《民族问题和宗教问题》，阿拉坦的《论民族问题》，阿拉坦、孙青等的《论民族》，华辛芝的《列宁民族问题理论研究》，熊锡元的《民族特征论集》、《民族理论基础》等；关于社会主义时期民族问题研究代表性的著作有刘先照主编的《论社会主义民族关系》，浩帆著《社会主义社会民族问题研究》，赵延年著《社会主义初级阶段的民族问题研究》等。

看得出，80年代民族理论研究成果中的马克思主义色彩非常浓厚，这与当时理论界正在摆脱"左"的束缚，拨乱反正、正本清源的大背景相关。1983年马克思逝世100周年和毛泽东诞辰90周年、1984年恩格斯《家庭、私有制和国家的起源》发表100周年等，为推动和交流马克思主义民族理论的研究提供了契机。在此期间，民族理论工作者召开学术座谈会、研讨会，探讨马克思列宁主义、毛泽东思想关于民族问题理论的产生和发展。他们认为，只有马克思主义才使民族理论成为科学。马克思和恩格斯很早就阐明了关于民族问题的思想，揭示了民族问题的规律和本质，提出了解决民族问题的基本原则和正确途径，成为无产阶级处理民族问题的理论基础。他们试图归纳马克思主义民族问题理论的基本点：即提出了被压迫民族争取独立解放的民族问题；无产阶级领导的社会革命，是解决民族问题的根本途径；明确提出了民族平等的观点；揭示了民族产生、发展和消亡的历史规律。认为列宁对民族问题理论的发展做出了巨大贡献，用新的经验和斗争实践进一步发展了马克思主义的非资本主义道路理论和纲领原则，真正为殖民地人民和被压迫民族开辟了一条越过资本主义阶段进入社会主义的道路。毛泽东运用马列主义普遍原理结合我国具体情况，走出了一条具有中国特色的、成功的解决民族问题的道路。这条道路的主要特征是：民族平等联合是解决民族问题的基本原则；民族区域自治是解决民族问题的基本政策；建设现代化的社会主义祖国，并在祖国社会主义建设中逐步消除民族间事实上的不平等，是社会主义时期民族问题方面的根本任务；承认民族差别、照顾民族特点，帮助少数民族学会用自己的腿走路，是民族工作的基本方针；民族团结是各民族共同建设社会主义祖国的根本保证等。[①] 这些研究，对恢复和巩固马克思主义在民族理论中的指导地位产生了重要影响。

三 一些重要问题的讨论得到持续和扩展

改革开放以前我国的民族理论界曾就一些重要问题进行过热烈的讨论，但最终因"文化大革命"而中断了。随着改革开放带来的民族理论研究的恢复，这些话题又被重新提出，原来的讨论被延续了。

首先是民族的概念问题。由于旧中国存在着不承认少数民族为"民族"的问题，所以新中国成立后一直就有着关于什么是"民族"的讨论。主要争论在于：一种意见认为，根据斯大林关于民族特征的论述，民族只能在资本主义上升时期产生，而在此之前只有"部族"没有民族。另一种意见认为，除了斯大林所说的民族外，恩格斯还说过"原始民族"、"古代民族"等。所以，斯大林的民族定义要与民族实际相结合，它的基本精神也应适用于资本主义以前的民族。我国各民族早已成为民族。1980年，敬东发表《关于"民族"一词的概念问题》一文，对林耀华1963年时阐述的一个观点提出异议，同时指出必须分清马克思主义民族概念和中国传统民族概念。[②] 其后，这一问题的讨论渐趋热烈。在这一时期的文章中，有的对斯大林的民族定义做了完全的肯定。如金炳镐认为：斯大林民族定义是对马、恩、列关于民族理论的继承和发展。它虽然是针对资产阶级民族的，但它的基本精神适用于不同

---

① 参见伯仲、国生、齐平《1983年民族理论研究简介》，《民族研究动态》1984年第2期。
② 参见敬东《关于"民族"一词的概念问题》，《民族研究》1980年第4期。

发展阶段上的民族，因而具有普遍意义。① 有的在基本肯定的前提下做出一些修正，如杨堃提出民族定义五要素："民族是人们在历史上形成的一个有共同名称、共同语言、共同地域、共同经济生活和共同民族意识、民族情感的稳定的人们共同体。从历史发展的角度看，它分为氏族、部落、部族、资产阶级民族和社会主义民族五个阶段和五种类型。"在这些民族类型中，"共同的民族名称和民族意识与民族情感是主要的和必不可少的"。② 当然，也有对斯大林民族定义持反对态度的。如蔡富有提出："根据斯大林民族定义产生的背景和斯大林自己的说明，斯大林定义的民族概念作为民族学概念是不适当的，它不是民族学范畴的民族定义；它既有理论的局限性，也有时代的局限性。"③ 此外，还有文章考察了中文"民族"一词的最早出处，有的对马克思主义经典作家使用"民族"一词的背景和实际含义进行考证等。

其次是关于民族形成、发展阶段或类型的讨论。这是与民族概念相联系的一个问题。因为对民族概念的界定不同，对它的形成和发展的认识也不同。如杨堃的民族五要素是一种泛义的民族概念，于是他对民族形成时间的认定就在氏族阶段，将民族的发展分为氏族、部落、部族、资产阶级民族和社会主义民族五个阶段和五种类型。而如果认为民族形成于资产阶级革命时期，那它的发展阶段就可以简单为资本主义和社会主义两个阶段了。与民族概念的讨论一样，民族形成和发展阶段的争论也是延续于 50 年代的。施正一 1979 年发表的《关于民族形成问题的争论》一文，将我国民族理论界关于民族形成问题的讨论分为了四个阶段：第一阶段是 1954 年以前，大家都认为是民族形成于资本主义上升时期；第二阶段是由 1954 年的汉民族到底形成于什么时间的大讨论；第三阶段由牙含章 1962 年提出民族最早是"由部落发展而来"引发；第四阶段即从 1978 年又有人提出资本主义以前是部族而不是民族开始。④ 由此可知这一问题讨论的历史渊源。80 年代的讨论甚为热烈。关于民族形成的时间，有把它放在氏族部落阶段的，有认为是在原始社会野蛮时代高级阶段至阶级社会之间，民族和国家大体同时产生的；有认为形成于文明时代，是在阶级和国家产生之后的；也有认为形成于野蛮时

---

① 参见金炳镐《试论马克思主义民族定义的产生及其影响》，《中央民族学院学报》1984 年第 3 期。
② 杨堃：《论民族概念和民族分类的几个问题》，《中国社会科学》1984 年第 1 期。
③ 蔡富有：《斯大林的民族定义评析》，《中国社会科学》1986 年第 1 期。
④ 参见施正一《关于民族形成问题的争论》，《民族研究》1979 年第 2 期。

代的高级阶段，早于国家产生的。关于民族的发展阶段或类型，一种观点基本上是将其与人类社会的发展形态相对应，即氏族部落为第一类型，对应于原始社会；部族为第二类型，对应于奴隶社会和封建社会；第三类型即民族，对应于资本主义和社会主义社会。另一种观点不主张将民族发展阶段和类型与社会发展形态相对应，也不同意使用"部族"这一概念，而只是把民族发展类型分为原始民族、古代民族和现代民族。当然，在这两种主要观点之下还存在着一些更具体的分歧。其中，关于是不是存在"部族"或应不应该使用"部族"这个概念分歧尤为严重。

关于民族概念和形成及发展阶段讨论的一个突出特点是，各家观点的申述主要围绕着如何理解马克思主义经典作家的论述所展开。这对巩固马克思主义的指导地位是有益处的，但也存在着与当代民族学和人类学研究成果结合不够，缺乏非马克思主义民族理论的参照等问题。这是一种缺陷，却又是那个时代所难以避免的。

第三是关于民族特点的讨论。民族特点是民族存在的标志。因此如何对待特点的存在往往与对民族发展状况的认识相联系。受"左"的错误影响，"文革"期间和之前民族理论界有过一些不正确的谈论，自觉或不自觉地把建国以后党和国家一系列民族政策的实施和民族之间的相互接近和"民族融合"联系起来。十一届三中全会以后，民族理论界认真总结历史经验，普遍认识到，民族特点或民族差异是一种长期的存在，它的消失是全世界实现共产主义以后很久以后的事情。民族融合因素的增长是民族发展中自然进行的，不是人为制造的，用行政手段来完成"民族融合"其结果只能是适得其反。同时人们也谈到，我国各民族都有自己的特点，又有很多共同点，各民族的共同点、共同利益和民族特点、特殊利益是不可分割的。发展共同利益要照顾好民族的特殊点，照顾好了民族的特殊利益，才能更好地发展各民族的共同利益。在社会主义建设中，正确地对待民族特点，处理好与共同点的关系，才有利于促进社会主义建设的发展，促进民族的繁荣和社会主义民族关系的改善。[1]

此外，关于"事实上不平等"的讨论，社会主义民族关系性质的讨论等，都成为这一时期民族理论的热点。不过，与对民族概念、民族形成和发展阶段的讨论不同的是，这些问题由于和现实民族问题和民族工作密切关

---

[1] 参见孙青《民族理论学科三十五年》，《民族研究动态》1984年第3期。

联,中央在不同的场合又有过相关的表态,所以结论总的来说是明确的,分歧并不多。

四 民族法学研究蓬勃展开

民族理论是一个非常宽泛的研究领域,在没有完全的实力独立出来之前,与民族工作有关的许多内容都曾包容在民族理论的范畴之内。比如说民族经济、世界民族,都曾作为民族理论的一部分开展研究。民族法学和民族教育也是这样。由于民族区域自治是中国解决民族问题的基本政治制度,所以以探索解决民族问题途径为使命的民族理论历来重视民族区域自治问题的研究。而改革开放以后随着中国社会主义民主法制建设的推进,民族理论对民族法制问题的研究更为重视。1981年7月14日乌兰夫在《人民日报》发表文章《民族区域自治的光辉历程》,其中就提出了加强民族法制建设和民族法制研究的问题。1984年《民族区域自治法》颁布以后,人们对该法的研究逐渐向建立民族法学的方向提升。1984年史筠在《中国法学》第3期发表的《民族区域自治法在我国社会主义法制建设中的地位》一文,首先提出和论述了民族法制学的研究对象和任务等,1986年北京大学出版社又出版了他的专著《民族法制研究》。其后,有关民族法学研究的著作接踵面世,如史筠的《民族法律法规概述》(民族出版社1988年版)、王天玺的《民族法概论》(云南人民出版社1988年版)、吴大华的《民族与法律》(民族出版社1990年版)、吴宗金的《民族法学导论》(广西民族出版社1990年版)等,都是这一时期代表性的著作。而自《民族区域自治法》颁布到1990年间,在《人民日报》、《法制日报》、《中国法学》、《民族研究》等报刊上发表的相关论文就达数百篇。1986年朱文成在《新疆大学学报》第1期发表的《民族立法初探》一文,首倡"建立一门专门研究民族立法、民族法、民族法制等问题的新型学科——民族法学";同年,吴宗金在向中国法学会第二次大会提交的论文《关于建立我国民族法学刍论》,就民族法学的问题做出专门论述。此后,关于民族法学的文章陆续发表,建立民族法学的呼声渐高。1990年3月,在有关部门和学者的积极努力下,中国法学会批准成立中国法学会民族法学研究会,该研究会挂靠在国家民委,于当年12月在北京宣告成立。[①] 这些都显示了

---

① 参见吴宗金《论民族法学》,《黑龙江民族丛刊》1991年第3期。

民族法学作为一个学科的基本形成。当然，由于它和民族理论的渊源关系和密切联系，在学科划分和研究内容上很多地方并不是分得很清。

五　国外民族理论开始引进

中国民族理论虽然是在中国革命和建设过程中自然发展起来的，但其理论来源则是马克思主义民族理论，而在相当长的时期内斯大林理论的影响尤为明显。然而，随着改革开放对于斯大林模式的反思，民族理论界也对一些传统的理论模式表现出了批判性质疑，关于民族概念的讨论实际上主要就是对于斯大林民族理论质疑的集中反映。其实，这种质疑不但发生在中国，在前苏联理论界，这种质疑早已发生，只是由于两国关系的严重对峙使得这种质疑长时间并不为中国学界所了解。20世纪80年代以后，随着思想解放和学术环境的开放，正在摆脱斯大林模式的前苏联民族理论开始进入我国，为我国的民族理论界带来了新的影响。其中最突出的便是民族过程理论。

民族过程理论在前苏联学术界出现于20世纪60—70年代，但在其后不长的时间内，不论在基础理论研究方面，还是对当代世界和前苏联民族状况的具体研究方面，前苏联学术界都表现得十分活跃，以至80年代的民族学研究几乎就是围绕民族过程理论而展开。这一理论的大致内容是：民族是一个稳定而又变动着的体系，这个体系在时间上的变化就是民族过程。民族过程分为两种基本形式：一是民族变异过程，二是民族进化过程。民族共同体有两种存在形式：一是纯粹的民族，一是民族社会机体；由此，民族过程也分为纯粹的民族过程和民族社会过程。纯粹的民族过程表现为民族本身（语言、文化和民族自我意识等）的变化，民族社会过程表现为民族社会共同体的变化（首先是经济因素的变化）。纯粹的民族过程也区分为两种基本形式：民族分化过程和民族联合过程。后者又表现为聚合、同化和一体化三种过程。制约和影响民族过程的因素是多方面的，包括语言、文化、心理、地域、人口、地理环境、物质生产、经济联系、阶级和国家等。[①] 从这些内容来看，民族过程理论对我国民族理论的建设是很有借鉴意义的，因为它使民

---

① 参见［苏］Ю.В.勃罗姆列伊著，李振锡、刘宇端译《民族与民族过程》第7章《民族过程》，内蒙古人民出版社1985年版；［苏］Ю.В.勃罗姆列伊、Г.Е.马尔科夫主编，赵俊智译：《民族学基础》（绪论），中国社会科学出版社1988年版。

族现象的纵向研究更具概括性，并使民族纵向研究中的渐变或量变过程得到了强调。更有意义的是，它将马克思主义民族理论关于民族是一个历史过程的观点在学术上充实起来了。我国对民族过程概念的引进和使用是在改革开放以后。可相当一段时间之内，人们对这一理论并没有多大关注，甚至对这一术语能否在汉语中通行都持有异议，认为照直译而来的"民族过程"语法不通，根本不能接受，即使勉强算通也绝不会有生命力。但经过讨论，人们一般还是接受了这一术语，认为这个词语在汉语中还是可用的，因为它忠实于原意，并有类似词语的先例，如"历史过程"，"运动过程"等。更主要的是它作为专门术语，有高度的概括性和明确的含义。[1] 为此，一些学者对前苏联有关民族过程的著作和文章作了翻译、介绍和评述，认为民族过程理论值得我们参考、借鉴，建议开展这方面的专门研究，"创立一个中国的民族过程理论"。[2] 应该说，这些翻译、介绍和建议对活跃人们的思想，推动民族理论研究的深入起了相当积极的作用。

其实，在和前苏联民族理论界的关系上，除了一部分属于引进之外，还有很大一部分属于互动。比如前述我国民族理论在一些基本理论问题上的讨论，在当时的苏联学界也在进行。20世纪50年代以后，苏联关于民族共同体的分类一直流行着"三段式"的划分，即将广义的民族按历史发展阶段分为部落—部族—民族，分别对应于原始社会—奴隶制和封建制社会—资本主义和社会主义社会。对此，他们在60年代的讨论中已有了异议，而至80年代就形成了更大的挑战。1986年在《苏联民族学》杂志上开展的关于民族类型的讨论中，很多学者提出，部落—部族—民族的传统分类并非科学的成果；"部族"概念违背形态原则；"社会主义民族"在理论上是论证不足的，在实践上是消极有害的等，因而主张放弃这一术语。[3] 而就在这一年的4月，我国的《民族研究》编辑部也召开了类似问题的学术讨论会，并通过4、5、6连续三期刊登了讨论的文章。这些文章涉及的民族定义、民族的属性、民族共同体的发展规律和类型、民族研究的原则和方法等有着与苏联同行很多的契合点。这种契合点的出现是由于两国民族理论有着共同的马克思主义指导，有着大体相同的话语体系，同

---

[1] 参见修世华《"民族过程"一词在汉语中行得通吗?》，《民族译丛》1988年第2期。
[2] 参见易明《苏联民族过程理论述评》，《中央民族学院学报》1988年第2期。
[3] 参见李毅夫《对"部落—部族—民族"传统分类法的挑战——苏联关于民族类型的大讨论》，《民族研究动态》1987年第2期。

时，也反映着两国理论界的一种互动。

除了对前苏联民族理论的引入评介和与之互动之外，西方民族理论的一些成果也在80年代得到译介。如当代英国著名民族主义理论家安东尼·史密斯的《论民族与民族主义》，美国学者M.布劳特的《略谈民族主义理论》等中文译本都在80年代的《民译丛》等刊物上得到发表。这对长期与西方学术界隔阂的中国民族理论界来说，无疑是一种有益的工作。

与整个中国学术发展的形势一样，改革开放之初我国民族理论呈现出的这样一种兴盛状态在这一学科的发展史上是空前的。

第二节　20世纪90年代的平稳推进

20世纪90年代是中国改革开放胜利推进的10年，也是中国民族理论从前一阶段的初步繁荣走向平稳发展的10年。这期间，以对马克思主义经典民族理论为主要对象的基本理论研究明显告一段落，而结合现实民族问题及一些超出传统的理论讨论更为热烈地展开了，同时，民族理论的学科建设及用新的视角对民族问题探讨的成果也陆续面世了。

一　对中国共产党民族理论的研究

与改革开放前十年对马克思主义经典民族理论的研究形成热点不同，20世纪90年代，我国民族理论界对中国化的马克思主义民族理论，即中国共产党的民族理论给予了更大的研究热情。

对党的第一代领导人的民族理论研究往往在他们的纪念日形成高潮。如在毛泽东诞辰100周年时就出现了一大批研究毛泽东民族理论的文章。郝时远的《毛泽东对解决中国民族问题的历史贡献》(《民族研究》1993年第5期)、金炳镐的《毛泽东对马克思主义民族理论的伟大贡献》(《民族理论研究》1994年第4期)等有影响的文章都是这一时期的作品。由杨荆楚、王戈柳和温华合著的《毛泽东民族理论研究》一书1995年由民族出版社出版。该书共10章22万字，对毛泽东民族理论进行了全面、系统的归纳和理论概括，成为我国第一部专门研究毛泽东民族理论的学术专著，被认为是有中国特色民族理论研究的一部力作。[1]

---

[1] 参见金炳镐《民族理论研究的佳作》，《民族研究》1997年第2期。

周恩来是中国共产党第一代领导集体的重要成员，他在领导我国民族工作中的实践和著述也为党的民族理论留下了丰富的内容。20世纪80年代有关周恩来民族思想研究就已有了较多的成果，90年代，尤其是他诞辰100周年前后更有大量的文章发表。如江平、黄铸的《周恩来对中国民族问题理论与实践的伟大贡献》《民族研究》1998年第2期）、郭常英的《周恩来民族工作理论述评》《史学月刊》1994年第2期）、王希恩的《论周恩来的民族平等观》《周恩来百周年纪念——全国周恩来生平和思想研讨会论文集》，中央文献出版社1999年版）等，从不同侧面论述了周恩来关于民族平等、团结和发展繁荣的思想，论述了周恩来的民族工作方法特点，尤其是对他在我国民族区域自治制度的建立，促进民族平等团结局面的形成等方面给予了高度评价。

李维汉在中国共产党第一代领导人中长期领导民族工作，对李维汉民族思想的研究是毛泽东民族理论研究的重要内容。在研究中学者们普遍认为，李维汉提出的关于中国民族和民族关系的发展规律及其现实特点的理论，在党和毛泽东把马列主义关于民族问题的基本原理同中国革命中民族问题的实际相结合方面，以及制定处理中国民族问题的纲领、政策方面起了很大作用。他的关于社会主义民族的理论，论述了中国社会主义民族形成的道路，阐明了社会主义阶段党在民族问题方面的任务，反映了社会主义初级阶段民族工作的客观要求。他为我国民族区域自治制度的建立和发展，对党的民族政策的全面落实和新中国民族工作局面的打开等，都做出了巨大的贡献。

邓小平是党的第二代领导人的主要代表，他在领导中国革命和建设中也对民族问题和民族工作留下了大量论述。因此，随着90年代对邓小平理论研究的展开，民族理论界对邓小平的民族思想的研究也出现了繁荣的景象。

关于邓小平民族理论的地位，研究者普遍认为，它与马列主义民族理论、毛泽东民族思想是一脉相承的关系，既是对毛泽东民族思想的继承，又是对它的发展。邓小平民族理论在中国特色社会主义理论体系中占有重要地位。

关于邓小平民族理论的内容，学者们有不同的概括。金炳镐等人认为，邓小平民族理论是一个整体结构，由四个相关联的层次构成：核心层次是民族发展，基础层次是民族问题的基本论点，中心层次是政策和制度保障，目的层次是最终实现各民族共同繁荣。① 龚学增认为,邓小平民族理论的基本内容大体上可分两部分:第一是对马克思主义民族观的贡献。其中,我们的民族政策要着眼于少数民族地区的发展,这样才能真正体现出民族平等;必须真正实行民族区域自治;稳定是维护中国各民族根本利益的前提;国家统一是民族的愿望,分裂是违背民族意志的,必须发扬爱国主义精神,提高民族自尊心和自信心,加强整个中华民族的大团结,实现祖国统一和民族振兴。这四点是最能反映出邓小平对马克思主义民族观创新发展的内容。第二是新时期关于社会主义时期民族问题的基本观点,包括关于社会主义时期民族问题的长期性、复杂性和重要性的观点,进一步具体完整地阐述了民族平等的原则,大力发展生产力,促进各民族共同繁荣等七方面的内容。② 而布赫则认为,邓小平民族理论有四个方面的重要观点:一是中国各民族的大团结是各民族人民的根本利益所在;二是我们的民族政策是真正立足于民族平等;三是民族区域自治是我们的优势;四是着眼于将民族地区发展起来,逐步实现各民族共同繁荣。③

大家普遍认为,邓小平民族理论的一个重要特征是重视发展,在这一理论体系中,集中力量发展生产力是社会主义初级阶段民族工作的重点和中心任务。王杏禄撰文指出:发展论是邓小平民族理论的最主要之点、最重要内容。认真研究邓小平民族理论和实践,我们可以清楚地看到,邓小平同志十分重视少数民族地区的发展问题。如何加快少数民族地区的发展,是小平同志毕生关注的问题。在民族地区发展问题上,小平同志讲得最多、讲得也最深刻,发展问题一直是邓小平考虑民族问题和处理民族问题的出发点和落脚点。在他看来,民族地区解决所有问题都离不开发展,离开发展什么也谈不上。发展是贯穿于邓小平民族理论的一条主线,在邓小平民族理论中居于中心地位,其他所有理论观点都是围绕这个中心问题展开的。把发展论视为邓小平民族理论的核心,与当今中国和世界的主题是一致的。④ 这是一种具有代表性的观点,也是符合实际的。

---

① 参见金炳镐、李瑞、张炯主编《邓小平民族工作思想》,内蒙古人民出版社 1996 年版,第 77 页。
② 参见龚学增《论邓小平民族问题理论》,《宁夏党校学报》1999 年第 1 期。
③ 参见布赫《认真学习邓小平同志关于民族问题的理论,促进民族地区经济社会的发展》,《民族理论研究》1996 年第 1 期。
④ 参见王杏禄《发展论:邓小平民族理论的核心》,《中南民族学院学报》1999 年第 3 期。

此外，关于邓小平的民族平等团结、民族区域自治思想，民族工作的原则和方法等也都有大量的论著发表。在对中国共产党民族理论的研究中，邓小平民族理论是90年代最为集中的研究领域。

关于党的第三代领导集体的民族思想研究是从90年代前期开始的，而至后期这一研究就达到了高潮，成为中国共产党民族理论研究的主流。

研究者认为，党的十三届四中全会以来，以江泽民为核心的中国共产党第三代领导集体在错综复杂的国内外环境中，领导我国民族工作取得了辉煌成就，尤其是在1992年中央民族工作会议和党的十四大、十五大以来，党的第三代领导集体在处理民族问题、指导我国民族工作的过程中，在继承和发展马列主义、毛泽东思想、邓小平理论的民族理论的基础上，深刻总结国际上民族问题方面的经验教训和国内新时期民族工作实践中的经验，逐步形成了一整套特色鲜明、体系完整的、适应新时代需要的民族理论，成为继毛泽东民族理论、邓小平民族理论之后，马克思主义民族理论在中国发展的第三个阶段。①

关于第三代领导集体民族理论对马克思主义民族理论的发展，贾平安、张树桐认为主要体现在以下几点：①提出了"民族、宗教无小事"的科学论断。这个论断把民族、宗教问题和国家的统一、社会的稳定、边防的巩固、建设的成功、民族的团结、民族素质的提高联系在一起，把民族工作、宗教工作同巩固无产阶级专政的政权、巩固社会主义制度、发展社会主义经济、实现人类伟大理想联系在一起，从而把对民族、宗教工作重要性的认识提高到一个新的高度。而且它作为一个带有普遍性的问题被提出来，也是对马克思主义民族理论的丰富和发展。②提出了"反对民族分裂主义，维护祖国统一"的任务。③提出"全党都要充分重视民族问题的长期性、复杂性和重要性"的思想。1992年1月，江泽民在中央民族工作会议上首次提出要"充分认识民族问题的长期性、复杂性、重要性"的思想。1993年11月，他又在全国统战工作会议上进一步提出"全党都要充分认识民族问题的长期性、复杂性和重要性，高度重视民族工作和宗教工作"，并特别强调"对当前存在问题的潜在危险性，要十分警觉，切不可掉以轻心"。把民族问题提到这样的高度，在我们党和国家领导人的讲话中，以及马克思主义的文献中，这还

---

① 参见金炳镐等《中国改革开放以来的民族理论研究》（上），中央民族大学出版社2007年版，第88页。

是第一次。④提出"三个离不开"的民族教育理论。"三个离不开"的民族教育理论,更全面、更深刻地反映了新时期我国各民族"同呼吸、共命运、心连心"的关系,是新时期社会主义民族关系的科学总结,是马克思主义民族理论的新贡献。⑤提出我国东部地区和中西部地区协调发展的战略,促进各民族的共同繁荣和进步。⑥把民族区域自治制度确定为建设有中国特色社会主义政治的基本内容之一。① 这几点概括是有代表性的,当然也有需要补充的地方,比如说,关于民族问题概念的解释也被普遍认为是对马克思主义民族理论的重要贡献之一。许多文章对此已做了充分阐述。

关于中国共产党第三代领导集体民族理论的基本特点,金炳镐提出具有时代性、实践性和系统性三个特点。"中国共产党第三代领导集体民族理论之所以产生和发展,根本原因在于新时期我国民族工作面临着很多新问题,出现了很多新情况,要求我们党从理论上给予说明和指导。也正因为如此,中国共产党第三代领导集体民族理论表现出了鲜明的时代性。""中国共产党第三代领导集体民族理论来自于实践,又直接用之于实践,而且以实践为目的。中国共产党第三代领导集体民族理论为我国解决跨世纪民族工作中的实际问题提供了方法论和宏观的思路,并将这些思路化为具体的战略、政策和措施,最终目的还是带动实践的不断发展。因此,中国共产党第三代领导集体的民族理论还具有突出的实践性特点。"中国共产党第三代领导集体"对新时期我国民族和民族工作的基本情况和发展规律已有了较为全面和深入的认识,对处理和解决新时期民族问题的方针、原则、方法也有了比较完整的归纳,总体上对我国民族工作起着宏观指导作用,而且对我国民族工作的每一个重要方面都有所论述和涉及,体系十分完整,结构严谨。因此,中国共产党第三代领导集体民族理论还具有系统性特点"。② 这一概括无疑是准确的。

除了对三代领导集体的民族理论做出上述研究之外,也有一些从整体上对中国共产党民族理论的研究。其中郝时远的《中国的民族与民族问题——论中国共产党解决民族问题的理论与实践》一书就堪具代表性。全书从中国历史谈起,先讲中国文明的多元性和民族的多源性,讲统一的大趋势和历史

---

① 参见贾平安、张树桐《党中央第三代领导集体关于新时期处理民族问题的新思路》,《内蒙古统战理论研究》1999年第2期。

② 金炳镐等:《中国改革开放以来的民族理论研究》(上),第95—96页。

上的民族交融，接着回顾了中国共产党民族区域自治政策产生的历史过程，然后深刻地分析了世纪之交国内外民族问题的发展现状和特点，最后在"结语"中对全书做出总结。作者指出："中国共产党解决民族问题的理论与实践，经历了70多年的发展过程。党在继承和发展马克思主义民族理论方面的成就，在探索和推进解决民族问题实践方面的成绩，开创了社会主义多民族国家把马克思主义民族理论的基本原理与本国民族问题具体实际相结合的成功道路。这一点，在前苏联和东欧多民族国家发生剧变以后更加深刻地体现出来。"他认为："建国以后，特别是党的十一届三中全会以来，我们党在解决民族问题的理论发展和实践过程中，形成了以民族区域自治制度为主干的民族政策体系，其中既包含了对马克思主义民族理论的继承与发展，也包含了解决民族问题的工作实践中所积累和凝练的经验。"其中的主要内容是：

——坚定不移地贯彻各民族一律平等的原则，民族不分大小、历史长短、发展程度高低，都是统一的多民族国家历史的创造者，都是中华民族的平等成员，各民族在政治、经济、文化和社会生活各方面相依共存的关系是密不可分的，少数民族离不开汉族，汉族也离不开少数民族。

——民族过程是一个漫长的历史发展过程，在社会主义时期，随着平等、团结、互助的社会主义民族关系的巩固和发展，民族之间的共同性在不断增多，但是民族特点、民族差别仍将继续存在。民族过程的漫长性决定了民族问题的长期性，民族问题与其他社会问题的交织性、渗透性决定了民族问题的复杂性，民族问题解决程度与维护国家统一、巩固民族团结的直接关系，决定了民族问题的重要性。

——民族区域自治制度是中国解决民族问题的基本制度保证，是符合中国多民族实际状况和少数民族人民根本利益的选择。民族区域自治制度的法制化发展和不断完善，使党和国家的各项民族政策所体现的少数民族特有权利得以集中反映和切实保障。

——中国的各项民族政策，是保障各民族发展繁荣的政策。民族只有在开放中发展，只有在发展中繁荣。少数民族和民族地区在开放和发展中面临着历史遗留下来的经济文化差距和现实中地区发展不平衡造成的矛盾，逐步消除历史遗留差距和努力缩小现实发展不平衡，是建设中国特色社会主义现代化事业过程中解决民族问题的根本立场，目的是实现各民族共同发展、共同富裕、共同繁荣。

——一贯坚持反对大民族主义，主要是大汉族主义，同时反对地方民族主义的原则。

——必须重视培养和造就一支宏大的德才兼备的少数民族干部队伍。

——处理好民族问题与宗教问题的关系。

——坚决反对任何破坏民族团结、制造民族分裂、危害国家统一的言行，坚决抵制西方敌对势力和境外民族分裂主义利用我国的民族问题进行所谓"人权"干涉和图谋"分化"的渗透、破坏活动。

作者最后说："当前，民族矛盾世界性的激化，固然使人类社会在世纪之交的岁月中乃至21世纪上半叶面临着重大困扰，但是同时也为世界上各个多民族国家如何正确处理和解决民族问题提供了历史抉择的契机。在这种选择中，马克思主义的民族平等观和对民族过程自身发展规律的科学认识论，必将取得普遍的共识。社会主义中国解决民族问题的成功经验，也将获得越来越多的尊重和借鉴。"[①]

十多年来的民族问题实践和党的民族理论发展进程正在对作者的这一阐述做出印证。

二　党的民族理论政策研究的基本建设

搞研究需要资料，尤其需要权威准确的资料。1991年由中共中央党校出版社出版的《民族问题文献汇编》一书标志着中国共产党民族理论政策研究的基本建设取得了重大成就。江平在该书的《前言》中讲道：

> 中国共产党从成立之日起，就把解决中国的民族问题作为自己的历史使命。在党历次宣告的纲领性文献中，都把解决中国民族问题列为重要的内容之一。毋庸讳言，中国共产党在观察和处理中国革命的各种问题上，都是经历了从幼年时期到成熟时期的发展过程的。在民族问题上当然也不例外，同样经历了马克思列宁主义的普遍原理同中国革命的具体情况逐步相结合的过程。
>
> 现在，《民族问题文献汇编》出版了。这是一本重要的资料书。它包括整个新民主主义革命阶段中国共产党及其领导下的革命根据地政府和军队，有关民族问题的纲领、宣言、决议、指示，以及有代表性的负

[①] 郝时远：《中国的民族与民族问题——论中国共产党解决民族问题的理论与实践》，江西人民出版社1996年版，第251—254页。

责同志的文章和其它重要的文献资料。其中首次公开发表的文献资料达270余篇。这本文献汇编的出版，将为研究中国现代革命史、中国解决民族问题的道路，中国共产党的民族纲领及其发展变化，提供丰富翔实的资料。对于我们加深理解现阶段党的民族政策，也将是大有裨益的。

从这本文献汇编中，我们可以清楚地看出，中国共产党从马克思列宁主义的基本原理和中国的具体情况出发，一开始就主张民族平等，并在平等的基础上联合起来，共同反对帝国主义的压迫，于反帝反封建革命胜利后建立各民族自由联合的国家。在中国共产党的民族纲领中，这些基本点是始终一贯的。但是在强调或者不强调民族自决权，实行或者不实行联邦制的问题上，则是有过重大发展和变化的。①

江平的这段话已经把这本书的性质、内容和价值说得很清楚了。事实正是如此。在其后的十几年时间内，这本资料汇编已经成了中外学界研究中国共产党民族理论和政策的必读书籍，研究新中国建立以前党的民族理论政策的论著的引注材料几乎都取自这里。

与记录新中国建立之前党的民族理论政策的文献汇编不同，由黄光学为主编、李宏烈为副主编，动员了众多学者和民族工作者参与撰写的《当代中国的民族工作》一书，则以现实的笔触记录了从1949年到1991年新中国的民族工作历程。全书分上下两册。上册以"民族工作的发展历程"、"民族平等权利和自治权利的实现"和"少数民族社会面貌的变化"三编的篇幅全面回顾了新中国建立以来我国民族工作的主要内容、成就和经验教训；下册分两编分别叙述了新中国建立以来民族地区的经济和民族文化的发展。书中使用了大量材料和图片，内容翔实，评点准确，是了解和研究新中国民族工作历史的又一权威读本。杨静仁为之作序说：

经过四十年坚持不懈的努力和卓有成效的工作，中国的民族工作取得了世人瞩目的成就。一盘散沙、四分五裂的旧中国，实现了空前的团结和统一；民族压迫的枷锁已被彻底打碎，各民族不论人口多少、地域大小、发展程度高低，都享受到平等的权利，成了国

---

① 江平：《前言》，中共中央统战部编：《民族问题文献汇编》，中共中央党校出版社1991年版，第1页。

家主人;民族区域自治制度的实行,使少数民族得到了管理自己内部事务的自治权利;历史遗留的民族隔阂大大消除,各民族之间建立了新型的社会主义民族关系;各族人民的坚强团结,经受住险风恶浪的考验,像巍峨的长城岿然屹立;长期发展滞缓、贫困落后的少数民族地区,在政治、经济、文化等各方面都发生了历史性的巨变,正在向着社会主义现代化和共同发展繁荣前进。中国各族人民正以团结、安定、奋发、进取的英姿活跃于世界民族之林。

但是,迄今为止,我们还没有一部全面的详细的记述中国民族工作历史的专著。我作为一个长期从事民族工作的人,对此常常引以为憾。现在,记述中国民族工作的历史、成就和经验的《当代中国的民族工作》一书填补了这一空白,我感到由衷的喜悦和欣慰。这部书的出版,对于民族战线的同志,对于国内外关心中国民族问题和民族工作的人们,都是一件很值得高兴的事。①

事实正是如此。在有关新中国民族工作的研究论著中,《当代中国的民族工作》一书有着很高的引用率。

此外,该书后添加了7个附录:①有关民族工作的重要文献(包括1954年中央批发的关于过去几年内党在少数民族中进行工作的主要经验总结、1980年中央关于转发《西藏工作座谈会纪要》和1981年云南民族工作汇报会纪要等在内的五个重要文件);②民族工作大事记(1949—1988年);③少数民族人口表;④少数民族主要分布地区表;⑤全国民族自治地方简表;⑥少数民族经济和社会发展统计资料(包括历届全国人民代表大会少数民族代表数、历届中国人民政治协商会议全国委员会少数民族委员数、全国民族自治地方工农业总产值、农业总产值、工业总产值发展指数等14项数据);⑦历届全国人大民委、全国政协民委和国家民委主任、副主任名单。这些附录在一定程度上弥补了新中国建立以来民族工作研究资料分散和不足的缺陷。

三 苏东剧变后民族问题的理论思考

20世纪80年代末90年代初世界局势发生重大变化。苏联解体和东欧剧

---

① 杨静仁:"序言",黄光学主编:《当代中国的民族工作》(上),当代中国出版社1993年版,第1—2页。

变有着深刻的民族因素，随之引发的第三次民族主义浪潮又对世界格局产生了重大的影响。适时地总结其中的经验教训，探讨其中的理论和政策得失成为当时民族理论研究的重大课题，而由此产生的一批研究成果也较好地回答了这些问题。其中由郝时远和阮西湖主编的《苏联民族危机与联盟解体》及《当代世界民族问题与民族政策》两书便很具代表性。

这两本著作是国家哲学社会科学"七五"规划重点项目。课题进行的过程也是苏联和东欧国家发生动荡剧变的过程，这使课题组得以直观和共时性地研究了其中的演变，最后的结论就带有更强烈的现实感。《当代世界民族问题与民族政策》（四川民族出版社 1994 年版）按苏联东欧、北美大洋洲、亚洲等六编论述相关的民族问题和民族政策，同时加以评点；《苏联民族危机与联盟解体》从不同的角度和时段论述了苏联解体过程中民族问题的前因后果。他们认为："民族问题表现形式的多样性和表现程度的复杂性，既反映了民族这个历史范畴遵循自身发展规律的必然过程，又反映了不同国家的国情特点和解决民族问题的各种道路选择。""20 世纪以来的人类社会表明，并不是所有的社会主义多民族国家的民族问题都解决得比较好，苏联和东欧一些国家近年来的变化已说明了这一点。同时，也不是所有的资本主义多民族国家的民族问题都处理得很不好，瑞士多民族长期和睦相处、共同发展的状况也是引人注目的事实。面对这样的现实，如果不从国家发展的历史和现实的政治、经济、民族关系状况等方面进行分析，不从国际政治气候和发展环境的变化加以认识，而简单地用社会制度去区分，就难免会陷入理论混乱和困惑不解的境地。"[①] 他们认为："苏联民族危机的爆发是民族问题长期积淀的结果，造成这种积淀的根本原因是马克思列宁主义的民族政策原则在理论上被歪曲、在实践上被背弃；社会主义制度在解决民族问题、促进民族进程方面的优越性和它所提供的历史条件，由于国家制度的扭曲和变形而受到严重的遏制。今天苏联民族危机的突变，正是苏联民族问题长期渐变、从量变到质变的结果。"[②] 这些论断，对我们正确总结苏东剧变在民族问题上的经验教训，正确认识和处理包括我国在内的社会主义国家的民族问题都有着深刻的启迪。

---

① 郝时远、阮西湖主编：《苏联民族危机与联盟解体》（序），四川民族出版社 1993 年版，第 5 页。

② 郝时远：《历史的"反弹"与现实的演变》，《苏联民族危机与联盟解体》，第 45 页。

此外，由果洪升主编的《中国与前苏联民族问题对比研究》（中央民族大学出版社1997年版）一书，也从民族问题的几个基本方面对苏联和中国的民族问题进行了对比研究，提出了一些有价值的见解。

民族主义给世界的震荡使国际学术界对民族主义的研究呈现出热潮。国内学术界同样为之做出了反应。西北大学出版社1992年出版的彭树智的《东方民族主义思潮》，《战略与管理》1994年第3期发表的王逸舟的《民族主义概念的现代思考》、尹保云的《民族主义与现代经济发展》，第4期发表的萧功秦的《民族主义与中国转型时期的意识形态》等都是关于民族主义研究有影响的论著，而《欧洲》1994年第2期发表的关于《民族与民族主义问题讨论会发言摘录》则集中反映了那一时期国际政治学界关于民族主义问题研究的主要论点。值得关注的是，民族理论界也打破陈见，开始了对民族主义的客观研究。1995年第四次北京地区青年民族理论工作者研讨会的主题就是民族主义问题。与会者对民族主义与民族意识的关系、民族主义与爱国主义的关系、泛民族主义问题等做了广泛探讨。虽然这时的讨论尚不能说很深入，但能把民族主义置入一个客观的研究对象，而不是简单地批判了事，对民族理论界来说，已是一个很大的进步。

国际民族主义思潮的抬升也刺激了国内民族分裂主义的活跃。也是在80年代末90年代初，在国外敌对势力的配合下，新疆的"东突"和西藏的分裂势力蠢蠢欲动，同时在意识形态上大肆歪曲历史、鼓噪分裂。为了反击民族分裂主义，民族理论界发表了一系列的批判文章，旗帜鲜明地表明了维护祖国统一和民族团结的立场。如谷苞的《〈维吾尔人〉的作者伪造历史、鼓吹分裂主义思想的实质》（《新疆大学学报》1991年第3期）、杨发仁的《民族分裂主义是对马克思主义民族观的反动》（《新疆社会科学》1990年第2期）、艾则孜·玉素甫的《在新疆鼓吹"民族自决"的实质是搞民族分裂》（《新疆社会科学》1990年第3期）等，从历史、文化和现实等不同方面论述了新疆是中国不可分割的一部分，坚决反对民族分裂的严正立场。同时，关于反对达赖集团的分裂行径的文章也多有发表。

四 关于民族意识的讨论

应该说，民族意识的研究至少在20世纪80年代就已经开始，但那时多被纳入民族心理素质的研究，因为很多情况下两者都被视为一个问题了。随着世界民族主义浪潮的影响和国内各民族自觉意识的增强，国内民族理论界已完全将民族意识作为一个独立的，同时也是一个重要的问题给予关注，因而出现了大量的研究成果，形成了研究热点。这一时期的研究涉及对民族意识概念的理解、形成规律、结构层次、表现形式、功能调控等多方面的内容，已有了相当的深度。

关于什么是"民族意识"，比较传统的看法即等于"民族自我意识"，梁启超和费孝通等都表达过这种意思，而在新一轮的民族意识讨论中仍有很多学者表明了这种看法。如徐杰舜讲："民族自我意识，即民族意识"①，顾肇基说："民族意识，本来就是指民族群体的自我意识。……所谓民族意识、民族自我意识和民族主体意识，这三个概念的涵义是完全相同的。"②但更多的文章对民族意识做了新的解释。如金炳镐认为："民族意识，概括说来，就是综合反映和认识民族生存、交往、发展及其特点的一种社会群体意识。"③进而他又把民族意识区分为民族分界意识和民族认同意识两部分。而熊锡元则认为："民族意识的内涵，首先表现为人们对自己归属于某个民族共同体的意识，亦即认同；其次是在国家生活中，在与不同民族交往的关系，人们对本民族生存发展、兴衰荣辱、权利与得失、利害与安危等的认识、关切和维护。"④与熊锡元的观点接近，王希恩对民族意识的解释是："社会成员对自己民族归属和利益的感悟。"由此他特别强调了民族认同与民族意识的不同："即民族认同只是民族意识的一个构成、一个部分，二者并不等同。认为把民族意识或民族认同等同起来，要害在于抹煞了自在民族的民族性质。一个民族共同体可能因落后封闭而未能形成民族认同和民族意识，但它具有的独特语言、习俗等鲜明民族特征绝不能把它摈除在民族的行列之外。具有民族意识或民族认同的共同体是民族，不具有这种意识或认同，但却具有其他民族特征的共同体仍然是民族，不同之处仅在于发展阶段或存在的状态不同。"⑤这一观点得到了较多的认同。

关于民族意识的产生和形成，一般认为它产生在民族之间的交往过程之中，王希恩对此作了具体的论述。他认为，民族认同只能产生于民族交往、形成对比之际。同时认为，民族认同发生的强弱与民族交往的对比度、频

---

① 徐杰舜：《从原始群到民族·附录》，广西人民出版社1991年版。
② 顾肇基：《民族意识若干问题探索》，《民族研究》1993年第4期。
③ 金炳镐：《论民族意识》，《黑龙江民族丛刊》1991年第2期。
④ 熊锡元：《民族意识与祖国意识》，《民族研究》1992年第1期。
⑤ 参见王希恩《民族认同与民族意识》，《民族研究》1995年第6期。

度、形式和广泛程度有着直接的关系,而根据民族认同发生的途径,民族认同的形成又有着自然发生、外加发生和转化三种类型。民族认同的发生不是突发的,也不是瞬间完成的,而是一个逐渐浸润漫延的过程。从族体的空间范围来说,民族认同总是首先发生于边缘部分,而后向中心部分漫延。期间它所要借助自然传播、认同教育、社团推动、国家促进等多种手段。① 由于民族认同是民族意识的主要内容,所以,这里对于民族认同发生的分析也是对民族意识形成和发展过程的论述。与此不同,顾肇基则认为民族意识产生需具备五个条件:一是不同民族的并存即民族差别的存在;二是民族间的联系与交往;三是特殊的民族生活条件和生活方式;四是本民族的共同利益;五是本民族生存发展的共同要求。② 熊锡元提出,民族意识有一个从"自在"到"自为"的过程,实现这个过程是一个质的飞跃,是一个规律,是一个民族逐渐走向成熟的标志。一个民族,只有在它的民族意识发展到"自为"的高度时,才有可能跻于现代文明民族之林,为全方位地参与社会生活以及解决民族问题创造条件。③

对民族意识表现形式的讨论是一个与对民族意识概念的理解直接相关的问题。因此,基于对民族意识理解的不同,对民族意识表现形式的论述也有差别。如刘宝明提出,民族意识的行为表现方式是多种多样的,可以是一种物化的标志,也可以是人们对一种制度的遵循。他概括了十种方式:语言标志、服饰、居住标志、饮食标志、禁忌标志、艺术欣赏上的心理倾向、对民族节日的热衷行为、利益分配上的利己倾向、对待民族集体利益的个人牺牲行为、文化交往中的排他性行为等。④ 而金炳镐则认为,广义的民族文化是民族意识的总的表现形式。具体来说,民族意识一般是从民族属性、民族交往、民族发展三个方面认识的形式表现出来。⑤ 此外,还有一些学者强调了族称在民族意识表现中的重要意义。⑥

关于如何认识民族意识的作用和功能,龚永辉 1995 年在《广西民族学院学报》上连续发表四篇论文,详细阐述了他的"民族意识调控"论。他认

---

① 参见王希恩《民族认同发生论》,《内蒙古社会科学》1995 年第 5 期。
② 参见顾肇基《民族意识若干问题探索》,《民族研究》1993 年第 4 期。
③ 参见熊锡元《民族意识过程:由"自在"到"自为"》,《黑龙江民族丛刊》1999 年第 2 期。
④ 参见刘宝明《论民族意识的本质、特征及其行为表现方式》,《北方民族》1991 年第 1 期。
⑤ 参见金炳镐《论民族意识》,《黑龙江民族丛刊》1991 年第 2 期。
⑥ 参见李瑞、何群《民族意识初探》,《民族研究》1991 年第 2 期。

为，民族意识是一般社会问题转换生成民族问题的思想基础或精神条件。对民族意识的调控是解决民族问题的一种手段。其内容有两层：一层是对民族意识的调控；另一层是通过民族意识对社会进行调控。他提出的调控基本方略是：确立人民利益原则，通过四个观念（民族自尊、民族平等、爱国主义、国际主义）和四项指标（经济依存度、政治参与度、人际和谐度、文化认同度），运用国家机器，启动社会调控系统，构成调控网络（通过民族政策和法律，以及政治制度、经济关系意识形态的调控系统）等。[①] 这一提法受到了民族理论界的普遍关注。1996年作者又将他的论文结合自己八年的田野调查心得汇集成书，以《民族意识调控说》为名由广西民族出版社出版。

民族意识问题的研究并不是无的放矢，而是改革开放以来，随着社会主义现代化建设的推进各民族的民族意识增强这一现实问题的理论反映。它的意义就在于提醒人们正视这一民族现象的存在，因势利导，做好工作。因此，这一问题的讨论虽然在90年代比较集中，但在其后也并没有沉寂，因为与此相关的"认同"问题在新世纪之初很快又成为人们研究的热点，只是参与讨论的大多为人类学、民族学的同行，表现出了与国际学术热点接轨的倾向。

五　关于现阶段民族问题的研究

改革开放给中国带来的巨大变化之一是社会主义市场经济的建立。随着市场经济的推进，原来发生于计划经济时代的民族问题也在发生变化。因此，20世纪90年代民族理论研究的一个重要内容就是社会主义市场经济条件下的民族问题。

研究中大家普遍认为，社会主义市场经济加强了民族之间的联系与交流，打破了民族和地区间的壁垒，强化了民族之间的凝聚力和向心力，加速了各民族劳动力的自由流动，促进了民族之间的相互学习。然而，社会主义市场经济又是一种竞争经济。竞争增强了民族内部的经济活力，也提高了民族的自立意识，但也会给民族关系带来一些消极的因素。杨荆楚对竞争带来的消极影响做了具体论述：一是，竞争使民族传统产品失去市场，生产民族用品的民族企业处于停产或半停产状态，一些少数民族职工生活因此而发生困难。二是，企业的优化组合、择优上岗，使文化素质较低的少数民族职工

---

① 参见龚永辉《民族意识调控方略》，《广西民族学院学报》1995年第4期。

下岗比例高于汉族，引起某些职工的不满。三是，汉族的建筑队、包工队深入民族地区承包工程，由于技术水平高、造价低、时间短、质量好，从而给当地的少数民族建筑行业造成重大冲击。四是，各种修理行业，由于历史和技术上的原因，汉族也明显处于优势。①

尽管有消极的因素，但人们普遍的认识则是，社会主义市场经济是各民族共同发展、共同繁荣的必由之路，也是我国各民族向现代化民族迈进的不可逾越的发展阶段。同时也认为，民族地区建立和发展社会主义市场经济有许多有利条件：一是建立社会主义市场经济体制的目标提出后，民族地区出现了经济建设发展的新局面；二是新中国建立以来，民族地区的经济发展为市场经济发展提供了物质基础；三是民族地区拥有丰富的自然资源；四是民族自治地方所处的地理位置，使得民族地区随着沿边开放战略的实施，边境贸易发展，国际市场不断开拓；五是改革开放的实践，使少数民族人民得到了锻炼，积累了丰富的经验。当然，民族地区建立和发展市场经济也面临着艰巨性和复杂性。如经济基础薄弱，缺乏市场经济观念；商品市场发育程度低；地方自主权的扩大和现存的财政体制使地方贸易保护主义不同程度存在，以及科技落后，人才缺乏等。②

1994年5月，中国民族理论学会在福州和厦门召开了第五次全国民族理论专题研讨会，其议题就是社会主义市场经济与民族问题。会议在对民族地区建立社会主义市场经济积极意义做了充分肯定的同时，也认为它会带来新问题和新矛盾：①经济体制改革加快与少数民族承受力弱的矛盾；②发展起点严重失衡下的竞争与少数民族心理承受不平衡的矛盾；③资源配置的取向与少数民族地区市场发育滞后的矛盾；④投资政策向沿海和内地发达地区倾斜与少数民族迫切要求国家加大对民族地区投资力度、加快自身发展的矛盾；⑤民族间经济交往扩大、人员接触频繁与保持和尊重少数民族风俗习惯的矛盾；⑥维护民族团结、促进民族发展与影响民族团结、阻碍民族发展的矛盾。关于市场经济对民族关系提出的挑战，其主要表现是：现今东西部差距拉大的趋势造成了少数民族心理上的不平衡，成为民族关系发展中的不稳定因素；随着改革开放和文化的发展，民族意识普遍增强，同时民族矛盾和纠纷增多；世界民族主义浪潮也直接影响到我国的民族关系；民族之间人口

---

① 参见杨荆楚《社会主义市场经济与民族关系的几个问题》，《民族理论研究》1994年第3期。
② 参见温华《民族问题与社会主义市场经济》，《中央民族大学学报》1995年第2期。

的流动也带来了民族矛盾的增加等。会议也提出，少数民族应改变过去淡薄的竞争观念，增强竞争意识，调动内部活力。政府也应对民族地区的发展予以倾斜政策、积极扶持，对民族地区更大的自主权等。① 这次会议上的讨论基本反映了当时民族理论界在此问题上的主流观点。

从计划经济向市场经济的转变是社会主义初级阶段中国发展的必然过程。至于怎样认识整个社会主义初级阶段的民族问题，自从中国共产党十三大提出社会主义初级阶段理论以后便成为民族理论研究的一个热点，而至90年代有了更大的进展。

关于社会主义初级阶段民族问题的特点，研究者有不同的表述，如吴治清认为有五个：第一，世界性；第二，一体多元性；第三，差距性；第四，非对抗性；第五，长期性。② 而金炳镐则认为有四个：第一，从民族问题存在的时间讲，具有长期性；第二，从民族问题在社会生活中的地位来看，具有重要性；第三，从民族问题的内容和形式来看，具有复杂性；第四，从人们对民族问题的关系程度来看，具有敏感性。同时他还提出，由于民族问题的这些特性使得解决这种问题就有了同步性、艰巨性、多样性等特点。③ 与此相关，关于社会主义初级阶段的民族关系的特点，也有不同的提法，如何晓芳将其概括为：平等、团结、互助是社会主义初级阶段民族关系的本质特征；四项基本原则是它的政治基础；改革是其不断发展和完善的动力；有计划的商品经济是它的运行机制。④

关于社会主义初级阶段民族问题的发展前景，黄铸提出存在两种趋势：一方面，随着社会主义现代化建设和社会主义商品经济的发展，各民族之间谁也离不开谁的关系将更加发展，民族融合的因素在增多；另一方面是民族繁荣和民族意识增强。⑤

1992年1月，中央民族工作会议在北京召开，会议不但研究了当前和未来的民族工作，也就一些理论问题做了阐述，如江泽民在会议的讲话中讲道：

---

① 参见郑信哲《社会主义市场经济与民族问题——全国民族理论专题学术讨论会暨学会顾问座谈会综述》，《民族研究》1995年第1期。
② 参见吴治清《论中国社会主义初级阶段民族问题的特点》，《民族研究》1990年第6期。
③ 参见金炳镐《民族理论通论》，中央民族大学出版社1994年版，第216页。
④ 参见何晓芳《试论我国现阶段民族关系的特征》，《内蒙古大学学报》1992年第4期。
⑤ 参见黄铸《社会主义与民族问题》，《民族研究》1992年第2期。

民族、阶级、国家都有自己产生、发展和消亡的客观规律。随着社会经济文化的发展，各民族互相学习、互相影响，共同因素会不断增多，但民族特点、民族差异将长久存在。只要有民族存在，就有民族问题存在。民族问题既包括民族自身的发展，又包括民族之间，民族与阶级、国家之间等方面的关系。在社会历史发展的长河中，民族问题对过去、现在和未来社会，都具有重大的影响。

　　社会主义时期是各民族发展繁荣的时期，社会主义条件下的民族关系基本上是劳动人民之间的关系，但民族问题依然复杂，民族工作的任务依然繁重。一是各民族政治上的平等实现后，在经济、文化发展上的差别依然存在，旧社会在民族问题上的遗毒不是短时期内可以完全消除的。二是各民族的根本利益是一致的，但在某些具体权益，主要是经济权益方面，民族之间仍会发生一些矛盾和纠纷。三是在风俗习惯和语言文字等方面，由于相互了解或尊重不够，也容易造成某些误会和纠纷。四是民族问题在一些地方往往和宗教问题交织在一起，如果对宗教问题处理不慎或不当，也会影响民族关系甚至酿成冲突。五是由于种种原因，有些人有时会做出伤害民族感情、损害民族团结的事，甚至违法犯罪。尤其值得我们警惕的是，国际敌对势力明目张胆地支持我国内部的极少数分裂主义分子，正在加紧对我们进行渗透、破坏和颠覆活动。利用民族问题打开缺口，是国内外敌对势力进行和平演变的重要手段。在这种错综复杂的情况下，我们更应该高度重视民族问题，采取正确的方针政策，认真妥善地加以解决。①

　　这些论述，实际上对学术界关于社会主义初级阶段和市场经济条件下民族问题的特点、内容、性质和规律等问题的讨论都做出了结论性的总结，实践证明是正确的。其中一些阐述还化解了学术界长期以来的一些争论。如关于"民族问题"的概念问题，改革开放以前几乎没有做过认真的讨论。80年代以后讨论展开，但多数学者将"民族问题"等同于民族之间的矛盾问题，而这里江泽民将它的内容概括为"民族自身的发展"、"民族之间、民族与阶级、国家之间等方面的关系"，不但大大扩展了人们认识民族问题的视野，

---

① 江泽民：《加强各民族大团结为建设有中国特色社会主义携手前进》，载国家民委政策研究室编：《中国共产党主要领导人论民族问题》，民族出版社1994年版，第249—250页。

也将现阶段民族问题的实质是发展问题这一关键因素纳入其中了。因此这一解说为人们广泛接受,成为当代认识民族问题、解决民族问题的指导性理论。

六 关于民族理论的学科建设

关于民族理论的学科性质、定位和特征等问题在20世纪80年代曾有过集中的讨论。进入90年代以后这一讨论虽有时断时续的成果发表,但已没有了以往的那种集中和热烈。然而,结合教学实践在学科体系的规范性上则取得了重要进展。由于民族理论教学的需要,80年代各民族院校都结合各自实际编写了一些教材,如刘锷、何润编写的《民族理论与民族政策纲要》(中央民族学院出版社)、布赫主编的《马克思主义民族理论与党的民族政策》(内蒙古人民出版社)和彭英明主编的《马克思主义民族理论与中国民族问题》(四川民族出版社)等都有很高的发行量和影响。然而,这些教材主要是用于民族院校的公共课教学,无论是篇幅还是内容上都受到一定的局限。1986年,中央民族学院设立了全国第一个民族理论本科专业,由此出现了金炳镐编写的《马克思主义民族理论基础教学大纲》。在此基础上,随着教学和研究的深入,金炳镐又于1994年出版了他的《民族理论通论》(中央民族大学出版社),推出了我国第一本民族理论专业教材。

《民族理论通论》共为七编:绪论、民族实体论、民族发展论、民族问题论、民族关系论、民族纲领论、民族政策论。作者在书中写道:"民族理论学科体系作为整体结构,要求具有内在联系性、构成严密性、总体完整性。"[①] 这一结构安排体现了他的追求。金炳镐曾这样阐述他的构思:从静态分析民族现象入手,由马克思主义"两种生产"的理论揭示民族是一种"实体",即与民族三种基本属性相对应的民族自然体、民族社会体、民族人种体的统一。民族结构和民族素质概念是对民族现象进行静态分析和动态分析的结合点。民族结构是民族静态存在形式,民族发展是民族结构运动的过程,是协调和优化结构的过程。这样就引出了"民族发展论"。民族发展本质上是民族生存和演进的质量的提高,其中最根本的内容是民族素质的提高和优化。具体民族总是在具体族际环境中发展的,民族问题和民族关系成为

---

① 金炳镐:《民族理论通论》,中央民族大学出版社1994年版,第6页。

影响民族发展的重要因素,因此有了"民族问题论"和"民族关系论"。为了更好地促进民族发展,就必须运用马克思主义的理论解决民族问题,协调民族关系,由此最后两编就有了"民族纲领论"和"民族政策论"。① 显然,这是一个很有创意的理论架构。

该书出版以后受到民族理论教学和研究者的广泛关注。有学者称该书的出版是"民族理论学发展的一块里程碑",给予了很高的评价。② 许多教学部门将其作为民族理论的教科书或主要参考书。2007 年作者又完成了对该书的修订,由中央民族大学出版社重新出版。《民族理论通论》的出版不但集中体现了金炳镐的学术思想,也是我国民族理论的学科建设取得进步的一个重要标志。

七 新视角和新领域的开拓

由改革开放带来的民族理论研究获得进步的一个重要方面是研究视野的扩展。如果说,20 世纪 80 年代还是以引进为主的话,90 年代则已开始了在引进基础上的创新。这方面尤其突出的是民族政治和民族过程理论研究的展开。

周星较早注意到了民族政治问题,在 80 年代后期就在一些文章中陆续做过论述。他认为:民族不仅仅是经济共同体、文化共同体,同时也是一种政治共同体。政治属性是民族共同体的基本属性之一。任何民族共同体都有自己的政治和经济利益,这种利益只是通过与其他民族的相互作用,才能得以实现。作为政治共同体的民族的特征有:①民族共同体的政治利益,以本民族的基本利益为基础。②民族共同体的政治权力,是在共同体为实现其政治利益的行为实践之中产生的。它可以是机构化的权力,也可以是非机构化的权力。③文化整合是作为政治共同体的民族最为基本的内部特征。他认为,民族政治关系是民族共同体之间一切关系层面的最高层次和集中表现。民族政治关系的核心就是利益和权力。民族之间存在一种政治过程。民族政治过程包括民族内部的政治过程与族际政治过程。基于民族共同体的这类特征,他认为在我国建立政治民族学学科是十分必

---

① 参见金炳镐等《中国改革开放以来的民族理论研究》(上),中央民族大学出版社 2007 年版,第 134—135 页。

② 参见徐杰舜《民族理论学发展的一块里程碑》,《黑龙江民族丛刊》1995 年第 1 期。

要的。① 政治民族学以各民族的政治生活、政治制度与政治文化为主要研究对象，同时涉及民族共同体内部政治体系的形成与发展、民族关系的政治性质与运行机制、影响民族政治关系与民族政治生活内容及政治发展取向的各种变量、民族共同体的基本政治属性与政治意义、民族与国家政治生活乃至与国际政治的关系等一系列重大的理论和实践课题。具体到中国政治民族学的建设，首先需要建立自身的学科理论、术语概念以及基本范畴体系。其次要加强对政治民族学在当代社会科学体系中的地位的认识。第三要明确政治民族学目前最为迫切的课题群。第四要强调政治民族学理论联系实践的学风建设。②

1993年中国社会科学出版社出版了周星的《民族政治学》一书，该书从民族的政治属性出发，更加深入系统地分析了民族政治生活与民族政治问题的不同侧面，论述了民族政治学的基本原理，成为国内这一领域开创性的作品。

宁骚的《民族与国家——民族关系与民族政策的国际比较》（北京大学出版社1995年版）则从国际政治的角度对民族政治问题做出阐述。他认为，列宁1917年提出的"政治是民族之间的关系"的命题有着三个方面的含义，界定了政治学三个学科的研究对象：其一为民族国家之间的关系，构成了国际政治学或国际关系学的研究对象；其二为帝国主义与殖民地、半殖民地的关系，构成了民族运动研究的研究对象；其三为民族国家内部的民族关系，构成了民族政治学的研究对象。他认为，民族政治学是民族学与政治学的交叉学科。它作为比较政治学的一个分支学科，在民族国家已成为当今世界普遍的和正常的国家形态而其内部的族际矛盾和冲突日益受到世人关注的情况下，其重要性获得了广泛的承认。70年代末，民族殖民地问题在世界范围内已基本上获得解决，民族问题已开始成为与各民族国家内部的社会、经济、政治制度的结构相联系的一个问题。

《民族与国家》一书的理论框架是：民族过程有两个同时并存而又互相对立的基本方面，即分解过程和结合过程；族体作为一种特殊的社会群体，必然在一定的条件下形成自我意识，这种意识在近代以来的世界史上由于资产阶级的激发而演化为民族主义；民族运动的根本目标是建立民族国家，而

---

① 参见周星《民族学新论》，陕西人民出版社1992年版，第35—50页。
② 同上书，第96—102页。

民族国家则是欧洲中世纪晚期出现并在封建制度和殖民帝国解体的过程中普遍形成的典型的正常的国家形式；民族冲突与民族运动判然有别，它导源于民族国家构建与族体发展之间的矛盾运动，导源于民族国家的现代化进程中族体间的价值分配不均衡；民族政策的实施是一个在族体间进行价值分配的过程，因此直接规定着族际互动的性质和民族关系的走向；民族政策属于何种类型，除了受阶级因素制约外，还受到结构性因素的制约。① 全书分上下两编。上编为理论分析，下编为实例研究，视野开阔、篇幅宏大，出版以后在政治学界和民族学界都有较大的影响。

民族过程理论自 80 年代引进之后，90 年代便被较多地吸纳进中国民族理论的学术话语，如上述周星和宁骚的著作中都将民族过程作为自己的论述内容，而王希恩更将民族过程理论做了一番改造，使其成为中国民族理论的一部分了。这一工作主要表现于他的《民族过程与国家》一书。该书立足民族过程探讨民族与国家关系的一般规律。其基本论点是：民族过程与一般社会历史进程原本一体，导致二者分离的原因在于国家社会的出现。国家从民族过程孕育而出，又作为一种社会历史内容与民族过程相互影响和制约。国家和民族过程的这种关系直接导致了近代以来民族主义的出现、民族国家的形成、世界格局的演变、当代世界民族问题的产生以及多民族国家体制的构建。这种关系也将规定未来民族过程的发展，且已显示出民族过程与一般社会历史进程再次归合的历史趋向。作者在他的一篇关于这部著作的说明的文章中讲道：

> 书中的"民族过程"概念虽然取自前苏联学术界，但在这里已有了新的诠释。书中关于民族过程具体由民族政治、民族经济和族体形态过程三部分构成，民族形成和发展具有潜民族、自在民族和自觉民族三个阶段等都是对于原民族过程理论全新的补充和修正。80 年代我国学者曾呼吁建立中国的民族过程理论，我想我这里算是一种尝试。民族过程研究不仅仅是一种学术发展的需要，更是一种对民族问题、民族现象作宏观的规律性考察，进而深入认识当代和未来民族问题，指导民族工作实践的需要。中国民族理论需要深化、需要拓展，也必

---

① 参见宁骚《民族与国家——民族关系与民族政策的国际比较》，北京大学出版社 1995 年版，第 1—4 页。

然需要对于民族过程理论的研究。书中的国家是作为一般社会历史进程的标志物与民族过程比肩运行、殊途同归的，国家政治自始至终反映民族过程并与之相互渗透和制约。于是就有了民族聚合导致国家的起源、国家类型决定民族结构、民族意识政治化导致民族国家的出现及国家民族形成的趋向等等现象。书中一一揭示了这些现象并极力发掘它们的联系。①

该书1998年由甘肃人民出版社出版。不久，王希恩又以民族过程理论具体分析了新中国建立50年以来中国的民族发展和民族问题。他着重指出，各民族从自在走向自觉，不断追求自身的发展繁荣，民族之间的共性日益增多，这是我国50年来民族过程的基本特点。民族过程是社会历史的一个构成，但又是一个特殊的构成；它的推进与社会历史进程有统一的一面，也有矛盾的一面。民族过程区别于总体社会历史进程的特殊点在于，它以民族为单元，按照民族特有的规律运行；而民族自觉也是以民族为本位感悟利益、设置归宿。因此，民族过程与总体社会历史发展所产生的碰撞和摩擦是难免的，建国50年来它们主要表现在三个大的方面：一是各民族迫切要求加快发展与自身发展能力不足的矛盾，二是各民族的特殊利益与以国家为范围的社会整体利益的矛盾；三是民族之间的矛盾。②作者的这一观点在其后的研究中又不断得到了完善。

《民族过程与国家》的出版及相关文章的发表，同样引起了同行的关注，产生了广泛影响，对丰富中国民族理论研究，深化民族现象和民族问题的认识起到了积极的作用。

第三节　世纪之交及新世纪初年的深入发展

与我国改革开放和其他领域的整体发展相对应，世纪之交及进入21世纪以后我国的民族理论研究也呈现出了更加强劲的发展势头，无论就研究的广泛性还是深入程度，都较之以前有了明显的提高。

---

① 王希恩：《〈民族过程与国家〉后语》，《世界民族》1999年第3期。
② 王希恩：《建国50年中国民族过程简论》，《民族研究》1999年第5期。

一　中国共产党民族理论的新发展及其理论阐释

当代中国的民族理论实际上可分两个层面：一个是中国用以解决民族问题的指导思想和基本理论，也即中国共产党的民族理论；另一个是关于民族现象、民族问题的学术研究和理论探讨。两者相辅相成、互渗互融。进入新世纪以后，随着中国民族工作实践的发展和民族理论研究的不断推进，中国共产党关于民族问题的理论也在不断发展，而对这些理论的学术阐释也在深入展开。

改革开放以来，中央领导人曾对中国共产党关于民族问题的基本理论和政策作出四次阐述：

第一次，1990年江泽民在视察新疆时谈了五个方面：第一，各民族不分大小、历史长短、发育阶段高低，都应该一律平等。第二，各民族没有高低优劣之分，都有自己生存发展的能力、优点和特点。我们的任务就是要努力为少数民族提供更多更好的发展机会和条件，动员社会各方的力量真心诚意地帮助他们发展经济和文化。第三，民族差别、民族问题将存在很长很长时间。民族消亡将是一个漫长的历史过程。我们坚决反对人为地去消灭民族差别，同时欢迎和提倡民族间相互亲近，相互学习，大力促进和加强相互的经济文化联系和兄弟情谊。第四，民族问题是社会总问题的一部分，革命时期是这样，建设时期仍然是这样。第五，民族区域自治制度是解决我国民族问题的根本制度，《民族区域自治法》是以法律形式把这种制度确定下来的一项基本法律。[①]

第二次，1992年1月江泽民在中央民族工作会议上对上述五个方面重新做了概括，其表述为："民族的产生、发展和消亡是一个漫长的历史过程，民族问题将长期存在；社会主义阶段是各民族共同繁荣兴旺的时期，各民族间的共同因素在不断增多，但民族特点、民族差异将继续存在；民族问题是社会总问题的一部分，民族问题只有在解决整个社会问题的过程中才能逐步解决，我国现阶段的民族问题只有在建设社会主义的共同事业中才能逐步解决；各民族不分人口多少、历史长短、发展程度高低，都对祖国的文明做出了贡献，都应该一律平等，应该加强各民族人民的大团结，维护祖国的统

[①] 江泽民：《加强民族团结维护社会稳定》，载国家民委政策研究室编：《中国共产党主要领导人论民族问题》，第238—239页。

一；大力发展社会生产力是社会主义时期民族工作的根本任务，各民族要互相帮助，实现共同进步和繁荣；民族区域自治是中国共产党人对马克思主义民族理论的重大贡献，是解决我国民族问题的基本制度；努力造就一支宏大的德才兼备的少数民族干部队伍，是做好民族工作和解决民族问题的关键；民族问题和宗教问题在一些地方往往交织在一起，在处理民族问题时，还要注意全面地正确地贯彻落实党的宗教政策。"

这里江泽民共讲了八点，但同时还说："今后，我们还要根据新的情况和经验，对这些基本观点和政策，继续加以充实和发展。"[1]

第三次，2001年初，在中央工作会议上，李瑞环代表中央对"我们党关于民族问题的基本观点和政策"做了新的阐述：

> 一、民族的产生、发展和消亡是一个漫长的历史过程，社会主义时期是各民族共同发展、繁荣的阶段，各民族间的共同因素在不断增多，民族特点、民族差异将长期存在。二、民族问题是社会总问题的一部分，我国现阶段的民族问题只有在建设有中国特色社会主义的共同事业中才能逐步解决。三、国家统一是各族人民的最高利益，各族人民都有维护祖国的安全、荣誉和利益的义务。四、各民族一律平等，国家保障少数民族的合法权利和利益。五、各族人民要互相尊重，和睦相处，不断巩固各民族的大团结。六、各民族要加强互助合作，努力实现共同进步和繁荣。七、发展经济、改善生活是我国现阶段民族工作的主要任务，是解决其他各种问题的基础。八、民族区域自治是中国共产党对马克思主义民族理论的重大贡献，是解决我国民族问题的基本制度。九、不断提高各族人民的思想道德素质和科学文化素质，努力造就一支宏大的德才兼备的少数民族干部队伍。十、民族问题和宗教问题在一些地方往往交织在一起，在处理民族问题时要注意贯彻党的宗教政策。[2]

2005年5月27—28日，中共中央和国务院在北京召开了继1992年和1999年之后的第三次中央民族工作会议。这是以胡锦涛为总书记的新的中央

---

[1] 江泽民：《加强各民族大团结为建设中国特色社会主义携手前进》（1992年1月14日），载国家民委政策研究室编：《中国共产党主要领导人论民族问题》，第259—260页。

[2] 李瑞环：《要重视民族宗教问题》，载国家民族事务委员会编：《中国共产党关于民族问题的基本观点和政策》，民族出版社2002年版，第2—3页。

领导集体组成后召开的第一次民族工作会议，重点研究加快少数民族和民族地区经济社会发展，实现全面建设小康社会的宏伟目标。会议取得了丰硕成果，其中在理论上表现为中央对中国共产党关于民族问题的基本理论和政策作出了新的阐述。这一阐述贯穿于胡锦涛在本次会议的讲话中，又在中共中央、国务院发布的《关于进一步加强民族工作加快少数民族和民族地区经济社会发展的决定》中集中表达为"十二条"：

一、民族是在一定的历史发展阶段形成的稳定的人们共同体。一般来说，民族在历史渊源、生产方式、语言、文化、风俗习惯以及心理认同等方面具有共同的特征。有的民族在形成和发展中，宗教起着重要作用。

二、民族的产生、发展和消亡是一个漫长的历史过程。在人类社会发展的进程中，民族的消亡比阶级、国家的消亡还要久远。

三、社会主义时期是各民族共同繁荣发展的时期，各民族间的共同因素在不断增多，但民族特点、民族差异和各民族在经济文化发展上的差距将长期存在。

四、民族问题既包括民族自身的发展，也包括民族之间，民族与阶级、国家之间等方面的关系。在当今世界，民族问题具有普遍性、长期性、复杂性、国际性和重要性。

五、中国特色社会主义道路是解决我国民族问题的根本道路。我国的民族问题，只有在建设中国特色社会主义、实现中华民族伟大复兴的共同事业中才能逐步解决。

六、我国是各族人民共同缔造的统一的多民族国家。祖国统一是各族人民的最高利益，各族人民都要继承和发扬爱国主义传统，自觉维护祖国的安全、荣誉和利益。我国的民族问题是我国的内部事务，反对一切外部势力利用民族问题对我国进行渗透、破坏和颠覆活动。

七、各民族不分人口多少、历史长短、发展程度高低，一律平等。国家为少数民族创造更多更好的发展机会和条件，保障各民族的合法权利和利益，各族人民都有义务维护宪法和法律尊严。

八、民族区域自治是我们党解决我国民族问题的基本政策，是符合我国国情的一项基本政治制度，是发展社会主义民主、建设社会主义政治文明的重要内容，必须长期坚持和不断完善。民族区域自治法是民区域自治制度的法律保障,必须全面贯彻执行。

九、平等、团结、互助、和谐是我国社会主义民族关系的本质特征,汉族离不开少数民族,少数民族离不开汉族,各少数民族之间也相互离不开。各族人民要互相尊重、互相学习、互相合作、互相帮助,不断巩固和发展全国各族人民的大团结,构建社会主义和谐社会。

十、各民族共同团结奋斗、共同繁荣发展是现阶段民族工作的主题。加快少数民族和民族地区经济社会发展,是现阶段民族工作的主要任务,是解决民族问题的根本途径。要坚持科学发展观,大力支持、帮助少数民族和民族地区加快发展。

十一、文化是民族的重要特征,少数民族文化是中华文化的重要组成部分。国家尊重和保护少数民族文化,支持少数民族优秀文化的传承、发展、创新,鼓励各民族加强文化交流。大力发展教育、科技、文化、卫生、体育等各项事业,不断提高各族群众的思想道德素质、科学文化素质和健康素质。

十二、培养选拔少数民族干部是解决民族问题、做好民族工作的关键,是管长远、管根本的大事。要努力造就一支宏大的德才兼备的少数民族干部队伍。民族地区人口资源开发是一项战略任务,要大力培养民族地区现代化建设需要的各级各类人才。

从"五点"、"八点"到"十条",再到"十二条",体现了中国共产党现阶段在民族问题上的基本观点和政策的一种发展完善过程。这种发展既坚持了马克思主义的基本原则,也根基于现阶段民族问题的实践,同时也吸纳了民族理论学术研究上的一些成就,是中国民族理论在宏观政策层面上的宝贵结晶。这些理论观点发表以后,民族理论界都进行了认真的研究和阐释,尤其是"十二条"发表以后,民族理论界更是形成了一种学习研究热潮,由此形成了一大批学术成果。如2006年中央民族大学出版社出版的《中国民族理论新编》一书。全书共分十二章,以对应中央的"十二条",力求准确、系统、出新,同时力图反映我国民族理论研究的新成果。该书由吴仕民主编,作者主要为各地民族院校的民族理论专业教师,出版目的也首先用于民族院校的民族理论教材,同时也可用于其他院校和社会的民族理论政策教育。又如,从2006年第1期开始,《广西社会主义学院学报》便连续刊发了十多篇由龚永辉主持的《中央"十二条"与马克思主义民族理论中国化研究》系列论文；同样，从2007年第1期开始，《西南民族大学学报》也连续分期刊发学习"十二条"的专题研究文章。这些著作和系列文章的发表对促进人们对"十二条"的认识和理解正在产生积极的影响。

除了随"十二条"发表带动的对中国共产党民族理论的集中研究之外，进入新世纪的民族理论界也从其他视角对中国共产党的民族理论给予了充分的研究和阐发。由金炳镐、王铁志主持编写的《中国共产党民族纲领政策通论》（黑龙江教育出版社2002年版）分三卷、五编全面地研究阐述了党的民族政策的发展历史。而由金炳镐和青觉著的《中国共产党三代领导集体的民族理论与实践》（黑龙江教育出版社2004年版）突出了中国共产党三代领导集体民族理论的总体构架及其一脉相承，分三编分别论述了三代领导集体的民族理论、政策及其实践，论述了马克思主义民族理论中国化的三个阶段，也勾画了中国共产党民族理论的理论体系和主要内容。这两部书以其内容的全面和篇幅的宏大可称是这一时期国内关于中国共产党民族理论研究的代表性作品。

与党的民族理论的阶段性推进相对应，民族理论界对这一理论的阶段性研究也始终在进行。自中共十五大将邓小平理论确立为党的指导思想以来，邓小平民族理论便成为民族理论界的研究热点。2000年李德洙综合各方面的研究成果，从十个方面对邓小平民族理论的贡献作了总结，即彻底否定了关于社会主义时期民族问题实质的错误观点，科学地阐明了我国社会主义时期民族关系的性质；用初级阶段的理论，再认识我国民族问题的长期性、复杂性、重要性；站在生产力的理论高度，全面、正确地分析了我国的民族问题；指出社会主义的本质是解放生产力，发展生产力，最终实现共同富裕；明确指出改革开放是实现各民族共同繁荣的必由之路；强调要加强社会主义精神文明建设，尽快提高少数民族的文化水平；明确提出要使聚居地区的少数民族真正实行民族区域自治；指出造就德才兼备的少数民族干部队伍，是做好民族工作和处理好民族问题的关键；强调必须坚定不移地高举民族团结的旗帜，反对民族分裂，维护祖国统一；必须高度重视民族地区的宗教问题，做好宗教工作。[①] 这一概括代表了该时期邓小平民族理论研究的主流认识。

以江泽民为代表的中共第三代领导集体对民族问题的阐述是对邓小平民

---

① 参见李德洙《邓小平民族理论的理论贡献》，《黑龙江民族丛刊》2000年第1期。

族理论的发展，因此随着邓小平民族理论研究的告一段落，自世纪之交开始，对第三代领导集体民族思想的研究有明显加强的趋向。有研究者将江泽民对民族问题的论述称为"江泽民民族思想"，① 但更多的是将这一理论称为"以江泽民为核心的党的第三代领导集体的民族理论"。关于这一理论的意义，金炳镐等认为，它是继毛泽东和邓小平民族理论之后马克思主义民族理论在中国发展的第三个阶段，有自己形成的思想基础、基本特点和涉及广泛的理论内容，系统而科学地回答了新时期我国民族工作的一系列基本问题，思想深刻、特色鲜明、体系完整、适应了新时代的需要，是 21 世纪我国民族工作的指导思想。② 之后，金炳镐、青觉、石亚周、柳春旭、吴相顺、张谋等又在《黑龙江民族丛刊》2003 年第 1 至 6 期发表了 14 篇系列论文，对中国共产党第三代领导集体关于民族问题的理论进行了系统阐发，引人注目。

关于对以胡锦涛为总书记的新的中央领导集体民族思想的研究，已如前述，主要通过对于"十二条"以及 2005 年中央民族工作会议精神的阐发表现出来。但除此之外，也有从其他方面做出更深刻理解的。如郝时远以《中共中央关于构建社会主义和谐社会若干重大问题的决定》中提出的"尊重差异、包容多样"为议题，从多民族国家、多样化世界的视角出发，对这一观念在文明观、民族观、和谐观方面的重大意义做出论述，对在差异中求和谐、在多样中求统一的和谐社会构建问题进行了探讨。③ 这一论述适用于民族问题，但又超越了民族问题，是将党的民族理论和一般理论、将民族问题和一般社会问题融会贯通的更高层面上的认识。

二 基本概念研究

基本概念研究的进展在"民族"和"族群"的研究上最为突出。④

关于"民族"，首先是该词的源出问题。汉语"民族"一词最早见于何处，传统看法认为始于 19 世纪，且由日文转译而来，但这一看法现已遭到

---

① 参见赵国军《试论江泽民民族思想》，《贵州民族研究》2000 年第 2 期。
② 参见金炳镐等《论中国共产党第三代领导集体的民族理论》，《民族研究》2001 年第 5 期。
③ 参见郝时远《社会主义和谐社会的重要观念：尊重差异、包容多样》，《民族研究》2007 年第 1 期。
④ 关于这一研究参见本书第三章"民族学（社会文化人类学）的发展"第二节之"族群讨论"及第六章"世界民族研究 30 年"第三节之"民族理论研究"。

彻底颠覆。2001年如莹发表文章，举证认定"民族"一词始见于唐代。① 2004年邸永君又撰文提出："民族"一词已可见于南北朝成书的《南齐书》，且其意已与当前我们经常应用的民族的含意几乎相同。② 继邸永君文发表之后不久，郝时远通过对"十三经"、"二十五史"、《四库全书》、《四部丛刊》等古代文献的检索，又找到十条例证，证明"民族"一词确属中国古代汉语的名词；同时，通过文献考辨他又提出，中文文献中现代意义的"民族"一词出现在19世纪30年代，日文中的"民族"一词见诸19世纪70年代翻译的西方著述之中，系受汉学影响的结果，但它对应的是volk、ethnos和nation等词语。这些著作对nation等词语的定义及其相关理论，对清末民初的中国民族主义思潮产生了直接影响。③ 至此可以说，关于汉语"民族"一词的最早出处和现代源流的研究已取得了突破性进展。

其次是这一概念的含义。斯大林的民族定义有着世界性的影响，但也颇具争议。郝时远就此发表系列论文认为：人们对斯大林这个定义的种种质疑、非议甚至否定是因对这一定义所指的时空对象的理解不准确造成的。事实上，这个定义中的"民族"是民族国家时代和层面上的民族（nation）。它对我们认识民族国家时代的民族现象仍具有科学价值。在构建苏联民族国家体系的过程中，列宁提出的建国思想通过斯大林定义的具体实践付诸实施。斯大林模式主导的苏联中央集权体制不仅形成了各个民族无"国家"和联盟无"民族"的民族国家二元冲突结构，而且导致了苏联在反对民族主义的斗争中向沙俄帝国的回归，造成了国家认同与民族认同的分离。但是，这并不意味着斯大林民族定义之科学意义的丧失或过时。错误的实践既包括错误理论的指导，也包括对正确理论的错误理解或背离。④ 郝时远的这一组文章不但就斯大林民族定义本身的含义做了明确分析，而且结合苏联的民族国家建设实践作出深刻阐发，无疑将民族定义的讨论推进到了一个新的层面。

同样是关注民族概念问题，周传斌把民族概念在中国的出现及其学术探讨分为三个时期：前1949年时期、1949—1989年时期和1989年以后时期。

---

① 参见如莹《汉语"民族"一词在我国的最早出现》，《世界民族》2001年第6期。
② 参见邸永君《"民族"一词非舶来，正史见于〈南齐书〉》，《中国民族报》2004年2月20日。
③ 参见郝时远《中文"民族"一词源流考辨》，《民族研究》2004年第6期。
④ 参见郝时远《重读斯大林民族定义——读书笔记之一、二、三》，《世界民族》2003年第4、5、6期。

他认为,"民族"一词或许有着本土起源,但民族概念如同它所具有的现代性一样是舶来品,并经历了本土化的过程。中国传统的华夷之辨、血统宗族观念,西方的民族主义与民族国家理论,马克思主义和苏联模式的民族理论,是这三者的糅合。严谨意义上"民族"仅指民族理论学科内的民族定义,即人们共同体的一种类型,与阶级社会相随始终,具有四个基本特征;宽泛的意义上则使用比较随便,具有层次性、随意性和多义性。广义上的民族是指古今中外的一切民族,狭义上仅指中华人民共和国宪法承认的56个民族,尤其是少数民族。① 显然,该文对民族概念讨论的历时性分析和概括对深化这一问题的研究是有推进作用的。

与学术界的讨论相关联,中央"十二条"也对民族概念做出了自己的表述:"民族是在一定的历史发展阶段形成的稳定的人们共同体。一般来说,民族在历史渊源、生产方式、语言、文化、风俗习惯以及心理认同等方面具有共同的特征。有的民族在形成和发展中,宗教起着重要作用。"这一解说有着鲜明的中国特色,获得了广泛的认同,但绝不会终止在此问题上的进一步探讨。

"族群"是对应英文 ethnic group 的中文翻译,通常认为是由我国台湾引进的。20世纪80、90年代,中国大陆学术界已开始使用这一术语,但所指对象不统一。由于对"族群"的翻译和理解事关中国的相关研究如何与国际学术界接轨,也与我们的对外交往和对现实民族问题的认识和解决密切相关,所以这一问题的争论自90年代开始便持续存在。进入21世纪之后关于这一问题的研究就有了明显的进展。《人民日报》2001年11月2日发表了署名"沙力克"的文章指出:英文"ethnic group"译为中文的"族群"是贴切的,但它并不等于"民族"。就中国而言,"族群"概念是对各民族中的次级群体和尚未确定民族成分的少数群体的描述,而中国的"民族"是有严格界定的。在中文语境中虽然只有一个"民族",但在表达中华民族、中国各民族、少数民族、某一民族时对于中国人来说已约定俗成、并无异议。我们需要解决的是如何将反映中国的这种国情的概念和话语比较准确地介绍给世界,而不是按照西方的观念来削足适履地改变自己。就"族群"和"民族"这样的概念来说,我们不能因为不同于西方而改变自身已经既定的民族观和政策标准,而是需要研究如何使中国的这种独特性在国际对话中让世界了解

---

① 参见周传斌《论中国特色的民族概念》,《广西民族研究》2003年第4期。

中国的民族和民族政策。让外国人也适应中国人的观念和话语系统，这样才能够使国际化成为双向交流的结果而不是单向接纳的产物。① 沙力克的这篇文章不但表达了自己在"族群"问题上的见解，更是在如何对待国外学术概念和中国既有学术话语的关系这一具有普遍意义的问题上阐明了中国学者应有的态度。2002 年郝时远就"族群"问题发表的一组系列论文，分别考辨了"族群"和它由以派生的希腊语渊源及其早期含义，分析了"族群"在美国和其他西方国家流行的国情特点和社会背景，揭示和批评了"族群"引入中国后概念上的泛化和边际蔓延现象。② 这是迄今为止国内在"族群"问题研究上最有力度的作品。美国学者郝瑞以其对中国民族学界的特殊了解，也撰文参与了族群问题的讨论。他认为，族群（ethnic group）是西欧、北美的概念，属地方语境，具有主体性、流动性等；民族（minzu）是中国和俄国的概念，属国家语境，具有客体性、固定性等。此外他还提出疑问，将英语中的"ethnic group"这一表述译为汉语中的"族群"一词，是否完全符合原意？他认为，我们人类学者不应过于强调汉语中的"族群"一词所表示的意思是否一定符合英文中"ethnic group"的原意，而应当考虑对"族群"一词做出其他可能的界定。③ 这一提示是十分有价值的。

此外，与族群和民族概念的探讨密切相连的关于"族性"的研究，关于西方文字中与"族类"有关的其他概念的研究，与现实民族政策和民族工作相联系的关于"民族问题"、"民族平等"、"民族意识"的研究；与国家的精神文明建设和增强凝聚力有关的"民族精神"、"民族素质"等概念的研究，不论在深度还是在广度上也都有了大的进展。

三 中国民族政策和法制研究

民族区域自治是中国民族政策的核心，以此为核心的一整套制度、政策和法律等构成了中国民族工作的政治基础。自 1984 年《民族区域自治法》颁布以来，随着民族地区经济社会的发展，适时地对其中不完善的地方进行

---

① 参见沙力克《"族群"与"民族"的国际对话》，《人民日报》2001 年 11 月 2 日。
② 参见郝时远《Ethnos（民族）和 Ethnic group（族群）的早期含义与应用》，《民族研究》2002 年第 4 期；《美国等西方国家社会裂变中的"认同群体"与 ethnic group》，《世界民族》2002 年第 4 期；《美国等西方国家应用 ethnic group 的实证分析》，《中南民族大学学报》2002 年第 4 期；《对西方学界有关族群（ethnic group）释义的辨析》，《广西民族学院学报》2002 年第 4 期等。
③ 参见［美］郝瑞《再谈"民族"与"族群"——回应李绍明教授》，《民族研究》2002 年第 6 期。

修改就成为中国法制建设的一项重要内容，民族理论界为此作了大量的实际研究。如2000年刘惊海、施文正撰文指出：必须以少数民族权益保障为主题来研究完善我国民族区域自治法律制度问题。民族区域自治地方应当平等且创造性地行使自治法规的拟制权，搞好自治法规的拟制是完善民族区域自治法律制度的基础。[①] 与此相应，王培英发表文章对自治条例和单行条例的法律地位问题作了阐发：制定自治条例和单行条例是民族区域自治地方自治机关的一项自治权。自治法规的效力等级高于一般地方性法规而具有法律性质，但其适用范围仅限于本民族区域自治地方。上级国家机关要尊重和保障民族区域自治地方自治机关的自治权，但自治法规不能规定和约束上级国家机关。[②] 类似这样的研究为《民族区域自治法》的修改作了应有的理论准备。

2001年2月，全国人大常委会通过了新修改的《民族区域自治法》，这是民族工作中的大事。以此为契机，理论界对民族区域自治制度的研究又有了新的进展。由王戈柳、陈建樾主编的《民族区域自治制度的发展》（民族出版社2001年版）一书，结合《民族区域自治法》的修改对我国的民族区域自治进行了较系统研究。与此同时，由陈云生著的《中国民族区域自治制度》一书也由经济管理出版社出版。当年6月，国家民委民族问题研究中心和香港科技大学在北京联合召开了"民族区域自治国际学术研讨会"。来自中国、美国、英国、澳大利亚、新加坡、尼日利亚、印度等16个国家的60多人参加了会议。会议就自治的基础理论和个案经验进行了广泛的交流。外国代表对中国实施民族区域自治的成就给予了充分的肯定，认为中国的做法为多民族国家正确解决民族问题提供了成功的范例，同时，外国的一些自治制度和政策也给中国代表以有益的启发。各国学者普遍认为，民族区域自治是保障少数民族权利、预防和缓解民族冲突的一种重要机制。尽管各国历史背景、民族构成、文化环境和现实状况不同，民族区域自治没有固定的模式，但都以有利于国家的统一、民族的团结和社会的发展进步为目标，为此应该采取对话——让步——达成共识的运作机制。这是一次成功的国际会议。[③] 此外，一些文章还就修改后的《民族区域自治法》的学习和贯彻发表了看法。

---

① 参见刘惊海、施文正《我国民族区域自治法律制度的完善》，《内蒙古社会科学》2000年第1期。
② 参见王培英《论自治条例和单行条例的法律地位问题》，《民族研究》2000年第6期。
③ 参见王铁志《国际视野中的民族区域自治》，《世界民族》2001年第4期。

值得关注的是,如何在城市化的过程中发展和完善民族区域自治也得到了关注。鲍明撰文认为,在城市化的浪潮下,我国的民族区域自治正从以农村区域自治为主转向扩大城市区域的新阶段。城市化暴露了原以农村区域自治为主的民族区域自治制度的一些欠缺,而在行政区划单位体系中增设自治市,是消解城市化与民族区域自治的矛盾与冲突的可行办法。[1] 这一建议也得到了一些响应,[2] 但也有强烈的反对声音。因事关重大,在可预见的时间内这一建议仍将只是一个学术上的论点。

2004 年是《民族区域自治法》颁布实施 20 周年,为此中国民族理论学会等举办了专门的研讨会,《中国民族》、《贵州民族研究》、《广西民族研究》等刊物相继开辟了纪念民族区域自治法的专栏,分别就坚持和完善民族区域自治制度的意义、贯彻落实《民族区域自治法》应抓住的关键环节,存在的问题和对策等作了研讨。

2005 年 5 月,国务院颁布了《实施中华人民共和国民族区域自治法若干规定》,这是落实《民族区域自治法》至为重要的一个配套文件。它的颁布正促进民族区域自治制度研究更多成果的涌现。

除了对民族区域自治法本身的研究之外,围绕这一问题的民族法制和民族法学研究也正得到关注。毛公宁和王平指出:"民族法制"是我国民族工作者创造、使用并逐渐为大家所接受的特定概念。民族法制建设是我国社会主义民主和法制建设的重要组成部分,必须站在战略的高度,从加强立法、推进依法行政、加强法制宣传教育、完善监督机制、加强法学理论研究等方面推进民族法制建设。[3] 宋才发对"民族法学"概念及其相关问题作了自己的阐述。他认为:新颁布的《民族区域自治法》是构建我国民族法学基本学科和学科体系的理论基石。民族法学虽然是法学与民族学相互衔接与交叉的学科,但其内容主要是指建立在《民族区域自治法》基础之上的、关于多民族国家调整国内民族关系的法律规范的学说。[4]

除了对民族政策和法律的研究之外,近年来对民族事务的组织管理的研

---

[1] 参见鲍明《中国民族区域自治的城市制度安排与制度创新》,《民族研究》2003 年第 1 期。
[2] 参见金炳镐、田烨《新世纪中国民族区域自治制度创新的一个亮点——"民族自治市"》,《西北民族大学学报》2007 年第 5 期。
[3] 参见毛公宁、王平《试论加强我国民族法制建设问题》,《中南民族大学学报》2004 年第 6 期。
[4] 参见宋才发《论我国民族法学学科体系的构建》,《民族研究》2004 年第 5 期。

究也得到了广泛开展。2000年,赵野春的两篇系列文章《新中国民族事务管理原则性问题初探》(《民族研究》2000年第4期)和《新中国民族事务管理命题定位问题的思考》(《西南民族学院学报》2000年第6期),分别探讨了新中国民族事务管理原则性的具体内涵和国家民族事务管理的定位。而2004年周竞红的《论中国民族事务行政管理机制的发展与创新》(《民族研究》2004年第3期)一文则揭示了地区民族事务行政管理中存在的一些问题,提出了创新中国民族事务行政管理的一些建议。

四 民族政治的学理研究

关于民族政治的理论研究,周平的《民族政治学导论》(中国社会科学出版社2001年版)一书是有价值的,因为该书的内容不但对确立"民族政治学"的学科地位有意义,而且对民族理论研究的拓展也具有推动作用。2001年,朱伦通过对当代多民族国家族际政治生活的考察,提出了"民族共治"的命题。他认为,民族共治有两个层面:一是各民族对国家的共治,二是有关民族对民族杂居地区的共治。所谓民族共治,就是在国家统一的前提下,由各民族共同造就的以共和为目标、以权益平衡发展为核心、以民族关系良性互动为宗旨的政治机构、运作机制和实现工具。[①] 2003年,他又发表《自治与共治:民族政治理论新思考》(《民族研究》2003年第2期)一文,对他的观点作了进一步的阐述。他认为,现代民族政治意义上的自治产生于统治民族和被统治民族之间的暂时妥协,存在着排他性和从属性这一对难解的矛盾。中国等当代多民族国家的民族政治生活已经超越了传统的自治观念,实际上已走上了民族共治的道路。民族共治有其必然性与合理性,它是"后自治"民族政治生活发展的客观要求,是与民族政治民主和共和"三位一体"的命题。当代民族政治理论应当以共治为核心思想进行构建。朱伦的这一论点已引起了很大的反响,赞同者有之,反对者也有之,但通过行文来表达各自观点的尚不多。

"民族政治"或被称为"族际政治",2004年王建娥、陈建樾等出版了他们的论文集《族际政治与现代民族国家》(社会科学文献出版社)。该书的作者把民族视为各种利益的载体和世界体系中的政治单位,从历史的、世界的

[①] 参见朱伦《民族共治论——对当代多民族国家族际政治事实的认识》,《中国社会科学》2001年第4期。

和政治的不同角度去审视民族关系、解读民族现象、探究民族过程、阐释民族政策，并以此去发掘民族问题的治理之道，构建处理民族问题的理论框架和学术话语体系。该书所收论文的作者均为民族理论和世界民族问题的高级研究者，文章都有很高的质量，是一部民族政治领域高水平的研究成果。2006年王建娥再次撰文提出：多民族国家族际关系的核心是政治关系。这种国家采取民主的方式处理族际政治关系，不仅是主权在民原则的自然引申，也是国家公共权力合法性的题中之意，更是多民族国家创造各民族政治认同、维护民族团结、建构和谐社会的制度保障。[①]

"民族建设"在西方学术界是一个广泛使用的概念，在关于民族主义的论述中，又是其现代主义学派的一个重要理论观点。但它反映了怎样一种社会现象，这一现象存在的根源在哪里，发展趋向如何等，也都值得我们思考。就此王希恩在《论民族建设》(《中国社会科学院研究生院学报》2004年第4期) 一文中认为：近代以来的世界政治普遍涂饰了民族主义的色彩，借助国家行为建造与国民等同的"民族"成为各国政治和文化建设的普遍追求。然而，以文化和族性"同质化"为目标的民族建设已告失败，而承认差异、尊重个性基础上的统一将是民族建设存续和发展的必然选择。这是我国民族理论界对"民族建设"问题的第一次正面论述。

包括少数民族在内的少数人群体的权利是人权的重要内容，如何从法理上阐述这种权利是我国民族理论界尚缺重视的领域，因此，周勇的《少数人权利的法理》(社会科学文献出版社2002年版) 一书的出版就显得十分有意义。该书的主旨是通过对世界范围内全球性和地区性少数人权利的国际标准的制定和实施过程的分析观察，阐述围绕这些活动所产生的问题和争议，探究少数人权利的各种论辩的正当性。这对我国的民族政策和法制建设是有借鉴意义的。

五 以全面建设小康社会和和谐民族关系为核心的民族工作研究

当代中国民族工作的主题是加快少数民族和民族地区的发展，尽快缩小发展差距。世纪之交，中共中央提出西部大开发战略，又在十六大提出全面建设小康社会的发展目标，之后又提出了建设社会主义和谐社会，这对民

[①] 参见王建娥《族际政治民主化：多民族国家建设和谐社会的重要课题》，《民族研究》2006年第5期。

地区和少数民族都是重要的发展机遇，但也面临着一些新的问题。如何在新的形势下开展民族工作，与全国的现代化进程相适应，由此也成为近年来民族理论的一个重要关注点。这其中，关于西部大开发的讨论最为集中，而最有代表性的问题和论点则在以下五点：

1. 关于西部大开发对解决民族问题的意义

李德洙认为：现阶段，我国民族问题比较集中在少数民族和民族地区迫切要求加快经济文化的发展上。西部大开发是新的历史条件下解决我国民族问题的必然选择。[①] 毛公宁提出，西部大开发实际上是少数民族地区的大开发，加快少数民族和民族地区的发展是西部大开发题中应有之义，也是党和国家实施这一战略的基本出发点和归宿。[②] 其他文章谈及这个问题时也大致持相似的看法。

2. 关于对西部大开发进程中民族问题的总体估价

王希恩提出，西部大开发不会使我国民族问题的基本属性和内容发生质的改变，但却会使既有民族问题发生量的消长。即以非对抗性的矛盾为主，以发展中的问题为主，我国民族问题的这一基本属性不会改变，但东西部发展差距拉大的问题，民族区域自治权利不够完善和市场经济条件下民族政策滞后的问题，经济利益矛盾和文化纠纷，民族分裂主义活动和民族传统文化衰退等民族问题上的具体内容将会发生或增或减的变化。[③]

3. 关于实施西部大开发需要重视的问题

毛公宁提出，实施西部大开发战略，必须坚持从实际出发的原则；坚持和完善国家对民族地区的扶持和优惠政策；一定要注意让少数民族和民族地区得到利益和实惠；必须抓住人才培养这个关键；要大力加强边境地区的民族工作；妥善处理西部地区的民族关系问题。[④] 张建新认为，西部大开发是在西部民族地区经济体制转变阶段开始的，因此经济体制转变时期西部民族发展中出现的新文化和新趋势，有可能在西部开发过程中成为影响西部民族发展和民族关系的突出问题。这些新文化和新趋势是民族发展中的差距问题，资源开发与利益共享问题，贫困问题的民族性特点以及国家重点工程项

[①] 参见李德洙《西部大开发与我国民族问题》，《求是》2000年第11期。
[②] 参见毛公宁《关于西部大开发中若干重大问题的思考》，《西北民族研究》2001年第1期。
[③] 参见王希恩《西部大开发中民族问题的基本属性和内容》，《民族研究》2000年第5期。
[④] 参见毛公宁《关于实施西部开发战略的几点认识》，《中央民族大学学报》2000年第3期。

目的经济效益问题。① 这些都是具有代表性的观点。

4. 西部大开发对民族关系的影响

多数文章首先认为，西部大开发的战略决策代表了全国各民族人民的根本利益，有助于调整民族利益、改善民族关系、增强民族团结。但同时也会出现一些问题。如马平认为，旧的差距消除以后，也有可能产生新的暂时性的、局部的差距。由此也可能导致纠纷和摩擦的增多。西部大开发也伴随着不同文化和观念的碰撞。西部大开发在带来机遇的同时，也给民族地区带来了更加激烈的竞争，少数民族在竞争中处于不利地位，其影响则往往反映到民族关系上来。②

5. 西部大开发对民族地区生态的影响

黄剑波撰文认为，西部大开发是一项社会系统工程，它所关涉的不仅仅是经济、文化和社会问题，也包括生态问题。西部的生态非常脆弱，而西部生态堪称整个中国的生存线。西部不能不发展，环境不能不保护和改善，这个西部大开发中的两难问题的解决将是整个开发工程中的关键所在。③ 中国民族理论学会2001年8月在内蒙古自治区的满洲里市召开专题研讨会，内容就是生态环境与少数民族发展。会议认为，生态问题事关国家经济建设和社会主义现代化的能否实现，也与民族问题密切相关，因为它事关中国各民族的生存和发展。目前生态问题已成为少数民族和民族地区发展的最大制约因素，抓好生态保护和建设是解决民族问题的一项根本性工作。

此外，随着城市化的推进及其带来的问题，关于散杂居和城市民族工作研究也正成为关注较多的一个问题。《中国民族》2002年第3期开辟专栏"面向新世纪的城市民族工作"，发表了一组有代表性的专题文章。其中沈林谈到，城市民族工作是我国民族工作的一种重要类型，一方面是指面向城市少数民族的工作，另一方面包括与城市功能相联系的民族工作。他说，城市民族工作在我国民族工作中的分量越来越大，地位和作用也越来越显著。这是因为城市化进程和民族散居化进程的加快，我国民族工作的重心在很大程度上将由过去传统的乡村型逐步向多元复杂的城市型转化，同时城市民族工作具有的特殊性、包容性、辐射性、示范性和动态性等特点也将导致这种变

---

① 参见张建新《西部大开发与民族发展》，《学习·研究·参考》2000年第5期。
② 参见马平《西部大开发对当地民族关系的影响及对策》，《宁夏社会科学》2001年第2期。
③ 参见黄剑波《西部大开发中的生态困境》，《西北民族学院学报》2001年第2期。

化的发生。① 此外，北京市民委、上海市民委、天津市民委和武汉市民委也在该栏目中发表文章，就各自的实际谈了城市民族工作的认识。他们普遍认为，城市民族工作正在发生两方面的变化：一方面，市场经济成为城市民族关系的强大纽带，各民族的凝聚力日益增强，民族关系日趋和谐；另一方面，各民族以自尊心、自豪感为主要内容的民族意识不断增强，这在他们更加关心本民族发展的同时，也更加关心各自权益的维护，由此产生的矛盾和纠纷也在增多。因此要在城市民族工作中探索出一套科学的调控机制，促进民族关系的和谐发展。2006 年 8 月，中国民族理论学会和国家民委政法司也在上海展开了专题研讨会，来自理论研究和民族工作部门的与会者，就新形势下的城市民族工作和少数民族的城市化问题共同研讨，取得了广泛共识。

随着中央和谐社会理论的提出和中央民族工作会议关于社会主义民族关系新的表述，民族关系和谐便成为近年来民族研究的主要论题之一。2005 年 6 月，中国民族理论学会和辽宁省民委在沈阳展开专题研讨会，就此问题进行了集中的讨论。郝时远依据构建和谐社会的基本要求，以各民族共同团结奋斗、共同繁荣发展的民族工作主题为出发点，从巩固和发展社会主义民族关系，坚持和完善民族区域自治制度，加快民族发展与"两种资源"保护等方面论述了和谐社会建设与民族关系问题，同时就当前学术界存在的个别观点发表了自己的看法。② 文章论述深刻，是这方面有代表性的作品。

用"皮书"的形式来反映一个领域或行业的整体状况是新世纪以来愈来愈被看重的一种新倾向。我国民族理论界也及时顺应了这一趋势。2006 年，社会科学文献出版社出版了由郝时远和王希恩主编的《中国民族发展报告》(2001—2006) 蓝皮书。该书以我国"十五"期间少数民族地区经济社会发展为基本线索，在总体阐释我国民族工作主题的基础上，分门别类地从全国、地区、族别等不同专题展开研究和评述，内容涉及西部大开发和民族地区发展、民族区域自治制度的完善、杂散居和城市民族工作、少数民族干部队伍建设、民族政策和民族工作体制的发展、少数民族教育和文化事业、民族地区的生态建设、人口问题和民族理论的发展等，也涉及"西藏问题"、"东突"问题和"台独"问题。本书是我国第一本民族发展蓝皮书，无论对我国民族问题的一般性了解，还是对当前的民族工作和研究都有很好的参考

---

① 参见沈林《关于城市民族工作中几个理论和实践问题》，《中国民族》2002 年第 3 期。
② 参见郝时远《构建社会主义和谐社会与民族关系》，《民族研究》2005 年第 3 期。

价值。

六 对国内外民族问题现状和趋势的研究

在新的世纪,如何从宏观上把握国内外民族问题的内容、特点和发展趋势是民族理论界需要作出回答的重大问题。

关于国内民族问题基本态势的研究,王希恩主持的国家社科基金资助项目《世纪之交中国民族问题的基本态势及进一步促进民族团结研究》较有代表性。该研究的基本论点是:各民族从自在走向自觉,不断追求自身的发展繁荣,民族之间的共性日益增多,这是世纪之交乃至今后相当时期内我国民族过程的基本特点。民族过程的推进及其与整体社会发展进程的摩擦是民族问题产生的根源;而各民族迫切要求加快发展与自身发展能力不足的矛盾,各民族的具体利益与以国家为范围的社会整体利益的矛盾以及民族之间的矛盾是当前我国民族问题的主要内容。

关于当前民族问题的表现形态,除了已被普遍认识到的发展差距、利益和文化冲突等内容之外,还有研究者作了其他角度的分析。如丁龙召认为,现实社会中的民族问题有显现性和潜隐性两大类。显现性民族问题的特点为外部的冲突性、突发性,原因的复杂性,较重的感情色彩和非理性,以及冲突的短期性。潜隐性民族问题的特点则是隐蔽性、长期性,发展结果的不确定性。他认为潜隐性民族问题和显现性民族问题是民族问题存在的两种状态或两种阶段。一般而言,前者发展到一定时期可以转化为后者,但并非绝对,在多民族国家中,民族问题大量的是以潜隐性形式存在着。两种民族问题在社会实践中的转化范围和程度,与对民族问题研究的深度,以及制定民族政策的实效性密切相关。[1] 周竞红注意到了互联网对民族关系的影响:一方面,网络丰富的经济技术信息和文化信息有助于少数民族地区的经济社会发展;另一方面,迅速变化的世界直接对各民族成员的价值观形成全面冲击,其造成的影响将有可能增加社会管理的风险和成本。因此建议加强对信息内容的有效管理,努力提高信息受众的素质。[2]

由于两岸隔绝,大陆学术界对台湾地区民族问题向来研究较少,这一状

---

[1] 参见丁龙召《浅论我国民族问题的两种形式》,《前沿》2003 年第 1 期。
[2] 参见周竞红《网络信息与民族关系》,《民族研究》2003 年第 2 期。

况正在得到改变。郝时远的《当代台湾的"原住民"与民族问题》(《民族研究》2003年第3期)一文,分析了台湾地区少数民族经济社会生活的现状和问题,就台湾地区少数民族的政治诉求及其表现在民族问题话语中的误区进行了探讨,同时也揭露了"台独"势力利用"原住民"问题分裂祖国的图谋。文章使用了大量资料,结合当前台湾地区的政治流向对其民族问题进行分析,不仅在学术上,而且在反对"台独"的政治斗争方面也都具有意义。此外,陈建樾也在《民族研究》2003年第4期发表文章《从"化外"到"化内"——20世纪80年代之前的台湾"原住民"政策述评》,对该问题进行了系统分析。他指出:从"夷"到"番"再到"山胞"的称谓变化,反映了中国中央政府或台湾当局使台湾"原住民"从"化外异族"变为"化内之民"的过程。"原住民"族称变化中隐含的政策变化,对20世纪80年代以后台湾的"原住民"运动、政治生态和"台独"势力,都产生了深刻的影响。这些文章的发表为进一步深入台湾地区民族问题的研究作了很好的铺垫。

　　关于如何处理和解决国内民族问题,牟本理提出了要有"博大胸怀"。他说,民族问题历来事关重大,不可小觑。环览中外,回顾历史,总结经验,可以得出一个结论:要解决和处理好民族问题,需要有博大的胸怀。这是因为:博大胸怀是党的宗旨在民族工作上的体现、是党制定正确的民族政策的前提、是民族团结的重要保证、是党的民族工作的优良传统。在新的发展阶段,要与时俱进,赋予"博大胸怀"以新的时代内容。[①] 显然,这是一个从经验得出的解决民族问题的重要思想。

　　民族理论界以往对国外民族问题的研究不够,但对民族现象、民族过程和民族问题进行宏观理论概括使对世界民族问题的了解和研究须臾不可或缺。2000年是新千年伊始,又是跨世纪的门槛,于是对既往世界民族问题作一回顾,对新世纪民族问题的发展趋势作出展望就成为民族理论界不可回避的话题。这方面研究最引人注目的是李德洙的《当代世界民族问题的基本特点和发展趋势》(《民族团结》2000年第9、10期)和郝时远的《20世纪世界民族问题的消长及其对新世纪的影响》(《世界民族》2000年第1期)两篇文章。李文认为,当今世界的民族问题,根据涉及的范围和影响的程度,可分为全球性的民族问题,地区性的民族问题和一国内部的民

[①] 参见牟本理《解决和处理好民族问题要有博大胸怀》,《西南民族学院学报》2002年第10期。

族问题三个层次。新世纪世界民族问题的发展趋势是：①世界民族问题普遍性、复杂性、长期性、国际性和重要性的特点，在一个相当长的时间内仍然会十分突出；②从发展的总趋势上看，世界各国互相借鉴经验和教训，处理民族问题的方式从落后走向文明，世界民族问题的表现形式也逐步从冲突走向缓和；③开始证明，马克思主义是解决民族问题的最科学的理论，社会主义是解决民族问题的最好的制度。郝文对对新世纪世界民族问题发展趋向的看法是：反对霸权主义的"单极世界"将成为国际层面民族问题的主题；世界国家的格局处于稳定状态，多民族国家将继续增多；全球化推动的民族交往加剧，使主要表现在国内层面的民族问题呈现增多的趋势；世界各国和国际社会通过和平方式解决民族问题的机制将显著增强。文章认为，新世纪民族问题仍将是一个具有全球性影响的重大问题，改变世界国家格局的政治民族主义已经走向低迷，经济一体化冲击所激发的经济民族主义将作出适度反应，保留、传承和发展民族文化以及在现代化进程中寻求自我的文化民族主义将会普遍高涨，这些现象将构成世界民族问题的主要发展态势。几年来的世界民族问题实践正在证实着这些论点的正确性。

全球化是当代社会不可回避的现实和趋势，国内民族理论研究全球化虽然起步较晚，但也逐步深入。2001年研究者已经就全球化和民族主义的一般关系，全球化对民族文化的影响等展开了讨论。[①] 2002年以后研究的范围趋向扩大。李红杰撰文谈到，当代世界的全球化是与地区之间、族群之间和民族之间的差异化、个性化并行的，矛盾性和相对性成为当代族群关系中的两个基本特点，当代族群关系也大体可划分为民族联合、民族分化两大基本类型。我们这个时代既是各民族、各族群走向联合的时代，同时也是他们走向分化和分割的时代。[②] 王希恩在其一系列的文章中，既谈到了全球化对当代民族问题的一般性影响，同时也提出了国家具有民族属性，在全球化的背景下当代世界民族过程既是民族现象不断扩张和弥漫的过程，也是民族不断分解自己、泛化自己的过程，族性张扬是当代世界民

[①] 参见"何中华教授访谈录"《全球化与民族主义》，《探索与争鸣》2001年第2期；李晓伟、袁涛：《全球化时代的民族主义及其影响》，《云南民族学院学报》2001年第5期；郑晓云：《论全球化与民族文化》，《民族研究》2001年第1期。

[②] 参见李红杰《全球化、民族要素的相对性与当代族群关系的特点》，《中南民族学院学报》2002年第1期。

族过程的主要特征等重要观点。[1] 此外，陈建樾、王建娥等也分别就全球化与民族国家的关系、全球化过程中的移民对现代国家和民族关系的影响等做了有深度的论述。[2]

七 关于民族主义研究

关于当代民族问题的论述实际上总是和民族主义的讨论分不开的。与国际学术界的关注点同步，国内对于民族主义的研究也在新世纪有了新的进展。一般看法认为，马克思主义和民族主义是对立的，马克思主义对民族主义持完全批判的态度。而王希恩撰文认为，实际上，马克思主义经典作家在对民族主义持坚决反对态度的同时，也对民族主义的进步性做了肯定，对不同性质的民族主义做了区别。根据经典作家的理论设想和世界历史的发展实践，民族主义是实现无产阶级革命和社会主义目标必需的"过渡"性途径。马克思主义经典作家对民族主义的两重性有着清晰的辨别，对其消极性做了严厉的鞭挞和批判，而将它的积极因素在实践上加以借助，在理论上吸纳改造，使其成了马克思主义民族理论的重要内容。经典作家对于民族主义的批判、借助和吸纳，既是矛盾的，又是统一的。我们惟有看到这一点，对他们关于民族主义思想的理解才是全面的。[3] 这一论点是对马克思主义经典作家关于民族主义理论的新的解读，正在引起人们的广泛关注。

民族主义研究中的一个关注点是对它的社会作用的评价。近年来人们在批判民族主义消极性的同时，也对它的积极因素开展做出肯定，进而又有研究者把民族主义分为"理性的"和"非理性"的两种，认为前者应该提倡，后者应受批判。对此，叶江发表文章认为，民族主义的发展历史表明，虽然民族主义的基础是理性的，但任何民族主义都具有两面性，因此即使我们提倡"理性民族主义"，也很难避免民族主义的负面影响。民族主义的意识形

---

[1] 参见王希恩《全球化对当代民族问题的影响》，《学习时报》2002年6月17日；《全球化与国家的民族属性》，《民族研究》2002年第5期；《族性与族性张扬》，《世界民族》2005年第4期。

[2] 参见陈建樾《全球化、民族国家与马克思主义》，《世界民族》2002年第2期；王建娥《移民地位和权利——对现代民族国家及其政治制度的严峻挑战》，《民族研究》2002年第5期。

[3] 参见王希恩《批判、借助和吸纳——对马克思主义经典作家关于民族主义论述的再认识》，《民族研究》2007年第5期。

态与建设和谐世界的理念是不协调和不能兼容的。① 当然，这也只是在此问题上的一种看法。

与以往民族主义研究主要关注国际问题不同的是，近年来发表的成果的一个明显特点是开始直面中国的民族主义问题。正如房宁和王柄权所说：进入20世纪90年代，作为观念上层建筑的一部分，当代中国民族主义思想也已成为中国思想文化界不能回避的论题。当代中国民族主义具有普遍的社会心理、情绪和经验的依托，它生发于当代中国的国家、民族利益，产生于中国的国家民族利益与外部利益的交往、摩擦和冲突中，其根本诉求为追求和维护国家、民族利益，仍然延续着中华民族近现代以来的刺激与应激的反应形式，演绎着大致相同的历史主题。② 关于如何认识当前中国的民族主义，俞正梁认为，冷战终结以来，我们看到了人类历史上民族主义的又一次回归，中国自然也不能例外。20世纪末以来中国民族主义的主体是具有知识分子特征的中产阶级。对于中国民族主义问题，我们要予以足够的重视，但要正确评估，不应夸大，就目前而言，它并不是一个严重的问题，尚未成为反主流的政治力量，主要还是一种在历史阴影之下的，兼有对国内状况不满的大众情绪发泄。但是我们必须看到，它的影响在国际层面上是非常负面的。民族主义是个长期的命题，我们不应该预期民族主义的时代将终结。中国民族主义也是一个必须长期面对的命题，而且，它会在不同的历史发展阶段，与不同的社会运动和观念结合起来，被赋予特定的性质和色彩。因此，它不是一成不变的，往往是特定时空之下的产物，必须严肃、认真加以应付，特别要从一开始就排除极端民族主义。③ 与此相近，大多数研究者都对中国民族主义的负面作用给予了应有的批评，对其合理因素提出了积极的诱导。

当然，大多数研究者都把当代中国民族主义与近代历史上的民族主义做了很多的联系，进而也推动了中国近代民族主义研究的进一步展开。同时，近代以来的中华民族凝聚力问题、中国的民族国家建构和民族精神等问题的研究也都在新世纪初年呈现出了蓬勃发展的势头。

---

① 参见叶江《略论当前民族主义研究中几个值得注意的问题》，《世界民族》2007年第4期。
② 参见房宁、王炳权《民族主义思潮》，高等教育出版社2004年版，第120页。
③ 参见俞正梁《当今民族主义辨析》，《上海交通大学学报》2006年第4期。

第四节 把握正确方向;不断开拓创新

回首改革开放三十年的历程,中国的民族理论研究可谓成绩斐然。对此我们应该有一个足够的自信。然而相对其他研究领域,民族理论的发展还不尽如人意。为此我们提倡在把握正确方向的前提下,不断开拓创新。

一 立足于各族人民的根本利益,根植于当代民族问题实践

致力于维护最广大人民的根本利益,这是马克思主义的政治立场,也是中国民族理论创新发展所应遵循的标准。中国共产党人坚持马克思主义原则,将自己的民族理论和政策的出发点始终放在民族平等团结和共同繁荣的基准之上。无论是对民族规律的陈述,民族问题状况的表达,还是具体民族政策的说明,中国共产党的民族理论总是站在中国各民族的共同立场上,代表着各民族最长远和最根本的利益。我们的民族理论如何创新和发展,这种立场和原则都不能丢弃。

中国民族理论以中国民族问题为首要研究对象,把握中国民族问题现状和发展趋势是民族理论发展创新的第一前提,但它的普适性和宏观性要求决定了它的实践基础应是全部的民族现象和民族问题。由此,我们在立足国内、服务国内民族工作实践的同时,理所当然地也应将自己的视角伸向国外,中国民族理论的突破性发展越来越仰赖于对于世界民族问题的把握。第二次世界大战,尤其是苏东剧变以来,世界政治事务和社会生活中的民族因素都呈日益增多的趋势。同时,世界的相互关联使得一些非民族问题的现象或事件也可能与某种民族问题有着内在的联系,蕴含着对民族过程的深远影响。这些情况决定了我们对世界民族问题的认识范围也绝不能仅仅限于民族问题本身。

二 坚持马克思主义的立场和原则

中国民族理论的学术起源不同于与之相邻的民族学和人类学。后者源于西方学术,至今与国外各种学说流派的联系难解难分;而前者则起源于中国共产党民主革命时期开始的解决民族问题实践和马克思主义民族理论的中国化应用。马克思主义民族理论从一开始就是中国民族理论的指导思想和理论基础,已经深深浸润在中国民族理论的各个方面。当然,我们坚

持马克思主义民族理论的指导并不仅仅在于中国民族理论的既有意识形态属性,更为根本的是我们的全部民族工作实践证明了马克思主义民族理论的科学性。

三 重视国际和学科之间的交流

由于历史的原因,中国民族理论与国外的学术隔阂很大。究其原因,或可说找不到对应学科,或可说民族问题理论敏感不便交流,现在来看这都不是主要原因。真正的理由当是我们的研究队伍开放意识不够、交流的必要能力(主要是语言条件)不足。由于学科产生和发展的背景不一样,中国民族理论的确很难在国外找到与之完全对应的学科,但具有大致相同研究对象的学科却并不难找,像政治学、社会学、人类学和历史等学科中都有与我们相同的关于民族、民族意识和民族主义等问题的研究。马克思主义从来都是一种开放的理论,是全部人类文明成果的集中概括,与任何封闭和保守的观念都格格不入。

民族理论是一种综合性很强的研究领域,它所涉及的内容大多也都深嵌在其他学科的范围之中。这些年来,民族理论取得进步的一个重要因素就是其他领域的研究者对民族问题研究的投入。外来方法、视角和论点的刺激有力地推动了民族理论自身的进步。因此,努力扩展自己的视野,学习其他学科的研究方法,掌握相邻学科的发展动态,对民族理论的创新和发展极为重要。

四 坚持中国特色,建立自己的话语体系和理论框架

不论增加开放度促进交流,还是对国外学术和相邻学科成果的积极吸纳,都是为了促进中国民族理论的发展创新,这是一个必须明确的立足点。编译加抄袭式的引进对我们的理论创新有害而无益。理论只要是科学的,它所讲的道理必然是普适的。但创造理论的人的文化背景和实践背景不同决定了他们各自所讲道理的形式又是不可能一样的。这也就是虽都是理论,但仍各有特色的原因。我们提倡学术研究要有自己的特色,主要讲的是外来的东西要为我所用,要把一切有用的理论、观点和形式吸收进来,经过认真消化,排除糟粕,汲取精华,补充自己,而不是随意的盲从和模仿。如何对待外来文化,一直是我们所关注的重大问题,但每每处理不好。中国的学术要有中国的风格,中国的语言文字具有足够的表现力用以表达各种事物各种现

象。因此我们主张学术研究要有我们自己的话语体系。这种体系在能够充分表达思想的前提下，必须是我们所喜闻乐见的，符合我们的思维和表达习惯的。

作为一门专门的学科或学问，民族理论需要形成自己的理论框架或学科体系。与对话语体系的要求一样，在建立理论框架的工作上我们仍然希望中国化。它需要我们的概念能够充分反映中国和世界民族问题的实际，也需要充分运用中国化的表达方式。中国民族理论的特色不在它所要反映的民族现象、民族过程和民族问题规律，而在于它的表现形式，即由中国化的话语体系及其由此构建的理论框架。

第二章

民族经济研究的兴起与发展

龙远蔚

民族经济研究兼有民族学科和经济学科的双重性质，属于新的交叉学科，以研究中国少数民族和民族地区经济社会发展为主。这门学科"从民族方面来研究经济问题，是经济学的一个分支学科；也可以从经济方面来研究民族问题，成为民族学的一个分支学科"，[①] 其特点是将"民族"与"经济"融为一体，使之成为介乎于民族学和经济学之间的一门交叉学科。由于少数民族经济的特殊性往往是由民族的特点所决定，因此这门学科是我国的一般经济学研究难以替代的；而研究和探讨少数民族经济的特点及其发展规律又是我国的民族学难以胜任的。少数民族经济学研究的这一特点是其兴起和发展的基础，反过来又充实和发展了我国的民族科学和经济科学。自这一新兴分支学科的兴起，学术界就始终围绕着以经济建设为中心，以邓小平理论为指导，为我国少数民族及民族地区的经济和社会发展服务。在短短的30年间，学科的队伍不断扩大，研究领域不断扩展，一批批高质量的学术成果相继问世，为我国少数民族及民族地区的经济社会发展作出了应有的贡献。

第一节 少数民族经济研究的
兴起和初步繁荣

民族经济研究在我国的兴起，是改革开放后我国少数民族和民族地区经济社会发展的客观需要。此前，少数民族经济只是民族学研究中的一个方面内容，包含在民族学研究之中。然而，民族学对少数民族经济的研究基本上

[①] 施正一主编：《民族经济学教程》，中央民族大学出版社1997年版，第4页。

仅局限于乡村经济生活的微观描述，而且在很多情况下只是为民族学中婚姻、家庭、社会形态等方面的研究提供基本资料，其地位远不及婚姻、家庭研究那么重要，甚至还谈不上是一种研究。在 20 世纪 50 年代进行的规模空前的少数民族社会历史调查中，受当时"以阶级斗争为纲"的左倾思想影响，其调查的内容及其以后形成的成果，凡涉及少数民族经济的均是以阶级斗争为主线，而且仅限于对生产力和生产关系的简单描述，其中对生产关系的描述又简单地归结为阶级关系。在这种大的政治背景下，既然"阶级斗争一抓就灵"，亦即所有的问题都可以通过抓阶级斗争来解决，也就没有必要、也没有人敢去研究少数民族经济问题。直到 1978 年底，偌大的中国民族研究和教学队伍中竟无一名专门研究少数民族经济的学者，也没有出现一篇有关少数民族经济研究方面的论文或著作。

　　1978 年 12 月召开的中国共产党十一届三中全会，回顾和总结了新中国成立以来经济建设的经验教训，认为"大规模的急风暴雨式的群众阶级斗争已经基本结束"，决定把全党的工作中心转移到社会主义现代化建设上来，全会号召全党大胆解放思想，强调只有"解放思想，努力研究新情况新事物新问题，坚持实事求是、一切从实际出发、理论联系实际的原则，我们党才能顺利地实现工作中心的转变，才能正确解决实现四个现代化的具体道路、方针、方法和措施"。① 这是中国社会主义建设历史的伟大转折，中国的经济和社会发展从此进入了一个新的历史时期，中国的社会科学也迎来了思想大解放的春天。

　　在这个百业待兴的伟大转折时期，少数民族经济研究如果仍然停留在民族学的乡村民族经济生活的微观描述，显然已不能适应新的时代要求。发展已成为新时期的主旋律，我国的少数民族及民族地区也同样面临着如何发展以及如何解决发展中存在的问题。因此，考察社会现象中少数民族经济社会矛盾的特殊性及其经济社会发展过程中的特点和规律，也就成为研究者面临的新课题。这项任务是我国的传统民族学所难以胜任的。然而，少数民族经济的特殊性往往是由民族的特点所决定的，这些特点包括居住的地理环境、生产方式、生活方式、民族心理素质、宗教信仰等因素交织，因此少数民族经济问题也是我国经济学科难以替代的。我国的一些在民族院校从事经济学

---

① 《中国共产党第十一届中央委员会第三次全体会议公报》，载《中共中央文件选编》，中共中央党校出版社 1994 年版，第 92 页。

教学的学者首先注意到了少数民族经济的特殊性问题，认为应当建立一门兼有民族学和经济学双重性质的新学科，以深入开展少数民族经济发展问题的研究。

1979年9月，施正一教授在中央民族学院庆祝国庆30周年的学术研讨会上，首次提出了建立民族经济学这一新兴分支学科。他认为：民族经济学的理论基础，包括民族科学的一般原理；民族经济学的研究对象分为广义和狭义两方面，广义上是研究世界各个民族的经济问题，狭义上是研究我国的少数民族经济问题。该论述对构建民族经济学科理论体系有着特殊的重要意义。这篇《关于创建民族经济学新学科的几点意见》1980年1月24日在《光明日报》摘要发表。施正一教授此后发表的《关于发展我国民族经济学的几个问题》（收入《民族经济学研究》第一集，宁夏人民出版社1983年版）等论文和著作（如《民族经济学与民族地区的四个现代化》，民族出版社1987年版；《民族经济学导论》，民族出版社1993年版），对学科的理论建设均作出了重要贡献。1981年，全国人大民委、国家民委、全国经济学团体联合会、中国社会科学院及内蒙古、新疆、广西、广东、云南、贵州、四川、青海、西藏、吉林、辽宁、黑龙江、湖南、湖北、北京等17个省、市、自治区的100多名专家学者汇集北京香山，召开了中国少数民族经济研究会成立大会暨首届年会。这次会议标志着中国少数民族经济这一新学科在中国的诞生。"香山会议"是一次学术盛会，会后收入《中国少数民族经济问题研究》（1—4辑）的论文就有约80篇，近80万字，可以说是中国少数民族经济研究的第一次检阅。

我国老一辈著名的民族学家和经济学家对这一新学科的诞生给予了极大的关注和支持。杨堃教授在提交给首届年会的论文中，希望"建设我们自己的少数民族经济学，一定要面向世界"；"我国少数民族经济研究会的成立，是党的十一届六中全会以来学术界的一件大事。它对建设我国少数民族经济学这门学科，对实现四个现代化的宏伟事业，具有不可估量的作用"。[①] 于光远教授不仅参加了少数民族经济研究会的筹备、成立大会，而且还多次参加了学会组织的年会和专题研讨会，发表了《少数民族地区经济和少数民族经济》、《关于研究少数民族地区经济发展战略的几点意见》、《少数民族经济的

---

① 杨堃：《论拉法格对民族学和经济民族学的贡献》，载中国少数民族经济研究会编《中国少数民族经济问题研究》第三辑，1982年3月编印，第4—6页。

现代化》等重要文章，较早地（1981年）提出了"民族问题，在今天实质上是经济问题"，"现在应该强调民族问题关键是经济问题。各民族之间的团结，各民族之间的平等，都要在经济的发展当中来加强，来解决"。[①] 该论述对大胆解放思想，以科学和求实的态度研究少数民族经济问题起了推动作用。于光远教授对少数民族经济和少数民族地区经济的关系以及对少数民族经济现代化的探讨，对构建民族经济学科理论体系也有重要意义。随着关注少数民族经济的研究者迅速增加，作为一门新学科的少数民族经济研究在短短的几年间就得到学术界的普遍认可。学会也很快成为中国经济学团体联合会及中国民族研究团体联合会的团体会员。

中国少数民族经济研究会的成立，对学科的建设与发展起了很大的作用。从学会成立至90年代初，中国少数民族经济研究会在学术交流、组织课题实施等方面发挥了很大作用。学会一年一度召开的全国性研讨会，参加的学者都在百人以上，不仅起到了学术交流的作用，而且对重大研究方向、学科建设等都产生了积极影响。如1982年在昆明召开的全国少数民族地区经济发展战略问题讨论会，1987年在南宁召开的全国少数民族地区对外开放学术研讨会等，分别对学界开展少数民族地区经济发展战略研究和对外开放研究产生了重要作用。在课题研究方面影响最大的是由施正一主持的国家"七五"（1986—1990）哲学社会科学规划项目"中国少数民族地区经济发展问题研究"，组织了全国近百名学会成员参加，该项目是民族经济研究30年来参加的学者最多、研究内容最广的重大课题。该课题的实施，不仅形成了一批重要的基础性和应用性研究成果，还培养了一批优秀的中青年学者。1988年成立的国家民委民族问题研究中心在课题组织方面也起到了重要的作用。

1990年5月，中国少数民族经济研究会在安徽省黄山市举行"全国民族经济研究优秀成果（1979—1989年）颁奖暨学术研讨会"。这次民族经济研究成果的大检阅，共有49项优秀成果获奖。其中施正一主编的《中国西部民族地区经济开发研究》（民族出版社1988年版），曹征海、马飚著的《起飞前的战略构想——中国少数民族地区经济长期发展研究》（民族出版社

[①] 于光远：《少数民族地区经济和少数民族经济》，载中国少数民族经济研究会编《民族经济学研究》第一集，宁夏人民出版社1983年版；《关于研究少数民族地区经济发展战略的几点意见》、《少数民族经济的现代化》，载中国少数民族经济研究会编《民族经济学研究》第三、四集合刊，宁夏人民出版社1987年版。

1990年版），陈华主编的《新疆经济开发战略研究》（新疆人民出版社1985年版）3部著作获优秀著作一等奖；潘照东、曹征海的《民族地区面临的问题与对策》（《开发研究》1988年第1期），龙远蔚的《区域专业化与民族地区农村经济发展》（《民族研究》1989年第1期），白振声的《茶马互市》（《中央民族学院学报》1982年第3期）和吴官林的《在改革中发展凤凰民族经济》（《民族研究》1989年第1期）等5篇论文获优秀论文一等奖。这也是30年来民族经济学界唯一的一次优秀成果评选活动。

在80年代中期至90年代初，民族经济研究的内容非常广泛，其中民族地区经济发展战略是学界研究的主要内容，核心是探讨民族地区如何"因地制宜"、"扬长避短、发挥优势，加快发展"。而无论是作为一门新兴学科还是作为研究"发展战略"的前提，深入认识民族地区的区域特征、资源特征、民族特征和社会特征等无疑成为学界研究的重要内容。施正一主持的国家"七五"哲学社会科学规划项目"中国少数民族地区经济发展问题研究"，大体反映了可这一时期的研究内容和特色。该项目所设的32个分课题中，3个主题课题《中国西部民族地区经济开发研究》、《起飞前的战略构想——中国少数民族地区经济长期发展研究》、《新疆经济开发战略研究》均属于作为集合体的民族地区或各民族自治区、自治州的发展战略研究；10个地区研究课题包括了《西藏经济的发展与对策》（李竹青著，民族出版社1990年版）、《内蒙古经济的开发与开放》等5个自治区和凉山州、德宏州、延边州的开发与开放研究，以及峨边、凤凰县的经济发展模式研究，均具有地区经济发展研究特色；15个专题研究则包括少数民族地区的经济体制改革（王文长：《少数民族地区经济发展·结构·模式与未来》，民族出版社1990年版）、农村发展（龙远蔚：《寻求均等的发展机会——中国少数民族地区农村经济发展研究》，中国卓越出版公司1990年版）和少数民族地区的畜牧业、乡镇企业、对外贸易、资源开发等，后者具有项目的行业或部门特征；4个基础研究课题包括了《少数民族经济史》、《少数民族地区交通史》和《回族商业史》等。

从总体上看，这一时期学界主要以区域的视角研究少数民族经济。即以民族区域自治地方或少数民族聚居区的经济发展问题为研究对象，带有明显的区域经济或不发达地区经济研究的特征，"少数民族"只作为其中的重要因素。一般来说，研究的区域可分为不同层次：（1）西部地区或西部民族地区。即将与我国民族地区处在相似区位，经济发展水平和发展条件大体相同的整个西部作为一个系统进行研究。该层次的研究基本上属于宏观比较研究，如在我国的东中西三大经济区域中探讨西部或西部民族地区的发展差距，探讨发展战略等。(2) 少数民族地区或民族地区。这是一个弹性很大的概念，可以是我国民族区域自治地方的总称或抽象的少数民族聚居区总称，或是特指某个或几个自治区、自治州（盟）、自治县（旗），甚至是指民族乡，也有的将"民族地区"定位于民族八省区（我国的5个自治区和少数民族人口比较多的云南、贵州、青海3省）。由于该层次区域的弹性很大，对问题的探讨也就囊括了从宏观到微观的各个方面，大至我国整个民族地区经济发展的宏观研究，小到某个自治县、民族乡具体的经济问题探讨。(3) 以少数民族聚居的自然环境为特征的区域。如少数民族聚居的山区、牧区等。

其次是从部门或行业的视角研究少数民族经济。部门或行业包括工业、农业、畜牧业、林业、旅游业、交通、财政、税收、金融、商业贸易、能源开发等，通常是指民族地区或某个特定民族地区内的某部门或某行业。该视角主要是研究民族地区内部门或行业的改革与发展问题。相对而言，从民族或民族文化视野探讨少数民族经济社会发展问题的研究成果较少，但在少数民族经济史、民族地区劳动者素质与经济发展的关系、民族地区经济发展的非经济障碍等方面也产生了一些比较有影响的优秀成果。

这一时期的民族经济以"问题"研究和"对策"研究为主，核心是发展问题，由此突出了这一新学科极强的应用性特征。这是在党的十一届三中全会后改革开放的新形势下，少数民族及民族地区迫切要求加快经济社会发展的现实需要。实际上，民族经济研究的这些特征也延续到现在。

第二节 学科基础理论研究的进展

一门学科的形成是一个漫长过程。少数民族经济研究在如此短的时间里就得到学术界的普遍认可，从根本上说是党的十一届三中全会后我国学术界思想大解放的结果，同时也表明了改革开放后我国少数民族及民族地区经济社会发展对这门新学科的迫切需要。这两点深刻地影响着这门新学科的理论体系建设：其一，学科的理论体系建设仍然处于百家争鸣阶段。例如就学科的称谓而言，就有"民族经济学"、"少数民族经济学"、"民族地区经济学"、"民族发展经济学"等的不同称谓（其中也包括简称。目前认同"民族经济学"称谓的研究者居多，"民族经济学"也是我国民族学之下二级学科的正式名称），民族经济的研究对象和研究内容也仍然在探讨中；其二，研究者均把如何适应少数民族及民族地区经济社会发展作为构建学科理论体系的基础。30年来，学术界在解放思想、实事求是，以经济建设为中心和改革开放不断深入的背景条件下一直努力对学科的理论体系建设进行探索。

在酝酿创建学科的期间，最早倡导建立这门新学科的施正一教授提出建立"民族经济学"，并且把民族经济学的研究对象分为广义和狭义两个方面。这一认识是相当有远见的。1981年黄万纶教授发表的《论"少数民族经济"研究的对象》，将这一学科称为"少数民族经济"，认为"少数民族经济这一新学科是一门社会科学。它考察的是社会现象中少数民族经济这一社会经济现象和矛盾……"。① 同一时期发表的论文还有石争的《关于研究我国少数民族经济的几个问题》，董子健的《"民族经济"是一门新学科》等，对学科的称谓和研究对象都提出了不同的看法。

1981年，施正一、黄万纶教授主编的《中国少数民族经济概论》（以下简称《概论》）铅印成册作为内部教材使用，1985年作了较大修改后由中央民族学院出版社公开出版，这是我国第一部关于少数民族经济研究学科理论建设的专著。该书认为：少数民族经济学研究的对象，"是社会现象领域中少数民族社会经济本身所具有的特殊的矛盾及社会经济发展过程中的特点和规律"，重点是"少数民族的社会经济结构"。② 全书提出了学科的研究内容和任务，较全面地论述了我国少数民族及民族地区经济的古代史、近代史，少数民族地区的农业、林业、畜牧业、贸易、特需产品生产、经济体制改革等各方面，第一次较系统地勾画了学科的理论体系框架。用现在的观点看，《概论》尚有许多不足，但不能否认其对学科理论建设所作的贡献。以后的研究者对学科理论建设的探索，实际上都或多或少地带有《概论》的痕迹。

1987年，广西大学经济系组织了西北大学、新疆大学、内蒙古大学、宁夏大学、西藏大学、青海大学、贵州大学、贵州民族学院及中国社会科学院民族研究所、广西壮族自治区民族事务委员会、广西财政研究所等单位的学者和有关人员，参加由高言弘教授主编的《民族发展经济学》（复旦大学出版社1990年版）撰稿。该书提出了"民族发展经济学"概念，规定它的研

---

① 载中国少数民族经济研究会编：《民族经济学研究》第一集，宁夏人民出版社1983年版，第21页。

② 施正一、黄万纶主编：《中国少数民族经济概论》，中央民族学院出版社1985年版，第5页。

究对象"是我国少数民族经济发展的理论","对各民族经济生活进行历史的和现实的分析,揭示这一过程的特点和规律性"。①全书概述了少数民族地区的商品经济发展、建立合理产业结构、增强民族地区经济的内部活力、民族地区的经济调节、民族地区经济与外部的经济关系、少数民族地区的经济与社会发展、民族地区的经济发展战略等内容,从另一个视角勾画了学科的理论框架。同年,童浩主编的《民族经济学》由广西人民出版社出版,该书虽然也使用"民族经济学"概念,但其内涵与施正一教授提出的"民族经济学"概念有很大差异。该书认为:"民族经济"是一种区域经济,并且主要是指少数民族区域的经济;"民族经济学是研究民族区域内各民族共同经济生活即民族经济运动的特殊规律的科学","具体的研究对象是民族区域内生产力和生产关系两个方面";"民族经济学的理论基础是政治经济学理论和马克思主义的民族理论"。②该书与《中国少数民族经济概论》相似,较全面地概述了民族区域的农业、工业、贸易、交通、产业结构、自然资源开发、人才开发、技术开发、资金开发、经济体制改革等各方面,虽然在字面上"民族区域"与"少数民族地区"或简称的"民族地区"似乎有别,但两者并无实质差别。

1990年黄万纶、李文潮主编的《中国少数民族经济新论》(中央民族学院出版社1990年版),1993年陈虹、哈经雄主编的《当代中国经济大辞库·少数民族经济卷》(中国经济出版社1993年版)对中国少数民族经济的研究对象及其理论架构也进行了探讨,是这一时期民族经济基础理论研究的重要著作。由于其中的相关章节皆与前述《概论》多出自同一作者,因此对相关概念的表述相对一致,前后的差异只是体现作者对相关概念的进一步完善。

上述为构建学科理论体系所作的努力,无疑对推动学科的发展有重大意义。但作为对一门新学科理论体系的探索,也难免存在缺陷或不足。例如,大多数研究者均注重从民族地区或区域经济方面来构建学科理论体系,结果使这门学科更趋向于区域经济学,甚至有些论述在字面上剔除"民族"或"少数民族"后,与区域经济学没有很大的区别。而在民族科学与经济科学密切相结合方面,如民族发展过程中的经济问题,民族发展与经济发展的关系,民族发展与区域经济发展的联系等方面的理论探讨,或者探讨不够,或

---

① 高言弘主编:《民族发展经济学》,复旦大学出版社1990年版,第4—5页。
② 童浩主编:《民族经济学》,广西民族出版社1990年版,第2—4页。

是根本没有涉及。毕竟在很大程度上，区域经济的发展并不等于民族的发展，即使是在实行民族区域自治的地方，少数民族人口也往往只占其中的一部分，而且多是聚居在自然环境、交通条件较差的地方，基础设施落后、信息传媒闭塞，对市场经济活动参与不足，因此常会出现民族地区的经济发展了，而相当多的少数民族群众仍然处于贫困状态的现象。但反过来说，少数民族经济社会发展了，民族地区经济也必然获得相应的发展。

1994年，云南民族学院的陈庆德著的《民族经济学》由云南人民出版社出版。陈庆德的著作引入了西方经济人类学与发展经济学理论，认为民族经济学是经济人类学与发展经济学联姻的产物，它的"研究对象与重点，将聚焦于工业化后发展民族的经济发展问题"。[①] 全书探讨了经济发展理论与民族经济成长，区域经济与民族经济体，经济发展中的民族同化与认同，民族经济成长的要素分析等方面，试图从经济发展与民族发展密切联系的视角来构建学科理论体系。

综上所述，尽管学术界对这门学科的研究对象、理论框架的构建等均有不同的看法，学科的称谓还不统一，但其共同点在于：①研究的范围均是我国的少数民族和民族地区的经济问题；②关注的焦点均是"发展"问题，即如何加快我国少数民族及民族地区经济的发展，注重其实用性。实用性是这门学科存在和发展的基础。在这种共同认识的基础上，研究者对学科理论建设的不同看法基本不争论，而是各抒己见，并且将主要的精力投入到应用性研究方面。随着我国改革开放的不断深入和少数民族及民族地区经济社会的发展变化，学科研究的内容和研究的视野也不断地拓宽，对问题的研究不断深化，研究者的研究水平不断提高，所有这些都丰富了人们对学科理论建设的认识，反过来又推动着学科的理论建设。

1997年，施正一教授主编的《民族经济学教程》由中央民族大学出版社出版。该书虽然是作为研究生教材编写的，但从民族经济学发展的情况看可以说是一部专业性很强的学术专著。该书的规模较大，分导论和4编30章，其最大特点就是克服了以往构建学科理论的著作中一些概念上的矛盾，例如以往的《民族经济学》或《民族发展经济学》中，基本上都是将"民族"等同于我国的少数民族，将"民族经济"等同于少数民族经济或少数民族地区经济。该书认为："随着改革开放的进一步扩大与发展，我国民族经济学科

---

① 陈庆德：《民族经济学》，云南人民出版社1994年版，第14页。

研究的对象与范围也必将扩大与发展，在开展狭义民族经济学研究的同时，也要积极开展广义民族经济学研究。这也是历史发展的必然。"① 因此，作者从广义民族经济学的视角来构建学科的理论体系，不仅探讨了民族与经济的关系，中国民族经济的各个方面，还探讨了发展中国家的民族经济及发达国家的少数民族经济问题，第一次使"民族经济学"的学科称谓与其研究内容真正相符。可以说，该著作的出版是民族经济学科理论建设逐渐走向成熟的重要标志。

进入新世纪，民族经济学科基础理论研究进一步深化。代表性的著作主要有龙远蔚主编的《中国少数民族经济研究导论》（民族出版社 2004 年版），刘永佶主编的《民族经济学》（中国经济出版社 2007 年版），曹征海著《和合加速论：当代民族经济发展战略研究》（民族出版社 2004 年版）等。

《中国少数民族经济研究导论》为国家社科基金课题"中国少数民族经济研究的深化及其理论架构"的结项成果，集合了中国社会科学院民族学与人类学研究所相关研究室力量，历时四年完成。作者首先分析了民族经济研究 20 多年来取得的成绩、存在的问题，以及学界对"民族经济"概念的歧义，在理论上探讨了民族、国家和民族经济的关系，首次将"民族经济"分为若干个层面，即相对人类文明而言的一般抽象的"民族经济"（世界上所有人都属于某个民族），国家层面的"民族经济"和多民族国家中人口占少数的"少数民族经济"，以及特指中国少数民族的"中国少数民族经济"。学术界经常使用的"民族经济"、"少数民族经济"、"中国少数民族经济"和"民族地区经济"等概念实际上均有不同的指向。在民族经济学科体系下，中国少数民族经济只能是民族经济研究中的一部分。在少数民族经济和民族地区经济的关系中，前者蕴含着文化内涵，而后者则具有较强的政治内涵（民族自治地方），更多地从政治视野关注经济发展中的利益分配关系。在此基础上，作者从理论上探讨了民族文化、区域经济、经济人类学与少数民族经济发展的关系后，以少数民族经济与民族地区经济的相互关系及其逻辑变化的轨迹为主线，从微观到宏观探讨了中国少数民族经济的不同层面及其内在联系。在微观层面，作者从家庭这一基本的社会组织形式入手并逐渐扩展，探讨了少数民族文化与经济行为特

---

① 施正一主编：《民族经济学教程》，中央民族大学出版社 1997 年版，第 10 页。

征、家庭结构与劳动组织、经济行为、乡村和牧区经济等微观层面的经济特征及其相互联系；在中观层面探讨了县域经济的内在运行特征，少数民族经济与县域经济的分离，进而探讨了城镇化进程及其都市经济的民族特征；在宏观层面探讨了民族自治地方经济的政治内涵、文化内涵和经济特征，并探讨了民族地区的经济结构、经济增长方式、知识经济和可持续发展等民族地区经济发展的主要方面。作者力图从"小"到"大"，从微观到宏观，以一个新的视野来探讨民族经济研究的理论框架。相对于以往的学科基础理论研究著述，该成果在基本概念的解释、概念之间的逻辑关系以及学科理论架构等方面均进行了全新的探讨。

刘永佶主编的《民族经济学》把民族经济学作为经济学的子系统，将其分为四个层次：第一个层次是民族经济学。民族经济学处于经济学系统的第一层次，以全世界所有民族经济发展与经济关系一般性矛盾为研究对象；第二层次是国度性民族经济学，在中国即中华民族经济学，是从国家民族层面，从中华民族经济总体对其各支民族经济矛盾和经济关系的研究，探讨中华民族经济发展的规律；第三层次是中国少数民族经济学，是民族经济学系统中的核心和重点，正是该层次衍生出作为逻辑前提的以上两个层次，并展开于下一个层次的具体专题研究，中国少数民族经济学探讨少数民族经济矛盾的特殊性和各民族的经济关系，论证少数民族经济发展的规律和趋势；第四个层次是对少数民族经济的具体专题研究，这是30年来研究成果最多、内容最广的研究，它是以上三个层次的基础，同时也在以上三个层次研究成果指导下的扩展和深化[1]。在此基础上，作者分章论述了民族经济学的主体、对象、方法、主题、内容、范畴和体系，经济的民族性和民族的经济发展与经济关系，民族经济的经济机制与文化内涵，民族经济制度，民族经济体制，民族经济结构与运行机制，民族经济的经营管理，民族经济关系与交往，民族经济发展，现代化大趋势中民族经济发展的共性与特性，中华民族经济的现代化等，是对以往研究的创新。

曹征海的著作提出了民族经济体的"和合加速发展论"。作者以民族经济体发展为研究对象，其内涵包括了多民族国家中以区域为载体的"文化民族"和单一民族国家中以国家为载体的"政治民族"等经济体的发展。"和、合"二字是中华民族传统文化精华，作者将之与民族经济体组合，赋予"和

---

[1] 刘永佶主编的《民族经济学》序，中国经济出版社2007年版。

合"以特殊含义，即民族经济体内部或民族经济体与外部不同要素之间在冲突过程中形成新的统一体。作者提出，民族经济体"和合加速发展"的基本要求包括三个方面，即民族与民族和合，加速共同发展；民族与社会和合，加速全面发展；民族与自然的和合，加速可持续发展。据此，作者分章探讨了民族经济体和合加速发展的战略体系，民族经济体和合加速发展的依据、发展目标和发展途径，并从资本积累、技术进步、人力资源开发等方面分析了民族经济和合加速发展的要素配置，阐述了对外经济关系和制度安排等民族经济和合加速发展的支撑体系，探讨了民族文化对民族经济和合加速发展的内在推动作用。应当说，这是一部构建民族经济理论体系的力作。

有关民族经济基础理论研究的论文也很多。代表性的研究主要有王文长的《论民族视角的经济研究》（《民族研究》2005年第4期），叶坦的《全球化、民族性与新发展观——立足于民族经济学的学理思考》（《民族研究》2005年第4期），李忠斌的《关于民族经济学研究中几个问题的讨论》（《中南民族大学学报》2003年第1期）和《关于民族经济学学科体系建构的宏观思考》（《思想战线》2004年第3期），沈道权的《民族经济学的学科性质探析》（《中南民族大学学报》2004年第2期），邓艾、李辉的《民族经济学研究思路的转变》（《中央民族大学学报》2005年第2期），黄健英的《民族经济学研究中的几个问题》（《中央民族大学学报》2005年第6期），庄万绿、陈敏、马秀琴的《关于构建民族经济学学科建设的思考》（《西南民族大学学报》2005年第5期）等。

王文长认为，从民族的角度切入经济研究领域，早在一百多年前的1885年就由马克斯·韦伯在题为《民族国家与经济政策》的讲演中提出，即在德国的不同民族中，心理与体质上的差异使其对经济和社会条件的适应能力不同，而能够获得胜利的则是那些更能够适应经济和社会条件的民族。作者提出，民族生存的自然环境和民族认同的文化特质构成民族概念的内在现实，并呈现为民族经济生活自然差异和文化差异二重性，这是以民族为经济分析基础框架的民族经济学与以"经济人"为抽象分析前提的古典经济学以及新古典经济学分野的岔道口。沿着"差异二重性"的方向，作者绘制了"民族角度的经济分析框架图"，认为各民族在各具特色的生产力结构基础上呈现出各具个性的生产方式、制度结构、生活方式、经济伦理、生产组织、产业结构、市场形式和经济运行状态。在封闭系统中，民族经济的差异表现出它的典型性，并主要以历史的姿态出现；而在开放系统中，市场竞争与要素流动使民族经济的差异性表现出相对性。因此,把握民族概念内在规定及其呈现的经济生活差异二重性,是构建中国少数民族经济或民族经济学的分析框架,也是学科理论从种子萌芽成长为树木的关键。

叶坦从经济文化的全球化与民族性关系出发,分析了民族经济研究的一些缺憾,认为目前我国的民族经济研究基本上都是以"区域"而非"民族"为基点,不能凸显区域经济与区域民族经济的差异;而单纯研究经济忽视经济与文化的关系,尤其是忽视区域民族经济的差异与民族的历史文化传承及民族特性积淀的联系,将直接影响到国家民族政策的制定和发展模式的选择。因此,民族经济研究应该凸显经济与文化的关联性,重视文化因素的作用,结合民族文化、传统习俗、习惯心理等"非经济因素",重视由民族文化特征所赋予的价值观念、道德意识、行为偏好等,亦即作者多年来反复强调的"经济文化一体性"。在此基础上,作者从新发展观的视野探讨了我国民族经济学的学理价值、科研特征与应用前景,认为民族经济的现代化与保持各民族的传统文化、经济特性之间应当能够走上并存互助之路,从这个意义上讲,民族经济学研究对于中国现代化的贡献,不仅表现在研究对象本身,而且对整个现代化进程以至于对中国经济学、民族学等学科的发展以及西部大开发等实践具有重要意义。作者的立论对民族经济学的学科定位有重要的启示。

李忠斌在《关于民族经济学研究中几个问题的讨论》一文中提出对包罗万象的"民族经济学"理论体系"瘦身"。认为民族经济学研究的范围,应重点研究民族经济生活、民族地区的经济开发及经济成长,民族地区经济与社会发展的关系,民族经济生活的比较研究等,诸如工业、农业等部门经济还是由产业经济学研究为好;至于世界民族的经济问题,这涉及民族经济学在世界范围的适用程度问题,其研究的难度也很大,就我国目前民族经济学的研究能力和水平,要么是一种浅层次的介绍,要么就是开展"中国式"研究,用我们的酒瓶装别人的酒。作为一门新兴学科,学术争鸣对学科的理论体系建设有重要的推动作用。

从总体上而言,民族经济学这门在中国本土成长起来的交叉学科目前尽管在理论体系方面还存在不足,但已显现出其学理价值:其一,注重社会公平和各民族的共同发展。与经济学注重"优胜劣汰"、强调市场竞争的学术理念不同,从民族学与人类学分化出来的民族经济研究,其基本学理是民族平等、民族团结、社会公平和各民族的共同繁荣,非常注重民族关系的和谐。其二，注重经济发展的文化背景。"民族经济"概念本身具有文化内涵，因此在学理上比较关注经济发展的文化背景，以及少数民族文化特点形成的经济发展的多样性和复杂性，注重少数民族经济、文化与社会发展的协调与和谐。其三，注重区域之间的协调发展。少数民族经济的发展是在一定的空间进行，"民族地区（民族自治地方）"经济具有很强的政治内涵，是一种特殊的区域经济，因此，无论是探讨如何"加速发展"，还是分析"差距"，学界都非常关注经济利益的合理分配和区域之间的协调发展。这些学术理念已融入到了民族经济研究的各个方面，以此形成了自己的学术特色。[①]

第三节　民族经济研究的时代特征

民族经济学科是在党的十一届三中全会后大胆解放思想、全党工作中心转移到经济建设的政治环境中诞生，并且随着改革开放的不断深入和少数民族及民族地区经济社会的发展而不断扩展自己的研究领域。由该特征所决定，少数民族经济研究又具有很强的应用性特征，即研究的焦点和热点始终是少数民族及民族地区的改革、开放和发展问题，随着改革开放的不断深入调整研究的重点。

例如我国在20世纪80年代初确定"翻两番"经济发展奋斗目标后，全国各地区都纷纷探讨本地区（包括各省、自治区、直辖市，各地区、盟、自治州、县、旗等）如何在20世纪末实现"翻两番"甚至"翻三番"，制定本地区的经济发展战略。在这种大背景下，作为以少数民族和民族地区经济发展为研究对象的民族经济学界，也将如何深入认识民族地区的实际，如何"因地制宜"、"扬长避短、发挥优势"作为研究重点，探讨少数民族和民族地区的经济发展战略问题。这些探讨揭示了民族地区经济发展的滞后性和复杂性，经济发展的差距问题逐渐进入研究者的视野。如何深化改革、扩大开放，加快少数民族和民族地区经济发展也逐渐成为学界的研究主题。民族经济学界的"加速发展理论"、"反梯渡论"等理论都是在这一时期提出的。

90年代，我国经济体制改革的最大成就是确立了社会主义市场经济体制的目标。社会主义市场经济体制目标的确立，全国的相关研究层出不穷，也深刻影响到民族经济学界。从1993—1997年的5年间，仅公开发表的有关

[①] 龙远蔚：《民族经济研究的新进展》，《中国社会科学院院报》2006年9月28日第8版。

少数民族及民族地区市场经济建设的论著和研究报告达数百篇，比较有代表性的著作有黄健英主编的《论三次飞跃——中国少数民族地区通向市场经济之路》（中央民族大学出版社1994年版），那日编著的《中国西部地区市场经济的培育和运作》（民族出版社1994年版），张克武主编的《社会主义市场经济与民族地区建设》（经济管理出版社1995年版），马飚著《中国民族地区市场经济的理论和实践》（广西人民出版社1995年版），谢丽霜和李文潮编著的《市场化进程中的民族经济——问题与抉择》（广西人民出版社1995年版），石通扬主编的《走向市场之路》（中央民族大学出版社1996年版）和郭承康等著的《市场经济体制改革中的牧区经济发展问题》（《共同富裕之路》第二卷，经济科学出版社1996年版）。这些论文和著作，探讨了民族地区市场经济的特殊性、资源配置的基础作用、市场经济的培育及机制的完善、市场经济的法治建设、市场经济建设中的挑战与机遇等各方面，初步勾画了民族地区市场经济建设的基本框架，具有重要的理论意义和应用价值。另一方面，对少数民族及民族地区市场经济建设的研究或探讨，无疑有助于加深相关学科对市场经济条件下民族关系的认识，促进民族理论研究向纵深发展。

在应用性对策性研究方面，一些重要成果，如赵延年主编的《中国少数民族和少数民族地区90年代发展战略探讨》，马飚等著《广西产业结构与经济发展战略》（广西科学技术出版社1992年版），龙远蔚、关键等著《走向共同繁荣——海南民族地区社会经济发展研究》（中国财政经济出版社1992年版），李竹青著《西藏经济的发展与对策》（民族出版社1990年版）等著作，可直接为国家有关部门或地区制定发展规划提供参考，或者是国家有关部门或民族省区制定发展规划的直接产物。这方面的论著颇丰。与上述著作相似，其标题都鲜明地体现了其的应用性特征。值得一提的是，民族经济研究在不少方面属于超前性研究，如80年代中后期开展的民族地区沿边开放研究，以及西部民族地区双向开放战略的提出，对政府的决策产生了重要影响；1992年国务院作出了扩大沿边开放的决定，使沿边开放成为90年代推动少数民族地区经济增长的重要因素；1984年提出的民族地区经济发展的差距问题，以及"加速发展战略"提出，90年代后一直成为研究热点，我国在90年代中期作出了加快中西部地区经济发展的战略决策。可以说，党的十一届三中全会以来少数民族经济研究发展得如此迅速，以及学术影响的迅速扩大，都与学科本身的应用性研究特征密切相关。学科对社会的贡献也主要是通过其的应用性研究体现出来。

进入新世纪，中共中央相继提出了实施西部大开发战略和全面建设小康社会奋斗目标，全面落实科学发展观，构建和谐社会。民族经济学也拓展了自己的研究领域，除了从20世纪中期一直延续的研究内容外，民族地区如何在西部大开发进程中加快发展、全面建设小康社会，以及与此相关的民族地区农村和牧区经济发展、城镇化建设、人力资源开发、生态环境和可持续发展等也成为学界的研究热点。而在"以人为本"，注重人文关怀的新环境下，学术界也更加重视民族文化与经济发展的关系，同时也引入了新的学术思想和研究方法。新世纪的研究特色主要表现在以下几方面。

一 以加快少数民族及民族地区经济社会发展为主流的学术思想

这是20世纪80年代中期以来民族经济学界研究特点的延续。我国的少数民族和民族自治地方主要分布在西部，西部大开发战略的实施是加快西部民族地区经济社会发展的重大机遇，也是民族经济学界的期盼。党中央提出全面建设小康社会奋斗目标后，很多学者开始以西部大开发为背景探讨民族地区的生态环境建设、可持续发展、城镇化建设、农村和牧区经济发展、人口较少民族的发展、人力资源开发等关系到民族地区全面建设小康社会的各方面。由于民族地区经济社会发展普遍落后，因此学术界对这些问题的研究基本上仍以如何"加快"发展为主轴。

就全面建设小康社会的研究而言，学界对民族地区在我国全面建设小康社会中的地位，民族地区全面建设小康社会的复杂性、特殊性等方面已基本形成了共识，但在"如何加快"全面建设小康社会的问题上存在一定分歧。从简单的逻辑关系看，落后地区要在较低的起点上实现全面小康社会（实现相同的目标），就必须在未来十几年使地区经济增长速度持续超过全国的平均增速。据此，部分学者和民族地区的政府官员提出，我国少数民族和民族地区要实现全面小康社会的宏伟目标，必须实施"跨越式发展战略"[①]；而更多的学者在主张"加快发展"的同时，非常注重生态环境和政治因素，提出把全面建设小康社会的着眼点放在显著提高各族人民生活水平，创造一个生态多样性和文化多样性得到保护、各族人民团结和睦、生活富裕祥和的小康

---

① 牟本理：《论我国民族地区跨越式发展》，《民族研究》2003年第6期。

社会;① 还有的学者认为民族地区全面建设小康社会的基本思路应该是"共同富裕",要使民族地区各族人民与全国人民一起能够有共同参与发展的机会,有共同分享发展成果的机会。② 后两者的思路更加符合民族地区的实际,体现了全面小康社会、和谐社会的人文关怀。

事实上,民族地区作为一个集合概念,各自治地方之间的经济社会发展差异非常大,惟有经济发展滞后是其基本共同点。因此,很难确定一个切实可行的民族地区全面建设小康社会的发展战略。亦即,民族地区全面建设小康社会没有共同模式。鉴于此,一些学者把研究重点转向单个少数民族或具体民族地区(如某个自治区、自治州甚至自治县、旗)的经济社会发展。其中,人口较少民族的发展近几年受到越来越多的学者关注,2005 年国务院作出关于加快人口较少民族发展的决定后,这种趋势进一步增强。值得一提的是,由于市场机制往往解决不了少数民族和民族地区的经济社会发展滞后问题,因此研究者大体上都会对存在的问题或发展趋势提出政策建议,这是民族经济研究的重要特征,一些被采纳的政策建议因形成了国家(如加快人口较少民族的发展、兴边富民行动等)或地方政策而体现了其应用价值。

二 注重民族文化与经济社会发展的相互关系

进入新世纪以来,从民族文化视野研究少数民族经济社会发展的著述增长很快。与民族学人类学、社会学等学科不同,民族经济研究的侧重是少数民族文化与经济发展的关系,强调经济发展的文化背景,以及在经济发展进程中保护少数民族文化的多样性,同时从民族文化视角探讨民族地区的生态环境建设、城镇化建设,从经济学的视角探讨民族文化资源的开发利用等。其中,以研究民族文化与生态环境建设方面的论著最多。

西部民族地区是我国主要江河的源头,生态环境十分脆弱,因此生态环境及其可持续发展问题近几年成为学界研究的热点。面对加快经济发展与保护生态环境的矛盾,不少学者从少数民族的传统习俗、宗教观等方面探讨"少数民族生态文化",探讨民族文化与生态环境的互动关系。一些学者认为,中国少数民族传统生态文化是一种能维持民族地区经济、社会、资源、环境协调发展的生产方式和生活方式,在当今社会条件下,少数民族生态文

---

① 参见郝时远《全面建设小康社会,加快西部地区发展》,《民族研究》2003 年第 1 期。
② 参见胡鞍钢《民族地区全面建设小康社会的几点思考》,《民族研究》2003 年第 1 期。

化必须实现由传统向现代的创新、转换和发展,才能实现少数民族地区的可持续发展[①];还有的学者分析了藏、纳西、白、傈僳、普米、独龙、傣等民族的生态文化,对各民族生态文化的复兴与民族地区可持续发展问题进行了很有意义的探讨,认为少数民族生态文化中所蕴含的古老智慧,为今天的生态环境保护和可持续发展提供了宝贵的资源[②]。

在民族文化的开发利用方面,云南"建设民族文化大省"目标的提出既是民族学人类学研究的贡献,也推动了各地研究者纷纷探讨如何开发民族文化资源、利用民族文化资源发展旅游业等第三产业。而在城镇化建设进程中,学界则关注民族文化与城市建设的关系,强调在城市建设中体现民族特色,避免千篇一律的城市建设模式,在城市化进程中保护少数民族文化的多样性。在这方面,有关少数民族文化资源的资本化研究、少数民族流动人口城镇化的适应模式探讨等,提出了新的思路。

值得关注的是,不少学者从民族文化视野对我国在农村、牧区普遍实施的"土地承包制"进行了反思。认为我国实施的农村土地政策符合大田农作区的文化传统,因而获得了很大的效益,但是在非大田农作区的西部民族地区则潜藏着诸多隐患,例如降低土地资源的利用效率、诱发生态环境恶化或激化社会矛盾。因此,西部民族地区应针对不同的自然和人文背景适当调整土地政策,与当地民族文化形成合力,才能发挥其最大的经济效益和社会效益[③]。还有学者对草原牧区照搬农村土地承包的做法进行了批评,认为蒙古族的游牧经济曾正确处理了人与自然、人与牲畜、自然与牲畜的关系,保持了生态环境的可持续发展;草原承包冷漠了人与人之间的关系,不符合蒙古族的豪爽、大方、好客、热情的民族性格,并造成了草原的沙化或退化,应该重新认识牧区草原畜牧业的可持续发展[④]。在内蒙古牧区,持类似看法的政府官员和牧民已越来越多。

在加快少数民族和民族地区经济社会发展进程中,中国共产党和中国政府历来倡导的"因地制宜"方针,正在从实践层面成为学界关注的问题,也

---

① 袁国友:《中国少数民族生态文化的创新、转换与发展》,《云南社会科学》2001年第1期。
② 郭家骥:《云南少数民族的生态文化与可持续发展》,《云南社会科学》2001年第6期;杨忠实、文传浩:《民族文化与生态环境的互动关系》,《思想战线》2005年第5期。
③ 陈茂昌:《联产承包责任制与民族文化的调适》,《贵州民族研究》2005年第3期。
④ 乌日陶克套胡:《论蒙古族游牧经济的特征》,《中央民族大学学报》2005年第2期;《蒙古族游牧经济及其变迁》,中央民族大学出版社2006年版。

就是对少数民族地区经济社会发展模式的特殊性、多样性探索。其中对文化多样性、生态多样性这"两种资源"的保护和利用,已经成为加快少数民族和民族地区经济社会发展和构建社会主义和谐社会的新视点。相关方面的研究认为,就我国少数民族地区而言,无论是山地农业、灌溉农业,还是草原畜牧业、林区游猎业,都包含了许多因地制宜的生产经验和维持生态平衡的朴素知识。这些传统智慧及其所蕴含的价值观,是丰富和实践科学发展观不可忽视的知识源泉之一。对这些知识的发掘、整理和升华,不仅是"两种资源"保护和利用的基本要求,而且也是尊重知识、激发社会活力、实现创造性的必要条件。

三 研究视野进一步扩展

进入新世纪,国内外关注中国少数民族经济研究的学者显著增加,因此也带来了一些新视野和新的研究方法。如中国社会科学院的学者与瑞典、日本的学者展开合作,大规模进行问卷调查和田野调查,运用数量分析和案例分析方法分析少数民族城乡居民收入和农村劳动力转移问题,取得了一批高质量成果。[①] 还有的学者运用心理学方法来探讨民族地区的发展问题,如姚魏、马岳勇等著《新疆少数民族社会心态与民族地区发展研究》(新疆人民出版社 2005 年版)。作者采用维吾尔、汉、哈萨克和蒙古四种文字设计的调查问卷,运用调查统计成果对新疆的维吾尔族、回族、哈萨克族、蒙古族等少数民族的文化心态走势、群众文化心态,以及政治心态、经济心态、竞争心态等进行了分析,并对新疆少数民族的社会心态与经济社会发展关系进行了很有意义的探讨。

值得关注的是,自 1994 年陈庆德率先引入西方经济人类学理论探讨少数民族经济发展问题后,我国有不少学者也开始运用经济人类学的方法、范畴探讨民族经济研究的架构和少数民族经济的发展问题,发表了一批以"经济人类学"为题的相关论著。代表性的研究主要有陈庆德两部著作《经济人类学》(人民出版社 2001 年版)和《资源配置与制度变迁——人类学视野中的多民族经济共生形态》(云南大学出版社 2001 年版),论文《经济人类学

[①] 参见丁赛《农村汉族和少数民族劳动力转移的比较》,《民族研究》2006 年第 5 期等文章。该文采用了全国 100 个少数民族村寨的调查数据,运用 OSL 线性回归方法,对我国农村汉族和少数民族劳动力转移进行了实证性分析。

的理论发展》(《云南社会科学》2000年第2期);施琳的《经济人类学》(中央民族大学出版社2002年版),吕俊彪的《经济人类学在中国的发展及当前面临的问题》(《广西民族研究》2002年第3期),马翀炜的《人力资本的经济人类学分析》(《广西民族研究》2002年第3期),张有隽的《论人类学的经济学》(《广西民族学院学报》2005年第6期)等。其基本立论为:经济人类学既从人类学与民族学的角度分析人们的经济行为与经济生活,也从经济学的角度剖析各种人类学现象和民族问题的交叉性、边缘性特点,使其与经济学研究和一般民族学研究相比,更能触及社区发展或民族经济发展的深层问题。引入经济人类学的理论、方法和范畴,对民族经济学基础理论建设无疑具有重要的借鉴意义。更为重要的是,经济人类学的引入有可能使民族经济研究形成不同的学术流派。这是民族经济学界的幸事。

第三章

民族学（社会文化人类学）的发展

何星亮　郭宏珍

改革开放30年来，中国民族学（社会文化人类学）空前活跃，百花齐放，百家争鸣，在学科建设、人才培养、田野调查、理论探讨、应用研究等各方面均取得了前所未有的成就，成为学术发展史上的一段黄金时代。

众所周知，民族学是20世纪初从西方传入中国的，早期采用了"民族学"这一名称。在20世纪50年代之后的一段时期，由于采用不同的理论模式，国内的相关研究表现出了一些独特的内容，一度与国外文化人类学之间的距离有所拉大。改革开放以后，随着学术的发展，学科体系日益规范化。90年代以后，国内开始频频使用"社会文化人类学"一词。"许多学者和教学、研究机构都在同时使用'民族学'和'文化人类学'两个学科名称作为自己的学科认同标签。"[①] 实际上，文化人类学或社会人类学就是狭义的民族学，也就是本文所讨论的"民族学"。

为了突出重点、把握线索和叙述方便，我们根据新时期学科发展的大致走向和学术重点，分别以1978年三中全会的召开和1992年邓小平南方谈话为标志，把民族学30年的发展历程分为前后两个时期。第一时期是学术重建和初步发展时期，这一时期，民族学学科在国内重新恢复和发展起来，学术界在整理和总结以前少数民族社会历史调查成果的同时，开始致力于少数民族地区发展和现代化的调查和研究。第二时期是学术转型时期，随着改革开放的逐步深入和经济建设的全面开展，民族学的研究领域和重心发生了转移和调整，理论和方法上也有了新的突破，在学术交流的前提下，新的学术范式逐步建立起来，当代社会、汉族社区、多元文化成为研究的主要内容，

[①] 王建民、张海洋、胡鸿保：《中国民族学史》（下卷），云南教育出版社1998年版，第2页。

文化多样性、非物质文化遗产保护等与全球化密切相关的问题也成为本学科关注的对象；另一方面，在全球化浪潮下，学科也面临新的整合和提升，面临重大机遇和挑战。

第一节　学术重建与初步发展

1978年3月，第五届全国人民代表大会召开，作为一门学科，民族学重新出现在政府工作报告中，标志着民族学在新时代的新生。1978年12月，中国共产党第十一届三中全会胜利召开，这次全会是中国社会主义建设事业的伟大转折点，重新树立了解放思想、实事求是的思想路线，在这一正确路线的指引下，民族学事业也实现了拨乱反正。1979年4—5月间，"全国民族研究工作规划会议"在昆明举行，"会议就民族研究工作如何为四个现代化服务和一些理论学术问题，进行了讨论，制定了今后七年的全国民族研究工作计划"。[①] 这些重大的历史性会议为民族学的发展提供了新的契机，作为民族研究学科群中的一个学科，民族学也开始走上独立发展的道路。之后，研究人员以激扬的时代热情，本着高度的责任感、强烈的事业心，积极投入到民族学研究工作之中，恢复、重建学术团体和研究、教学机构，大力培养教学和研究人才，积极开展各项调查研究工作，为民族学在短期内的恢复和初步的发展做出了贡献。

一　机构组织的重建
1. 研究机构的重建

20世纪50年代后，"民族学"虽然被取消，但是由于民族工作的需要，与之相关的研究工作仍旧没有中断。60年代以后，由于"文化大革命"的干扰，学术研究受到多方面的制约，学科队伍建设和成果积累长时间处于停滞状态。改革开放之后，经过思想领域的拨乱反正，民族研究很快恢复了日常工作，改组或建立了各种研究机构，除中国社会科学院民族研究所之外，全国近20个省区也纷纷建立了相关研究机构，如民族研究所、民族历史研究所或民族学研究所等。在这些为数众多的机构之中，民族学研究室、民族学研究组等机构是其重要的组成部分。

---

① 《〈全国民族研究工作规划会议〉简况》，《民族研究通讯》1979年第1期。

1978年春，中国社会科学院民族研究所成立了独立的"民族学研究室"，这是全国第一个正式以"民族学"命名的研究机构。该室建立之初，设有原始社会形态组、西南民族组（奴隶制）、农奴制度组和电影文物四个研究小组。后来经过调整，除保留原始社会形态、农奴制度两个研究组之外，改设和增设民族学理论、民族文化、民族学资料三个组。1988年后设民族学理论、民族文化、南方组、北方组和资料组五个组。1995年，原民族学研究室改名为"人类学民族学研究室"。

在东北和内蒙古地区，1982年，辽宁省民族研究所成立，设民族文学艺术、民族理论与政策、民族社会与经济、民族历史语言四个研究室，1985年创办《满族研究》刊物。1983年4月，黑龙江省民族研究所成立，设民族理论、民族经济、民族历史、民族学、民族古籍整理五个研究室，1985年创办《黑龙江民族丛刊》。1983年，内蒙古社会科学院民族研究所成立，设达斡尔族、鄂温克鄂伦春族、民族学和民族理论四个研究室。此后，1989年4月，吉林省民族研究所成立，设民族理论与经济、民族历史与文化和民族古籍三个研究室，1988年创办《北方民族》刊物。

在西北地区，相关研究机构进行了改组，调整了隶属关系，明确了发展方向。1978年10月，青海省社会科学院民族宗教研究所成立，相继设立民族研究、佛教研究和伊斯兰教研究三个研究室。1981年3月，新疆维吾尔自治区社会科学院成立，原来的民族研究所划归其管辖，1984年，经过机构改革，原民族理论研究室扩大为新的民族研究所，相继设立了民族理论、民族学、社会学等研究室。1981年3月，甘肃省重建甘肃省民族研究所，此后设有民族学、民族历史与宗教、民族经济与教育等研究室，办有《甘肃民族研究》期刊。1981年8月，宁夏社会科学院组建，设有民族宗教研究所（1990年改名为"回族伊斯兰教研究所"），其后又增设中东伊斯兰国家研究所，1991年实行合并管理，进行新的组合调配，下设回族史、伊斯兰教、民族理论、中东中亚伊斯兰教和古籍整理五个研究室，1991年创办《回族研究》杂志。

在西南地区，贵州、四川、云南等省民族研究所恢复工作。贵州民族研究所前身是贵州少数民族社会历史调查组，后设民族史、民族学、民族理论、民族经济、民族文学以及宗教六个研究室，办有期刊《贵州民族研究》；四川省民族研究所前身为中国科学院四川分院民族研究所，后设民族问题与民族经济研究室、民族学与民族史研究室、民族语言文学研究室、藏学研究室，办有《民族论丛》等刊物。1978年，云南省民族研究所恢复重建；1984年11月，云南社会科学院民族学研究所成立，编辑《民族学》杂志。

在华南地区，广西壮族自治区民族研究所的前身是广西少数民族社会历史调查组，1977年初恢复工作，办有《广西民族研究》。1979年后，原"中国科学院广东民族研究所"改组为"广东省民族研究所"，后设有民族学民族史、民族理论民族经济、民族宗教三个研究室，办有《广东民族研究论丛》和《广东民族研究通讯》。此外，在中南地区，1981年4月，湖南省民族研究所成立，编辑《湖南民族研究》，其后相继更名为《民族纵横》、《民族论坛》。

这些研究机构主要由各省社会科学院和民族事务委员会主管，虽然有些单位没有设立专门的民族学研究室，但是主要调查研究对象是当地少数民族，侧重于研究少数民族的历史、传统文化、民族宗教，这些都属于狭义民族学范畴。除此之外，其研究领域还涉及民族政策与理论、民族经济、古籍整理等方面。

2. 民族学院系重建

除了科研机构之外，民族院校也是民族学研究的重要基地，它不但容纳了大批专业研究人员，而且承担着教学任务，负有培养较高政治思想素质和科学文化素质学科专业人才的职能。1980年3月，国家有关部门在西安举行会议，指示在高等院校中创建、恢复包括民族学在内的部分学科。会议之后，基础较好的一些院校相继建立起了民族学人类学院系、研究机构及相关专业，开设了民族学专业课程。此后，通过以本专科教育为主，同时培养中专生、预科生、硕士生、博士生，举办干部培训、夜大函授、成人教育班等形式，形成了多层次的专业教学模式，为民族学队伍培养了一批后备人才。

在北京，1978年，中国社会科学院研究生院民族系设民族学硕士点，当年开始招收硕士研究生，1983年起开始招收博士研究生。1980年，原中央民族学院民族学研究部改名为中央民族学院民族研究所。1983年，该院民族学系正式成立，林耀华任系主任，它是改革开放以后国内新建的第一个民族学系，该系下设民族学、中国北方民族、中国南方民族、世界民族、人类学、社会学理论、社会学应用7个教研室和一个民族学信息资料中心，研究领域主要为学科基础理论研究，各民族历史文化研究及民族志调查，少数民族乡村社会发展研究和都市社会问题研究，以及收集国内外民族学及相关学科的信息资料。1986年，民族学系与民族研究所合并，教学、科研并重，建立了本科、硕士、博士三级人才培养体系，1989年建成国内民族学专业中唯一的国家级重点学科。

1985年3月，北京大学社会学研究所成立，费孝通任所长，该所以研究为主、教学为辅，招收硕士、博士研究生，同时为社会学系本科生开设课程，1987年设立社会学博士后流动站。该所设有人类学与民俗学、民族社会学与人口等与民族学相关的研究室或中心，研究领域主要有社会学与人类学学科建设、边区与少数民族地区发展研究、人类学与民俗研究等等。此外，1979年，北京师范大学历史系开设了民族学概论课程。

在中南地区，1982年5月，中南民族学院成立民族研究所，1985年，该所历史专业开始招收硕士生。1988年，在民族研究所基础上成立民族学系，同时保留民族研究所名称。其后，民族学等专业也开始招收硕士研究生。此外，吉首大学建立了民族研究所，湖南师范大学、湘潭大学开设了相关课程。

在华东地区，1984年2月，厦门大学人类学研究所正式成立，下设人类学与考古学两个研究室；同年9月，人类学系正式成立，陈国强任系主任、所长，下设人类学和考古学两个专业。1986年，该系开始招收人类学专业本科生。20世纪80年代初，上海大学文学院在历史、考古等专业也开设了民族学基础课程。

在华南地区，1981年4月，中山大学人类学系正式成立，同年秋季正式招生，本科设民族学、考古学两个专业，研究生设文化人类学专业，首任系主任梁钊韬。1985年增设文化人类学研究室，1987年在原文物馆的基础上建立"人类学博物馆"。1981年，梁钊韬被授为第一批博士研究生导师，人类学系成为国内最早具有博士、硕士和学士三个教育层次的办学单位。此外，广东民族学院得以恢复，主要以海南黎族、苗族和粤北瑶族为研究对象，创办了《岭南民俗》。

1982年，广西大学筹建民族研究室，其后扩展为民族研究所。1984年，原广西民族学院政治系民族研究室改为民族研究所，下设民族学、壮学、瑶学、东南亚民族等研究室，1988年开始招收民族学专业专科生，1995年开始招收本科生。

在西南地区，1980年，云南民族学院民族学系建立，其后设有包括民族学、民族教育、民族历史、民族宗教、民族考古在内的八个研究室，以云南各少数民族为研究对象，编辑《民族调查研究》。1980年，云南大学成立西南边疆民族研究所，1987年，在历史系建立了人类学本科专业，1988年开始招收本科生，1991年人类学专业率先开设影视人类学课程。1981年，西南民族学院民族研究所建立，开展民族学教学和研究工作。此外，四川大学也开设了相关课程。

在西北地区，1980年，青海民族学院民族研究所成立。1984年，西北民族学院西北民族研究所建立，设有民俗文化研究中心以及回族史及西北地区伊斯兰教、卫拉特蒙古、安多藏族等研究室，编印《西北民族研究》。此外，兰州大学历史系开设民族学、人类学和西北民族史和宗教课程。

在人才培训方面，中国民族学界通过各种方式进行民族学教学和科研人才的培训，发展民族学研究，其中，规模较大的有中国民族学研究会全国民族学讲习班。在1981年7月，在昆明举行的中国民族学研究会座谈会上，许多学者就提出了举办民族学讲习班的倡议，得到各单位的大力支持。之后，1983年、1985年，中国民族学研究会分别与中南民族学院和云南民族学院举办了两期全国民族学讲习班。

3. 学术团体的建立

改革开放伊始，民族学界相继恢复并建立许多学术团体，极大地促进了本学科教学和科研工作，其中包括中国民族学研究会、中国人类学会、中国西南民族学会以及为数众多的各省区民族研究学会、民族学会等。

中国民族学研究会发端于20世纪30年代中期。1934年12月，中国民族学会在南京中央大学中山学院宣告成立，之后，学会分别于1935年、1936年先后召开两届年会。抗日战争爆发以后，学会被迫停止了活动。此后，由于历史原因，学会一直没有恢复组织工作，但许多学者则继续从事民族的调查和研究工作。

作为1979年"全国民族研究工作规划会议"的重大成果，与会学者发起成立了中国民族学研究会筹备委员会，部分学者写出倡议书，建议恢复人类学的研究和教学工作。1980年10月25日，首届全国民族学学术研讨会在贵阳召开，同时宣告"中国民族学研究会"正式成立。研究会设理事会，每四年一届。第一届理事会任期为1980年10月至1984年10月，会长秋浦，秘书长为詹承绪；第二届理事会任期为1984年11月至1989年10月，会长秋浦，秘书长詹承绪兼任；第三届理事会任期为1989年11月至1993年10月，会长宋蜀华，秘书长满都尔图。1984年，中国民族学研究会改名为"中国民族学会",1991年改名为"中国民族学学会"。中国民族研究学会成立以后,广泛团结全国民族学科研和教学工作者,积极开展民族学研究,通过组织召开全国性学术讨论会和国际性学术会议,召开工作座谈会或学术座谈会,举办民族学讲习班,为恢复初期的民族学专业队伍建设发挥了组织和引导作用。

1980年9月,中国人类学学会筹备委员会成立。1981年5月,"首届全国人类学学术讨论会"在厦门大学召开,同时正式成立"中国人类学学会",选举了第一届理事会,会址决定设在厦门大学人类学博物馆。中国人类学学会成立后,多次召开全国人类学学术讨论会,出版论文集《人类学研究》,编印学会《通讯》,并通过编译《国外人类学》,介绍国外人类学理论和方法。

云南、贵州、广西、四川、西藏西南五省区是我国民族成分最多的地区,居住着30多个少数民族。1980年10月,西南五省区有关单位在贵阳建立了中国西南民族研究学会筹备委员会。1981年11月,"中国西南民族研究学会"在昆明正式成立,办事机构设在云南省民族研究所内,1989年后转移到贵州。[①] 它是以西南五省区少数民族为研究对象的全国性学术团体,采取团体会员制,主要包括西南五省区民族科研和教学单位,学会每3—5年召开一次会员代表大会,选举产生新的理事会。学会建立以后,通过组织学术会议,编辑出版《西南民族研究动态》、《西南民族研究》等会刊,交流科研成果,加强了西南五省区的民族研究工作者的联系,促进了五省区少数民族的全面研究。

除了全国性的学术团体之外,在20世纪80年代,全国各地还相继建立了地区性的民族研究学会或民族学会等与民族学有关的学术团体。在西南地区,1980年,四川省民族研究学会成立;1981年1月,中国苗族研究会开始筹建;1989年9月,云南民族学会成立,下设云南省各民族研究委员会。在华中地区,1985年12月,湖北省民族研究学会成立。在华南地区,1981年9月,广西民族研究学会成立,下设四个分会,民族学是其中之一;1983年1月,广东省民族研究学会成立。在华东地区,1986年1月,福建省民族研究学会成立,设立研究、联络、活动三个部,设备、回、满、高山、汉五个研究小组和13个调查研究活动的专业组织。在西北地区,1982年,宁夏

---

① 何耀华:《中国西南民族研究学会首届年会综述》,《民族学通讯》第13期,1981年。

回族自治区筹建宁夏回族研究会；1984年12月，新疆维吾尔自治区民族研究学会成立。在东北地区，1986年6月，黑龙江省民族研究学会成立，下设赫哲族、鄂伦春族以及蒙古学、朝鲜学等四个研究会。此后，吉林省民族学会也于1993年11月在长春市成立。

各种类型的学会组织成立以后，通过组织学术研讨活动，加强与相关团体的联合，编印和出版会刊，为恢复时期民族学的研究提供了社团组织保障，民族学在各地的社会发展中发挥了积极作用。

二 学术热点和特点

1. 热点论题

回顾中国民族学发展历程，有学者认为，以1979年中国民族学学会筹备会的成立和1980年举行第一届学术讨论会及中国民族学学会成立为标志，中断多年的民族学开始恢复和发展，当时的学术热点是探讨民族学的定义、任务、研究对象、范围和方法。通过讨论，学术界在指导思想、研究对象、任务和方法等问题上取得了广泛共识，从而为中国民族学的恢复和发展打下了思想基础和学术理论基础。[①] 在这方面，中国民族学研究会等学术团体发挥了组织引导作用。

1980年10月，首届全国民族学学术研讨会在贵阳举行。与会议代表223人，分别来自18个省、市、自治区的19个民族，收到论文及有关资料共173篇。与会代表围绕民族学的对象、范围、任务、方法这一中心议题，展开了热烈的讨论。[②] 1981年7月，中国民族学研究会在昆明举行工作座谈会。与会代表41人，分别来自13个省市区的9个民族，各民族院校和民族研究机构的负责人也出席了会议，代表们继续围绕关于发展我国民族学的初步设想进行了热烈讨论。几次会议讨论的重点集中在以下几个方面：

(1) 学科定义。学者普遍认为，民族学是研究民族形成、发展和消亡规律的一门综合性社会科学，其指导思想是马列主义科学理论。[③] 既然是一门

[①] 满都尔图：《中国民族学的黄金时代》，载《中国民族研究年鉴·1998年卷》，民族出版社1999年版。

[②] 中国民族学研究会秘书处：《首届全国民族学学术讨论会在贵阳举行》，《民族学通讯》1980年第1期。

[③] 刘孝瑜：《略论民族学的定义和对象》，载中国民族学研究会编：《民族学研究》（第1辑），民族出版社1981年版。

综合学科，有些学者提出应当建立"广义民族学"和"狭义民族学"，认为只要是从民族角度出发来研究各个方面、各种过程和各种关系，都属于广义民族学研究范畴，而狭义民族学（也称普通民族学或者民族学基础），它是进行一般的综合研究，概述一般情况，阐明基本原理。①

（2）研究对象。学者在承认民族学是一门独立学科的同时，普遍认为民族学研究对象是"民族"，它是"以民族共同为研究对象，研究它的起源、物质和精神文化、社会形态等等的一门科学"，②研究各个具体民族表现在各个方面的具体特征，研究各个不同民族之间表现在政治、经济、文化等各方面的相互关系。③有的学者则认为，民族学研究对象也应该包括文化、民族问题等，"民族学是研究世界各民族历史的和现实的生活与文化的一门科学，是一门考察各民族文化，从事于纪录和比较的学问"。④周光大认为，民族学是研究民族和民族问题发展规律的科学。⑤至于进行历史性研究还是现时性研究，学者也发表了不同看法，"应当以现存的原始民族作为自己研究工作的主要对象，或者扩大为一个前封建民族作为自己研究工作的对象"。"也应当研究现代民族。"⑥陈国强则认为，民族学应该包括人类学分科中的民族学和民族志的全部研究对象，而以当代社会的结构和物质文化、精神文化为重点。⑦

（3）研究内容和任务。从研究对象"民族"出发，研究内容可以分为两个方面。第一是普遍规律探索。有些学者认为，民族学主要任务研究民族的产生、形成、发展、消亡规律，说明人类社会发展的客观规律，同时研究不同民族的物质文化和精神生活特点，民族之间的相互影响和相互关系，印证

---

① 施正一：《关于发展我国民族学的几个问题》，载中国民族学研究会编：《民族学研究》（第1辑），民族出版社1981年版。
② 刘伯鉴：《关于建立中国民族学科学体系问题的探讨》，载中国民族学研究会编：《民族学研究》（第1辑），民族出版社1981年版。
③ 施正一：《关于发展我国民族学的几个问题》，载中国民族学研究会编：《民族学研究》（第1辑），民族出版社1981年版。
④ 江应樑：《我国民族学应转向对文化的研究》，载中国民族学研究会编：《民族学研究》（第1辑），民族出版社1981年版。
⑤ 周光大：《建立与发展中国式的马克思主义民族学的几个问题》，载中国民族学研究会编：《民族学研究》（第1辑），民族出版社1981年版。
⑥ 马惠焜：《在实践中建立和发展马克思主义民族学》，载中国民族学研究会编：《民族学研究》（第1辑），民族出版社1981年版。
⑦ 陈国强：《论民族学研究的对象》，载中国民族学研究会编：《民族学研究》（第1辑），民族出版社1981年版。

总的发展规律。① "就是从各民族的现实出发,来探索它们的历史发展的规律,阐述诸如民族的起源、形成、繁荣、发展、离合和消亡的规律。"② 其重点之一就是研究"社会活化石"。第二,有学者也提出现时性问题研究,强调以各族人民的社会现状为主要任务,研究各民族内部和各民族之间的新情况、新问题和新特点,内容涉及民族的社会、文化、经济、习俗各方面以及民族识别的余留问题,如民族发展与生态环境的关系、民族地区经济结构、民族人口文化素质和身体素质、少数民族婚姻家庭、民族共同心理素质、思想意识形态、民族主义倾向、少数民族现实生活中宗教问题等。③

(4) 研究方法。学者普遍认为,现状和历史调查是马克思主义民族学的研究方法,主张采取从现状入手追溯历史的调查研究方法,调查中采用历史文化残余法、阶级分析法、区域调查法、比较法、谱系推定法等。

学者们尽管在主要论题上达成了一致看法,但是也存在较大分歧。表现在以下几个方面:

(1) 关于民族学属于什么学科问题。除了承认民族学是一门独立学科之外,有些学者认为民族学是政治学科,是科学社会主义的一部分;有的学者认为属于历史科学;另有一些学者则认为是综合性的社会科学。

(2) 关于"民族"的概念,也有不同的意见。有的学者从广义的角度定义"民族",认为历史上各种人民共同体包括氏族、部落和民族,都可以称之为"民族";有的则主张"民族"是原始社会后期由部落或部落联盟融合而成的,是阶级社会或文明社会的产物。

(3) 研究范围和重点。民族学研究对象既然包括所有处于不同社会发展阶段的民族共同体,那么,凡属民族共同体的一切社会关系、社会现象,都在它的视野之内。"民族学也是一门综合性的学科,它的研究范围也是广阔的,只要是从民族角度出发来研究它的各个方面、各种过程和各种关系,都是属于它的研究范畴。"因此,就研究内容而言,一种意见认为民族学研究应该包括民族问题理论、民族历史、民族文化、语言文字、民族现状;另一种意见认为,不能把民族学的研究范围划得太宽,它是把民族作为一个整体

---

① 马曜:《我对民族学的看法》,载中国民族学研究会编:《民族学研究》(第1辑),民族出版社1981年版。

② 刘伯鉴:《关于建立中国民族学学科学体系问题的探讨》,载中国民族学研究会编:《民族学研究》(第1辑),民族出版社1981年版。

③ 同上。

来研究民族特点和发展规律的,与民族理论、民族历史、民族语言是姐妹学科的关系,在内容上有交叉,但不能取代或包办。关于研究重点,也存在不同的意见,有人认为是研究少数民族和后进民族,是研究原始民族和史前史;另有一些学者认为应主要研究民族现状,特别是社会主义民族的发展规律和如何为现代化服务的问题。①

(4) 与相邻学科的关系。20世纪80年代初,民族学和民族研究在一定程度上相互混用,有些学者认为,既然民族学研究的对象是各民族的生活与文化,就应该包括民族史和民族理论研究。针对这个问题,有学者指出:"如果不明确民族学所特有的研究对象和研究方法,把民族学变成历史学、考古学、历史地理学、经济学、语言学等学科的简单总和,这实际上是使民族学附着于其他学科的皮上,模糊了民族学研究对象的矛盾的特殊性和特殊本质……这无异是取消了民族学的独立存在。"② 因此,民族学应该与民族理论、民族史学、民族语言学、人类学分工合作,相互协力。

尽管存在分歧和论争,但多数学者认为,民族学是一门以民族为研究对象的独立的社会科学,它研究民族的发生、发展和消亡的规律,研究处于不同发展阶段的人们共同体的经济基础和上层建筑;研究方法,主要采取实地调查的方法,同时配合以历史学、考古学、人类学、语言学等各学科的方法。③ 可以看出,相关讨论为民族学的恢复和学科独立发展提供了理论基础,另一方面,也不可否认,学术界存在把民族学和人类学并列的现象。

1981年5月,中国人类学学会在厦门大学举行首届学术讨论会,会议主题是"人类学的地位与作用",与会代表集中讨论了人类学的地位与作用、人类学的分支学科、人类学与其他社会科学的关系等问题。学者们认为,人类学是一门综合性或跨学科学科,作为一门学科体系,既有它特定的研究对象和范围,也有它特定的研究方法,更有它的重要意义和作用。关于人类学的分支学科,学者认为,过去的研究着重于人类及其文化的起源和原始形态,现在则着重研究当前社会问题。学者还认为,人类学与其他社会科学关系十分密切,应该相互配合,不能相互替代,人类学研究各个国家、地区、

---

① 宋蜀华、满都尔图:《中国民族学五十年:1949—1999》,人民出版社2004年版,第308页。
② 李孚同:《有关民族学建设的若干问题》,载中国民族学研究会编:《民族学研究》(第1辑),民族出版社1981年版。
③ 詹承绪:《首届全国民族学学术读者讨论会在贵阳举行》,载中国民族学研究会编:《民族学研究》(第1辑),民族出版社1982年版,第338—339页。

民族、阶层的文化特征和文化模式。①

另外，应该提到的是，1981年11月，首届中国西南民族研究学会年会在昆明召开，有来自川、滇、藏、黔、桂五省区共120余人参加，与会代表就西南民族研究的方向、存在问题、合作项目等问题进行研讨。②

自1982年起，以组织编写出版《中国少数民族社会历史调查资料丛刊》等丛书为标志，学术界进入了以研究中国少数民族传统文化为核心的调查研究阶段，其中，社会形态研究和原始社会史研究成为重点和热点。

20世纪50年代前，国内各民族的社会发展极不平衡，就经济形势而言，既存在农业生产，也存在渔猎生产、畜牧业、山地农业生产甚至原始农业；从社会发展阶段来看，国内尚有十多个民族处于原始社会末期或向阶级社会过渡阶段，有的则处于奴隶社会晚期发展阶段或封建领主发展阶段；就宗教信仰而言，原始宗教、伊斯兰教、佛教等多种宗教并存，因此，以实事求是的科学态度，研究各民族社会形态、探讨民族地区现代化问题尤为重要。80年代初，学术界开始对以往调查资料进行整理，并对以上传统题目进行深入研究，重点是研究处于不同社会发展阶段的民族的社会形态和原始社会分期问题，在全国民族研究工作1979—1985年的研究规划中，少数民族社会形态研究被列为一个重要方面。

1982年9月，第二届全国民族学学术研讨会在青海西宁市举行，最初拟定的主题就是原始社会史，后来虽然以"民族学与现代化"为议题，但原始社会史的分期问题依然是讨论会的重要议题之一，会议收到学术论文158篇，多数论文是研究少数民族社会形态的，有30多篇论文探讨了民族地区现代化建设中出现的新情况和新问题。③

众所周知，恩格斯的《家庭、私有制和国家的起源》是公认的马克思主义民族学的经典著作之一，为我国民族学的发展发挥了重大理论指导作用，1984年是《起源》发表100周年，为了纪念这一伟大著作的发表，1983年6月，中国民族学研究会第一届理事会在江西九江召开扩大会议，为来年举行的学术讨论会作了动员、准备，呼吁会员重新学习《起源》、宣传《起源》，结合中国实际，发现和探讨新问题，推动民族学界更好地运用马克思主义，

---

① 陈国强：《建国以来人类学学科发展概述》，《民族研究动态》1987年第1期。
② 何耀华：《中国西南民族研究学会首届年会综述》，《民族学通讯》1981年第13期。
③ 中国民族学研究会秘书处：《中国民族学研究会第二届学术讨论会在西宁举行》，《民族学通讯》1982年第21期。

开创中国民族学研究新局面。

1984年10月,第三届民族学学术研讨会在广西南宁市举行,主题是纪念恩格斯的《家庭、私有制和国家的起源》发表100周年。这次会议引发了学术界的热烈讨论,在充分肯定《起源》对丰富和发展唯物史观,替补马克思主义关于人类社会早期阶段和国家起源理论等方面巨大贡献,以及对我国马克思主义民族学的发展所起的指导作用的同时,与会学者根据民族学和人类学以及考古学界的新资料,对《起源》的某些结论和观点提出了不同看法。总括而言,会议讨论主要集中在以下问题:①原始社会史的分期问题;②母系氏族向父系氏族过渡问题;③第一次社会大分工和第一次社会大分裂问题;④父系氏族公社的性质问题等。这些讨论进一步坚定了马克思主义对民族研究的指导作用,并丰富了相关理论。①

这一时期,中国人类学会也于1982年1月和1985年10月分别在上海和成都举行了第二、三届全国人类学学术讨论会,主题分别为"人类学与两个文明建设"和"人类学与应用"。第二届讨论会集中讨论了人类学与两个文明的关系、如何开创人类学新局面问题、人类学的发展规划等问题,与会学者就发展应用性较强的分支学科、加强各地区各民族和各阶层现实问题调查、人类学的普及工作、制订完整的具有战略眼光的全国人类学发展规划以及成立人类学研究机构、设立人类学系和专业、创办人类学刊物、加强人类学基本理论和方法研究等问题积极发表看法。②第三届讨论会集中讨论了人类学的应用是人类学科的特点、人类学的应用必须与有关学科互相渗透、古人类学研究是人类学重要的组成部分、学科的建设和发展是在实践中建立的四个问题。③

与此同时,西南民族学会在1983年7月、1985年8月分别以"全国藏族学术讨论会"和"全国首届彝族学术讨论会"为名,在拉萨和西昌召开了第二、三届学术讨论会,藏族和彝族代表占到40%,日本、中国香港的部分学者也参加了讨论,与会代表围绕内容涉及藏族彝族的经济和社会的发展、社会制度、历史、语言、宗教和文化艺术等问题展开了讨论。

值得一提的是,为了提高民族学领域的整体素质,结合新时代的课题,

---

① 满都尔图:《中国民族学的黄金时代》,载《中国民族研究年鉴·1998年卷》,民族出版社1999年版。

② 舟一:《第二届全国人类学学术讨论会在上海举行》,《民族研究动态》1983年第1期。

③ 陈国强:《建国以来人类学学科发展概述》,《民族研究动态》1987年第1期。

1983年、1985年,中国民族学研究会与中南民族学院和云南民族学院联合,分别举办了两期民族学讲习班。

第一期讲习班于1983年9月15日举行开班仪式,12月5日举行结业仪式,历时3个月。来自全国20个省、市、自治区20个民族的67名学员参加学习,他们大多在大专院校、民族研究单位从事教学与研究,以及在实际工作部门从事教学和管理工作。在开班仪式上,中国民族学研究会会长、讲习班主任秋浦做了《让民族学之花开遍中国大地》的讲话。本期讲习班开设的课程中,除了讲述中国民族学概论和概况、马克思主义民族理论,介绍东北内蒙古、西北、云南等地区民族概况之外,还讲授了体质人类学、考古学、语言学、民族博物馆学、统计学等知识以及录音和摄影方法。另一个方面则集中于社会形态相关问题的讨论,如"关于原始社会研究中的若干问题"、"云南边疆民族的原始社会形态"、"永宁纳西族的阿注婚和母系家庭"、"原始宗教"、"原始艺术"、"凉山彝族奴隶制"、"傣族农奴制"、"西藏农奴制"等。第二期讲习班于1985年4月举行,大多数学员来自新疆、西藏、宁夏和东北等地区。讲习班开设了民族学基础理论、各分支学科基础知识、云南少数民族社会历史与传统文化等二十四门课,分别由来自北京、云南等地的学者讲授。

为适应现代化建设的需要,中国民族学自20世纪80年代初便开始重视民族地区现代化问题的研究,1982年"民族学与现代化"学术研讨会探讨了民族地区现代化建设中出现的新情况和新问题。1986年12月,中国民族学学会召开"我国民族学面临的迫切课题"工作座谈会,以此为标志,学术界在继续研究少数民族传统文化的同时,进入以研究现实问题为核心的新阶段,这也标志着民族学界学术反思的开始。

1986年12月,中国民族学学会在北京举办"民族学面临的迫切课题"座谈会,全国民族学科研、教学单位负责人参加了会议,着重讨论了民族学面临的迫切课题。与会人员普遍认为,在新的历史时期,民族学调查研究对象已经发生了或正在发生着或即将发生深刻的变化,民族学研究必须跟上改革开放的新形势,以科学态度,及时考察和研究民族地区现代化进程中出现的新情况、新问题。会后不久,部分学者对以前的理论模式提出了质疑,童恩正指出,原始社会史研究已经有了很大发展,教条的对待摩尔根学说已经成为进一步研究的障碍。[1]

---

[1] 参见童恩正《摩尔根模式与中国的原始社会史研究》,《中国社会科学》1988年第3期。

1989年夏,费孝通先生在香港中文大学发表了著名的"中华民族多元一体格局"学术讲演,系统阐述了自己的理论。他指出,所谓"多元",是指中华民族不是单一的民族,而是由56个兄弟民族所组成的复合民族共同体;所谓"一体",是指各民族结成了一个有机的整体,这个整体是逐步形成和完善的。中国各民族在历史舞台上扮演了不同角色,最终形成了多元一体的格局。中华民族是包括56个民族的民族实体,他们已经结合成相互依存的统一整体,这个民族实体中所有成分都已具有更高层次的民族认同意识,在从分散的多元结合成一体的过程中,"中华民族"起到了核心的作用,但是,高层次的认同并不一定取代或排斥低层次的认同,不同层次可以并存不悖,可以各自发展原有的特点,形成多语言、多文化的整体。[1] 这篇讲演发表之后,立即引起了学术界的极大反响,1990年,在国家民委民族问题研究中心举办的学术讨论会上,与会者再次就"多元一体格局"发表了讨论,并达成共识,认为,"多元"是指各兄弟民族各有其起源、形成、发展的历史,文化、社会也各具特点,从而区别于其他民族;"一体"是指各民族的发展相互关联,相互补充,相互依存,与整体有不可分割的内在联系和共同的民族利益。[2]

　　传统文化与民族地区现代化的关系是民族学界必须面对的重要问题。1989年10月,中国民族学会在北京大学举行第四届全国民族学学术研讨会,主题是"传统文化与民族繁荣发展",三个子题是"传统民族文化与商品经济"、"传统文化与生活方式的变革"、"传统观念与改革开放"。与会者一致认为,中华各民族的传统文化中,既有精华的部分,又有落后的方面;既要发扬优秀的部分,又要摒弃落后的东西,同时还要有选择地引进世界各民族的文化精化。只有这样,中华民族优秀的传统文化才可能在改革开放的新形势下得以发展和创新,也才谈得上各民族共同的繁荣发展。与会者还特别强调,今后不仅要重视各民族传统文化的研究,还要加强传统文化与民族地区现代化建设之间关系的研究,从而促进民族地区经济文化的发展。

　　这一时期,西南民族学会先后于1986年10月、1987年9月、1989年11月分别在成都、贵阳、南宁召开了第四、五、六届学术讨论会,名

---

[1] 费孝通:《中华民族多元一体格局》,中央民族学院出版社1989年版。
[2] 费孝通主编:《中华民族研究新探索》,中国社会科学出版社1990年版。

称分别为"西南少数民族地区经济发展战略讨论会"、"中国苗族瑶族学术讨论会"、"首届壮侗语诸民族学术讨论会"。与会者就西南民族地区经济发展及与沿海地区的关系；苗族、瑶族地区的经济发展；壮侗语诸民族改革开放中的理论问题和现实问题等进行了热烈的讨论。这些讨论拓宽了研究领域，深化了研究内容，在研究现实问题方面也取得显著的进展，对苗、瑶、壮、侗民族的社会发展具有深远的意义。此外，1987年底，第四届全国人类学学术讨论会以笔谈形式进行，主题是"近几年来中国人类学——科研、教学、调查"。

总之，20世纪80年代到90年代初的学术界，在继续讨论传统主题之外，拓展了研究领域，开始了学术反思，"出现了向民族地区现代化服务和研究原始文化两个方向的转变。许多学者关注民族学如何为社会主义建设服务，讨论民族学与现代化的关系问题。不过，在理论模式上基本上因袭了此前的窠臼，技术手段也没有更新，并没有取得太大的突破"。[①]

2. 学术交流

随着改革开放政策的逐步推开，民族学界打破了自我封闭的状态，积极开展国际学术交流，许多学者到国外进行访问或从事学术研究；外国学者访问中国也逐渐增多。国际交流的全面开展为国内民族学学术提升创造了有利条件。

首先，改革开放之后，中国民族学界多次派出代表参加国际学术会议。1983年8月，中国首次派团参加加拿大魁北克与温哥华举行的第十一届国际人类学与民族学大会，受到各国代表的热烈欢迎和关注。大会期间，大陆代表参加了相关专题讨论会并两次宣读论文，与国外学者进行了广泛交流，并与台湾地区学者座谈。1988年1月，中国社会科学院民族研究所组团访苏，加强了双方学术交流。1988年7月，中国代表参加了南斯拉夫萨格勒布举行的第十二届国际人类学与民族学大会，我国台湾和香港的学者也参加了会议。

其次，许多学者应邀出访，到国外访问、学习或进修。1979年，费孝通先后访问美国和加拿大，1980年再次赴美访问，并接受国际应用人类学会1980年度的马林诺夫斯基奖，1981年访问英国，在伦敦经济学院接受"赫

[①] 参见王建民、张海洋、胡鸿保《中国民族学史》（下卷），云南教育出版社1998年版，第347页。

胥黎奖"。1978年后,田汝康也多次应邀到英国访问和讲学。1980年6月至1981年1月间,陈永龄教授应邀赴加拿大考察访问,除讲学之外,调查了解了加拿大印第安人保留地现状和问题。① 1982年4—5月间,林耀华应邀到美国访问和交流,先后在哈佛大学人类学系等研究机构多次作学术报告,此外,还出席了美国联邦各州人类学会58周年年会,并访问了一些黑人社区。② 1981年10月,宋蜀华应邀访问澳大利亚,在有关单位做了学术报告,访问了土著居民区,了解了土著居民的现状。③ 80年代中期之后,应邀出访的学者更多。

再次,改革开放以后,外国学者访问中国也逐步增多。1982年5月间,联合国教科文组织国际人类学与民族学联合会主席贝尔绍应邀来北京访问。在北京期间,他先后访问了中国社会科学院民族研究所等多家单位,与有关学者分别会晤,举行座谈。④ 1989年10月,中国民族学学会第四届学术讨论会邀请了前苏联、美国和南斯拉夫的学者参加。

美国、加拿大民族学和人类学界与中国学术界的交往开始逐渐增多。1981年8月,美国马里兰大学人类学教授南茜·冈萨勒斯应邀来京,在北京大学作学术报告。1983年4—5月间,蒙特利尔大学东亚研究中心人类学博士赫丽·丹尼斯(Helly Denice)访问中国,除了在北京访问和交流之外,还到新疆、湖南和广西等地进行考察,了解维吾尔族、哈萨克族、苗族和壮族的社会历史和现状。⑤ 1983年11月,蒙特利尔大学人类学系主任吉尔斯·比勒等人应邀请来华访问。1984年2—3月间,美国学术交流委员会组派人类学与社会学家代表团来华,先后访问北京、天津、上海、武汉、厦门、广州等地。1984年9月,美国哈佛大学人类学系主任张光直在西安作有关英美考古的学术报告;1985年8月间,再次访问厦门大学人类学系和人类博物馆。此外,1985年来访的美国学者还有新墨西哥大学人类学系R.赛福德和何傅坤博士、美国匹兹堡大学詹姆斯·沃林和鲁比·沃林助理教授;1986年,加州大学洛杉矶分校的高斯明(Walter Goldschmidt)和太平洋路

---

① 陈永龄:《赴加拿大讲学的简报》,《民族学通讯》1981年第7期。
② 祁庆富:《林耀华教授应邀访美进行学术交流》,《民族学通讯》1982年第19期。
③ 祁庆富:《对外交流学术简讯》,《民族通讯》1981年第13期。
④ 《国际人类学、民族学协会主席贝尔绍教授应邀到北京访问》,《民族学通讯》1982年第19期。
⑤ 曹枫:《加拿大人类学家丹尼斯女士来我国访问考察》,《民族研究动态》1983年第2期。

德大学的顾定国（Gregery Guldin）应中山大学人类学系邀请讲学、调查、实习。①

此外，澳大利亚、日本、俄罗斯学者也于80年代开始与中国同行进行频繁交流。1984年之后，澳大利亚国立大学史前学系的索兰博士和布朗博士在两年之内三次访问中山大学。1983年9—10月间，日本学者白鸟芳郎教授和君岛久子教授应邀访问了北京、杭州、福州、广州等地。中根千枝、末成道男、渡边欣雄等教授均先后到中国访问和调查。1987年7月，前苏联科学院民族学者伊茨教授应邀对我国进行了为期两周的访问，进行了广泛的学术交流。②

最后，除了学术访问之外，不少国外人类学、民族学者与中国学者密切合作，在大陆进行田野调查和研究。如美国华盛顿大学人类学系郝瑞（Stevan Hareel）教授，自80年代起，多次到四川凉山彝族自治州等地进行田野考察，研究族群间关系及族群认同问题。1984年美国依阿华州立大学黄树民教授到厦门大学考察访问，并到蔡塘调查农村生产责任制对促进农业生产的影响。

3. 发展特点

80年代是民族学恢复和初步发展的关键时期，在国内学术界的共同努力下，民族学研究获得了全面发展，其中也表现出了一些时代特点：

（1）恢复时间短。民族学虽然在国内一度中断，但相关研究仍然在继续进行，历次大规模的深入社会现状、历史及语言调查，不仅积累了极其丰富的研究资料、成果，而且培养了大批干部和专业人员，积累了宝贵经验，可以说，民族学拥有深厚的学术基础，这也是短期内能够恢复的主要原因。

（2）民族学研究对象没有得到很好的解决。学术界多数人认为民族学研究对象是"民族"，80年代中期，民族学暂时有了经典性定义，它是"以民族为研究对象的学科。它把民族这一族体作为整体进行全面考察，研究民族的起源、发展以及消亡的过程，研究各族体的生产力和生产关系、经济基础和上层建筑。它是社会科学中的一门独立学科"。③ 但是，学术界对此也有不

---

① 粤夫：《美国两学者来中山大学讲学》，《民族学通讯》1986年第56期。
② 中国民族学学会编印：《民族学通讯》1987年第72期。
③ 林耀华：《民族学》，载《中国大百科全书·民族卷》，中国大百科全书出版社1986年版，第321页。

同的看法，90年代它又重新成为学术争论的热点之一。

（3）内容主要集中于规律性理论探讨。社会形态研究一度是马克思主义民族学的中心内容和标志，学术研究的主要任务是各民族经济形态综合研究和普遍规律的阐释、补充和发展马克思主义的"社会化石"理论。原始社会残余的研究、发展阶段过渡问题研究，各民族同一历史发展阶段的不同形式的研究、资本主义萌芽或因素等问题是这一时期的中心话题。

（4）学术界较多地把注意力放在原有成果的整理上，没有在学科理论和方法上及时创新。对传统问题关注较多，尤其是原始社会史及其残余文化的研究，原因是多方面的。其一，这些问题已经有了大量的学术积累和研究基础；其二，原有的学术模式没有突破；三，老一辈学者囿于传统论题和资料，短期内没有转移到新方向上来，新生代研究人员还没有成长起来。[1] 80年代中期，"文化热"开始在全国蔓延，但是，民族学界对这一热潮却反应迟缓，忽视了文化的研究。就科研成果和学术素质而言，民族历史研究成果较多，搞历史的资历较深，现状研究较浅，从事现状研究的人员队伍没有建立起来。

（5）历史学等学科的界限不是非常清楚。80年代初，许多学者认为："民族学是一门历史科学。具体言之，它是通过研究各民族的经济、社会组织、物质和精神文化、社会形态等特点来研究各社会发展阶段的历史的科学。"[2] 或者认为，民族学既研究历史，又研究现实。"它是通过现存的古代民族研究历史，又通过历史的印证研究现存的古代民族。"[3] 总而言之，许多学者认为，民族学研究的是民族历史的发展规律，他们关注的是一段时间里民族的社会内容和某个阶段上的典型形式。

（6）学术界继承了20世纪50年代以来的学术传统，主要以少数民族研究为主，对汉族的研究不多。

---

[1] 参见王建民、张海洋、胡鸿保《中国民族学史》（下卷），云南教育出版社1998年版，第347页。
[2] 杨堃书：《社会形态研究在马克思主义民族学中的地位》，载中国民族学研究会编：《民族学研究》（第1辑），民族出版社1981年版。
[3] 马曜：《我对民族学的看法》，载中国民族学研究会编：《民族学研究》（第1辑），民族出版社1981年版。

第二节　学术转型与多元发展

一　学术团体的壮大

20世纪90年代以后，随着民族学人类学学科的发展，全国各地的高校、研究机构都加强了民族学、文化人类学、民族社会学等学科的设置和学科点建设，教学和科研机构进一步调整和扩展，增添了许多新内容。1993年，中央民族大学建成"民族学研究院"，下辖民族学等五个教研单位，1995年初，中央民族大学民族研究所更名为民族学人类学研究所，拓展了研究领域。1992年，北京大学社会学研究所更名为社会学人类学研究所，1994年成立人类学与民俗学研究中心，1995年，发起成立了中国社会学民族社会学研究会，编辑《人类学与民俗研究通讯》、《民族社会学研究通讯》等学术刊物。1997年，为了适应学科发展，加强国际学术交流，中国社会科学院民族学研究室改名为人类学民族学研究室，1995年，原影视民族学组改建为影视人类学研究室。此外，教育部门建立的许多研究中心，也推动了民族学的发展，如兰州大学和新疆大学的西北少数民族研究中心、云南大学的西南少数民族研究中心、中央民族大学的中国少数民族研究中心等。

90年代以后，中国民族学学会先后于1993年、1997年、2002年召开了第四届（1993年11月至1997年10月）、第五届（1997年10月至2002年7月）、第六届（2000年7月至今）理事会。随着民族学事业的发展，学会的会员队伍逐步壮大。学会出版、编印刊物《民族学研究》、《民族学通讯》，前者创办于1981年，由民族出版社出版，目前已出版13辑；后者创刊于1980年，至今已编印146期。1994年10月，中国民族学学会汉民族分会正式成立，挂靠中国社会科学院民族研究所。汉民族分会成立之后，分别于1996年、1998年、2000年、2001年、2002年、2003年先后在长沙、南宁、泉州、澳门、宝鸡和昆明召开八次学术研讨会。1995年5月，中国民族学学会影视人类学分会正式成立，并召开了学术研讨会，1996年开始编印刊物《影视人类学通讯》。1998年8月，中国民族学回族分会成立，此后，在组织、协调各地回族研究学术活动方面发挥了重要作用。2005年9月，中国民族学学会下属组织"中国民族服饰研究会"成立。此外，1992年6月，中国都市人类学会宣告成立，会员既有从事民族学、人类学、社会学和人口学等学科的研究人员，也有从事城市实际工作的领导干部。学会自成立之后，曾举办过多次学术活动,编印刊物《中国都市人类学通讯》;2007年3月,中国人类学民族学研究会成立。

除了全国性的学术团体之外,一些依托地方高校和研究单位的学术团体也得到了发展,很多地方都有专业性和族别性学术研究团体,如黑龙江省民族研究学会下属的蒙古学、朝鲜学以及达斡尔族、鄂温克族、鄂伦春族、赫哲族、柯尔克孜族、锡伯族等各族研究会,贵州省民族文化学会、苗学会、布依学会、侗学会、彝学会、土家学会、水家学会、仡佬学会,宁夏回族研究会,广西壮学学会、瑶学学会,甘肃民族宗教学会、民俗学会、当代少数民族民俗学会、藏学研究会,内蒙古民俗学会、民族学会、草原研究会、影视人类学会,新疆宗教学会、中亚学会、卫拉特蒙古文化研究会等。各级学术团体在组织全国和地方研究力量,开展学术研究和交流方面发挥了重要作用。

二 学术活动

1. 学术热点

前面提到,1986年之后,学术界在继续研究少数民族传统文化的同时,加强了对现代化进程中少数民族和地区新情况、新问题的调研工作。进入90年代以后,这一领域的工作进一步拓宽,历次学术会议的主题多与现代化有关,中心问题是在新形势下民族学如何研究和解决民族地区现代化建设中出现的理论问题与实际问题,如何适应现代化建设需要、中国民族学研究如何走向21世纪。新时代的课题也对学科建设提出了新的挑战,学者们在积极置身于国际学术背景,重新审视和反省了民族学和人类学研究历程,并结合现状,寻求中国民族学发展的出路。

(1)学科体系建设

邓小平1992年南方谈话之后,中国大陆改革开放进入纵深发展的时代,中国民族学也面临重大挑战和发展机遇。新世纪即将来临之际,中国民族学如何面向21世纪?这是每个民族学工作者都会思考的新问题,回顾学术历程,总结经验教训、找出差距不足就尤为关键。

早在1991年7月,中国民族学学会组织就在延吉市举行了"中国民族学学会学科建设研讨会",这次会议的中心议题是如何建立和发展具有中国特色的民族学体系。与会学者就创造性地发展马克思主义民族学的基本理论,逐步形成自己独特的学派;根植于中国土壤建设具有中国特色的民族学体系；加强国际学术交流，学习和借鉴西方有价值的理论、观点和先进的研究手段等学科建设问题达成了共识。

与此同时，从 90 年代初开始，民族学研究对象问题再次成为学术热点。有学者认为，"民族学和其他各门学科的根本区别或它的主要特征，就在于以'民族'这个客观存在的主题作为自己的研究对象"。[①] 但是，越来越多的学者在强调以民族为对象的同时，强调对文化的研究，认为民族的基本特征和根本区别是文化。他们认为，民族学的研究对象应该包括文化，或者说是民族、族群及其文化。学者甚至还把文化看作是民族学研究的本位及核心内容，认为，民族学研究必须以文化作为主线，重视民族文化研究是 21 世纪民族学的主要任务和重点。学术界的这种认识逐渐占据了重要的地位，对各民族传统文化的研究成为学术界研究重点之一，民族学从而也成为研究各民族群体和文化的学科。

90 年代，在经济建设为中心的场景下，民族学日趋边缘化，部分专家希望按照广义民族学的思路，建立民族学科的分支学科，"为了建立跨世纪的民族学体系，我们必须把民族学的界定从传统的认识和理解中进一步解脱出来，使之转变为多元化、多侧面、多层次的学科体系"。为此而建立经济、政治、法制、结构、都市、建筑、人口、旅游、影视、宗教、等分支学科及相关研究。[②]

学科建设的理论问题始终是学术界亟待解决的主要问题，学者普遍认为，应该综合以往的成果，从学科体系建设出发，为民族学在 21 世纪的发展奠定基础。自 1994 年起，民族学界围绕中国民族学如何面向 21 世纪的问题，展开多次讨论，中心议题是如何完善和发展中国民族学学科体系。

1994 年 5 月，中国民族学学会召开"在京青年民族学工作者座谈会"，学者回顾了民族学的发展历程，总结了经验与教训，分析了现阶段和 21 世纪初的基本任务，明确了面临的挑战与机遇及未来的发展趋势，并对现实问题提出了看法。他们认为，民族学面临的主要问题是理论范式框架困乏，操作规范不严，学术批评无从开展，研究领域过于狭窄等。[③] 强调必须与国外同类学科进行沟通、对话与交流，同时借鉴其他学科的研究方法，充分发挥

[①] 施正一：《广义民族学》，光明日报出版社 1992 年版，第 15 页。
[②] 莺花：《民族学与社会主义建设：中国民族学学会第五届学术讨论会纪要》，载中国民族学研究会编：《民族学研究》（第 11 辑），民族出版社 1995 年版。
[③] 《民族学通讯》1995 年第 126 期。

民族学的应用性与实践性。①

　　1995年9月，中国民族学学会等单位再次举办"中国民族学如何面向21世纪"学术讨论会，在学科建设方面，学者就学科体系规范化、理论体系中国化、田野调查科学化等问题发表看法并达成共识。首先，学科的归属、地位和分类不清不利于学科体系的建立和完善；其次，民族学有众多的分支学科，应区分主体学科（即传统民族学）和边缘学科两个层次，现阶段，应把主要力量用于研究主体学科，否则会使民族学失去优势；第三，中国民族学应充分吸收西方各学派的优长，在研究中国社会和中国民族学资料的基础上创立具有中国特色的理论体系和方法论；第四，应该加强田野调查工作，并做到调查科学化、规范化和深入化，应该吸收国外科学的调查方法。②

　　在会议上，民族学与人类学的关系问题是学者讨论的焦点之一。多数学者认为，从学科发展史和基本方法来看，人类学与民族学是同一个学科，二者是基本相同的；也有学者主张将二者分开为两个学科。对此，费孝通提出了自己的看法，会前，他约见了中国民族学学会会长及有关专家，提出了民族学、人类学、社会学"三科并列、互相交叉、各得其所、努力发展"的构想，1995年10月，在北京大学召开的"庆祝北大社会学、人类学研究所成立十周年暨学科建设讨论会"上，他又将这一提法改为"多科并存、紧密交叉、互相促进、共同发展"。广东民族学界部分学者也有自己的看法，他们认为："民族学和人类学是两门不同内涵的基础学科，民族学以民族为研究对象，主要研究民族的现状及其发展规律，具有较高的应用价值；人类学则是一门以人类为研究对象的基础学科，人类学研究人类的起源与发展，以及人类所创造的物质、精神文化的起源与发展，两门学科各有独资的界定、内涵、概念，具有不同的研究对象、研究领域、社会职责。"③

　　这次会议提出了今后中国民族学的任务和目标，它对建立和完善有中国特色的民族学研究具有重要意义。会后，学术界相关讨论继续进行，国际化和中国化成为讨论主题之一，"学科建设的关键是国际化和中国化。即在遵

---

　　① 《中青年民族学工作者发言摘要》，《民族学通讯》1995年第126期。
　　② 何星亮：《中国民族学如何面向21世纪？——中国民族学学会大连会议纪要》，《民族学通讯》1996年第128期。
　　③ 姜永兴：《广东民族学界座谈"中国民族学如何面向21世纪"纪要》，《民族学通讯》1997年第132期。

守国际学术规范的前提下，提出和建立适合中国本土文化研究和具有专业解释、应用能力的学科范式"。①

1997年11月，中国民族学学会在云南省景洪市举行"世纪之交的中国民族学"学术讨论会，会议回顾了中国民族学研究状况以及对21世纪的展望，就建设具有中国特色的中国民族学学科体系问题做了进一步探讨，深化了对相关问题的讨论，并提出了一些新问题。关于研究对象，学者普遍认为，应包括汉族和各少数民族在内的中华各民族，同时也应包括国外民族的研究，目前和将来一段时期仍以研究少数民族为主。② 在谈到学科主体和分支学科的关系时，针对学科扩展问题，有些学者指出，在开辟应用性研究领域时不能随意忽视民族学的基本功能和特点，否则会本末倒置或舍本求末，民族学所以能够存在和发展，其生命力在于其对象领域的特定性，即以人和文化为研究的视野，在于其方法上的特点，即以田野调查为基础的研究以及理论方法上的整体论和比较研究等。民族学发展必须同现实相结合，但这种结合是民族学的，也就是说，"其研究对象视野是现实社会的、各民族的生活和文化；其理论方法是民族学的，即经验的和实证的；其研究成果能够反映表现所研究的文化或文化现象的本质"。③ 除了研究对象和与分支学科的关系问题以外，学者谈论最多的是民族学中国化或本土化问题，以及如何"与国际接轨"问题。

20世纪30年代，吴文藻等人就提出了人类学、社会学中国化的主张，此后，这个问题一直是困扰学术界的主要问题，改革开放以后，尤其是90年代以来，随着国际交流的扩大，学术界加强了对欧美学术模式的学习和引进，"民族学中国化"或"民族学本土化"问题又日显突出，概括而言，其包括三个层面："第一，寻找一种有效的理论构架；第二，用这种理论来指导对中国国情的研究；第三，培养出用这种理论研究中国国情的独立科学人才。"④ 但是，在如何面对西方学术的问题上，存在两种对立的意见。一种意

---

① 宋蜀华：《高等院校"九五"科研规划咨询报告·民族学（文化人类学）》，载国家教委社会科学司：《人文社会科学研究现状与发展趋势——高校"九五"科研规划咨询报告选》，高等教育出版社1996年版，第338页。
② 满都尔图：《中国民族学学会第六届学术讨论会纪要》，载中国民族学研究会编：《民族学研究》（第12辑），民族出版社1981年版。
③ 王筑生：《抓住机遇，推动新世纪的中国民族学走向世界》，载中国民族学研究会编：《民族学研究》（第12辑），民族出版社1998年版。
④ 黄淑娉：《人类学中国化的理论、实践和人才》，《广西民族学院学报》1999年第4期。

见认为，民族学、人类学进入了一个新阶段，"面对中国民族学（文化人类学）与西方民族学（文化人类学）的差距，甚至存在难以对话的局面，亟待加强对西方理论与方法的了解和学习"，[①] 需要与国际接轨，学习西方的研究方法，使用西方学术术语进行对话。另一些学者"对用西方学术的话语进行更直接和深入的对话，过多的引用西方学术观点，以及接轨的想法和行动提出了严厉的批评"。[②]

关于民族学的研究方向，不少与会学者提出了"民族学中国化"或"民族学本土化"，提出应该坚持中国化方向，发展具有中国特色的民族学；学者对国外的一些人类学思潮作了评析，指出，"民族学研究中国化，并不是排外主义……一开始就停留在世界学术门外而拒绝进入，是不利于民族学研究中国化的。民族学的中国化强调在研究过程中，研究者不仅要发挥人的共同性，而且要发挥中国人的中国性"；"只有对西方各学派的理论、方法进行深入研究和分析，认真加以鉴别，取其精华，去其糟粕，才能有所创新。……吸取各学派之长，加以综合和改造，以适合中国人和中国文化的研究，是民族学中国化的一个重要途径"。[③] 针对民族学与国际接轨的论点，这些学者认为，中国民族学与西方民族学在指导思想、国情和文化背景等方面各不相同，应择善而从。

本土化是中国民族学发展的根本之道，相关讨论一时成为学术界关注的焦点。广西民族出版社 1998 年出版荣仕星、徐杰舜主编的论文集《人类学本土化在中国》，收录了七十多位专家自 1995 年至 1998 年陆续在《广西民族学院学报》上发表的 75 篇与人类学中国化或本土化问题有关的论文，从不同的角度分析了民族学和人类学本土化的方法和途径，这些论文在一些关键问题上达成了初步共识，如要不要本土化或中国化、如何进行本土化或中国化等。1999 年 9 月，广西民族学院举办"人类学本土化学术研讨会"，海内外学者 70 多人就人类学本土化的理论、方法和实践进行了广泛的讨论，学者从不同的角度诠释了什么是人类学本土化，回答了怎么样才能实现本土

[①] 王建民、张海洋、胡鸿保：《中国民族学史》（下卷），云南教育出版社 1998 年版，第 428—429 页。

[②] 参见王建民、张海洋、胡鸿保《中国民族学史》（下卷），云南教育出版社 1998 年版，第 428—429 页。

[③] 何星亮：《继承·综合·创新——世纪之交发展和完善中国民族学的思考》，载中国民族学研究会编：《民族学研究》（第 12 辑），民族出版社 1998 年版。

化。学者认为，要做到人类学本土化，其中很重要的一点就是要加强学科建设、人才培养和知识普及。

此后，学术界继续深入对于这一问题的讨论，黄淑娉指出，可以从本土实践中建立中国自己的学术体系，根据中国的经验提出新理论、新方法，并应用于指导中国国情研究。"我们要吸取各派理论的长处，学习对我们有用的经验，研究中国的实际，从本土的实践中建立自己的学术体系，根据中国的经验提出新理论、新方法，以中国的特色对世界人类学潮流的发展作出贡献。"[1] 王建民指出："学术规范化和本土化是相辅相成的。"[2] "即使是更多强调中国特点的学者也考虑了学科规范化问题，主张吸收国外民族学理论的合理之处，但因为国情不同，中国所需要的民族学和欧美殖民地式的民族学应当有本质的区别。应建立一种中国民族学，在观点、方法和内容上都与西方有别，成为中国自己的独立的民族学。中国的民族学尤其应当注重中国人独有。"[3] 李亦园强调理论研究应该中国化或本土化。"所谓的本土化实际上是中国化。用我们自己的观点解决问题，就有针对性，不要完全信西方的理论。到某一个地步以后，一定要对西方的理论进行批判。"[4] "西方的理论固然好，但只能促进我们思考，并不真正适用于我们，假如要研究更有结果的话，应该进行修正，发展成为自己的一套理论，这对文化的理解就更有意义。"[5] 何星亮认为，创新是学术研究的基本原则，同时也是人类学本土化的关键。从理论和方法上看，20世纪的人类学，主要是引进、学习、模仿阶段，是西方人类学及前苏联民族学理论和方法与中国实际相结合的阶段，存在的最主要问题是普遍缺乏创新精神，发展21世纪的中国人类学和民族学，不仅要在理论和方法上创新，而且还要综合各国学术传统之长，掌握多学科知识。[6]

(2) 全球化与文化多样性

随着中国加入WTO等国际组织，国内学术界如何与世界学术接轨显示出其重要性，进入21世纪之后，学术领域继续开展有关本土化讨论之外，

---

[1] 黄淑娉：《人类学中国化的理论、实践和人才》，《广西民族学院学报》1999年第4期。
[2] 王建民：《学术规范化与学科本土化：中国民族学学科百年回眸》，《民族研究》2000年第1期。
[3] 同上。
[4] 李亦园《二十一世纪中国人类学的关怀与祝愿》，《贵州民族学院学报》2000年第4期。
[5] 同上。
[6] 何星亮：《创新：人类学本土化的关键》，《广西民族学院学报》2000年第4期。

全球化成为学术界关注和使用频率最高的概念之一，中国学术如何走向世界，如何面对全球化趋势，成为学术热点。

　　人类学研究不可避免地受到全球化和现代化进程的影响，对于这一过程，学者作出了理论思考和研究。纳日碧力戈认为，全球化使国家政治和经济组织跨越了国界，商品的全球流通既可带来民族国家文化的形成，也可以成为导致国家解体的条件，民族与国家是全球化与地方化的对立统一。① 翁乃群回顾了有关论著对欧美社会文化人类学关于"全球化"的定义以及"全球化"研究的社会文化和理论变迁，介绍了一些社会文化人类学者在全球化背景下的文化研究，他认为，对于社会文化人类学来说，全球化不是文化同一性，而是如商品、人等各种客体和主体在全球范围内的流动，本土化则是对应于全球化的另一个社会事实，传统的复兴也是全球化过程中的一个内容。在"全球化"背景下，社会文化人类学者"不仅需要把自己研究的对象或问题放到多元文化背景下去探讨和分析，也要充分意识到被研究的文化是由在多元文化背景下生活的社会文化能动主体再生产和创造的"。②

　　早在90年代初，费孝通曾就文化多样性做过深入思考，他在1990年日本东京"东亚社会研究国际讨论会"上补充发言里提出了"各美其美，美人之美，美美与共，天下大同"的思想。后来，他解释说："'各美其美'就是不同文化中的不同人群对自己传统的欣赏。这是处于分散、孤立状态的人群所必然具有的心理状态。'美人之美'就是要求我们了解别人文化的优势和美感。这是不同人群接触中要求合作共存时必须具备的对不同文化的相互态度。'美美与共'就是在'天下大同'的世界里，不同人群在人文价值上取得共识以促使不同的人文类型和平共处。"③ 2001年11月2日，在巴黎举行的联合国教科文组织第31届会议上，通过了《世界文化多样性宣言》，宣言指出："尊重文化的多样性、宽容、对话及合作，是国际和平与安全的最佳保障之一。""文化多样性是交流、革新和创作的源泉……是人类的共同遗产。"宣言的发表表明，文化多样性问题已经引起国际社会的重视，相关讨论也成为学术界方兴未艾的前沿课题。"文化多样性观念的出现，是世纪之交国际社会观念变革中最重要的现象，甚至可以说是全人类的一次思想解

---

　　①　纳日碧力戈：《全球化和地方化的对立统一》，《广西民族研究》1999年第4期。
　　②　翁乃群：《全球化背景下的文化研究及其思考》，《社会学研究》1999年第6期。
　　③　费孝通：《跨文化的席米纳》，《读书》1997年第10期。

放,它所针对的正是千百年来帝国霸权消灭多样性所造成的后果,它所批判的正是将文化差异放大为'文明冲突'的西方文明观。"① 钟年认为,在全球化背景下讨论世界上各民族、各文化的相处之道是十分必要的。现代化运动是最显著的社会文化变迁,它是由现代理论引导的。经典现代化理论的致命弱点是对文化多样性的忽视,为了人类社会的可持续发展,应该倡导各民族各文化相处时的文化多样性原则。"我们对待任何文化,都不能持民族自我中心的偏见,不能以为某一种文化一定就高于其他文化。这是文化间相处的基本准则。"②

文化是否会像经济一样形成全球化,是学术界都在思考的一个重要问题。何星亮认为,文化是可分的,大体上可分为民族性较强的文化和世界性较强的文化两类。前者具有保守性、排他性、渐变性和相对性;后者具有流动性、全球性和速变性。复兴中华文化,应正确处理保守与创新、引进与输出的关系。要创新民族性较强的文化,以维护中华文化的独特性和世界文化的多元化趋势,并且要大量引进世界性较强的国外先进文化,重要的是,要积极主动地输出自己的传统文化,以促进东西文化取长补短,构建一种新型的全球价值观、普世伦理和行为规范,作为世界各国新的共识和准则。③ 针对亨廷顿的文明冲突理论,他从分析文明的含义以及文明与文化的关系入手,探讨了文明与文化的性质,指出文明或文化是半有机半无机的第三世界,从而得出结论认为,文明本身不会冲突;因文明的不同而发生的冲突往往是由于不理解或误解引起的;文明具有功用性,可以被某些人拿来作为冲突的工具。另外,周大鸣等的《人类学视野中的文化冲突及其消解方式》(《民族研究》2002 年第 4 期)认为,文化冲突的实质不应该仅被理解为不同民族、国家、地区或族群之间的文化差异,还应被看作强势群体与弱势群体的利益冲突,特别是强势群体的文化霸权与弱势群体的文化抗争的冲突。④

2002 年 7 月,中国民族学学会第七届学术研讨会决定,2003 年 8 月在昆明市举行主题为"民族文化与全球化"国际学术讨论会,赢得了与会代表的拥护和积极参与。2003 年 6 月,中国社会科学院和联合国教科文组织共同

---

① 郝时远:《寄语新世纪:霸权的终结与民族的和解》,《世界民族》2001 年第 1 期。
② 钟年:《不同民族不同文化的相处之道:现代化问题与文化多样性》,《世界民族》2001 年第 6 期。
③ 何星亮:《文化的民族性与世界性》,《云南社会科学》2002 年第 5 期。
④ 何星亮:《文明会冲突吗?》,《中南民族大学学报》2002 年第 7 期。

举办的"文化多样性、发展与全球化"学术研讨会在京举行,十多位学者就文化多样性的定义、文化多样性与文化权利、文化多样性在经济全球化进程中所面临的问题等进行了研讨。同年8月,昆明会议如期举行,来自国内外的150多位学者参加了会议,他们围绕"全球化与文化多样性"、"文化产业与民族文化开发利用"、"生态环境与民族文化"、"中国文化与世界文化"、"多视角下的民族文化"进行了讨论,其内容丰富,范围广阔,角度多样,表明中国学者已经充分认识到保护民族传统文化和维护文化多样性所具有的深远意义和现实意义。会后,学者纷纷撰文,发表自己的见解。何星亮对文化多样性的合理性作了综合阐述,他认为,文化多样性与生态多样性互相依存;文化多样性是民族平等和保障人权的基础;文化遗产是一个民族或国家具有重要价值的资源;各民族传统文化的价值具有相对性,没有高低、优劣之别。他指出,保护民族传统文化,首先是立法保护,其次是开发保护,再次是创新保护。[①]

  文化多样性已经成为国际社会备受关注的理念,在经济全球化浪潮的冲击下,如何保护各民族的文化特色和文化权利,如何传承和发展民族的传统文化,成为学术界和社会各界十分关注的问题之一。2003年10月17日,联合国教科文组织第32届会议通过了《保护非物质文化遗产国际公约》,对语言、歌曲、手工技艺等非物质文化遗产的保护作出了必要规定,它正是大多数国家要求保护文化多样性,保护各民族文化遗产的具体表现,直接推动着世界各国文化遗产的保护事业。为深化相关问题的研究,2004年11月,中国民族学学会与北京服装学院共同举办"文化遗产与民族服饰"研讨会,与会学者站在历史和时代的高度,共同探讨了文化遗产和文化多样性的保护。

  文化多样性是人类的共同遗产,是各国、各民族文化交流和创新的源泉,同时也是人类社会发展的动力之一。保护文化多样性是当前世界大多数国家的共识,也是当代世界的客观现实的要求。为深入探讨保护文化多样性与世界和平及安全的关系,研究保护文化多样性对繁荣和发展中华民族文化的作用,同时也为配合2008年国际人类学与民族学联合会第十六届世界大会在中国召开做准备,2006年11月,中国民族学学会与中山大学共同举办了"文化多样性与当代世界"国际学术研讨会。

  2004年,中国民族学人类学代表团在国际人类学民族学联合会意大利中

[①] 何星亮:《文化多样性与全球化》,《湖北民族学院学报》2004年第3期。

期会议上获得了举办第 16 届国际人类学民族学世界大会的主办权，为使国际人类学与民族学 2008 年世界大会具有中国特色，中国民族学会决定组织"文化多样性与和谐社会建设"会场，下分六个专题会场，拟以国内民族学人类学界为主，邀请国外相关学者，以和谐社会、和谐世界建设为中心，为 2008 年世界大会增光添彩。相信，这次会议的召开，必将推动国内民族学走向世界，获得新的发展。

(3) 现代化与民族地区发展

民族学历来重视现实问题研究。为适应现代化建设的需要，自 20 世纪 80 年代初开始，民族地区现代化一直是民族学研究的重要问题之一。如前所述，中国民族学学会 1982 年"民族学与现代化"学术讨论会、1986 年"民族学面临的迫切课题"座谈会、1989 年"传统文化与民族繁荣发展"都强调民族学研究必须跟上改革开放的新形势，加强民族地区现代化进程中出现的新情况、新问题的研究，加强现代化进程中的文化因素研究。

1991 年 10 月，中国西南民族学会在大理市举行的"促进山区民族经济开发与社会进步学术讨论会"，与会代表围绕西南山区经济发展战略的选择、云南民族山区经济开发的模式、贵州等省区民族地区经济发展的思路、民族地区的生态环境等问题展开了热烈的讨论。[①] 1993 年 10 月，第五届全国民族学学术研讨会在乐山市举行，会议主题是"民族学与社会主义建设"。与会代表就民族学在社会主义现代化建设中所面临的任务，我国各民族的传统文化相互影响及其与现代化的调适，改革开放与我国民族的共同发展、繁荣，地区开发与当地少数民族的现代化进程等问题展开了讨论。民族地区现代化建设也是 1995 年大连举行学术讨论会的重要议题之一。不少学者认为，"民族学为现代化服务，一是要积极研究民族地区现代化过程中出现的新情况、新问题，为决策部门提供有价值的建设性意见。二是要扬长避短，加强现代化过程中的文化因素研究。三是要创立民族学自己的社会发展理论和现代化学说"[②]。

西部地区是我国少数民族主要聚居区，历来是民族学研究的广阔天地。

[①] 何耀华：《中国西南民族研究学会九年工作回顾》，《民族研究动态》1990 年第 1 期；郭大烈：《中国西南民族研究学会促进山区民族经济开发与社会进步学术会议综述》，《民族研究动态》1992 年第 1 期；周锡银：《开拓、求实，成绩卓著的十五年——中国西南民族学会学术活动述略》，《民族研究动态》1995 年第 4 期。

[②] 宋蜀华、满都尔图：《中国民族学五十年：1949—1999》，人民出版社 2004 年版，第 349 页。

1999年11月，中央经济工作会议作出了关于实施西部大开发的战略决策，并确定2000年作为这一战略的启动之年。2000年1月召开的西部地区开发会议上明确今后中央相关部委在"政策和项目上重心西移"。这为民族学应用研究发展提供了大好机遇。

　　2000年5月，中国民族学学会与吉首大学联合举办"民族学研究与西部大开发"学术研讨，与会者就西部地区的开发与少数民族传统文化的调适，西部地区生态环境的保护与民族地区经济社会的发展，少数民族文化资源的保护和开发等问题进行深入的探讨。同年，中国人类学会举办"21世纪人类学生存与发展"国际学术会议，区域发展与可持续发展、人与自然的关系是会议中心议题之一。2001年5月，西南民族研究学会在贵阳举行西部大开发学术研讨会，与会学者围绕西部大开发对民族地区社会经济发展、生态经济系统的建立、人力资本理论的应用和民族区域自治制度的贯彻等问题进行了探讨，从不同角度提出了许多具有创新意义的理论观点和对策。2001年7月，中国民族学会等单位在兰州举行"西部大开发与民族学面临的任务"研讨会，学者一致认为，西部地区的开发，实质上是少数民族地区的开发，开发中一定要把西部地区少数民族经济和社会发展摆在重要地位。2002年7月，中国民族学学会召开"民族学与21世纪"学术会议，学者围绕西部开发和民族地区发展现实问题，讨论较多的是少数民族文化资源和文化生态的保护、开发和利用。学者认为："民族文化保护是一个非常复杂的问题，应处理好多方面的关系，一是要处理好保护和利用的关系，二是处理好保护与开发的关系，三是处理好共性与特色的关系，四是处理好经济发展与文化生态环境的关系。"[①]

　　传统文化、生态环境与可持续发展成为学术界讨论的主要议题。除了上述大型会议之外，2004年2月，中央民族大学西部发展研究中心举办"西部开发与民族文化和居民权益保护研讨会"，以西部开发启动5年为背景，重新思考西部开发中本土文化和居民权益保护的问题，深入探讨经济发展与人的发展，经济发展与生态和文化的多样性相协调的新模式和社会保障的新体系。2004年8月，云南大学西南边疆少数民族研究中心举办"中西部山区民族原生态文化学术研讨会"，围绕中西部山区民族原生态文化的抢救、保护、

---

　　① 何星亮：《中国民族学会第七届全国学术研讨会纪要》，《民族学研究》（第13辑），民族出版社2005年版。

整理和开发,就现代化背景下少数民族传统文化及少数民族文化开发问题展开了讨论。2004年11月,挪威奥斯陆大学与云南大学等国内几家教研机构共同主办"经济发展与少数民族文化保护"研讨会,与会代表首先讨论了有关发展的一些新理念,不仅涉及经济发展,而且包括少数人群体在文化上的选择权。

人类学对生态环境的关注和研究也是学术界的热点之一,2004年5月,第二届人类学高级论坛主题是"人类生存与生态环境"。同年11月,2008年国际人类学与民族学世界大会筹委会、中山大学人类学系等单位举办城市化进程中的民族问题研讨会,讨论了城市化、都市社区的相关理论,涉及少数民族城市适应、民族聚居区的城市化、城市化进程中的少数民族特殊群体,会上提出了许多新的问题和新观点,推动了相关研究的发展。

(4) 族群讨论[①]

族群(Ethnic group)是20世纪六七十年代在西方流行起来的概念,八九十年代随着"族群"概念及其相关理论的传入,也引起了中国学术界的兴趣和极大关注,学者在重新审视这一概念及其同"民族"相互关系的同时,把它与中华民族的构成、国家建构、民族识别等问题联系起来,展开了热烈讨论。

关于"Ethnic group"的争论,较早讨论的是翻译中问题。台湾学者首先把ethnic group翻译成汉文"族群",大陆对ethnic group的汉译有两种观点。一部分学者反对将ethnic group译为族群,而应翻译为"民族"。阮西湖认为:"'族群'显然是指那些尚未发展为民族的人们共同体。"在国外人类学文献中,ethnic group的含义是指"民族",而不是"族群"。[②] 另一部分学者则认为,ethnic group与国内使用的"民族"概念不能完全对应,ethnic group的概念常与社会的和文化的标准相关联……不能在任何时候和任何场合都毫无例外地译成"民族","它指的是根据某种特征甚至是主观上的认同而区别出来的人们共同体"。[③]

族群与民族的相互关系也是争论的主要问题。周大鸣、马戎、纳日碧力戈等学者认为,族群概念适用于中国,属于文化概念,应用方便。郝时远、

[①] 关于这一问题的讨论,参见本书第一章"中国民族理论研究30年"第三节之"基本概念研究"及第六章"世界民族研究30年"第三节之"民族理论研究"。

[②] 阮西湖:《关于术语"族群"》,《世界民族》1998年第2期。

[③] 石奕龙:《Ethnic Group不能作为"民族"的对译》,《世界民族》1999年第4期。

陈建樾等学者则认为，"族群"属于西方后现代社会出现的"族类"群体"碎片化"现象，其概念和相关理论并不适合中国的多民族国情，而且在缺乏对相关概念的西方社会流变和指称对象进行深入研究的条件下，不能用这一概念取代中国的民族概念，就所谓民族问题"去政治化"的观点进行了反驳；并通过对当代台湾地区的"族群"与"族群政治"的研究，对所谓的族群"文化化"的观点进行质疑。①

在这场讨论中，涌现出一大批著述，如纳日碧力戈的《现代背景下的族群建构》（云南出版社 2000 年版）在辨析族群、种族和民族名实源流的同时，介绍和讨论了国内外族群理论，分析了民族识别和民族区域自治的背景，强调了种族、族群和民族的相互渗透，讨论了语言和族群文化、民族与国家、多元一体与民族主义以及社会经济发展中的中国族群生活方式的变迁，在一定程度上填补了国内族群理论研究的空白。郝时远的系列文章，如《Ethnos（民族）和 Ethnic group（族群）的早期含义与应用》、《美国等西方国家社会裂变中的"认同群体"与 Ethnic group》、《美国等西方国家应用 Ethnic group 的实证分析》、《对西方学术界有关族群（Ethnic group）释义的辨析》、《中文语境下的"族群"及其应用泛化的检讨》，以及在《世界民族》发表的长文《重读斯大林民族的定义》，对西方族群概念的界定和在中国语境下的使用进行了梳理，在学术界产生了广泛影响。

族群讨论曾经掀起了一个不小的热潮，它在引起学术界对民族学、人类学理论中基本概念的重新审视的同时，也涉及对国内民族理论和西方相关理论的理解，涉及国内对解决民族问题的制度安排和民族政策等。

2. 学术交流

随着改革开放的深入，80 年代末 90 年代初，国际交流逐渐活跃和频繁，业绩显著，学术思想的交流，学术资料的交换，研究方法的借鉴，学术成果的传播等推动了民族学研究走向世界，促进了理论的深入和方法的改进。

1993 年 7—8 月间，第十三届国际人类学与民族学世界大会在墨西哥城举行。中国社会科学院派代表团参加，中国都市人类学代表团也首次参加大

---

① 全国哲学社会科学规划办公室：《国家哲学社会科学"十五"研究状况与"十一五"发展趋势》，社会科学文献出版社 2006 年版，第 789 页。

会。会上，费孝通被接纳为荣誉会员。1998年5月，中国民族学学会影视人类学分会组织代表团赴德国参加哥廷根国际人类学电影节，大陆入围的两部片子《甲次卓玛和她的母系大家庭》、《远去的鹿铃》，分别在哥廷根电影节和汉堡民族博物馆展映，引起极大关注。2002年9月，国际人类学与民族学联合会2002年中期会议在日本东京举行，中国代表团参加了会议，2005年、2006年中国又分别出席捷克、南非中期会议。2009年7月将在我国云南举办第十六届国际人类学与民族学世界大会。

如前所述，90年代中期以后，不少美国、英国、德国等国的人类学、社会学家应邀参加了北京大学社会学人类学研究所等单位主办的社会文化人类学高级研讨班。此外，国内民族学界也以各种形式积极开展对外学术交流，如云南社会科学院民族学研究所成立以来，先后接待过许多个国家和地区的学者，并先后派出多批学者到美国、加拿大等国家和地区进行学术考察与交流。广西民族学界也多次接待日本、泰国、越南等国学者，并广泛进行学术交流。甘肃省民族学研究者也曾先后接待美、法、吉尔吉斯、中国台湾等国家和地区的学者来访。

中外学者的合作项目进一步拓宽，1991年，日本学者与广西民族所联合对广西东兰县兰阳壮族蚂𰻞（青蛙）节进行考察，编写出版《中国广西东兰县兰阳壮族祝祭文化调查》，在日本学术界影响较大。[①] 云南社会科学院民族学研究所与加拿大、泰国、联合国粮农组织亚洲办事处、日本等国家和机构开展了相关合作研究和学术讨论会，多次互派学者进行考察、交流，建立了长期合作关系，取得了多项成果。例如，2001年，日本东南亚少数民族研究会与云南省社会科学院合作进行"澜沧江流域少数民族传统文化与森林保护"课题研究，历时三年，2003年10月，该课题的中期议程在东京组织了国际研讨会，与会者提出了许多建设性问题，就退耕还林、本土文化保护、环境保护等问题发表了意见。

80年代末以后，我国台湾、香港、澳门与大陆民族学界的交流与合作也日益频繁，通过各种类型和规模的交流活动，如国际会议、考察访问、奖学进修、合作研究、交换资料，两岸三地的学界同仁相互联系起来，切磋、交流、学习、借鉴。如1999年、2002年、2004年分别在台湾、香港等地举办

[①] 覃乃昌：《广西民族研究40年》，载《中国民族研究年鉴·1998年卷》，民族出版社1999年版。

三届"两岸三地藏缅语族语言暨语言学研讨会"。

香港地区与内地交流较早,香港是两岸学者沟通、交流的桥梁。80 年代中期以来,香港中文大学人类学系的师生多次赴内地进行学术交流和考察,到粤北、四川瑶族、彝族聚居区和云南进行民族学的田野工作。如人类学系主任乔健,曾在 80 年代多次访问厦门大学,并考察福建惠安崇武镇,90 年代他又到内蒙古和山西老家进行民族学调查。香港中文大学于 1983 年、1985 年、1989 年先后三次组织"现代化与中国文化"研讨会,每次会议均有内地学者参加。1993 年 10 月,香港中文大学与北京大学社会学人类学研究所在苏州举办"第四届现代化与中国文化研讨会",1994 年,香港中文大学、法国现代中国研究中心与广东省民族研究所合作,在香港中文大学召开"华南婚姻制度与妇女地位研讨会",来自广东、福建、台湾、香港等地的中国学者和法国学者参加了会议。

澳门自回归祖国之后,也开始了与内地的学术交流。澳门社会科学学会多次派出学者参加内地民族学、人类学会议,同时也邀请内地民族学学者参加在澳门举办的有关会议。2001 年 10 月,澳门社会科学学会和中国汉民族学会联合举办的"全国中华文化学术研讨会——澳门文化·汉文化·中华文化与 21 世纪"学术研讨会。来自我国澳门、我国香港、我国台湾,以及新加坡、马来西亚等国家的专家学者共 100 余人出席了会议。与会者分别从多学科角度,就澳门文化与中西文化交流、21 世纪澳门社会和文化的发展、中华传统文化与现代化、中华文化与 21 世纪等重大学术问题展开了热烈的讨论。

20 世纪 80 年代下半叶之后,两岸开始了正式的学术交流,台湾民族学界曾多次派团赴大陆参加各种会议,并与中央民族大学、西北民族学院和云南有关单位联合举办民族学学术研讨会,有些研究单位还多次与大陆学者合作进行调查研究。1989 年 11 月起,台湾"中央研究院"民族学研究所在庄英章和武雅士教授主持下,受美国鲁斯基金会的资助,与厦门大学合作进行"台湾与福建基本民族志调查研究计划",在闽台两地 20 余县进行汉民族志资料的采集与研究。1994 年后相继出版成果《台湾与福建社会文化研究论文集》第一、二、三册。从这些研究中,"已可看出闽台两地汉人社会资料综合比较研究的特别意义,也可显示出不同研究传统相互交流所产生的作用,这对于汉人社会文化研究的拓展带来一个新的途径,应是同仁们所乐见的"。①

90年代以后，台湾民族学界多次邀请大陆学者赴台参加学术研讨会，1995年1月，台湾中国文化大学与政治大学联合主办的"两岸蒙古学藏学学术研讨会"。1998年5月，中国边政协会主办"两岸少数民族文化学术研讨会"，大陆学者参加了会议。2005年7月，应中国社会科学院民族学与人类学研究所所长郝时远的邀请，台湾大学人类学系主任谢继昌教授访问民族学与人类学研究所，并作学术报告。2006年3月，国家民族事务委员会民族问题研究中心主办"海峡两岸少数民族文化保护与发展研讨会"，进一步加强海峡两岸少数民族学术交流，增加了共识，促进了两岸少数民族的共同发展。2007年9月，"藏彝走廊族群认同及社会文化互动：现今与历史"海峡两岸学术研讨会在青海西宁市召开，台湾"中研院"民族学研究所所长黄树民教授代表台湾地区学者致辞，"中研院"民族学研究所、台湾大学、台湾慈济大学等高校与科研机构代表参加了会议。2007年10月，"中国社会科学院两岸学术交流论坛——汉民族文化与构建和谐社会学术研讨会"在成都隆重举行，台湾大学、台湾交通大学、台湾金门技术学院等单位学者参加会议。

3. 发展特点

90年代之后，中国民族学领域学术气氛比较活跃，发表的论著数量较多，涉及内容广泛，具有较高的理论水平和学术价值，与前相比，民族学研究表现出如下特点：

第一，基础理论多有创新，成果较多。90年代以后，随着学术积淀的加深和对外交流的逐步扩大，民族学者突破各种禁锢，并根据国内各民族的文献和田野资料，积极进行理论和方法探索，敢于突破经典著作的理论观点，不断提出重点、热点及前瞻性课题，在学科理论建设和现状研究中屡次掀起讨论热潮，就相关问题展开多侧面、多角度讨论，提出了不少新理论、新观点，学科理论规范不断增强。例如，学术界将学科本土化和国际化发展结合起来，探讨与国际接轨，并深入本土知识，发展学科本土化建设。

第二，研究方法多有突破。90年代以后，新一代民族学者逐渐走向学术前列，他们大多数都具有国外学习和交流背景，在吸收和介绍国外最新学科成果、翻译和出版大批西方人类学论著的同时，积极进行学术反思，探讨本

---

① 《台湾与福建社会文化研究论文集》（第一册《序》），1994年6月。

土的学术传统和学科定位，推进了国内学术界理论和方法上的更新，旧的研究模式逐渐被打破，新的研究模式逐渐被引进，开始运用新的方法从事调查和研究，并能够根据自己的研究对象和内容选择不同的方法。此外，随着对外学术交流的扩大，学术界开始具备全球视野，强调"多样性"和"普遍性"的对立统一。

第三，研究领域多元化。理论和方法的更新必将推动研究领域的不断扩大，90年代以来，民族学研究对象和内容日益扩大，在加强国内少数民族研究的同时，开始注重汉族研究；既重视基础理论研究，也注重应用研究；既注重传统文化的研究，也关注现代化和全球化等现实问题。例如，传统的婚姻家庭研究拓展到妇女参政、就业、发展、解放等现实问题；在强调以民族为研究对象的同时，文化研究逐渐成为热点，不仅强调中国民族文化，而且强调汉族文化和区域文化。此外，如社会性别、海外华人、宗教与文化转型、文明间的对话与冲突、全球化背景下的文化适应、族群构成与民族认同、文化的可持续发、民族文化遗产保护等都成为新时代讨论的主题。

第四，学科分化和科际联合并行发展。民族学人类学领域，分支学科发展迅速，越分越细，如都市人类学、影视人类学、女性人类学、政治人类学、医疗人类学等等，形成了多分支学科并存的新局面。另一方面，不同学科之间相互交叉、相互借鉴，跨学科研究不断增强，并向综合和整体化方面发展。

第五，应用研究日益凸显出重要地位，科研教育部门和政府部门之间的合作明显加强，共同关注社会变迁和环境保护等现实问题，针对现代化和全球化进程中出现的许多新情况、新问题及时对话，共商对策，民族地区现代化建设、市场经济发展、贫困地区脱贫致富、民族教育、民族干部培养、传统文化与现代化的关系、传统文化的保护、西部开发、民族地区生态保护、可持续发展和地方参与等都成为相关部门及民族学者关注的对象。

第三节　分支学科概况

改革开放以来的30年，可谓是中国民族学界的一段黄金时代。这一时期，学术界在致力于提高本学科理论水平和改进研究方法的同时，还积极开展具有实践意义的研究工作，研究人员或深入田野，实地调查，或立足于科研和教学岗位，辛勤工作，努力把本领域的研究引向深入。就出版和发表的论著而言,不仅成果数量众多,质量不断提高,内容的广泛性和深刻性在逐步加强,而且研究领域得到扩展,涵盖了民族学和人类学研究的各个方面,并在分支学科和一些特色鲜明的新领域取得了显著成果。以下是对一些代表性论著的评述,它们虽然不能涵盖所有的研究成果,但在一定程度上也表明了本学科研究的动态。

一 理论与方法

1. 基础理论

学科的发展集中表现为理论上的突破和研究方法的创新。基础理论研究主要表现为学术界对主要理论、概念、方法的精练和提升,对当前研究重点、热点以及具有前瞻性问题的热烈讨论。改革开放以后,理论和方法研究取得显著成绩,然而,在基础理论建设上一直面临学科理论建构的问题,如对待学科称谓长期存在不同的意见;此外,民族学与人类学的关系、学科理论框架也是争鸣的焦点。

1978—1981年期间,民族学界开展了关于民族学的定义、任务、研究对象和方法问题的讨论。杨堃发表《论民族学的几个问题》(《民族研究》1979年第2期),林耀华、金天明发表《从历史发展看当前中国民族学的对象和任务》(《民族研究》1980年第2期)。中国民族学研究会第一届学术讨论会上把讨论推向了高潮,学者围绕民族学的对象、范围、任务、方法畅所欲言,在许多主要问题上取得了广泛共识,成果汇集在《民族学研究》第一辑(民族出版社1982年版)。通过讨论,民族学界确立了建立有中国特色的民族学的指导思想,界定了民族学与其他学科的关系,明确了中国民族学的发展方向。苏联学者 M. B. 克留科夫上发表《评中国学者论民族学研究对象》(《苏联民族学》1983年第5期)一文,积极评价了这场大讨论。

此后,学术界就相关问题继续深入,涌现出一批概论性质的民族学和人类学论著,以满足民族学教学和科研的需要,其内容或有重复,但也不乏新见解。如杨堃的《民族学概论》、《民族学调查方法》,梁钊韬等的《中国民族学概论》,李绍明的《民族学》,童恩正的《文化人类学》,周大鸣等的《现代人类学》,林耀华的《民族学通论》,梁钊韬的《文化人类学》,施正一的《广义民族学》,周光大的《民族学概论》,杨昌儒的《民族学纲要》,黄淑娉、龚佩华的《文化人类学理论方法研究》,石奕龙的《应用人类学》,马戎的《西方民族社会学的理论与方法》,夏建中的《文化人类学理论流派》

和少英的《社会—文化人类学初探》,宋蜀华的《民族学理论与方法》,周星的《社会文化人类学讲演集》,杨群的《民族学概论》,容观瓊的《人类学方法论》,纳日碧力戈等的《人类学理论的新格局》,麻国庆的《文化人类学:走进他者的世界》,庄孔韶的《人类学通论》,王铭铭的《人类学是什么》,邓晓华等的《中国人类学的理论与实践》,朱炳祥的《社会人类学》,孙秋云的《文化人类学教程》,罗康隆的《文化人类学论纲》,田兆元的《文化人类学教程》,陈庆德的《人类学的理论预设与建构》,等等。

此外,近年来理论方法方面的论文主要有:王庆仁的《21世纪中国民族学和人类学的理论建设》(《民族研究》1998年第2期),姜永兴的《论中国民族学及其研究》(《云南学术探索》1998年第2期),李亦园的《人类学本土化之我见》(《广西民族学院学报》1998年第3期),胡鸿保等的《近年来社会文化人类学若干热点透视》(《民族研究》2001年第1期),张继焦的《人类学方法的特点、不足和改进方向》(《民族研究》2002年第5期),兰林友的《人类学研究及其方法论意义》(《民族研究》2005年第1期),马翀伟等的《人类学田野调查的理论反思》(《思想战线》2005年第3期)。

在田野调查方面,2002年6月,中国社会科学院民族研究所举行"田野调查与21世纪的中国人类学与民族学"学术研讨会,就田野的界定与变迁、田野调查的优势与局限、田野调查中的立场与学风、田野调查的方法等多方面进行了讨论,此后,《民族研究》第5期发表一系列文章,从不同角度探讨了人类学的理论与方法,主要有何星亮的《人类学民族学田野调查的历史与未来》,王晓丽的《人类学田野调查:在解释中寻求规律》,祁庆富的《民族学调查应引进社会学抽样调查方法》,李彬的《社会文化变迁对田野调查的挑战》,包智明的《定量方法在人类学调查研究中的应用》,潘蛟的《田野调查:修辞与问题》。

2. 分支学科

人类学研究领域的扩展,是在与其他学科的交叉与交融中实现的。近年来,人类学相关领域已经越来越多地显示出自身的必要性和研究价值,许多分支学科经过长期的学术积淀和发展历程,已经达到了成熟的程度,拥有了自己独立的学科体系。

(1) 汉民族研究

自80年代中期开始,汉民族研究有了较大的发展,国内先后组织了三次汉民族学术研讨会。第一次讨论会1987年6月在南宁召开,代表就研究汉民族的意义、内容和范围及研究方向和任务等进行讨论,① 会后出版论文集《汉民族研究》第一辑(广西人民出版社1989年版)。第二次讨论会于1989年3月在汕头召开,主题是"汉民族的社会历史、文化与中国的现代化",就汉民族的起源和形成、汉民族在各个时期和不同地区的发展问题、汉民族传统文化与现代化的关系问题进行了讨论。② 第三次讨论会于1991年11月在云南大学举行,主题为"汉民族文化与少数民族文化",就汉民族传统文化与现代化、汉民族与少数民族的关系、汉民族的支系以及海外华人等做了深入的探讨。③

中国民族学学会汉民族分会成立之后,先后组织七次学术研讨会。第一次研讨会于1996年11月在长沙举行,主题为"汉民族发展的历史特点和未来走向",会后出版论文集《汉民族的历史与发展》(岳麓书社1998年版)。第二次研讨会于1998年8月在南宁举行,主题是"21世纪汉民族传统文化与现代化",出版《汉民族地域文化研究》(广西人民出版社1999年版)。第三次研讨会于2000年8月在泉州举行,主题为"海峡两岸汉民族源流与21世纪中华文化交融",与会代表围绕主题进行了深入的讨论,各自发表了自己的看法。第四次研讨会于2002年8月在宝鸡举办,主题是"炎帝与汉民族国际学术研讨会"。第五次研讨会于2003年10月在昆明召开,主题是"汉文化、多元文化与西部大开发",会后出版论文集《汉文化、多元文化与西部大开发》(民族出版社2005年版)。2005年7月,与齐鲁文化研究中心在章丘联合举办"齐鲁文化暨汉民族形成与发展国际学术研讨会"。2006年4月,与中国全国政协港澳台侨委员会、中国河洛文化研究会等多家单位在洛阳联合主办第五届河洛文化国际研讨会及2006年汉民族研究会国际学术讨论会。此外,2001年10月,中国汉民族学会与澳门社会科学学会在澳门联合举办"全国中华文化学术研讨会——澳门文化·汉文化·中华文化与21世纪"研讨会。

研究汉民族起源、形成和发展的论著较多,论文如王雷的《民族定义与汉民族的形成》(《中国社会科学》1982年第5期),张正明的《先秦的民族

---

① 齐犁:《全国首次汉民族研究学术讨论会述要》,《民族研究动态》1987年第4期。
② 白翠琴:《国际汉民族学术讨论会综述》,《民族研究动态》1989年第3期。
③ 众成:《第三届国际汉民族学术讨论会简介》,《民族学通讯》1992年第120期。

结构、民族关系和民族思想》(《民族研究》1983年第5期)、陈连开的《汉民族的形成和发展》(《民族团结》1984年第4期)、贾敬颜的《"汉人"考》(《中国社会科学》1985年第6期)等；著作如《汉民族历史和文化探索》(广西人民版1985年版)和《汉民族发展史》(四川民族出版社1992年版)。另外，徐杰舜主编《雪球——汉民族的人类学分析》(上海人民出版社1999年版)、《汉族民间风俗》(中央民族大学出版社1998年版)丛书8册。

在汉族社会研究中，宗族家族研究占据重要地位。林耀华的《义序的宗族研究》(生活·读书·新知三联书店2000年版)是以参与观察法研究中国汉族的家族、宗族的人类学专著，书稿写于1935年，林耀华曾以中国福建闽江边乡村的两个家族为线索，写成《金翼》一书，庄孔韶五次回访《金翼》描写的县镇，追踪访谈，撰写《银翅：中国地方社会与文化变迁》，周大鸣的《华南的宗族与社会》(黑龙江人民出版社2003年版)描述了当代国家政权框架之下宗族势力复兴的现状，探讨了农民在宗族中怎样需求资源，宗族与村级、国家政权如何整合等现实问题。其他著作如王铭铭的《社会人类学与中国研究》(生活·读书·新知三联书店1997年版)、《社区的历程——溪村汉人家族的个案研究》(天津人民出版社1997年版)，陈克平的《福建族谱》(福建人民出版社1998年版)，麻国庆的《家和中国社会结构》(文物出版社1999年版)等。论文如兰林有的《华北村落的人类学研究方法》(《中央民族大学学报》2002年第6期)，该文将华南的宗族研究范式与华北的满铁研究传统结合起来探讨了中国社会组织原则；朱炳祥等的《评封存龙等文化变迁中的国家与社会》(《广西民族学院学报》2003年第6期)，王朔柏等的《从血缘群到公民化：共和国时代安徽农村宗族变迁研究》(《中国社会科学》2004年第1期)，兰林有的《论华北宗族的典型特征》(《中央民族大学学报》2004年第1期)。

汉族族群也是汉民族研究的重要内容。80年代以后，学术界多次召开客家学研讨大会，华东师大历史系、深圳大学、厦门大学、嘉应大学先后建立客家研究室、研究中心和研究所。1991年起，厦门大学人类学研究所等单位的部分研究人员多次调查福建客家社区，撰写了一系列著作，如《客家方言》、《长汀涂坊客家》、《宁化石壁客家祖地》等。广东嘉应大学客家研究所编辑出版《客家研究辑刊》期刊，出版了不少著作，如房学嘉的《客家源流初探》(广东高等教育出版社1994年版)、《围不住的围龙屋》(台湾南华大学1999年版)等，并出版了《客家学丛书》等。

此外，研究客家文化的论著还有李泳集的《性别与文化：客家妇女研究的新视野》（广东人民出版社 1996 年版），何国强的《围屋里的宗族社会》（广西民族出版社 2002 年版），周红兵的《客家姓氏渊源》（中国文史出版社 2005 年版），刘大可的《试论传统客家村落的纷争处理程序》（《民族研究》2003 年第 6 期）、《神明崇拜与传统社区意识》（《民族研究》2004 年第 5 期），林碧红主编的《客家新探》（华南理工大学出版社 2006 年版）等。

另外，2005 年 12 月，赣南师范学院举办"客家文化特质与客家精神"学术研讨论，会后选编《客家文化特质与客家精神研究》（黑龙江人民出版社 2006 年版），该单位客家研究所近年也出版了一批著作，如罗勇的《客家赣州》（江西人民出版社 2004 年版）、《客家文化特质与客家精神研究》（黑龙江人民出版社 2006 年版）、《赣南客家姓氏渊源研究》（黑龙江人民出版社 2007 年版），周建新的《客家文化导论》（花城出版社 2002 年版）、《动荡的围龙屋：一个客家宗族的城市化遭遇与文化抗争》（中国社会科学出版社 2006 年版）、《"自由"的都市边缘人：中国东南沿海散工研究》（中山大学出版社 2006 年版）等等。

族群研究也是厦门大学人类学所重点之一。1984 年，蒋炳钊等到惠东从事惠东女风俗专题调查。1988—1992 年，叶文程主持的"闽台惠东人研究"被列入国家社会科学基金项目。1988 年以后，陈国强等人多次到惠东地区调查。这方面论著有陈国强主编的《崇武研究》（中国社会科学出版社 1990 年版），陈国强和石奕龙主编的《崇武大岞村调查》（福建教育出版社 1990 年版），陈国强和蔡永哲主编的《崇武人类学调查》（福建教育出版 1990 年版），乔健、陈国强、周立方主编的《惠东人研究》（福建教育出版社 1992 年版），陈国强、叶文程、汪锋合著的《闽台惠东人》（厦门大学出版社 1994 年版）等。另外，厦门大学人类学研究所对闽台闽南人的民俗与社会文化进行了调查和比较研究。1986—1990 年，陈国强主持福建省"七五"社会科学重点项目"闽台民俗研究"课题。1990—1996 年，该所一些研究人员先后两次参与美国斯坦福大学、台湾"中央研究院"民族学研究所合作从事的"闽台社会文化比较研究"。1995 年，石奕龙与台湾地区各姓渊源研究会合作，从事"闽台民俗比较研究"调查。论著如《妈祖信仰与祖庙》（福建教育出版社 1990 年版）、《闽台婚俗》（厦门大学出版社 1990 年版）、《闽台风时节日风俗》（厦门大学出版社 1992 年版）、《惠安民俗》（厦门大学出版社 1997 年版）、《闽台玉皇文化研究》（香港闽南人出版公司 1999 年版）等。

中山大学对广东汉族各族群的研究也取得了丰硕的成果。20世纪90年代末，黄淑娉主持完成"广东族群与区域文化研究"课题，研究对象为广东三个汉族民系——广府民系、潮汕民系、客家民系，研究成果有《广东族群与区域文化研究》（广东高等教育出版社1999年版）、《广东族群与区域文化研究调查报告集》（广东高等教育出版社1999年版）。另外，相关著作还有黄淑娉与龚佩华教授合著的《广东世仆制研究》（广东高等教育出版社2001年版）、周大鸣主编的《中国的族群和族群关系》（广西民族出版社2002年版）等。

（2）影视人类学

影视人类学通过画面、语言和真实记录，为人类学、民族学提供了多方面的解读文本。改革开放以后，影视人类学在理论研究取得了长足进展，建立了一批专业研究机构和队伍，拍摄了大量人类学影视片。当前，它已经成为一门具有重要影响的学科。

1979年，中国社会科学院民族研究所成立电影组，1989年更名为影视民族学研究组。1995年，中国社会科学院民族研究所建立"影视人类学研究室"。1994年，云南大学建立东亚影视人类学研究所。1995年，云南社会科学院影视人类学研究摄制中心正式成立。1995年5月，中国民族学学会影视人类学分会成立，同时举办第一届影视人类学国际学术讨论会，1998年5月，国际影视人类学会接纳其为国际影视人类学会团体会员。其后，分别于2002年8月、2004年3月、2005年8月在兰州、昆明、呼和浩特市召开三次国际学术研讨会。其间，1996年，影视人类学分会在成都召开工作会议，讨论新形势下影视人类学发展问题。

影视人类学界拍摄了相当数量的人类学影视片，涵盖面很广，几乎包括中国所有少数民族，得到了国际影视人类学界的重视。四川电视台《古堡的故事》、《山洞里的村庄》入围1996年德国歌廷根第三届国际电影节，又被推荐参加挪威举办的北欧影视人类学电影节。1998年，参加了德国歌廷根国际人类学电影节、法国第20届真实电影节和第17届人类学电影回顾展。成都经济电视台拍摄的《三节草》获法国第20届真实电影"特别奖"，中法合拍的《神圣的鼓手》获第17届人类学电影回顾展特别提名奖。

在理论研究方面，已对影视人类学的定义、对象、方法、范围、目的和任务等作较为深入的研究，发表了不少学术论文。陈景源的《中国影视人类学发展述略》（《民族研究》1998年第4期）回顾和总结了我国影视人类学的发展历程，认为当今它已初步形成具有中国特色的学科体系，并且初步树立起在国内外学术舞台上的学科地位和学术地位。王清华的《影视人类学在我国的发展》(《云南社会科学》2003年第6期)总结了影视人类学从无意识到有意识，从非自觉走上自觉的道路。陈学礼的《论民族志电影的"真实"》(《云南社会科学》2003年第6期)从民族志电影制作出发，探讨民族志电影的真实原则以及与此相关的客观性问题。张江华等的《影视人类学概论》(社会科学文献出版社2000年版)是国内第一部影视人类学专著，填补了学科空白，其作者既有丰富的影视制作实践经验，又有较高的民族学素养。

(3) 都市人类学

都市人类学是人类学的一个分支，20世纪60年代后逐渐受到学术界的重视，成为一个独立研究领域。有学者认为，它的形成是文化人类学发展的"第三阶段"。中国的都市人类学研究起步较晚，直到1989年，学术界才首次使用"都市人类学"这一概念。1989年12月，由中美两国学者共同发起，中国社会科学院民族研究所承办了第一届都市人类学国际会议召开，标志着中国都市人类学研究的开始，同时也标志着都市人类学新学科的诞生。[①]

1992年6月，中国都市人类学会宣告成立，之后，多次组织研讨会和参加国际会议。1993年5月、1995年11月，中国都市人类学先后在山东淄博和辽宁丹东召开第一、二次学术讨论会，内容涉及都市化进程、都市中的民族关系、都市对民族地区发展的作用、都市社会和文化现象等现代化进程中的许多方面。2000年4月，召开"都市民族文化学术研讨会"，主要议题是城市化、全球化、城市民族关系、文化与可持续发展等，同年7月，承办了国际人类学与民族学联合会2000年中期会议。2003年，在意大利召开的第15届世界大会中组织了多个专门议题并成功申办2008年世界人类学民族学大会等。

都市人类学界在探讨中国现代化、都市化、城市生态等方面发挥了很大作用，进行了多次城市流动人口调查。内容涉及城市流动人口、各大城市中的民族村、都市流动人口的族群认同与文化适应、人口结构变迁等等。1993—1994年间，中国社会科学院民族研究所任一飞等人进行了"北京市的新疆村——发展与生存的问题"调查；何星亮组织研究生调查朝鲜族流动人员在京创办企业、发家致富。1998年3月，中国社会科学院民族研究所等三

---

① 刘文远：《第一届都市人类学国际会议述要》，《民族研究动态》1990年第2期。

方组成"联合调查小组"对天津市朝鲜族流动人口现状进行了短期调研，9月，民族研究所又组织调查组对昌平县回族进行了短期调查。中国都市人类学会与中国人民大学联合对北京几所重点高校的大学生进行了问卷调查。此外，张继焦等对北京等城市进行流动人口调查。中央民族大学也曾组织青年教师和研究生多次对北京市外来少数民族进行调查。中山大学也曾组织研究人员进行流动人口调查研究。

在学科建设和创建本土理论方面，都市人类学界也取得了突出成绩，出版了不少研究专著，阮西湖主编《都市人类学》（华夏出版社1991年版），阮西湖著《人类学研究探索：从世界民族学到都市人类学》（民族出版社2004年版），周大鸣编著《现代都市人类学》（中山大学出版社1997年版），周大鸣等著《中国乡村都市化》（广东人民出版社1996年版），杨侯第主编《中国城市文化与城市生态》（远方出版社1998年版），魏后凯等著《中国西部工业与城市发展》（经济管理出版社2000年版），张晓春著《文化适应与中心转移》（东南大学出版社2006年版）等。中国都市人类学会已出版《都市化与民族地区现代化》（1994）、《走向世界的中国都市人类学》（1994）、《都市人类学与边疆城市理论》（1996）、《中国城市文化与城市生态》（1998）、《中国城市中的少数民族》（2001）、《中国人类学民族学文集》（2003）等等。此外，学术界还发表了大量文论，如良警宇著《北京牛街回民教育现状调查》（《中央民族大学学报》1999年第1期），王俊敏著《蒙古族人口的城市化进程》（《中央民族大学学报》2002年第5期），杨健吾著《城市少数民族流动人口问题研究》（《西南民族学院学报》2002年第7期），王琛等著《试论城市少数民族的社会交往与族际交流》（《广西民族研究》2004年第2期），张鸿雁著《大城市回族社区的社会文化功能》（《民族研究》2004年第4期）。

（4）新兴学科

近年来，有些新兴学科的发展状况也非常喜人，学者对这些研究领域的范围进行探讨和定义，确定了研究领域，提出了最适合的研究方法，研究的广度和深度在不断拓展，并日益受到学术界的公认，以下简要叙述几个主要学科。

法人类学是运用人类学的理论和方法对法律问题进行解释和研究，从法律层面关注国家对地方社会的控制，习惯法与国家控制的冲突，等等，相关研究相对较为薄弱，还没有形成独立的学科特色和明确的研究方向和方法。杨方泉《法律人类学研究述评》（《学术研究》2003年第2期）结合中外学者的学术经典,梳理出了法律人类学的发展脉络和研究领域。陈云生著《宪法人类学》(北京大学出版社 2005 年版)以全新的视角认识和解析了人类社会的宪法现象,张文山的《关于法人类学若干问题的思考》(《广西民族大学学报》2006 年第 6 期)认为法人类学是采用人类学的理论、方法研究民间社会的法律行为与法律现象的一门学科。吴大华的《论法人类学的起源与发展》(《广西民族大学学报》2006 年第 6 期)认为,法律多元是法人类学的核心概念和基本立场,中国的法人类学是一个开放的体系,包括法律文化的比较研究、民族法学、法律的人类学研究。

与之相关,民族习惯法一直是学术界关注的对象之一。夏之乾的《神判》(上海三联书店 1990 年版)根据文献和调查资料,探讨了神判的起源、性质、作用和社会意义。周长岭的《法律的起源》(中国人民公安大学出版社 1997 年版)从人类社会文明起源和发展的视角,利用民族学资料阐释了法律的起源。陈光国在《藏族习惯法在判处刑事案件中的作用探讨》(《民族学研究》第 10 辑)对青海藏族习惯法与国家法律相结合判处一些特殊的刑事案件问题作了探讨。2005 年 7 月,全国首届民间法、习惯法学术研讨会在西宁召开,学者对民间法的一般理论、民间规范与社会自治、民族习惯法、当代中国法律中的习惯法、民间发育法律方法等问题进行了讨论。周相卿的《黔东南雷山地区国家法与苗族习惯法关系研究》(《贵州民族学院学报》2006 年第 3 期)从法律多元视角探讨了国家法和习惯法的相互关系。张晓蓓的《彝族婚姻家庭习惯法特征》(《贵州民族学院学报》2006 年第 3 期)分析了婚姻家庭习惯法所体现出的等级原则、血亲原则和宗族家支原则。王启梁的《非正式制度的形成及法律失败:对纳西族"情死"的法律人类学解读》(《云南民族大学学报》2006 年第 5 期)从法律人类学的角度,分析了曾经存在于纳西族社会中的"情死"现象,揭示了非正式制度的产生与法律紧密联系。这方面的其他论著如张冠梓的《试论瑶族的石牌制度与习惯法》(《思想战线》1999 年第 1 期),方慧主编的《少数民族地区习俗与法律的调适》(中国社会科学出版社 2006 年版)、马克林的《回族传统法文化研究》(中国社会科学出版社 2006 年版)等。

近年来,学术界还从人类学的角度探讨旅游文化、旅游目的和心态,以及地方旅游的资源开发,关注当地人的反应,研究他们的应对行为和文化转型。宗晓莲的《西方旅游人类学研究述评》(《民族研究》2001 年第 3 期)对西方旅游人类学研究发展作了简要述评。张晓萍的《西方旅游人类学中的"舞台真实"理论》(《思想战线》2003年第4期)认为旅游是一种跨文化交流,她主编的《民族旅游的人类学透视》(云南大学出版社2005年版)收入旅游人类学论文若干篇。杨慧的《民族旅游与族群认同、传统文化复兴及重建》(《思想战线》2003年第1期)将"族群"理论引入对本领域的讨论,认为云南旅游注重发展民族旅游的特色,从而引起了云南族群认同增强。其他文章如彭兆荣的《旅游人类学视野下的"乡村旅游"》(《广西民族学院学报》2005年第4期),杨振之的《前台、帷幕、后台:民族文化保护与旅游开发的新模式探索》(《民族研究》2006年第2期),吴凤玲的《旅游业中象征资源的使用》(《中央民族大学学报》2006年第4期),孙兆霞的《世袭文化建构型与乡村旅游开发需求之乡的关系》(《贵州民族学院学报》2006年第4期)等。

20世纪50年代以前,民族学曾对汉族地区的乡村进行过一些田野调查,出版了一些著作,形成了一批学术"名村",改革开放以后,这一研究传统得到了恢复和发展,90年代末期,相关研究已经开始,2004年,《广西民族学院学报》第1期专设"乡村人类学专栏",刊发了10篇研究文章,其中庄孔韶《中国乡村人类学的研究进程》对国内外关于农民社会和乡村人类学的研究成果做了全面综述,阐述了农民社会研究的重要意义,周大鸣《凤凰村的追踪研究》对20世纪20年代美国社会学家葛学溥(D. H. Kulp)在华南沿海凤凰村的研究进行了追踪调查,同类文章还有段伟菊对许烺光在大理、覃德清对美国人类学家坡特夫妇在华南茶山、孙庆忠对杨庆堃在南景、潘守永对杨懋春在台头、李远龙对费孝通等人对六巷调查的追踪研究和重访。庄孔韶还在《西南民族大学学报》(2004年第1—4期)连续发文论述了回访和人类学再研究的意义,李培林《透视"城中村"——我研究"村落"终结的方法》(《思想战线》2004年第1期)讨论了村落研究方法上的一些"困惑"或者"困境"。

此外,生态人类学和历史人类学也有了较大发展。生态人类学关注地理环境对人们生存方式、制度与文化的影响,关注文化在人与环境之间的互动,也关注人们利用文化与环境进行调适互动。在这方面,《广西民族学院学报》2003年第2期发表了一组文章,《贵州民族学院学报》(2006年第6期)"生态人类学"栏目收录多篇文章,集中讨论了生态人类学的理论和方法及相关生态问题。20世纪70年代中期开始,历史学和人类学逐渐合流,形成了历史人类学,也引起国内学者的关注,相关论文如徐杰舜的《走进历史田野:历时人类学散论》(《广西民族学院学报》2001年第1期),张应强的《历史人类学的研究取向及意义》(《中国都市人类学通讯》2002 年第 4 期),符太浩的《历史人类学刍议》(《思想战线》2003 年第 1 期),彭兆荣的《边界的空隙:一个历史人类学的场域》(《思想战线》2004 年第 1 期),周泓的《历史人类学:从历史文本到意义主体》(《广西民族研究》2005 年第 3 期)等。

另外,学科发展史研究是对以往学术研究的历史回顾和理论总结,是学科发展的基础领域之一,这方面的研究成果如陈国强的《中国人类学》(中国人类学会 1996 年 10 月编印)、王建民等的《中国民族学史》(云南教育出版社 1997 年版)、郝时远主编的《田野调查实录——民族调查回忆》(社会科学文献出版社 1999 年版)、宋蜀华等的《中国民族学五十年:1949—1999》(人民出版社出版 2004 年版)、胡鸿保主编的《中国人类学史》(中国人民大学出版社 2006 年版),等等。

二 社会文化研究

社会文化研究历来是民族学人类学研究重点之一,研究范围较为广泛,涉及民族物质精神文化的各个方面,如婚姻家庭、民间信仰、人生礼俗、建筑民居、习俗规范以及饮食、服饰、节日等等,这方面成果斐然,涌现出一大批有代表性的论著,许多论著理论新颖、视角独特,这里主要介绍社会形态、婚姻家庭、民族宗教等方面的研究成果。

1. 社会形态研究

20 世纪 80 年代中期以前,社会形态研究是民族学界主要研究项目,也是学术界争论最激烈的热点,在这场大讨论中,不少学者根据中国各民族的社会形态资料,提出了与经典著作不同的新观点,破除了学术迷信,解放了思想,推动了民族学研究的发展。

(1) 原始社会形态研究

原始社会形态讨论主要集中在人类社会起源和原始社会开端、原始社会分期、母系制向父系制过渡、父系家庭公社性质、商品交换起源等几个方面。

围绕摩尔根和恩格斯的有关观点,通过讨论,国内学术界在人类社会起源、原始社会史开端的标志方面形成了三种主要观点,或者认为以自觉使用天然工具为标志,或者认为以制造工具为标志,或者认为以使用火作为标志。[1]

---

[1] 吴绵吉:《原始社会史学术讨论会纪要》,《民族研究动态》1984 年第 1 期。

摩尔根和恩格斯曾把原始社会分为蒙昧时代和野蛮时代,每个时代又分为低、中、高三个阶段。80年代初,针对经典理论,学术界提出了不同分期法。林耀华的《试论原始社会的问题》(《文史哲》1978年第4期)等论著,把原始社会分为原始群期、血缘家族公社、氏族公社三大时期;杨堃的《试论原始社会史的分期问题》(《思想战线》1980年第5期)分为原始社会形成时期(原始群)、原始社会发展期(母系氏族公社)、原始社会解体时代(父系氏族公社);杨邦兴的《原始社会史分期的几个问题》(《安徽师范大学学报》1980年第1期)则分为原始氏族社会时期、母系氏族公社时期、父系氏族公社时期;陈国强的《关于人类起源及原始社会史的分期》(《云南社会科学》1984年第4期)也作相同划分。陈启新的《原始社会史分期问题研究》(《民族学研究》第5辑)分为群居公社时期、氏族公社时期和农村公社时期。

丁季华的《论马克思对原始社会分期》(《学术月刊》1982年第3期)把原始社会分为"群团"(人类的童年)、血缘家庭(原始社会确立阶段)、氏族公社(原始社会的繁荣阶段)、农村公社(原始社会向阶级社会过渡阶段)四个阶段。程德琪在《"两种生产"与原始社会的分期》分为原始部落公社时期、母系氏族公社时期、母系家族公社、父系家族公社四个阶段。① 其他划分如血亲社会、血缘社会、血族社会、氏族社会四个阶段;曙石器时代、旧石器时代、新石器时代、金石并用时代;初期、前期、晚期和末期四个阶段。② 此外,秋浦的《关于原始社会的分期问题》(《思想战线》1984年第4期)分为原始群团、血缘家庭公社、母系家庭公社、父系氏族公社、农村公社五个阶段。张树栋的《关于原始的分期问题》(《南京大学学报》1977年第4期)分为猿群时期、原始群、氏族社会发生期、氏族社会发展期、氏族社会繁荣期、氏族社会解体期六个阶段。

一般认为,母系制向父系制过渡,也就是公有制向私有制的过渡。夏之乾的《母系向父系过渡是否是由公有制向私有制过渡》(《史学月刊》1982年第5期)则把公有制向私有制演进的序列表述为母系氏族社会前期为母系氏族财产所有制——母系氏族社会后期为母系家族集产制——父系氏族社会前期为父系家族集产制——父系氏族后期为个体家庭私有制。王承权的《论母

---

① 程德琪:《原始社会初探》,中央民族大学出版社1988年版。
② 吴绵吉:《原始社会史学术讨论会纪要》,《民族研究动态》1984年第1期。

系氏族公社向父系氏族公社过渡的几个问题》(《民族学研究》第 2 辑)认为,由母系向父系过渡不是直接过渡,有若干中间环节,是一个由低级到高级、由量变到质变的演进过程。

经典著作认为,父系家庭公社的主要标志一是把非自由人包括在家庭以内,一是父权。满都尔图的《论父系家庭公社》(《民族研究》1979 年第 1 期)指出非自由人和父权不是父系家庭公社的标志,而是它走向崩溃的标志。林耀华、庄孔韶的《关于原始时代家族公社问题》(《中央民族学院学报》1983 年第 1 期)、《父系家族公社形态研究》(青海人民出版社 1984 年版)认为,应将家族公社分为民主型和父权型两种类型,在发展序列上,民主型先于父权型而存在。此外,陈启新的《论家庭公社诸问题》(《思想战线》1982 年第 5 期)把家庭公社分为斯拉夫型和东方型两种。詹承绪的《略论勒墨人社会的发展》(《民族研究》第 5 辑),认为勒墨人未经过农村公社,便由父系家庭公社向阶级社会直接过渡。

关于商品交换起源,文传洋《马克思、恩格斯认为私有制是商品生产的基础吗?》(《云南社会科学》1982 年第 1 期)不同意商品生产必然以私有制为基础,指出野蛮时代的商品生产是以公有制为基础。满都尔图在《试论商品交换的起源及其原始形态》(《民族研究》1983 年第 1 期)一文中也指出,商品交换的早期形式是在不同公社之间相互赠送礼物,商品交换的起源与私有制没有必然的联系,最早的交换是以公有制为基础的集体交换。

关于原始社会形态的研究,学术界也撰写了不少专著,如田继周等的《西盟佤族社会形态》(云南人民出版社 1980 年版),吕光天的《北方民族原始形态研究》(宁夏人民出版社 1981 年版),秋浦的《游猎社会的鄂伦春人》(外文出版社 1983 年版)、《当代人看原始文化》(中国经济出版社 1993 年版),林耀华的《原始社会史》(中华书局 1984 年版),杨堃的《原始社会发展史》(北京师范大学出版社 1986 年版),卢勋等的《中国南方少数民族原始农业形态》(中国农业出版社 1987 年版)、《中国原始社会经济研究》(中国社会科学出版社 1987 年版)。

(2) 奴隶制研究

讨论的焦点有家长奴隶制、奴隶制和农奴制。一般认为,家长奴隶制是奴隶制度的早期形态。满都尔图的《家长奴隶制探析》(《思想战线》1983 年第 5 期)认为,家庭奴隶起源于对收养者的奴役,家长奴隶制发展趋势可能是奴隶制,也可能是农奴制。吕光天的《论我国南方若干民族家长奴隶制的特点及其阶梯形发展》(《云南社会科学》1983年第3期)认为家长奴隶制的产生与母权制向父权制过渡有着不可分割的关系,商品经济的发展和高利贷的产生,使家长奴隶制进一步向债务奴隶和买卖奴隶方向发展。胡庆钧主编的《早期奴隶制社会比较研究》(中国社会科学出版社1996年版)通过比较研究中国商代、希腊荷马时代、罗马王政时代、恺撒与塔西佗时代的日耳曼人的社会制度,证明奴隶制社会是人类社会发展的必经阶段。

凉山彝族奴隶制研究成果颇多。李绍明等的《凉山彝族奴隶社会》(人民出版社1982年版)探讨了20世纪50年代前凉山彝族社会形态及其形成、发展和演变,作者认为,凉山彝族曲诺既非封建社会中的农奴式农民,又非奴隶制中的奴隶,而是隶属民,它属于奴隶制阶级关系的范畴。胡庆钧的《凉山彝族奴隶制社会形态》(中国社会科学出版社1985年版)系统阐述了凉山奴隶制的产生和发展、奴隶制的生产方式、等级和等级关系,以及作为政权机构的氏族机关、彝族的家支制度等问题,作者认为,凉山彝族奴隶制度下的阶级关系基本上是以等级关系的形式表现出来的。周锡银的《凉山彝族家支问题研究概述》(《民族研究动态》1986年第1期)讨论了凉山彝族家支的性质和职能问题。这方面的研究成果还有杜玉亭等《凉山彝族奴隶社会》(人民出版社1982年版)等。

(3) 封建农奴制研究

西藏农奴制研究在学术界占有较重要的地位,刘忠的《试析西藏奴隶制庄园的残存形态》(1982)认为,西藏领主制庄园可分为堆穷、囊生、差巴和处于解体过程的四种类型。张江华的《试论西藏封建农奴制度的基本类型》(《民族研究》1988年第6期)认为,西藏农奴制度的基本类型有领主庄园制、土司头人制、部落首领制三种类型。如前所述,1987—1990年,中国社会科学院民族研究所等单位主持"西藏封建农奴制社会形态"课题,撰写了几部著作。

关于傣族的农奴制,江应樑的《傣族史》(四川民族出版社1984年版)对傣族历史上的奴隶制和农奴制作了系统、全面的探讨。曹成章的《傣族农奴制和宗教婚姻》(中国社会科学出版社1986年版)、《傣族社会研究》(云南人民出版社1988年版)认为傣族没有经过奴隶占有制,而是由原始社会末期直接向封建社会过渡的。关于门巴族的农奴制,张江华、吴从众、陈景源合著有《门巴族封建农奴社会》(四川民族出版社1988年版)。

2. 婚姻家庭

婚姻制度和家庭历来是人类学和民族学研究领域的核心主题，80年代以来，也曾引起学术界的关注和广泛讨论。

(1) 早期婚姻与家庭形式讨论。摩尔根《古代社会》把人类家庭分为血缘家庭、普那路亚家庭、对偶家庭、父权家庭和一夫一妻制家庭。血缘家庭是80年代初民族学界争论的焦点之一，国外学术界对"血缘家庭"持否定的态度。蔡俊生的《人类从前存在过血缘家庭吗？》（《民族学研究》第2辑）、《论群婚》（《中国社会科学》1983年第1期）等文认为人类历史上不存在血缘家庭，因为包含两方面的关系，一是婚姻，一是供养；在群婚时代，婚姻关系是在氏族与氏族之间进行的，供养关系是在氏族内部实现的，这两种关系处于严格分开的社会领域，不可能形成家庭，家庭是随着个体婚姻的出现而产生的。谭乐山《对杂交、血缘群婚和马来亚亲属制的质疑》（《民族学研究》第1辑）也认为血缘婚不存在。杨堃《家族、婚姻发展史略说》（《北京师范大学学报》1982年第1期）认为"血缘家庭"没有存在过，血缘婚在历史上存在过。

不少学者对上述观点提出异议，从不同角度证明了血缘婚和血缘家庭的存在，如王可宾的《原始婚姻初探》（《史学集刊》1983年第3期），龚佩华的《也谈血缘婚和血缘家庭》（《民族学研究》第5辑）和《再谈血缘婚和血缘家庭》（《中山大学学报》1984年第3期），肖家成的《血缘婚新证》（《民族研究》1983年第5期），陈启新的《血缘家庭之我见》（《云南社会科学》1983年第5期），黄淑娉的《关于血缘家庭》（《民族学研究》第7辑）等。

(2) 纳西族母系"衣杜"性质讨论。一般认为，纳西族的"衣杜"是母系氏族下的血缘集团。严汝娴、宋兆麟的《论纳西族的母系"衣杜"》（《民族研究》1981年第3期）认为"衣杜"不属于家庭或家族范畴，而应该称之为"母系亲族"，其后，在《家庭发生和发展的活化石》（《中国社会科学》1982年第3期）、《纳西族的母系家庭辨析》等文中，他们又认为，"母系亲族"带有普遍性的社会组织，母系亲族及其走访婚是比对偶婚和对偶家庭更为古老的婚姻"家庭"形态。夏之乾的《纳西族母系"衣杜"的社会性质问题》（《民族研究》1981年第5期）认为，"衣度"应是母系家庭，不能定名为母系亲族。陈启新在《也谈纳西族的母系"衣杜"和易洛魁人的"奥华契拉"》（《民族研究》1982年第1期）中认为使用"母系家族"是比较贴切的。

(3) 亲属制度起源的讨论。摩尔根认为最古老的亲属制度是双系起源，围绕着这一看法，民族学界提出了不同观点。严汝娴、宋兆麟的《纳西族亲属制与易洛魁亲属制的比较研究》(《民族研究》1980年第2期)认为，纳西族式亲属只承认母系，否认父系，特点是亲属制度由母系血缘纽带所贯串，而与婚姻原则无关，亲属制度的起源应是单系起源。黄淑娉的《略论亲属制度研究——纪念摩尔根逝世一百周年》(《中央民族学院学报》1981年第4期)就严、宋的观点提出商榷意见，认为摩尔根亲属制度理论的基本原则是正确的。

摩尔根还认为，最古老的亲属制度是按辈分划分的五等亲属制，即祖父母辈到孙儿女辈。何星亮的《从哈、柯、汉亲属称谓看最古老的亲属制》(《民族研究》1982年第5期)认为，氏族社会早期实行群婚制度，无法区分辈分；此外，由于人们寿命不长，群内亲属不可能分为五个等级，而形成了按老、中、幼划分的三等亲属制。李松生的《鄂温克式亲属制度的特点和意义》(《史前研究》1984年第2期)也认为鄂温克族的亲属称谓只有儿童、成年人和老年人三种范畴。杨堃的《原始社会发展史》(北京师范大学出版社1986年版)也说明最古老的亲属制不是按辈分而是按老、壮、幼划分的。

(4) 民族婚姻家庭研究。在各民族的婚姻、家庭制度及习俗方面，学术界也发表了不少论著。詹承绪等的《永宁纳西族的阿注婚和母系家庭》(上海人民出版社1980年版)较早研究了永宁纳西族摩梭人阿注婚和母系家庭，作者认为，摩梭人阿注婚不是群婚，它属于初期对偶婚。这种初期对偶不是存在于氏族社会，而是长期存在于封建领主制度社会中，与之相应，其家庭形式有母系、母系和父系并存、父系家庭三种类型。严汝娴、宋兆麟著《永宁纳西族的母系制》(云南人民出版社1983年版)阐述了摩梭人婚姻家庭习俗及其长期延续的原因。和钟华的《生存和文化的选择：摩梭母系制及其现代变迁》(云南教育出版社2000年版)认为，摩梭人婚姻制度不应该称之为"阿注婚"，而应该称之为"走婚"，"走婚"属于婚姻范畴，并非不婚；摩梭人的母系制是一种独立的文化模式，并非原始母系制的"活化石"，它经历了母系—父系—母系的演进历程，是摩俊人的一种生存和文化的选择。相关论著还有王承权、詹承绪的《神秘的女性王国》(北方妇女出版社1989年版)，宋兆麟的《共夫制与共妻制》(上海三联书店1990年版)、《走婚：女儿国亲历记》(西苑出版社2004年版)。

综合介绍或研究中国少数民族婚姻家庭的著作还有严汝娴的《中国少数民族婚姻家庭》(中国妇女出版社1986年版)、中国人类学会的《婚姻与家庭》（江西教育出版社 1987 年版），袁亚愚的《当代凉山彝族的社会和家庭》（四川大学出版社 1992 年版），马建钊、乔健等的《华南婚姻制度与妇女地位》（广西民族出版社 1994 年版）。相关论文如王金洪的《当代西藏妇女的婚姻状况与家庭地位》（《民族研究》1999 年第 3 期），李甫春的《驮娘江流域壮族的欧贵婚姻》（《民族研究》2003 年第 2 期），何俊芳的《赫哲人的族际婚姻》（《中央民族大学学报》2004 年第 2 期），马宗保等的《乡村回族婚姻中的聘礼与通婚圈》（《民族研究》2005 年第 2 期），等等。

3. 民族宗教

宗教信仰是民族文化的一个重要组成部分，国内许多民族程度不同的保留着宗教信仰，如阿尔泰语系诸民族中的萨满教，甘青川藏地区藏族中遗留的苯教，纳西族的东巴教，摩梭人的达巴教，彝族以毕摩为中心的宗教信仰，白族的本主崇拜，以及苗瑶等民族中遗存的各具特色的原始信仰。80 年代以来，民族宗教的研究成果颇多，尤其在原始宗教方面。

在萨满教研究方面，秋浦主编的《萨满教研究》（上海人民出版社 1985 年版）以调查资料为基础，结合历史学、考古学、古人类学等有关资料，对萨满教的发生、发展和消亡的历史过程作了探索。富育光的《萨满教与神话》（辽宁大学出版社 1990 年版）对萨满教的宇宙观、神灵体系、神灵偶像、祭祀仪式、占卜术、萨满教与神话的关系等进行了深入的研究。乌丙安的《神秘的萨满世界》（上海三联书店 1989 年版）运用神话、民族调查资料，论述了奇异多彩的北方萨满教神谱、萨满的产生及其职能、萨满教兴衰的历史过程。色音的《东北亚的萨满教》（中国社会科学出版社 1998 年版）从民族学的角度，对东北亚四国的萨满教作了系统的比较研究，论述了萨满教神灵体系及诸神的分工，探讨了萨满成巫的过程和萨满教仪礼，分析了萨满教的观念体系及其特征，阐述了萨满法器和法服的种类，探析了萨满传说及其功能，最后分析了萨满文化的产生、发展和衰落的过程。孟慧英的《中国北方民族萨满教》（社会科学文献出版社 2000 年版）分别就萨满教的起源、历史形态、传播与影响、神灵世界和宇宙观、萨满和萨满昏迷术、萨满教仪式、现代社会中的萨满教等进行了论述。郭淑云的《原始活态文化——萨满教透视》（上海人民出版社 2001 年版）分别就萨满教的思想观念与哲学思想、萨满教与北方自然科学的萌芽等方面进行梳理，提出了自己的看法。其他论著如吉林民族研究所主编《萨满教文化研究》（第一、二辑）（吉林人民出版社），富育光、孟慧英的《满族萨满教研究》（北京大学出版社 1991

年版)，石光伟、刘厚生的《满族萨满跳神研究》(吉林文史出版社1992年版)，中国社会科学院民族研究所民族学室编的《民族文化习俗及萨满教调查报告》(民族出版社1993年版)，富育光、王宏刚的《萨满教女神》(辽宁人民出版社1995年版)，姜相顺的《神秘的清官萨满祭祀》(辽宁人民出版社1995年版)，迪木拉提·奥玛尔的《阿尔泰语系诸民族萨满教研究》(新疆人民出版社1995年版)，庄吉发的《萨满信仰的历史考察》(台北文史哲出版社1996年版)，宋和平、孟慧英的《满族萨满文本研究》(台湾五南图书公司1998年版)，孟慧英的《萨满英雄之歌：伊玛堪研究》(社会科学文献出版社1998年版)；黄强、色音的《萨满教图说》(民族出版社2002年版)，王宏刚的《满族与萨满教》(中央民族大学出版社2002年版)，孟慧英的《寻找神秘的萨满世界》(西苑出版社2004年版)等。

图腾崇拜是原始宗教信仰形式之一。何星亮的《中国图腾文化》(中国社会科学出版社1992年版)从文化层次的角度研究了图腾，作者把与图腾有关的各种现象看作是产生于原始时代的一种独立的文化系统，并称之为"图腾文化"。根据丰富的资料，作者论证了中国各民族的图腾观念、图腾名称、图腾标志、图腾禁忌等各种元素的发展和变迁规律，并与当代许多文化现象联系起来，探讨了今天某些文化现象与图腾文化的渊源关系。作者认为，图腾观念是图腾文化中最早、最基本的元素，其他要素都是在图腾观念的基础上衍生的。根据自己的理论，作者分门别类地论述中国各民族的图腾文化元素，对中国图腾文化的实质、起源、发展及其演变规律作了较为系统的探讨，认为图腾名称是中国最早的社会组织名称，图腾标志是中国最早的社会组织标志。这方面的论著还有杨和森的《图腾层次论》(云南人民出版社1987年版)，何星亮的《龙族的图腾》(香港中华书局1991年版)、《图腾文化与人类诸文化的起源》(中国文联出版公司1991年版)，丘振声的《壮族图腾考》(广西教育出版社1996年版)等。

自然崇拜和生殖崇拜研究方面的成果较多，如赵国华的《生殖崇拜文化论》(中国社会科学出版社1990年版)，宋兆麟的《生育神与性巫术研究》(文物出版社1990年版)，何星亮的《中国自然神与自然崇拜》(上海三联书店1992年版)，王康等的《神秘的白石崇拜：羌族的信仰和礼俗》(四川民族出版社1992年版)，杨福泉的《灶与灶神》(学苑出版社1994年版)，章海荣的《西南石崇拜：生命本原的追思》(云南教育出版社1995年版)，向柏松的《中国的水崇拜》(上海三联书店1999年版)，杨福泉的《原始生命神与生命观》（云南人民出版社1995年版），王晓丽的《中国民间生育信仰》（社会科学文献出版社1999年版）等。

吕大吉、何耀华等编撰《中国各民族原始宗教资料集成》（已出版六册）是大型的专题资料丛书，每卷按原始宗教的各种形式分门别类，全书约1000多万字，资料齐全，规模庞大，覆盖面较广。另外，总论性著作如宋恩常的《中国少数民族宗教》（云南人民出版社1985年版）、蔡家麒的《论原始宗教》（云南民族出版社1988年版）、郭大烈、杨世光等《东巴文化论集》（云南人民出版社1985年版）、史波的《神鬼之祭：西南少数民族传统宗教文化研究》（云南教育出版社1992年版）、杨知勇的《西南民族生死观》（云南教育出版社1992年版）。

另外，近年来，民族宗教方面也发表了许多论文，如张泽洪的《瑶族社会中道教文化的传播与衍变》（《民族研究》2002年第1期）通过分析瑶族道教的传度仪式度戒及其十戒得道经根据，认为瑶族度戒是道教授箓的传承和衍化。章立明的《安章瑜披发》（《中央民族大学学报》2002年第5期）指出西双版纳傣族传统社会中，原始宗教禁忌是一种集体表象。廖杨的《东乡族宗法文化论》（《民族研究》2002年第4期）分析了东乡族宗法文化的表现形态、主要特点及其原因，提出了复合型宗教性宗法文化的概念，为西北少数民族宗教研究提供了新视角。其他文章如斯钦朝克图的《生殖器名称与自然崇拜》（《民族研究》2000年第2期），《纳西族东巴文化与风水信仰》（《中央民族大学学报》2004年第2期），王英的《拉卜楞地区尼姑寺现状调查》（《西藏研究》2004年第3期），霍福的《青海苏木世村的农事祭祀活动》（《民族研究》2004年第2期），边巴拉姆的《扎什伦布寺现有僧侣及其经济状况》（《西藏研究》2004年第3期），龚锐的《南传佛教与原始宗教的并存及互通》（《民族研究》2005年第4期），丁明俊的《阿拉善草原信仰伊斯兰教的蒙古族穆斯林》（《西北民族研究》2005年第4期）等。

三　田野调查

田野调查是人类学研究的基础，通过直观的观察方法和介入式调查，以及与不同文化背景的人们进行深入交流，不仅丰富了研究资料，而且可以把人类学理论应用到具体问题中，进行反思，提炼研究方法。民族学家和人类学者历来重视这方面的工作。改革开放以来，中国民族学研究人员根据新时期的发展要求，开展了多种类型的田野调查，取得了丰硕的成果。

1. 全国性调查

改革开放以来，国内民族学界围绕民族地区稳定和发展的时代主题，根据有关部门的要求，多次组织全国性民族学调查。

（1）撰写五种丛书的补充调查。改革开放伊始，"民族问题五种丛书"就被列入全国民族研究规划。在20世纪五六十年代的调查研究的基础上，有关部门根据丛书编委会的要求进行了补充调查，尤其对资料缺乏或未曾调查过的民族做了大量调查工作。例如，1976年、1980年，经过对西藏地区珞巴族、门巴族的考察，李坚尚、刘芳贤撰写了《珞巴族简史》，张江华、吴从众、陈乃文等撰写了《门巴族简史》。此外，还完成了《珞巴族社会历史调查》、《门巴族社会历史调查》、《珞巴族的社会历史与文化》、《门巴族封建农奴制社会》、《僜人社会历史调查》、《西藏察隅僜人的社会与文化》、《西藏门巴族》，拍摄了一些影视资料。1979年上半年，胡起望等人调查了湖南省4个地区10余个县，撰写、修改《瑶族简史》；1980年1—2月，姚舜成、张有隽等人调查广东瑶族。1983年6—11月，何星亮调查新疆阿勒泰地区，撰写了《哈萨克族简史》。

（2）中国边疆民族地区稳定和发展的主要问题调查。1991—1993年，国家民族事务委员会中国民族问题研究中心和中国社会科学院民族研究所联合主持"中国边疆民族地区稳定和发展的主要问题及对策调查"课题研究，该课题分为内蒙古、新疆、西藏、云南、广西、辽宁、吉林、黑龙江8个分课题组。经过一年多的调查，各分课题组就民族关系、民族宗教、民族经济、社会治安、国外分裂势力对边疆地区的影响等问题作了深入调研，撰写了研究报告。最后由综合组进行整理，撰写综合研究报告，供中央和国务院有关部门领导参考。

（3）中国少数民族地区现状与发展调查。为全面了解中国少数民族地区的发展、变化情况及存在问题，正确认识中国的国情和族情，1993年，中国社会科学院实施"中国少数民族现状和发展调查"项目，由民族研究所主持完成，1997年，该课题被列为国家重大科研项目。该项目选择蒙古、朝鲜、维吾尔、哈萨克、回、彝、藏、苗、壮、满、拉祜、佤、畲、黎14个民族为调查对象，每个民族为一个调查组。以县旗为调查单位，调查分县乡村（寨）三个层次，按政治、经济、社会和文化等方面进行全面系统的调查。调查组成员深入村寨，与农牧民同吃同住，收集了大量的第一手资料。调查研究成果分两部分：一是编辑出版了"中国少数民族现状与发展系列丛书"（民族出版社），每个调查点一卷，内容包括综合篇、典型篇、专题篇三部分；二是编印"中国少数民族现代化建设研究报告"，作为中央和国务院有关部门作为决策和调整政策的依据。

（4）人口较少民族的社会经济调查。2000年，国家民族事委员会主持对10万人以下的22个人口较少民族进行社会经济调查与研究，有关调查报告受到中央的重视，拨出专款20多亿元支持小民族的发展。

（5）中国民族村寨调查。云南大学组织人员在全国范围进行了大规模的少数民族村寨调查，历经数年，到2004年已有27部调查报告陆续出版。

（6）自2006年起，中国社会科学院开始组织国情调研工作。当年，全院共有67个项目立项，其中国情调研重大项目17项，国情考察项目6项，研究所国情调研项目44项，共有1862人次参加了国情调研工作，分233个调研小组，深入全国28个省、市、自治区的499个市县调研，完成各类调研报告186份，共592.7万字。该项目的许多课题涉及民族地区国情调研。目前，国情调研项目仍在进行。

2. 区域性的调查

改革开放后，区域性民族调查也在陆续进行，涉及全国各民族地区的社会、经济、文化、宗教各个方面，规模较大，范围较广。

（1）"六江流域"调查。① 1982年开始，中国西南民族学会对六江流域进行了三次综合考察。第一次是1982年5月对雅砻江下游的民族考察，重点是凉山彝族自治州及渡口市境内的8个县，内容包括经济、文化、历史、语言、文物、宗教、人口、体质、血型等，撰写了《雅砻江下游民族综合科学考察报告》。第二次是1982年5—9月对怒江中游民族的综合考察，重点是云南贡山县独龙江沿岸和西藏自治区察隅县境内的各族情况，编印了《独龙族社会历史综合考察报告》和《滇藏高原考察报告》等。第三次是1984年夏天对雅砻江上游地区民族的综合考察，考察范围为雅砻江石渠至九龙段的几个县，编辑了《雅砻江上游考察报告》。②

---

① "六江流域"是指川、藏、滇边境横断山脉区的岷江、大渡河、雅砻江、金沙江、澜沧江和怒江六条大江及其主要支流分布地区，又称藏缅语族走廊。

② 何耀华：《中国西南民族研究学会九年工作回顾》，《民族研究动态》1990年第1期；周锡银：《开拓、求实，成绩卓著的十五年——中国西南民族学会学术活动述略》，《民族研究动态》1995年第4期。

(2)"六山六水"调查。① 1983年以后，贵州民族研究人员坚持对六山六水地区少数民族进行调查。1983年3—5月，贵州省民族研究所组织了"月亮山区域民族综合考察队"，考察原生态保存较完整的月亮山区域，完成调查报告31篇，汇编成《月亮山区域民族调查》。之后，每年组织一次考察，调查资料汇编成册，从第二期开始，改称为《贵州民族调查》，从未间断，已出版《贵州民族调查》20多集，《民族志资料汇编》10多集，2007年，第二十三期调查工作"都柳江流域民族乡土知识调查"已经全面结束，调查报告已经结集出版。

(3)"五沿"调查。② 1995年起，西南地区实施"五沿"地区的民族经济与社会发展的调查与研究，如贵州草海周边民族经济发展与生态环境保护、云南泸沽湖等湖泊周边民族经济与生态环境保护。此外，1997—1999年，翁乃群主持"南昆铁路建设及其沿线社会文化变迁"调查，调查人员深入沿线村寨收集资料，撰写了《南昆八村：南昆铁路建设与沿线村落的社会文化变迁》（民族出版社2001年版）。

(4)西藏地区调查。1987—1990年，中国社会科学院民族研究所和中国藏学研究中心、西藏社会科学院联合开展"西藏封建农奴制社会形态"课题调研，撰写了《西藏农奴制社会形态》（中国藏学出版社1996年版）、《西藏山南基巧和乃东琼结社会历史调查资料》（中国藏学出版社1992年版）、《西藏的商业与手工业调查研究》（中国藏学出版社2000年版）等书。1991年，西藏人权问题被列入中国社会科学院重点研究课题。1992年、1993年，民族研究所部分人员到西藏进行社会调查和考察，撰写《西藏人权研究》（中国藏学出版社1999年版），编辑《西藏人权研究文件汇编》等。

(5)云南四川地区调查。20世纪70—90年代，云南省社会科学院也多次组织民族学调查，1977年、1979年，杜玉亭等人到基诺族地区调查，认为基诺族是一个单一民族，研究报告受到国家民族事务会和国务院的重视，确认基诺族为中国第55个少数民族。20世纪80年代中期，该院民族学研究所承担全国社会科学重点研究课题"云南少数民族前资本主义社会

---

① "六山"是指贵州省境内的乌蒙山、雷公山、月亮山、大小麻山、武陵山；"六水"，即贵州境内的乌江、都柳江、清水江、南盘江、北盘江、舞阳河。

② "五沿"即沿山、沿江、沿道、边境沿线、沿湖等地区。

诸形态与社会主义现代化研究",进行了相关调查;1988 年,又承担国家社会科学基金课题"我国社会主义初级阶段民族问题特点和发展规律",撰写了《论当代中国民族问题》(民族出版社 1994 年版)。90 年代初期,云南民族学会承担该省重点项目"云南民族传统文化变迁研究",先后到该省各民族地区调查。

80 年代以来,四川省民族学界重点开展了土家族、苗族和和羌族的识别调查。李绍明等主持"川东南土家族苗族社会历史经济调查"课题,于 1987—1989 年三次赴川东南调查。四川省民族研究所组织有关人员对北川、茂县等地的羌族进行识别调查;对川西南的"西番"、阿坝、绵阳地区的"白马藏族"、盐源、盐边一带的"纳日"等作了识别调查,成果有《四川"西番"识别调查小结》、《白马藏人放属问题讨论集》、《川东南部分群众要求更正民族成分和实行民族区域自治的调查》、《川滇边境纳日人的族别问题》。

80 年代,中国社会科学院民族研究所也多次派出科研人员对云南、四川民族地区进行民族学调查。王承权等补充调查云南、四川纳西族;严汝娴与宋兆麟补充调查泸沽湖地区纳西族;詹承绪等调查云南怒江地区白族勒墨人和那马;曹成章等调查西双版纳地区傣族;胡庆钧调查四川凉山彝族;罗之基调查云南西盟、澜沧的佤族;潘蛟、何星亮等调查云南潞西、瑞丽等地德昂族、傣族、景颇族;萧家成等调查云南梁河、陇川、德宏阿昌族和景颇族;詹承绪调查大理白族,撰写《大理白族的婚俗和族规村约》;罗之基调查澜沧县雪林区佤族,撰写《云南省澜沧县雪林区佤族社会经济调查报告》;李近春调查了云南维西县纳西族,撰写《塔城乡纳西族玛莎人的风俗习惯》、《永春乡白帕村纳西族的风俗习惯》和《攀天阁乡纳西族的婚姻和丧葬习俗》等调查报告。

(6) 中东南地区调查。广东省民族研究所练铭志等承担"排瑶历史文化"课题,多次到连南瑶族自治县调查。中山大学人类学系师生多次到广东民族地区调查;近年来的田野报告如周大鸣《渴望生存:农民工流动的人类学考察》(中山大学出版社 2005 年版)。

1985—1986 年,广西民族研究所进行"左江流域崖壁画考察与研究"课题,编写了《广西左江流域崖壁画考察报告》,此后出版《广西左江流域崖壁画考察与研究》。1985 年,广西民族学界开展了对红水河上游南盘江流域的民族学考察,整理出版了《广西西林县民族社会历史调查》、《广西田林县民族社会历史调查》、《南盘江天生桥水电站水库淹没区广西境内民族情况调查》。1994年，覃乃昌调查广西武鸣县的社区，撰写报告《广西武鸣县清江、全苏村社会文化的变迁》（《广西民族研究》1994年第1期），黄贵权等调查广南县壮族布央人，撰写《广南县壮族布央人社会历史和语言调查》（《民族学》1994年第1—2期）。1991年，广西民族研究所等有关单位的科研人员调查广西及云南地区壮族居住区。此外，中央民族学院的胡起望等人在1981—1982年间三次考察广西金秀大瑶山，撰写《盘村瑶族——从游耕到定居的研究》（民族出版社1983年版）。

1984年，厦门大学陈国强等人调查漳浦等地的畲族、回族、高山族。[①]陈国强承担"台湾原住民的姓名"课题，到台湾地区实地调查。另外，李明欢《福建侨乡调查：侨乡认同、侨乡网络与侨乡文化》（厦门大学出版社2005年版）对三个侨乡进行了个案调查。

中南民族大学研究人员曾对湖北、湖南和浙江等地进行了较多的民族学调查。90年代以来，湖北民族学院开展了"清江流域土家族文化"、"七里坪年俗文化"、"鄂西傩文化"、"湘西龙山苗儿滩年俗文化"等调查研究工作。此外，中国社会科学院民族研究所王承权等人调查浙江、海南等地的畲族和苗族，撰写《小泉畲族的文化习俗》、《樟树岭畲族的文化习俗》、《海南省苗族的习俗与文化》等。

（7）内蒙古、东北地区调查。20世纪80—90年代，富育光多次调查民族地区的萨满教，撰写多部专著；关小云等人调查鄂伦春族萨满教，撰写《鄂伦春族萨满教调查》（辽宁人民出版社1988年版）一书；中国社会科学院民族研究所满都尔图多次调查内蒙古达斡尔地区，吕光天调查内蒙古东部鄂温克、达斡尔地区，白翠英等人调查科尔沁地区萨满教，孟慧英多次调查东北地区满族萨满教，色音多次调查内蒙古东部地区萨满教及蒙汉文化交流、蒙汉关系等问题，周庆智多次调查赤峰地区，吴凤玲调查辽宁岫岩满族自治县满族的象征文化。

（8）西北地区调查。70年代中期以后，新疆民族学界进行了许多调查，内容涉及社会历史、经济生产、群众生活、民族关系、计划生育、脱贫问题、宗教信仰、文化教育等方面，拍摄了一批照片和音像资料，撰写了不少著作。80—90年代，中国社会科学院民族研究所科研人员多次到新疆调查，

---

① 范可：《厦门大学在福建进行民族调查》，《民族研究动态》1984年第4期。

马大正、蔡家艺等组成"新疆蒙古族社会历史考察队",调查新疆蒙古族地区;满都尔图、夏之乾先后调查新疆锡伯族和哈萨克族的萨满教和文化习俗,撰写报告《金泉村锡伯萨满教及文化习俗调查》、《哈萨克族萨满教调查》;何星亮调查伊犁地区新源县哈萨克族牧区、阿勒泰地区哈萨克族和操图瓦语的蒙古族,撰写《关于阿勒泰地区民族学调查报告》、《解放前阿尔泰哈萨克社会历史调查报告》、《金山脚下的乌梁海人》等十余篇调查报告;满都尔图等人调查维吾尔、哈萨克和柯尔克孜族的萨满教,撰写《维吾尔、哈萨克、柯尔克孜族萨满教调查》。

80年代后,甘肃省民族研究所多次组织大型民族调查,撰写《甘肃少数民族》;2000年,部分研究人员深入东乡县调查,撰写《东乡族经济社会发展研究》;2001年,部分研究人员调查积石山保安族,撰写《保安族经济社会发展研究》。80—90年代,中国社会科学院民族研究所研究人员多次调查裕固族宗教和文化习俗,2000年,何星亮组织研究生调查裕固族帐房戴头婚,撰写《裕固族帐房戴头婚研究》。青海省社会科学院民族宗教研究所研究人员在许多领域开展了大量社会调查,参加1996年全省宗教大调研、1999年宗教负担调查、民族工作大调研和环湖藏传佛教现状调查等。

3. 民族志

民族志是关于民族历史、社会和文化的专书,主要以民族学调查资料、历史文献和考古学资料相结合撰写。改革开放初期,民族学界参加了55个民族简史丛书的调查、整理、撰写和编辑出版工作,在此之后,民族学研究者还撰写了众多的民族文化志,其中综合性的如《民族知识丛书》、《民俗文库》、《中华文化通志·民族文化典》、《中国民族文化大观》等。

20世纪80—90年代,民族出版社组织编撰《民族知识丛书》,以通俗易懂的文字介绍各民族的文化,每个民族一本,撰写人员多数曾参加简史丛书的编纂。中央民族大学出版社组织编撰的《民俗文库》是以文化志形式编写的,文字生动活泼,便于普通读者了解民族文化。中华炎黄文化研究会组织编撰的《中华文化通志》以文化志的形式对每个民族单独编撰,若干民族合为一卷,共分10典100本,民族文化集中于一典,称为《民族文化典》(上海人民出版社1998年版),共有10本。《中国民族文化大观》编纂开始于1991年,由国家民族事务委员会和各省区民族事务委员会组织实施,体例与文化志相似，分民族编写，已经出版的如《云南民族文化大观丛书》（云南民族出版社），包括《纳西族文化大观》、《阿昌族文化大观》、《白族文化大观》、《彝族文化大观》、《德昂族文化大观》等。另外，各地区还组织编写了各种形式的民族史志或民族文化志，如云南民族出版社组织编写的《云南少数民族文化史丛书》。

80年代以来，学术界还出版了大量的专题性文化志丛书，如杨学政主编的《云南宗教文化研究丛书》，杨政业的《白族本主文化》（云南人民出版社1994年版），关祥祖主编《中国少数民族医药丛书》，彭延辉著《土家族医药学》（云南民族出版社1994年版），田兴秀的《苗族医药学》（云南民族出版社1995年版），李远龙的《认同与互动：防城港的族群关系》（广西民族出版社1999年版），吴和培等的《族群岛：朗平高山汉探秘》（广西民族出版社1999年版）等也是民族类著作。

四　应用研究
1. 民族现状与社会变迁

民族现状研究是对现代化过中出现的新情况、新问题进行民族学考察，提出对策性意见和建议，这是民族学的传统课题。80年代以来，学术界较为全面地研究了民族地区的社会、政治、经济、文化等各方面，就经济发展、资源开发、文化生态、民族地区脱贫贫富和文化变迁等问题积极发表看法，并提出了不少建议对策。

（1）民族地区经济发展研究。这方面的题体如中国社会科学院民族研究所组织的"中国少数民族现状与发展调查"和国家民委等单位主持的"22个人口较少民族社会经济调查"，贵州民族学界组织的"麻山民族地区贫困调查"；贵州民族研究所和贵州民族研究学会组织的全省民族地区脱贫情况调查，撰写《贵州民族地区脱贫致富之路》、《黔西南布依族苗族自治州脱贫致富之路》等调研报告。其他的还如云南学术界在商品经济研究方面的研究，如郭大烈主编的《惊险的跳跃——云南民族地区商品经济》（云南大学出版社1991年版）、郭家骥等的《商品基地建设与边疆民族山区生产力跨越式发展》（云南人民出版社1994年版）等；四川省民族研究所注重现代化问题和可持续发展研究，成果有《川西北国土综合开发规划研究》、《四川省民族自治地方发展研究》、《凉山——大西南开发的制高点》、《川甘滇藏区反贫困综合效益研究》、《长江上游民族地区生态经济研究》、《西部生态经济建设》、

《西部大开发与四川民族地区生态经济建设》等。[①] 如前所述,新疆、甘肃民族研究所组织多次调查,撰写了一批研究报告和专著;宁夏学者余振贵等著《中国西北地区开发与向西开放》(宁夏人民出版社 1992 年版)。另外,马戎等著《中国民族社区发展研究》(北京大学出版社 2001 年版)、《民族与社会发展》(民族出版社 2001 年版)等。

(2) 民族文化与现代化研究。课题如陈永龄主持的"中国少数民族传统文化与现代化的冲突与协调发展研究"研究项目;宋蜀华主持"民族学与现代化"课题,主编出版了《民族学与现代化》(中央民族大学出版社 1994 年版);中国社会科学院重大项目"藏彝走廊族群认同及其社会文化背景的人类学研究"。其他的还如 80 年代中期云南社会科学院民族学研究所承担的"云南少数民族前资本主义社会诸形态与社会主义现代化研究"课题,探讨了传统文化与现代化的关系,出版了《云南多民族特色的社会主义现代化研究》(云南人民出版社 1986 年版)、《传统与发展》(中国社会科学出版社 1990 年版);广西民族学界曾组织研究人员多次到民族地区、边远地区进行深入的调查,出版了《壮族传统文化与现代化》、《南方山居少数民族现代化探索》、《红水河开发与民族问题》、《挑战与机遇——民族地区对外开放的理论与实践》、《走向新的繁荣——广西西南与港澳台经贸关系展望》等著作。另外,郑晓云主持了"云南少数民族传统文化与现代化"项目,纳麒著有《传统与现代的整合》(云南大学出版社 2001 年版)等等。

(3) 文化变迁研究。学术界还从民族学和人类学的角度研究文化变迁问题。郭大烈的《云南民族传统文化变迁研究》(云南大学出版社 1997 年版)探讨了云南少数民族传统文化特征与新中国成立后 40 多年来的变迁历程,涉及民族地区生态环境和经济生产方式、宗教文化、生活方式变迁。高丙中主编的《现代化与民族生活方式的变迁》(天津人民出版社 1997 年版)从理论层面探讨了民族现代化与生活方式的转型,并从个案层面分析调查研究了许多民族生活方式的变迁。陈庆德的《资源配置与制度变迁》(云南大学出版社 2001 年版)从经济学的角度探讨民族地区的经济制度的变迁。孙秋云的《社区历史与乡政村治》(民族出版社 2001 年版)

[①] 袁晓文、李锦:《四川省民族研究所的历史回顾和科研工作》,载《中国民族年鉴·2001》,民族出版社 2001 年版。

从人类学的角度探讨乡村政治的变迁。这方面的其他论著还有郑晓云的《文化认同与文化变迁》（中国社会科学出版社1992年版），瞿明安的《中国民族的生活方式》（中国社会科学出版社1992年版）及他与王玉波的《超越传统——生活方式转型取向》（京华出版社1997年版），颜恩泉的《云南苗族传统文化的变迁》（云南人民出版社1993年版），柏贵喜的《转型与发展——当代土家族社会文化变迁研究》（民族出版社2001年版），闫天灵的《汉族移民与近代内蒙古社会变迁研究》（民族出版社2004年版）。

（4）人口流动和移民研究。在城市化过程中，劳动力流迁、移民群体等经济发展和社会问题受到人类学家的关注，著作如张继焦的《城市的适应——迁移者的就业与创业》（商务印书馆2004年版）。近年来，这方面的论文较多，周竞红的《少数民族流动人口与城市民族工作》（《民族研究》2001年第4期）在研究少数民族流动人口构成和城市中少数民族流动人口不断增长趋势的基础上，提出城市民族工作在内容、范围、方式方面均应做出适应性调整。孟琳琳等的《生态移民研究综述》（《中央民族大学学报》2004年第6期）就生态移民的定义、必要性、可行性和有效性以及方式和存在问题作了比较全面的讨论。陈晓毅等的《粤北山区瑶族移民的文化适应》（《民族研究》2006年第4期）利用人类学田野调查资料，从物质、精神两个层面描述了粤北山区瑶族移民在生计模式、生活方式、思想观念和宗教信仰等方面的适应状况。刘伦文的《劳动力流迁与土家族农村社会发展》（《湖北民族学院学报》2006年第1期）从人类学的角度分析了土家族母语区农村劳动力大量流迁的动因及其对民族地区农村社会发展所带来的影响。其他论文如靳薇的《生活在城市的边缘——流动农民的生存状态》（《广西民族学院学报》2001年第5期），张继焦的《差序格局：从"乡村版"到"城市版"——以迁移者的城市就业为例》（《民族研究》2004年第6期），陈晓毅的《城市外来少数民族文化适应的三层面分析模式》（《贵州民族研究》2005年第5期），张继焦的《城市中少数民族的民族文化与迁移就业》（《广西民族研究》2005年第1期）等。

此外，老年、妇女、库区移民、公共卫生、乡村都市化等问题也引起了人类学界的关注，发表了许多论文，如景军、庄孔韶等人参与的艾滋病研究，翁乃群的《艾滋病传播的社会文化动力》（《社会学研究》2003年第5期），马丽的《跨省婚姻与粤北农村文化变迁调查研究》（《广西民族研究》

2004年第3期),谢松《法人类学视野下乡村都市化进程中的土地问题》(《西南民族大学学报》2006年第12期)。

2. 文化生态与遗产保护

随着民族地区现代化的逐步深入和经济全球化的冲击,民族地区文化生存与地区发展之间的矛盾逐渐凸显,文化生态与遗产保护逐渐成为学术界讨论的热门课题。

尹绍亭主编的《民族文化生态村——云南试点报告》(云南民族出版社2002年版)系统介绍了建设云南民族文化生态村的有关情况。古川久雄等的《民族生态——从金沙江到红河》(云南教育出版社2003年版)中的有关论文分析了云南少数民族传统的生态保护观和生态环境的变迁。在2003年"民族文化与全球化"学术研讨会上,尹绍亭的《再论"民族文化生态村"》根据对五个民族文化生态示范村建设试点的总结,探讨了全球化背景下的民族文化发展与变迁。这方面著述还如王清华的《哈尼族生态农业与梯田文化》(云南大学出版社1998年版),杨廷硕的《生态维护之文化剖析》、《用好水土资源需要发扬和借鉴个民族传统文化》(《贵州民族研究》2003年第1—2期)。

1995年起,人类学者主持的长江三峡文化遗产保护与研究小组进入三峡淹没区开始田野工作,以民族文物保护工作为出发点,扩大了以人类学为主的多学科调查,庄孔韶的《长江三峡民族民俗文物保护及其实践》(《中央民族大学学报》1999年第5期)就大型工程中文化问题提出了讨论。人类学家也置身西部大开发之中,纷纷对西部少数民族地区的文化遗产在西部大开发中面临的保护与发展问题阐述了自己的观点。周泓的《西部大开发中的民族文化重组和民族认同意识》(《民族研究》2000年第5期),韩小兵的《西部大开发中的贵州法制建设》(《民族研究》2001年第6期),王文学等的《甘肃民族地区大开发的总体思路和战略设计》(《民族研究》2001年第2期),贾应生的《西部大开发与民族文化多样化》(《西北民族研究》2003年第2期),吴钦敏的《试论西部大开发中民族文化的价值》(《贵州民族研究》2001年第4期),色音的《应用人类学视野中的文化遗产保护》(《中国都市人类学通讯》2002年第4期)认为,文化遗产的保护权和发展权是两种不同的权利,对于被保护的民族来讲,他们既有保护自己文化遗产的权利,也有发展的权利,保护和发展都应在尊重自主权和意愿的前提下实施,不能采取行政命令的方式来制定强制措施。

这方面的论著还如冯骥才的《守望民间：中国民间文化遗产抢救工程》（西苑出版社 2002 年版），王文章等的《人类口头和非物质文化遗产丛书》（浙江人民出版社 2005 年版），史继忠等的《论云贵高原山地民族文化的保护与发展》（《中央民族大学学报》2005 年第 1 期），石奕龙的《浅谈民族传统文化保护的若干问题》（《中央民族大学学报》2005 年第 1 期）等。

第四章

民族史学蓬勃发展的 30 年

华祖根

中国民族史的研究有着悠久的历史和优良的传统,但民族史研究成为一门独立的学科(即民族史学),则是新中国成立后的事。在改革开放以来的 30 年中,民族史学更是取得了长足的发展。

第一节 新中国民族史研究的回顾

新中国成立后近 60 年的中国民族史研究,并不是一帆风顺的,大致经过了如下两个发展阶段。

第一阶段是 1949 年到 1966 年。中华人民共和国成立后,随着全国民族工作的开展,大规模的民族研究也被提上了日程。20 世纪 50 年代中期,广大民族地区的民主改革和社会主义改造蓬勃开展,少数民族的社会面貌发生了急剧的变化。针对这种状况,根据中共中央和毛泽东主席的指示,在全国人大民委的领导下,迅速开展了大规模的少数民族社会历史调查。这次调查组织了上千人的队伍,从 1956 年起,历时 8 年,至 1964 年才基本结束。通过调查,共搜集了几千万字的资料(包括历史文献和档案资料),还摄制了十几部保留着三种社会形态的民族科学纪录影片。在普遍开展社会历史调查的基础上,对各民族的历史进行分民族的系统研究,为每个少数民族编写了一本简史。

随着民族调查研究工作的开展,民族研究机构和组织也逐步建立起来。1958 年 6 月 23 日,中国科学院民族研究所经过一年多的筹备后正式成立,研究所从一开始就设有民族历史研究室。研究所成立后,人大民委便将 1956 年开始的我国少数民族社会历史调查工作的日常业务领导移交给研究所。

1961年，中央民委又依照国务院的指示，成立了民族历史工作指导委员会，工作任务是：制订研究民族历史工作的方针规划；组织力量调查搜集整理民族历史资料、进行研究和编译工作，并总结工作中的经验；讨论民族历史研究中的重要问题；制订培养民族历史研究工作干部规划。民族历史研究工作指导委员会主任为刘春（原中央民委副主任），副主任为翦伯赞、翁独健，委员有白寿彝、向达、吕振羽、吴晗、范文澜、侯外庐等20余人。与此同时，民族地区各省（区）也陆续建立了专门的民族研究机构。在这些机构中，一般都设有民族史的研究部门。此外，从中央民族学院到地区民族学院，大都设有历史系或研究民族史的所和室。

在社会历史调查和编写少数民族简史的过程中，民族历史工作指导委员会、中国科学院民族研究所和各地方研究机构等开展了一系列的民族史学术讨论会。讨论的主要问题有：关于各民族族源问题，关于汉民族形成问题，关于历史上民族关系问题，关于民族战争问题，关于少数民族社会性质问题，关于历史上的民族融合与民族同化问题，关于民族历史人物和历史事件的评价问题等。这些问题的讨论，引起了史学界的关注。著名历史学家如翦伯赞、吕振羽、范文澜等就上述问题都发表了重要的文章，对促进中国民族史的研究，起到了积极的指导和推进作用。

从1966年到1976年，这十年是"文化大革命"动乱时期，由于"四人帮"的摧残，中国民族史的研究无法开展，处于停顿时期。

第二阶段是1976年至今。1976年10月"四人帮"的垮台，特别是1978年党的十一届三中全会的召开，迎来了科学的春天，中国民族史研究得以复苏并逐步走向繁荣。

一　思想上的拨乱反正

1978年召开的党的十一届三中全会是党的历史上具有深远意义的一次会议。这次会议纠正了多年来"左"的错误，从此开始了以经济建设为中心的社会主义现代化建设的新时期。十一届三中全会以前，以"阶级斗争为纲"的"左"的错误思想对党和国家的各项事业造成了严重的危害。民族工作和民族研究事业也在"民族问题的实质是阶级问题"的错误判断下受到严重破坏。十一届三中全会从理论上否定了社会主义时期民族问题的实质是阶级问题的错误观点。1980年7月15日，《人民日报》发表了特约评论员文章《评所谓"民族问题的实质是阶级问题"》，指出不分时间、地点、条件，"把民族问题和阶级问题混为一谈",是"林彪、'四人帮'一伙在民族地区推行极'左'路线,实行封建法西斯专政的理论基础"。这篇文章的发表,标志着在民族学界挣脱了错误思想禁锢的束缚,恢复了实事求是的思想路线。

民族史学与历史科学息息相关,是历史科学的一个分支。在"文革"十年动乱时期,由于林彪、"四人帮"制造和兜售"影射史学",为他们篡党夺权服务,史学研究被搞得面目全非,教条主义、形而上学的唯心史观泛滥成灾。1976年"四人帮"的垮台,特别是党的十一届三中全会后,中国历史学(包括民族史学)又步入了科学发展的轨道。经过1978年真理标准问题大讨论,思想获得了大解放,"实事求是"的原则深入人心,民族史学界也挣脱了"左"的锁链,以极大的热情投入到史学领域的拨乱反正。三中全会前,民族史的许多领域被视为"禁区",如人们对少数民族历史人物和历史事件的评价就存在许多误区,往往是将经典作家的某些论断,当作现成的结论套在历代人物的头上,给历史人物定阶级成分,代替"阶级分析",唯成分论史观猖獗。三中全会以后,经过重新学习马克思主义的唯物辩证史观,逐步克服简单化、绝对化的形而上学的思想和方法,对少数民族历史人物和事件的评价趋于客观公正。

二 研究机构和队伍的发展壮大

十一届三中全会后,在民族研究机构的恢复和建立方面,取得了很大的进展。除中国社会科学院民族研究所、中国边疆史地研究中心、中国藏学研究中心,各地恢复和建立的民族研究机构,据不完全的统计有:内蒙古社会科学院历史研究所和民族研究所、内蒙古大学蒙古史研究所和内蒙古近现代史研究所、内蒙古师范大学蒙古史研究所,辽宁省民族研究所,吉林省民族研究所,黑龙江民族研究所,新疆社会科学院历史研究所和民族研究所,甘肃省民族研究所,青海省社会科学学历史研究所、藏学研究所和民族宗教研究所,宁夏社会科学院回族伊斯兰教研究所,西藏社会科学院民族研究所,云南省社会科学院历史研究所,贵州省民族研究所,四川省民族研究所,广西民族研究所,广东民族研究所,湖南民族研究所等。这些机构都有有关民族史的研究业务。全国13所民族院校和民族地区的一些其他院校也都设有民族史研究部门。

随着机构设置的扩大,研究队伍也不断壮大。据不完全的统计,全国从事民族史研究的研究人员达上千人,其中既有学有专长的老一辈专家,更有一大批获得硕士、博士学位的年轻学者。

三 学术活动和国际学术交流的广泛开展

十一届三中全会后，群众性的学术团体如雨后春笋般地发展起来。有关民族史的学术团体，全国性的有：中国民族史学会、中国蒙古史学会、百越民族史学会、中国古代铜鼓学会、中国西南民族研究会和中国辽金及契丹女真史学会。这些学会或协会均经常召开各种学术讨论会，交流学术研究情况。

中国民族史学会于1983年4月在厦门成立。从成立至今已召开了11次大型学术讨论会。如1985年10月在厦门召开的首届学术讨论会，与会者着重讨论了魏晋南北朝时期、宋辽金时期、清时期的民族关系，以及中国民族史中有关爱国主义等问题。1996年8月在银川召开的第六次学术讨论会，与会者就中国民族史学研究的回顾和展望、民族史研究与爱国主义、少数民族对中华民族优秀传统文化形成发展的贡献、西北少数民族历史文化研究对西部地区经济发展作用等问题进行了讨论。2002年8月在乌鲁木齐市召开的第九次学术讨论会，与会者着重讨论了中国历代边政问题。2005年10月在重庆召开的第十次学术讨论会，与会者围绕中华民族的形成和发展问题展开了讨论。

中国蒙古史学会于1979年8月在呼和浩特成立。从成立至今已召开了十多次大型学术讨论会。如1980年7月在海拉尔召开的第二次学术讨论会，与会者讨论了蒙古社会性质、蒙古史的分期和蒙古历史人物评价等问题。1981年9月在乌鲁木齐召开的第三次学术讨论会，与会者讨论了板升、投下制度、蒙古族族源、元朝兵制、探马赤军、厄鲁特蒙古历史等问题。1983年9月在昆明召开的第四次学术讨论会，与会者讨论了国内民族战争中人物的评价、边疆民族与中原王朝的关系、忽必烈实行"汉法"以及蒙古法制史等问题。1984年10月在青岛召开的第五次学术讨论会，与会者就关于阴山岩画与蒙古学的关系、关于《蒙古秘史》的研究、关于元、明、清时期蒙古社会经济、关于厄鲁特蒙古史的研究等方面展开了讨论。1993年7月在呼和浩特召开的第八次学术讨论会，与会者就成吉思汗生年、达延汗以前的蒙古高原局势、近代蒙古民族解放运动、清初蒙古文史料等问题进行了讨论。

百越民族史研究会于1980年6月在厦门成立。从成立至今已召开了十三次大型学术讨论会。如 1980 年 6 月在厦门召开的第一次学术讨论会，与会者围绕着百越民族的名称、来源、地理分布、文化特征、同中原民族以及现代南方少数民族的关系等问题展开了讨论。1981 年 11 月在桂林召开的第二次学术讨论会，与会者就百越与百濮的关系、百越各支系的社会性质、百越与其他民族的关系、百越的文化特征等问题展开了讨论。1982 年 10 月在武昌召开了第三次学术讨论会，与会者着重讨论了百越民族的源流问题。1984 年 12 月在通什召开的第四次学术讨论会，与会者着重讨论了百越民族的经济形态和社会性质，以及黎族族源问题。1996 年 10 月在长沙召开的第九次学术讨论会，与会者就百越民族与荆楚民族的关系、百越文化与海洋文化的关系等问题展开了讨论。2002 年 6 月在浙江绍兴召开的越国文化国际学术讨论会，与会者对越国王室和早期都城、吴越国王陵、越国名仕计然和范蠡、越国的兴衰、吴越冶炼业民俗、越文化的海外影响等问题进行了讨论。2007 年 12 月在桂林召开的第十三次学术讨论会，与会者对百越民族及其支系的文化、与周边民族的文化关系和与当代华南民族的文化关系等问题，进行了深入的探讨。

中国古代铜鼓研究会于 1980 年 3 月在南宁成立。铜鼓是我国南方古代少数民族地区及其邻近的东南亚地区各民族使用的一种具有代表性的历史文物。中国古代铜鼓研究会是以团结从事古代铜鼓及其相关青铜文化研究的学者，以深入开展古代铜鼓研究为宗旨的群众性学术团体。从成立至今已召开了多次大型学术讨论会。如 1980 年 3 月 28 日至 4 月 3 日在南宁召开的第一次学术讨论会，与会者就铜鼓的起源、类型、分布、年代、族属和作用等问题展开了讨论。1983 年 12 月 27 日至 1984 年 1 月 2 日在昆明召开的第二次学术讨论会，与会者对古代铜鼓的起源、类型、族属、纹饰、合金成分、铸造技术、音乐及铜鼓与东南亚文化和中原文化的关系等问题。1988 年 10 月 11 日至 17 日在昆明召开的第三次学术讨论会，讨论的内容除了古代铜鼓本身之外，还有中国南方和东南亚地区青铜文化及有关民族史诸问题。1991 年 10 月由中国古代铜鼓研究会主办的中国南方及东南亚地区古代铜鼓和青铜文化第二次国际学术讨论会在南宁召开。与会者着重讨论了古代铜鼓、中国南方及东南亚地区青铜文化的特点、中国南方及东南亚青铜时代的民族集团和社会组织等问题。

中国西南民族研究学会于 1981 年 11 月在昆明正式成立。它是一个以研究我国西南地区，包括四川、西藏、云南、贵州和广西五省（区）少数民族为研究对象的全国性的群众学术团体。从成立至今已召开了十三次大型学术讨会会。每次讨论会，大多有有关民族史研究的内容。如1983年7月在拉萨召开的藏族学术讨论会，在民族史方面，与会者讨论了藏族族源、西藏与祖国的历史关系、不同历史时期西藏地区的社会性质、藏族历史人物评价等问题。1985年8月在西昌召开的彝族学术讨论会，在民族史方面，与会者讨论了彝族的形成、彝濮关系、历史上凉山地区政权的民族性质、古罗甸国的历史、南诏王室的族属等问题。1987年9月在贵阳召开的苗、瑶学术讨论会，在民族史方面，与会者讨论了苗瑶的族源、历史上的民族关系等问题。

中国辽金暨契丹女真史研究会于1982年6月在沈阳成立后，先后召开了多次大型学术讨论会。如在成立大会暨第一次学术讨论会上，与会者讨论了辽金两朝在祖国历史上的重要地位和辽金史研究中涉及的民族关系、爱国主义与民族英雄等问题。1983年11月在北京召开的第二次学术讨论会，与会者讨论了辽金及契丹女真在我国历史上的地位，契丹女真建国前的社会性质及建国后的政治改革，宋、辽、金、西夏的民族关系等问题。1985年8月在吉林市召开的第三次年会，与会者着重讨论了辽金文化的来源、特点和辽金时期的民族关系等问题。1987年8月在内蒙古赤峰召开的第四次学术讨论会，与会者就辽代的官制和礼仪、金代的政治制度、辽代的文化、金代女真族的社会性质等问题展开了讨论。2003年根据民政部的有关精神，原中国辽金暨契丹女真史研究会申请加入中国民族史学会，成为中国民族史学会的一个分会。中国民族史学会辽金暨契丹女真史分会的成立，进一步加强了中国辽金史、契丹女真史研究与中国民族史其他研究领域的交流与合作。

除了上述学会或研究会召开的历届学术讨论会外，还有各研究机构、高等院校、职能部门等单独或联合主持召开的各种专题学术讨论会，都对民族史上的有关问题进行过讨论。如全国回族史讨论会，从1983年到1998年，共召开过十一次，并在昆明第十一次讨论会期间，成立了全国性的回族学会。该学会至今共召开了十六次学术讨论会。地方性的学术活动更多，不少是由地方性学术团体主持召开的。

随着学术活动的广泛开展，与国外学术交流日益频繁，每年有不少民族史学者走出国门到国外参加各种国际会议、进行考察访问、讲学进修等，这些都是改革开放的结果。

第二节 近三十年来中国民族史研究的主要问题及成果

一 中国民族关系史研究

我国是一个历史悠久的多民族国家,在长期的历史发展过程中,各民族之间发生着既密切又复杂的关系。如何看待历史上的民族关系,是中国民族史研究的重要课题。早在20世纪60年代,各族史学工作者就中国民族关系史上的一些重大问题曾进行过广泛和深入的讨论,取得了初步的丰硕成果。但由于各种原因讨论未能继续深入下去,在许多重大问题上尚未取得一致的看法。改革开放后,中国民族史研究的复苏和繁荣,也是从中国民族关系史研究方面突破的。

1981年5月,在北京召开的中国民族关系史学术座谈会是中国民族史学界一次极为重要的会议。这次会议对中国民族关系史上一些重大学术问题,诸如历史上的中国、历史上民族关系的主流、少数民族政权和历史疆域、民族战争、民族英雄,以及如何以平等的原则对待历史上民族关系等问题进行了热烈而深入的讨论,讨论的重点又放在怎样理解历史上的中国和什么是历史上民族关系的主流这两个问题上。经过广泛讨论,大家看法渐趋一致。

怎样理解历史上的中国?大家普遍认为:历史上的中国不仅包括中原王朝,而且也包括中原王朝以外的由少数民族建立的国家或政权。中国早在秦汉时已形成了统一的多民族国家,此后经过两千多年的发展变化,到了清朝,疆域与民族都已经确定。在这个疆域内居住的民族,无论在过去处于什么地位,都在缔造祖国的事业上作出过贡献,因而少数民族的历史应该是中国历史的组成部分。

历史上民族关系的主流是什么?学者普遍认为:尽管历史上各民族间有友好往来,也有兵戎相见,历史上也曾不断出现过统一和分裂的局面,但各民族间还是互相吸收、互相依存、逐步接近,共同缔造和发展了统一多民族的伟大祖国,促进了中国历史的发展。这就是历史上民族关系的主流。这次学术座谈会阐明了民族关系史研究中一些带有根本性的问题。会上的部分论文,已收集在由中国社会科学院民族研究所编辑的《中国民族关系史研究》(中国社会科学出版社1984年版)一书之内。

此后,1984年12月在广州又召开了一次全国性的中国民族关系史学术讨论会，会议着重讨论了我国古代民族关系史中的民族战争、民族英雄和爱国主义等问题。会上的部分论文已编成《中国古代民族关系史研究》（福建人民出版社1989年版）一书。

1985年10月，中国民族史学会召开了首届学术讨论会，中心议题是魏晋南北朝时期、宋辽金时期和清时期的民族关系。与会者认为，魏晋南北朝时期处于中国封建社会秦汉与隋唐两个高潮之间，同时也是我国古代史上第二次民族大迁徙大融合的时期。虽然经历了三个多世纪的分裂割据与南北王朝对峙，但在我国形成统一多民族国家的过程中，却占有重要的地位。综观这个时期的历史及民族关系，具有以下几个特点。第一，这一历史时期阶级矛盾与民族矛盾尖锐激烈、错综复杂、政权林立、战乱相继。第二，民族大迁徙造成民族分布格局的大改变。第三，长江流域和边疆各族地区得到开发，各民族经济文化交融发展。宋辽金时期是中国历史上又一次民族大融合的时期，民族关系极其错综复杂。与会同志认为，这个时期的民族关系发展的新趋势有三个方面：①这一时期，少数民族及其建立的王朝，在处理与汉族及其建立的王朝之间的关系上，通过了一种新的形式，即利用盟约的签订和实行，来达到巩固和提高本民族、本王朝实际地位的目标。②少数民族及其建立的王朝实现了对东北和西北地区处于比较分散状态的各族的统治，并在这局部统一的基础上，从政治、经济和文化等方面主动加强了对中原地区的向心力。③一种广纳各族参政的新的王朝模式的出现。这就是众所周知的蕃汉兼制而又合一的辽朝体制。对清时期的民族关系，与会者的讨论集中在关于明清战争和清代民族政策的评价问题上。对明清战争的评价，涉及清兵入关以前在辽东和辽西的战争、清兵入关和清对南明战争的评价。对清代民族政策的评价，认为：首先从总体上看，清初民族政策是比较成功的。其次，对清代民族政策的研究还必须坚持具体问题具体分析的原则。再次，改土归流是清代处理南方民族问题的政策。

在上述一系列会议的推动下，民族关系史的研究十分活跃，硕果累累。

综论中国民族关系史的论著有：翁独健主编的《中国民族关系史纲要》（中国社会科学出版社1990年版）全面论述了上起远古传说时代及夏商周，中经秦汉、魏晋南北朝、隋唐五代、宋辽金西夏及元明清，直至新中国成立各个时期民族关系的形成、内容、特点和变化；各民族在政治、经济、文化上的相互影响等。书中对于长期以来为史学界所特别关注的问题，如民族形成、"中国"的概念和含义、国家的统一与分裂、民族的平等与压迫、民族的友好与战争、爱国主义与民族英雄、民族同化与融合及民族关系的主流等等，都论述明确，而且把上述论点体现在各个章节之中。书中坚持两个主要的原则：一是运用历史唯物主义的观点，实事求是地阐明历史上的各民族之间的关系；二是以平等的眼光和地位去观察和对待历史上不平等的民族关系。全书充满了开拓性和创新性，是新中国成立以来很重要的一部民族关系史学术专著。此外，还有刘振中的《中国民族关系史》（中国青年出版社1999年版）等。

地区民族关系史方面的论著有：

《中国北方民族关系史》编写组的《中国北方民族关系史》（中国社会科学出版社1987年版）阐述了每个时期北方民族之间，特别是与汉族之间的关系及特点，并且通过对北方地区民族关系史的论述，对整个民族关系史研究中的一些重大问题给予了回答。

杨建新、马曼丽主编的《西北民族关系史》（民族出版社1990年版）从不同的角度论述了自先秦到清末之间，西北各民族之间的关系；各民族的迁徙和分布情况；中央政权对西北各民族的经营；西北各民族反对外来侵略和维护祖国领土完整的斗争；清政府对西藏、青海的用兵；等等。

王文光、龙晓燕、陈斌的《中国西南民族关系史》（中国社会科学出版社2005年版）从宏观的角度，对远古至清代今云南、贵州、广西乃至西藏这一广大区域各民族关系史进行了探索，认为生态环境和由生态环境所决定的生产方式、社会发展程度等构成了西南民族关系的基本发展背景和基础；西南民族关系与中国历史的发展紧密相关，其发展历程可以划分为先秦及秦汉、魏晋南北朝、唐宋、元明清及近代等几个重要阶段。书中把西南诸民族间的关系概括为中央政权与少数民族政权、各少数民族之间、汉民族与少数民族之间、少数民族内部民间的关系几种类型，指出这些关系表现了分布上的大杂居与小聚居、政治上的多元一体性、社会发展的不平衡性、经济上的互补性、文化上的多元交融等特点。

吴永章等的《中南民族关系史》（民族出版社1992年版）系统地论述了从远古到清代每个历史时期中南地区的民族关系，并多方面地对历代中央王朝治理和开发中南少数民族地区的政策和制度做了论述。

练铭志、马建钊、朱洪的《广东民族关系史》（广东人民出版社2004年版）对广东民族关系史进行了全面、系统和深入的阐述。书中不乏创见，如首次提出广东三次民族大融合之说，即西汉中期至东汉末的越汉融合，六朝至唐初的俚汉融合，明末清初的黎、瑶、壮、畲等族的大量成员与汉族融合。

伍新福等编著的《湖南民族关系史》（民族出版社 2006 年版），就湖南汉民族的形成及其结构的历史嬗变，湖南境内土家、苗、侗、瑶等土著民族的源流、形成和变迁，湖南各民族之间及其与国内各民族之间政治经济联系和文化的交流，发生在湖南境内的一些涉及民族问题和民族关系的重大历史事件，历代统治当局处理民族问题的政策措施及其经验教训等问题进行了探讨。该书提出了许多独到的见解。如上卷首次提出和论证了这样的观点：湖南的汉民族是以"华夏"化的楚人为主体、与南迁的中原华夏族人及部分原土著"蛮夷"融合、于秦汉之际初步形成的。可以说，这一观点是打开湖南民族关系的一把钥匙，是比较符合湖南民族关系的实际的。又比如，在过去人们的观念中和封建文人笔下，往往将聚居于湘西"苗疆"的"生苗"视为"不服王化"的"野蛮"族群，因而强调"防"。特别是明清王朝在湘西"苗疆"广筑堡哨、兴修"边墙"，对"生苗"进行封锁、隔离。近年来甚至有人将这些堡哨和"边墙"遗迹，称为用以"防苗"的中国"南方长城"。该书认为，以成百上千的堡哨、碉卡和三百余里土墙构成的"苗防"体制，其实质主要不在于"防"，而在于对当地苗族的军事镇压和控制；所谓"防"，其实是双重作用，一方面是"防苗"，不允许"生苗"自由进入汉族地区，另一方面也防止内地汉人随意进入"苗疆"，以免引发事端。这样的隔离政策，对当地的经济文化发展与社会进步，显然产生了极为不利的影响。但另一方面，又为一个历经屠杀、镇压的弱势民族，维持了一小块条件尽管恶劣但相对稳定的生活空间，避免了被灭绝或流徙的厄运。

此外，还有蒋炳钊主编的《中国东南民族关系史》（厦门大学出版社 2005 年版），方衍主编的《黑龙江古代民族关系史》（黑龙江人民出版社 1999 年版），谢佐主编的《青海民族关系史》（青海人民出版社 2001 年版），侯绍庄著《贵州古代民族关系史》（贵州民族出版社 1991 年版）等。

关于各个历史时期的民族关系，值得注意的论著有：

木芹著《两汉民族关系史》（四川民族出版社 1988 年版）探讨了两汉民族关系史中的一些根本性问题，如中央政权和少数民族政权关系怎样维持；一个多民族、多层次、多制度的封建大一统国家，两汉又是通过什么策略和手段进行创立和巩固的，以及郡长的建立、地主经济的飞跃发展对统一多民族国家的形成所起的作用等。

邢友德的《十六国时期的民族关系》(《北朝研究》1995年第3期)认为,十六国时期各民族统治者都执行民族歧视的政策,不仅汉族对少数民族是这样,少数民族对汉族,抑或少数民族之间也是如此,这也正是这一时期民族仇杀、民族矛盾加剧的根本原因。十六国时期的社会基本矛盾是胡汉统治阶级与以汉族为主的各族人民之间的矛盾,是民族矛盾掩盖下的阶级矛盾,各族劳动人民之间不存在根本的利害冲突,尽管因经济、文化、历史诸因素,在十六国时期还存在"华夷之别",但它不一定会导致民族仇杀与民族矛盾加剧。在阶级意识淡化的情况下,完全倒向本民族统治阶级的一边,广大汉族人民甚至普遍出现了"人心思晋"的现象,这正是模糊了阶级关系的民族意识起了作用。

周伟洲的《中国中世西北民族关系研究》(西北大学出版社1992年版),分上、下两编,分别对魏晋南北朝和隋唐时期的西北民族关系、特别是经济、文化关系进行了深入、全面、系统地论述。作者在绪论中对史学界长期争论的历史上的中国及其疆域、民族,历史上民族关系的主流与支流,民族战争与民族英雄,民族融合和民族同化等理论问题均提出了自己的看法,并将它们融入了全书的研究之中,使中国中世西北民族关系的研究达到了一个新的高度。

杨铭的《唐代吐蕃与突厥、回纥关系述略》(《西南民族大学学报》2005年第6期)指出,在吐蕃攻占河陇及西域的过程中,曾与活动于这一地区的突厥、回纥等西北民族密切交往,双方在政治、经济、文化上相互影响,吸取对方民族的文化精华,客观上有益于各民族的文化更新和中华文化的形成与发展。杨铭的《唐代吐蕃与西域诸族关系研究》(黑龙江教育出版社2006年版)一书专门探讨了吐蕃王朝与西域、中亚、南亚各国家、民族之间的关系问题。吐蕃王朝的发展过程就是一个不断向外扩张、征服的过程,这种扩张、征服的历史也是其不断扩大对外交往的历史。该著则充分利用前人的研究成果,较为系统地梳理了吐蕃与西域诸族如吐谷浑、白兰、党项、突厥、突骑施、回纥、沙陀、鄯善、于阗等以及南亚、中亚的国家如泥婆罗、天竺、勃律、迦湿弥罗、护密、吐火罗、康、大食等的政治、经济与文化交流,显然该著内容对于我们认识唐代时期内陆亚洲的历史十分重要。此外,该著还就许多与主题相关的专题进行了考证与探讨,比如专门研究了吐蕃文书中所见的于阗王(li-rje)、东叶护可汗(ton-ya-bgo kha-gan)、将(tshan)、曹(tshar)等西域职官和称号以及吐蕃文书中所见的通颊(mthongkhyab)、粟特（sog-dag)、南山（lho-bal）等西域部落和吐蕃部落。作者还就吐蕃的对外交通进行了研究，其中关于吐蕃简牍所见西域地名的考证、关于吐蕃—勃律道、吐蕃与中亚国家的所谓"麝香之路"以及唐蕃古道等交通线路的考证与研究，使我们对吐蕃王朝的对外关系有了更深层次的认识。

杜建录著《西夏与周边民族关系史》（甘肃人民出版社1995年版）一书，着重阐述了西夏在其立国的190年间先后与周边的宋、辽、金、吐蕃、回鹘等建立的关系，集中地阐述了西夏与宋、辽（后来是金）的三维关系发展状况和时代特点。夏辽结盟的基础是共同对付北宋，当夏宋关系缓和时，夏辽关系就紧张起来，而当夏宋矛盾激化时，夏辽关系也就随之而好。

杨学琛著《清代民族关系史》（吉林文史出版社1991年版）全面系统地论述了清代民族关系的形成和发展，以及民族关系发展的特点和规律，见解独到。如关于满蒙关系，作者在分析了后金（清）的政治形势后，指出清太祖努尔哈赤采取联蒙抗明的政策，避免了两面开战的危险，壮大了后金（清）的势力。满族统一东北，形成以满族为主、蒙汉等族为辅的新的民族关系格局。又如关于满汉关系，作者指出满族作为统治民族以后，清政府通过增加包衣、收养嗣子，以及汉军外戚的抬旗等，使大量汉人、汉军进入满洲八旗，这对满族的发展起了很大的影响。据统计，清初满洲八旗内的汉人和进入汉军八旗的汉人，数字之大，远远超过了满族八旗原有人丁，而这些进入旗内的汉人成为新兴满族共同体的重要组成部分，给满族注入了新的血液。旗内汉人的满化，是清朝前期民族关系的一个重要特点，对满族的发展以及对清朝民族关系都产生了重大的影响。

彭武麟的《关于中国近代民族关系史研究的几点思考》（《民族研究》2004年第2期）一文就中国近代民族关系史研究的主要问题和思路提出了自己的看法，认为：中国民族关系史研究的主要内容与问题包括民族危机驱动下的民族融合、中央政府政治衰败下的各地自立倾向、现代化潮流之下的经济一体化、建立现代民族国家之下的政治认同四个方面，其相互之间的关系并非孤立的、线性的，而是相互渗透、联系紧密的，是中国近代民族关系矛盾运动之中的不同侧面，这是当前学术界在探讨和研究中华民族在近代从自在走向自觉这一历史过程时需要解决的学理问题。

长期以来，中国民族关系史研究较重视汉族和少数民族关系的研究，而对少数民族之间的关系史的研究则十分薄弱。改革开放以来，少数民族之间关系史的研究也很活跃，有关的论著除前述各个历史时期的民族关系已有涉及外，还有：

吕一飞的《匈奴汉国的政治与氐羌》(《历史研究》2001年第2期）一文的研究视角是从五胡内部切入着重考察汉国内的匈奴与其他胡族之间民族关系，特别是探讨氐、羌在汉国政权中的地位和作用，这正是前人研究所忽略的问题。在分析史料的基础上，作者认为：在匈奴汗国的政治斗争中，匈奴族与氐、羌族失和，二者政治联盟宣告破产，这是匈奴汉国内部民族矛盾激化的重要表现形式之一，也是匈奴汗国灭亡的重要原因之一。推而广之，十六国时期在中原立国的各少数民族政权都面临同样的问题，即占统治地位的少数民族如何妥善处理与其他少数民族的关系，这个问题倘若解决不好，其政权是难以巩固的。

古代回纥作为我国维吾尔族的祖先，其起源同漠北草原其他各族之间有着错综复杂的关系。田卫疆的《回纥与漠北草原诸族关系初探》(《民族研究》2006年第4期）在充分吸收前人成果的基础上，经过对诸多文献的梳理论证，对于同回纥有渊源的丁零、敕勒、铁勒、九姓乌护、九姓乌古斯，以及突厥之间的关系进行了系统探索，全面论证了回纥如何在与周邻各族的密切交往过程中不断发展壮大的历史过程。

王辅仁、陈庆英编著的《蒙藏民族关系史略》(13—19世纪中叶)（中国社会科学出版社1985年版）一书用翔实的资料，阐述了13—19世纪中叶，即元、明、清时期蒙古族与藏族在政治、经济、宗教、文化诸方面的往来及相互影响，论证了两族人民在历史上形成的密切的不可分割的关系。樊保良的《蒙藏关系史研究》（青海人民出版社1992年版）论述了13世纪至18世纪蒙藏关系的发展过程及两族在政治、经济、文化等方面的密切联系；探讨了蒙藏地区黄教各大活佛系统的确立与黄教在蒙古地区的盛行。

赵心愚的《纳西族与藏族关系史》（四川人民出版社2004年版）对纳西族和藏族的关系进行了系统深入的研究，提出了不少独到的见解。如作者认为纳西族和藏族的族源由于古羌人这一联结环节而存在关系，作为两个具体的民族实体，纳西族和藏族从7世纪开始逐渐形成有文字记载的密切关系，在之后一千多年的时间中，两族有过冲突与战争，但更多的是经济文化的往来与交流，至20世纪初两个民族在不少地方已出现融合，相互通婚也十分普遍。杨福全的《略论纳西族和藏族的历史关系》(《云南民族大学学报》2004年第5期）从纳西族和藏族在族源、语言、宗教上的渊源，历史上两族上层的政治、经济联系以及两族之间的民族融合等角度考察了两族的历史关系。作者认为公元7世纪随着吐蕃势力的崛起和对外扩张，两族间的关系日益密切起来，并由于吐蕃一度统治纳西族地区而影响到纳西族的宗教文化，使古羌部落原有的原始宗教因素、早期的藏族本教、后期的雍仲本教等与纳西族的原始宗教相融合，逐渐形成了纳西族的东巴教。明代时，由于木氏土司势力的崛起，木氏土司长期控制康区藏族；在文化上，木氏土司推崇藏传佛教噶玛噶举派，其辖区成为该派的势力中心之一。更详细的研究，可见杨福泉的《纳西族和藏族历史关系研究》（民族出版社2005年版）一书。

中国古代各民族之间的和亲以及相互之间的融合，也是历史上民族关系的一个重要方面。

崔明德的《中国古代和亲通史》（人民出版社2007年版）一书，深入探讨了中国古代和亲的渊源、类型、特点、和亲公主的身份、作用以及有关的理论问题，详尽地论述了各个时期、各个阶段各种类型和亲的背景、功能、性质、意义及影响，同时也重视对具有和亲性质的跨境联姻的探讨。该书在考察和亲自身的发展规律的同时，又从新的视角探讨和亲与"丝绸之路"的拓展、和亲与边疆少数民族文明的提升以及和亲文化等重要问题。从该书征引的资料来看，既有中文资料，也有少数民族文献资料，还有一些外国文献资料，凡是与和亲有关的资料，均能逐一梳理，纠正了史书记载中的一些舛误或前人研究中的一些失误。

任崇岳主编的《中原地区历史上的民族融合》（内蒙古人民出版社2004年版）一书在充分吸收前人研究成果的基础上，广泛利用文献资料，以马克思主义为指导，从民族学、历史学等学科的角度，分先秦和秦汉、魏晋南北朝隋唐、五代宋辽金元、明清篇，从政治、经济、文化等社会的各个方面，对我国历史上各个时期中原地区的民族融合进行了全面、系统、深入的研究。

拓跋与乌桓都曾生活在北方，虽然没有足够充分的资料可以证明二者曾经共生，田余庆的《代北地区拓跋与乌桓共生关系——〈魏书序纪〉有关史实解析》（《中国史研究》2000年第3、4期）一文，却为研究古史中各族融合提供了一种新的思路。作者通过对史实探微索隐，认为自汉末至魏晋，进入幽州的一部分乌桓自东向，经桑乾河向代北地区浸润；停驻阴山的拓跋部自北向南进入代北，向东与乌桓靠近，拓跋、乌桓语言相同，文化相近。它们此后二百年中共生于代北地区，经过复杂的冲突与熔融，终于形成既有拓跋部落联盟组织力量，又有乌桓勇猛善战精神的富有活力的拓跋部，担当了结束十六国局面的历史任务。高凯的《从性比例失调看北魏时期拓跋鲜卑与汉族的民族融合》(《史学理论研究》2000年第2期)认为,拓跋鲜卑与汉族交往、血缘交融的最重要、最关键时期应是拓跋魏正式确立至孝文帝迁都洛阳之前的一百多年时间,拓跋鲜卑从上到下广泛地同北方汉族百姓结为婚姻,不仅解决了拓跋鲜卑正常的种的繁衍,而且使得鲜卑在与汉族百姓的融合过程中提高了自身的汉化程度,促进了北魏社会的文明程度,淡化了民族仇恨情绪。

林亦修的《东瓯的族群迁徙与融合过程述论》(《贵州民族研究》2005年第2期)探讨了浙南东瓯族群迁徙与融合经历了瓯人、徐人、瓯越、东瓯、东越、山越等过程,提出:温州自古就有原始族群生活,瓯人是夏、商、周时期浙南地域族群的称谓;瓯越的族群称谓开始于战国,结束于西汉,约110年时间,是"越以此散"后瓯人与越人大融合的标志;东瓯为瓯人国名,分为前、后两个时期。第一个时期开始于公元前473年,为越王勾践所封。公元前334年越为楚败,东瓯成为越族御北的主要据点,分封地位淡化。秦统一后王废为君,更名闽中郡。短算140年,长算250多年。第二个时期开始于公元前192年,汉惠帝复立,公元前138年迁国,存在50多年。东瓯国的存在标志着东瓯族群共同体和政治、经济、军事、文化共同体的存在。东越是商周时期距瓯人地望的别称,西汉东瓯迁国后成为瓯、闽地域的国名。秦闽中郡和西汉东越国的建立,标志着瓯人与闽人亲密的地缘关系和族群的进一步融合。山越是三国时期对残留在东南山区越人的称谓,包括那里的瓯人。

朱大渭的《儒家民族观与十六国北朝民族融合及其历史影响》(《中国史研究》2004年第2期)认为,儒家"用夏变夷"和"协和万邦"乃是指导我国古代民族融合的进步思想,十六国北朝各族统治者自觉地实施儒家的民族理论,从而表现出在当时民族融合复杂形势下的众多趋同性。十多个少数民族一千多万人口融入汉族后,对我国中古历史发展进程影响巨大、深远,因而隋唐以后政治、经济、文化出现了空前繁荣。

杜家骥的《清朝满蒙联姻研究》(人民出版社2003年版)一书利用大量的第一手史料,对有清以来清廷与蒙古之间多达595次的联姻进行了比较系统的研究,分析了满蒙联姻的性质与特点、作用与影响,内容丰富、资料翔实,具有较高的学术价值。全书分三编。上编详细叙述了漠南蒙古、漠北蒙古、额鲁特蒙古等20多个部旗与满族皇帝、王公等宗支通婚的具体事实。

中编叙述了满蒙联姻的制度、变化及相关的史实。并从家庭伦理学的角度阐述了满蒙联姻所组成的家庭中特殊的人际关系，以及清帝对姻亲矛盾的处理等。下编主要论述了满蒙联姻的作用和影响，如对满蒙关系的影响、对清王朝统治的巩固及对边境治理和蒙古文明的影响等。作者还从人类遗传学的角度，深入考察了联姻对蒙古人口繁衍的影响。

二 历史上的民族政策研究

我国自古以来是一个多民族的国家，如何处理域中的民族问题，始终是统治者面临的一个十分突出的问题。历史上的民族政策，就是指历代封建王朝和统治者处理当时的民族关系，解决民族问题，巩固自己的统治所采取的措施和办法。全面、系统、客观地研究历史上的民族政策是在十一届三中全会以后才展开的。

1988年10月6—11日在昆明召开的中国民族史学会第二次学术讨论会讨论的三个问题之一，就是评价历史上的民族政策。学者普遍认为，不能像过去那样把历代中央王朝的民族政策都看作是民族歧视和民族压迫的政策，应给予历史的、全面的评价。关于唐、元和清三朝的治藏政策，有的与会者在探讨了其演变和发展后认为，各朝的大政方针皆有其重点，从主流方面看，是成功的，效果是显著的，有利于祖国的统一和民族的团结、进步。从唐至清历一千二百余年，治藏政策不断演变、发展，日臻完善，从中我们可以发现一条历史发展的轨迹：西藏地方与祖国的关系，随着时间的推移，逐步密切，日益发展，密不可分，今天的现实就是历史发展的必然结果。1990年11月6—10日在桂林召开的中国民族史学会第三次学术讨论会，对中国历史上的民族政策又进行了一次专题研讨，从而深化了对历史上民族政策的认识。学者普遍认为：(1)历史上的民族政策是阶级社会的产物，其制定和实施，目的都是维护一定的阶级利益，达到一定的政治目的。不同时代的民族政策，具有不同的时代特征；不同阶级制定的民族政策，具有不同的性质。(2)历史上的民族政策与现今的民族政策，既有本质的不同，又有内在的历史联系。过去统治阶级实行的都是民族压迫政策，但在某个时期、某些朝代实行过比较开明的民族政策，也是事实。(3)对历史上的民族政策，要以民族平等的态度进行研究，要看是否有利于全国各民族的进步和发展，是否有利于各民族的接近和经济文化交流，是否有利于统一多民族国家的发展，是否坚持统一、坚持团结、反对分裂。(4)研究历史上的民族政策，要把它提到一定的历史范畴之内，坚持历史唯物主义，注意其时代性、阶级性、历史性和实践性，要具体问题具体分析，要有实事求是的科学态度。

中国历史上的民族政策内容相当广泛，它包括历代中原王朝对所辖境内民族的政策、对并立的民族政权的政策，各少数民族政权对中原王朝和其他民族政权的政策，各少数民族政权对所辖境内民族的政策，等等。目前的讨论，偏重于中央王朝的民族政策。

田继周等著《中国历代民族政策研究》（青海人民出版社 1993 年版）一书，是综论各个历史时期民族政策的专著。该书分别论述了从夏、商、周到中华民国各个历史时代的民族政策，对历史上各个时代民族政策产生的历史条件和社会背景、各个时代民族政策的主要内容和基本特点、各历史时代统治者的民族观和有关民族政策的制订与施行的策略，以及所推行的政策的性质和历史作用都作了较详细的介绍和分析。龚荫著《中国民族政策史》（四川人民出版社 2006 年版）在吸收前人成果的基础上，对中国历代民族政策的滥觞、确立、发展和定制时代进行系统论述，在边疆民族地区行政建置、民族和亲、民族边防变化、民族法制等诸多问题的研究提出了新观点。例如，历代中央王朝与少数民族"和亲"次数，作者依据翔实的史料，首次详细统计结果共有 136 起之多。对元明清时期各地土司设置情况，作者依据万余种古籍以及当代民族调查、访问资料，研究整理出全国土司数目是 2569 家。这些创新性的研究成果，为中国民族政策史的研究奠定了良好的基石。

综论历代民族政策的文章则有：杨永俊的《我国古代民族羁縻统治政策的变迁及其原因探究》（《西北史地》1999 年第 2 期）认为，羁縻统治政策是我国古代统治阶级贯彻始终的、主要的民族政策，它兴起于夏商周，发展成熟于汉唐宋，衰落质变于元明清。夏商周以要服荒服为内容的民族羁縻统治政策的兴起，即是对原始习惯法中关于部落结盟与血族复仇等规定的扬弃，秦汉隋唐属国制与羁縻州制，则使民族羁縻统治政策有了机构与制度的保证；元明清对民族羁縻统治政策作了大幅度的调整与变更。温起秀的《中国民族政策的历史对比》（《西北民族学院学报》1999 年第 2 期）认为，中国古代民族政策的形成历史可以大致分为三个时期：第一个时期是中国古代民族政策形成期，从夏商到春秋战国；第二个时期是中国古代民族政策发展期，从秦汉到隋唐；第三个时期是中国古代民族政策完善期，从宋辽金到元明清。中国历代民族政策又可以划分为五种类型，即扩展疆土的开拓政策，统一稳定的怀柔政策，自主管理的羁縻政策，民族汉化的同化政策，体现差异的因俗政策。作者还指出，中国历代民族政策具有鲜明的时代特征：在奴隶社会，中国的民族问题主要是通过战争掠夺其他民族财物，把其他民族人民掠为奴隶；在封建社会，中国民族问题的主要内容是民族战争、民族同化和大汉族主义；在半殖民地半封建社会的旧中国，民族问题的核心是争取国家独立、民族解放。方立军的《试论中国历代王朝民族政策的特点》（《西北第二民族学院学报》2002年第2期）则认为，中国历代民族政策具有压迫性、开拓性、羁縻性、抚纳性、同化性和多面性的特点，存在这些共同特点的根本原因在于封建社会始终存在着阶级压迫。其中，开拓性指的是历代封建王朝制定的民族政策中有为开疆拓土服务的特点；羁縻性指的是封建王朝在少数民族地区实行的"以夷制夷"的统治特点；抚纳性指的是历代封建王朝有对其他民族安抚、怀纳的特点；同化性指的是历代封建王朝制定的民族政策中有使少数民族同化的特点；多面性指的是历代封建王朝对少数民族实行不同治理政策的特点。

关于先秦时期的民族政策，龚荫在《先秦民族政策概说》（《西南民族学院学报》1995年第1期）一文中分别归纳和论述了夏商周的民族政策。作者认为，夏的民族政策主要有联姻、五服、怀柔、贡献、讨伐。商的民族政策主要有：商服、封侯、联姻、贡纳、征伐、赎免。周的民族政策主要有：联姻、监控、封赐、服朝、贡献、俗治、征伐。田继周在《夏商周王朝和"诸夏"的民族政策》（《中国历代民族政策研究》，青海人民出版社1993年版）一文中认为，夏、商、周王朝对"四夷"民族集团主要采取的政策有安抚、文教、羁縻和扩土、征讨。郑文的《夏朝民族政策探微》（《思想战线》1996年第2期）则认为：夏的五服制是两汉及以后历代封建王朝羁縻政策的雏形，"五服"中的"要服"和"荒服"即为其羁縻政策的最初表现。刘本军的《论西周的民族政策》（《思想战线》1996年第5期）则认为，西周历史上只有"三服制"，而没有"五服制"，而且"三服制"是针对西周诸侯服侍的职责而言的，与西周的民族关系、民族政策无关。

关于秦汉时期的民族政策，龚荫在《秦王朝民族政策》（《西南民族学院学报》1998年第2期）一文认为，秦王朝治理边疆少数民族的政策是先秦诸王朝实行民族政策的总结和发展，秦以后，历代实行的一些重要民族政策基本上是由秦的民族政策逐步发展演变而来的。李三中的《汉初民族政策及其历史作用》（《安徽教育学院学报》1999年第2期）认为，汉初的民族政策由两部分组成，即对匈奴实行"和亲"政策与对南方少数民族采取"安抚"政策,"和亲"与"安抚"不仅在封建社会中是合时宜、行之有效的,而且其中某些有效的成分,至今仍含有积极的因素。汉武帝的民族政策,历来受到研究者的重视,马勇的《汉武帝对匈奴政策新论》(《中国边疆史地研究》2004年第3期)一文在分阶段叙述汉武帝武力征伐匈奴的基础上,着重探讨汉武帝利用属国"与单于争其民"的方式去笼络、分化、瓦解匈奴,以及对匈奴进行经济文化渗透等,以期更为全面地认识汉武帝的匈奴政策。孙长忠的《试论汉武帝的"西南夷"民族政策》(《信阳师范学院学报》2005年第1期)指出,汉武帝时期,随着汉王朝的强盛,经略"西南夷"的条件日趋成熟。汉武帝通过如下几个措施,对西南夷地区内进行了有效的开发和管理。首先是派遣使者和平谈判、设置郡县加强管理,使汉王朝力量首次进入"西南夷"地区,并受到广泛的欢迎。其次实行"故俗治",各民族按照各自的风俗进行管理,这在当时有利于中央集权,也有利于改善民族关系,这种民族政策一直延续到隋朝。第三是在初郡实行"毋赋税"政策,扩大和巩固了对民族地区的统治,推动了这些地区生产力的发展。第四是募兵屯垦,民工、士兵、商人也进入"西南夷"地区,这些措施在客观上有利于少数民族和汉民族之间的经济文化交流,促进农业、矿业、手工业的发展,为消除民族隔阂,增进民族融合提供了有利的条件。第五是开凿民族地区的交通干线,沟通了"西南夷"与祖国各地的经济与文化交流,为西南各民族的繁荣和进步创造了条件。这一系列开明的政治、经济、文化政策,促进了西南地区经济和文化的发展,促进了西南各民族的团结与融合,加快了"西南夷"地区进入封建社会的步伐。

关于魏晋南北朝时期的民族政策,姜维公的《南朝与北朝对高句丽政策的比较研究》(《中国边疆史地研究》2004年第4期)认为魏晋南北朝时期高句丽在南北朝之间周旋,南朝试图以高句丽牵制北朝,所以册封赏赐很优厚;北朝则以统一全国为己任,每次高句丽滋事后,北朝都有讨伐之意,但由于种种原因,但仍对高句丽实行封册、恩赏、求质、聘妃和责让等政策。彭丰文的《南朝对岭南民族政策新探》(《民族研究》2004年第5期)认为,以往关于南朝对岭南民族政策的研究虽然很多,但大都泛泛而论,对其独特性缺乏充分认识;如何看待南朝对岭南民族政策中征和抚的主次关系,目前通行的观点似仍值得商榷。作者指出在南朝经略岭南的政策体系中,对岭南少数民族的武力讨伐占有十分重要的地位和影响,其军事征讨具有长期性、地方性、高频率和分散性等特点。另外,南朝还在岭南大量设置了以武力震慑岭南少数民族为目的的行政机构。尽管南朝对岭南少数民族也采取了一些羁縻绥抚措施，但从实施的范围和影响来看，其作用和地位又是十分有限的。因此，南朝对岭南的民族政策以征为主，以抚为辅，武力色彩十分强烈。周艳玲、冯捷的《关于十六国时期民族政策的两个问题》(《甘肃社会科学》2004年第6期)指出民族矛盾是十六国时期的主要社会矛盾，为调和该矛盾而产生的民族政策也就为各少数民族统治者所重视。作者通过分析汉—前赵和后赵政权对晋王室所采取的不同政策，发现两者之间的差异体现了当时社会主要矛盾呈现出由阶级矛盾向民族矛盾转化的趋势。这也使得十六国时期的民族政策表现出独特的特点。

关于隋唐时期的民族政策，何根海的《源于隋文帝民族政策与开皇之治关系的思考》(《安徽史学》2003年第5期)认为，隋文帝根据各少数民族的实际情况，采取了不尽相同的民族政策。其中对突厥采取"离强合弱"，恩威并用政策。这些政策的实施，适应了当时的历史实际，使隋朝和突厥的关系出现了"两境虽殊，情义是一"的友好局面。而对吐谷浑和西域采取以和为主的民族政策，促进了彼此间的交流；对东北东胡族、长江流域丘陵地区僚、俚采取"以德御之"的怀抚政策，尊重其风俗习惯，对其归顺者妥善安置，加强民族融合；对东南丘陵地区的少数民族，"皆列为郡县，同之齐人，促进了长江流域经济文化的发展"。唐朝的民族政策，以往研究较多，现在则继续深化。李德山的《唐朝对高句丽政策的形成、嬗变及其原因》(《中国边疆史地研究》2004年第4期)认为，唐朝对高句丽政策的形成与嬗变，即从开始的怀柔与安抚转变到连续不断的征伐，都是国内和国际形势的变化使然。唐朝对高句丽的征伐和消灭，积极的意义是使这一地区的政治维持了近两百年的和平与稳定局面。杨浣、陆宁的《略论唐宋党项政策于西北民族格局的互动》(《宁夏大学学报》2003年第4期)认为，唐朝对党项的政策很长时期都是遏制吐蕃、稳定西北战略的一个组成部分，怀柔羁縻构成了这个政策的主流色彩，该政策对西北民族格局的演变起到了重大的推动作用。

关于宋辽金时期的民族政策，张文的《两宋政府的少数民族赈济措施刍议——兼论宋朝民族政策的转变倾向》(《民族研究》2002年第2期)认为，两宋对少数民族的赈济措施是两宋民族政策的重要方面。从性质上看，两宋对少数民族的赈济仍属传统怀柔政策的继续，但也发生了明显的转变，即从对少数民族上层分子象征性的笼络逐渐转向对少数民族普通民众务实的物质援助。如对西北（北方）地区少数民族的赈济措施包括：无偿赈济、施粥、减价粜粮、蠲免、以工代赈。对西南（南方）地区少数民族的赈济措施包括：无偿赈济、贷予口粮、抵押贷粮、减免赋税、利用社会力量进行救济。此外，在这一地区还进行医疗方面的救济。姚兆余的《论北宋对西北地区少数民族的政策》(《甘肃社会科学》1993 年第 3 期) 认为，北宋积极扶持西北少数民族政权，使之与西夏为敌，在相互残杀中消耗西夏的实力，从而减轻对北宋边陲的威胁。北宋对西北少数民族地首领封官授爵，密切了少数民族与北宋的政治关系，增强了少数民族对中原王朝的向心力和凝聚力，促进了汉蕃人民的经济交流。招抚沿边少数民族，不仅有利于边疆的和平与安定，而且增加了汉蕃人民之间的相互了解与融合。

关于元明清时期的民族政策，罗贤佑的《论元代的民族政策》(《中国历代民族政策研究》，青海人民出版社 1993 年版) 认为，元朝的民族政策可以归纳为："威德兼施"、"因俗而治"以及维护民族特权实行民族分化与民族压迫。认为元朝的民族政策有利于中央集权的加强和统一多民族族国家的巩固，并为后代封建王朝而效法，产生了深远的影响。同时，元朝的民族政策也具有十分明显的阶级局限性和时代局限性。刘祥学著《明朝民族政策演变史》(民族出版社 2006 年版) 全面系统地论述了明朝民族政策的内容、不同时期的演变以及演变的原因、产生的后果，并客观地加以评价。刘祥学早在《从明朝中后期的民族政策看葡萄牙殖民者窃占澳门得逞的原因》(《中国边疆史地研究》2000 年第 2 期) 一文中认为，明朝民族政策的总方针：重点防御北方少数民族，对南方的两广、西南、西藏广大少数民族地区实行"威怀"。该方针的确立，标志着统治者正式放弃了消灭蒙古势力的想法，已意识到蒙古问题的长期性、艰巨性和复杂性，由战略进攻转为战略防御，逐渐丧失了军事上的主动权。陈梧桐的《论朱元璋对南方少数民族的政策》(《江西社会科学》1995 年第 6 期) 认为，朱元璋对南方少数民族的政策主要有三：①"威德兼实"，招抚为主。②"因俗而治"，广建土司。③严明以驭吏、宽裕以待民。这些政策的实施，取得了很好的效果，对于加强和巩固我国多民族国家的统一，具有重大的意义。但同时也指出，这些政策本质上还是一种以阶级压迫为基础的民族压迫政策，虽缓解了当时南方的民族矛盾，但不能从根本上解决南方的民族问题。牛海桢的《清代西北边疆地区民族政策研究》(兰州大学出版社 2004 年版) 一书以清代西北边疆民族政策的发展演变为主线，历史叙述与专题研究相结合，对清王朝在西北边疆地区实行的民族政策的制定、实施及所产生的效果、历史作用进行分析并进行系统性论述，力图对不同历史时期西北边疆社会的特点及清政府制定的相应政策的现实作用和历史意义进行揭示，并且尽可能地阐述作者对西北边疆少数民族研究的观点和看法。李世宇的《从康乾民族政策看西部开发》（《贵州大学学报》2001年第4期）专门对康乾时期的西南民族政策进行了研究，认为"守边之道，惟在修德安民，民心悦则邦本得"，是康、雍、乾制定边疆民族政策的指导原则。主要内容有：①在中央设立理藩院。②在西藏实行驻藏大臣、达赖、班禅"互参制"。③在滇、黔、川、桂的苗、彝、藏等民族聚居区，推行"改土归流"。④笼络西南各族上层。⑤因俗而治，采取"因其教不易其俗，齐其政不易其宜"的统治方针。⑥在"乱则声讨，治则抚绥"的原则下，以抚为主。⑦对西南汉族地主加以笼络，强调"满汉一体"。作者认为，康、雍、乾的民族政策具有以下四个特点：一是在一定条件下准许各族自行处理族内事务。二是依照各民族的宗教信仰、风俗习惯进行统治。三是在保证清廷对各级地方政权直接控制的情况下，清政府所派遣的官员与各少数民族的首领基本平等。四是维护国家统一、独立和尊严，对外来侵略者始终给予打击。这些政策客观上起到了安定西南、稳定边疆和维护祖国统一的作用，有一定进步意义。苏发祥的《清代治藏政策研究》（民族出版社1999年版）在总结吸收前人研究成果的基础上，充分利用近年来发掘的藏、汉、蒙古、满和外文资料，以编年体与专题研究相结合的方法，系统地论述清王朝治理西藏地方的各项制度及政策的演变，同时阐述作者对清代藏族历史上一些重大问题的认识和观点。季云飞的《清代台湾少数民族政策之考察》（《民族研究》1998年第6期）认为，清政府对台湾地区少数民族施行的政策，大体以同治三年（1874）日本侵台事件为界，分为前后两个时期。前期，基本上沿袭了历代中原王朝对边疆少数民族所采取的政策："恩威并施"，促进归化，实行羁縻政策；为海疆"安谧"，采取与汉人隔离的政策；设置理番同知等官员，加强番族管理。这些政策的实施，虽有一定的消极作用，但它基本上维持了番族地区的安定与发展，并在一定程度上增强了番族对中华民族的向心力。后期，清政府对台湾地区少数民族政策有较大调整：着眼于巩固海防，大力推行"开山抚番"政策；着眼于番族地区的经济发展，实施"开禁招垦"政策；着眼于番族文明程度的提高和社会风气的变化，广设"番熟"，实施教化政策。这些政策具有历史的进步性，它促进了番族地区政治、经济、文化的发展，同时也促进了番汉民族关系的融合与团结。

三 中华民族凝聚力的形成和发展问题研究

民族凝聚力问题的研究是改革开放后提出来的一个新课题，是社会科学各界普遍关注的问题。最初由广东省社科联、广东省社会科学院、广东省政协等单位召集、组织成立了"广东增强中华民族凝聚力研究会"，并于1990年举办了第一次"增强中华民族凝聚力"的学术讨论会。以后又多次召开了有国内外众多专家学者参加的学术讨论会，带动了全国民族凝聚力问题研究的热潮。

中国民族史学会第四次学术讨论会于1992年10月21—26日在湖南省吉首市召开，其中心议题就是中华民族凝聚力的问题。什么是中华民族凝聚力？与会者认为：中国历史上各民族长期以来在政治上关系密切，经济上相互依存、共同发展，思想文化上互相交融，从而形成了中华各民族一种凝聚的趋势，即中华民族凝聚力。关于中华民族凝聚力的形成原因，与会者认为是中国历史发展的必然结果，有着政治、经济、文化、自然、地理等方面的原因。中华各民族之间多源多流、源流交错的复杂关系构成了中国历史上各民族间相互融合和同化的血缘关系，为中华民族凝聚力的形成提供了历史前提或历史条件。中华各民族所具有的整体观念、大一统思想是中华民族凝聚力形成的坚实基础；由于社会经济、政治等方面的原因，中国各民族都存在着迁徙和互动的历史，造成了各民族经济和文化的交流，民族间的融合与同化，从而为中华民族凝聚力的形成提供了重要的历史途径；中国的疆域是一个内部结构完整的单元，各民族在经济上相互联系、相互依存，这是中华民族凝聚力形成的历史根源。关于中华民族凝聚力形成的历史过程，与会代表普遍认为是长期的、逐步形成和发展的。夏、商、周三朝是中华民族凝聚力的萌生时期，其标志是中华民族的第一次民族大融合。春秋战国至秦代，是中华民族凝聚力的形成时期，此时是中华民族凝聚史上的第二次民族大融合时期，其标志是秦族的兴起及秦始皇统一中国、共同经济生活的出现，郡县制的推行，共同语言的形成等。自汉至清是中华民族凝聚力的发展时期，分为两个阶段：两汉至隋唐，其间的重大民族历史过程是中国第三次民族大融合，为第一阶段；由五代至元明清为第二阶段，其间的重大民族历史过程是中国第四次民族大融合。发展时期的标志是凝聚中华民族的诸要素得到了充分发展和增强；农业文明达到高峰；精神文明的发展和中华民族的名称进一步完善等。

陈育宁主编的《中华民族凝聚力的历史探索——民族史学理论问题研究》（云南人民出版社1994年版），是国内学术界第一部从历史发展的角度，通过对民族史学若干重大理论问题的系统论述来论证分析中华民族凝聚力形成与发展及其规律的专著。作者认为：中华民族凝聚力是在各民族共同创造中华文明的历史过程中，经过长期反复锤炼而形成的。在形成过程中存在着四个基本要素，即：多源多流、源流交错是历史前提；共同开发、共同创造是历史基础；迁徙流功、汇聚交融是历史途径；密切交往、相互依存是历史根源。以上高度概括出了中华民族凝聚力形成的特点和规律。从这一论纲出发，全书对中国民族史的重大理论问题的方方面面展开了深入探讨，结合丰富的史料，层层分析，步步深入，令人信服地揭示了中华民族凝聚力这个命题不是主观凭空想象出来的，而是根植于中华民族深厚的历代文化土壤之中。

孔庆榕、李权时主编的《中华民族凝聚力论纲》（广东人民出版社1995年版）对中华民族凝聚力的内涵、生成和发展的历史及中华民族精神等问题作了深入的探讨。首先，什么是中华民族凝聚力？中华民族凝聚力是中华民族赖以统一、独立和生存、发展的内在动力。它是由多种因素、多种条件有机构成的合力，是一个伴随着中华民族的形成发展而形成发展、具有自身特征和多方面功能的动态系统。从功能的角度考察，中华民族凝聚力首先直接表现为一种团结力或称为统一力，具体包括：民族整体对民族成员（或称民族个体）的吸引力，民族成员对民族整体的向心力，民族成员之间的亲和力。中华民族凝聚力更深层的含义，则是中华民族的生命力，具体包括：生存保种力、发展创新力和独立自主力。其次，中华民族凝聚力有一个生成、发展、变化的过程。秦统一中国前，是中华民族凝聚力的生成时期。秦统一中国后，中华民族凝聚力的发展大体上可以分为古代中华民族凝聚力、近代中华民族凝聚力和现代中华民族凝聚力三个历史阶段。中华民族凝聚力是在继承发展和革故鼎新中向前运动的。第三，什么是中华民族精神？民族精神是民族意识的重要组成部分，是民族在长期的生活实践中形成并不断发展的政治文化思想、民族性格、民族传统和价值观念的升华。民族精神集中地表现了一个民族的世界观、价值观和思维方式，是一个民族区别于别的民族的重要标志。民族精神是民族凝聚力的思想核心。中华民族精神的主要内容包括自强不息的思想、重德思想、整体思想、重民思想等。

卢勋等著《中华民族凝聚力的形成与发展》（民族出版社 2000 年版），是我国民族史学界对中华民族凝聚力研究的一部力作。由于中华民族凝聚力是在历史的长河中逐渐形成和发展起来的，因此，对它的研究，必须从历史的角度展开探讨，才能对这种中华民族的特有的凝聚力从本质上加以认识，才能揭示出凝聚力的形成过程与发展规律，才能发现形成与发展过程中起决定作用的各种因素及其交互作用与影响，也才能在新的历史时期更好地继承、发展与强化中华民族这一宝贵的内在力量，并使其发扬光大。该书正是基于这一认识，从历史的角度出发，对中华民族凝聚力进行了全面、系统、深入的研究，探讨了凝聚力形成的诸种因素及其发展的内在规律，取得了重大的学术突破。该书认为：中华民族凝聚力是历史发展过程中诸多因素交互作用的结果。其一是地理因素。中华大地四周有天然屏障，自成一个地理单元。中国各族在这里生息、繁衍和不断迁徙、融合，才凝聚成为不可分割的整体。其二是经济因素。中国地域辽阔，生活在不同自然环境下的民族，存在着各种不同的经济形态。但自古以来，经济上是互相依存、互为补充的，民族间的经济交往从未间断。频繁而又不可缺少的经济交流，加强了各族之间的政治关系，促进了国家的统一。其三是传统文化的因素。中国各民族的文化是互相影响、互相渗透的。汉族文化不断吸收其他民族的文化，少数民族也不断接受汉族文化，少数民族之间的文化交流也从未中断，从而形成了博大精深的中华民族传统文化。其四是共同的心理状态。居住在不同地域的中国各族人民，都认为中国是他们的祖国，都认为自己是这个国家的成员和主人。不论是汉族抑或边疆少数民族，都有着明确的祖国观念和强烈的归属感和认同感。其五是多民族的统一国家。统一是我国历史内在的基调，而政权的分裂割据只是暂时的、表面的现象。每一次新的统一，都会使一些少数民族加入中华民族的大家庭，从而使多民族的统一国家更加发展壮大，使中华民族的凝聚力得到进一步加强。其六是团结御侮，共同抵抗外来的侵略。在患难与共的斗争中，中华民族经受了血与火的考验，生发出更加强大的凝聚力和生命力。多种因素交互作用的结果，使得中华各族产生出强烈的民族认同感，从而凝结成为一个牢不可破、密不可分的整体。

伍雄武著《中华民族的形成与凝聚新论》（云南人民出版社 2000 年版）从哲学、民族学、历史学的结合角度系统论述了中华民族的形成与凝聚的历史过程，以及中华民族精神的内涵和伟大作用。首先，该书对中华民族这一民族实体的形成、确立和发展作了缜密、系统的论述。认为从数千年的历史，特别是近代的历史来看，中华各民族已凝聚为一个民族实体，"中华民族"已不再是中国领土上的各民族的总称，而是指一个确实的民族实体。从远古到战国，就有了中华民族的雏形与核心；秦汉到隋唐，中华民族得以基本形成和确立；宋元明清，中华民族内部结构调整和进一步巩固、发展；近代，中华民族觉醒成为自觉的民族实体。由此，中华民族精神不只是汉族的精神，而是中国56个民族共同的民族精神。其次，该书全面剖析了中华民族精神的内核和展现。作者从价值观、宇宙观、方法论、民族观、宗教观、国家观等方面深入考察了中华民族精神的内涵，以及它在各民族凝聚为一个民族实体过程中的伟大作用。

何博滢的《中国民族史与中华民族精神的形成——以中国古代民族史事为例》(《社会科学辑刊》2003年第1期)讨论了中华民族精神、历史认同、国家认同等问题。中国民族史包括中国各民族的历史。自古以来，中国各民族在形成过程中，互相渗透、互相融合，有着深厚的血缘关系。他们对中国历史有强烈的自觉认同感，历史认同导致国家认同。各民族在政治、经济、文化等领域的交往中，团结互助是主流，并因此而共同进步。各民族都有着自强不息的创业历史和杰出的历史人物。这些宝贵的民族历史和民族精神，应该挖掘和弘扬，使之内化为当代人的人格力量，进而增强中华民族的凝聚力。

此外，陈国琳著《伟大的步履——中华民族的形成、发展及其凝聚力》(浙江人民出版社1994年版)，木芹著《中华民族历史整体发展论》(民族出版社1995年版)等专著都对中华民族的形成、发展及其凝聚力进行了深入的探讨。

中华民族作为一个有着密切内在联系的统一整体，是在历史的长河中逐渐形成的，并在中国各民族共同发展中不断地发展与巩固。刘正寅的《试论中华民族整体观念的形成与发展》(《民族研究》2000年第6期)认为：中华民族整体观念是中华文化的重要内容，是中国古代大一统思想体系中的重要组成部分。萌芽于夏、商、西周的大一统思想，经春秋战国时期的丰富与发展，随着秦汉统一的多民族国家的建立而完善、确立，表现在认识和处理民族关系上就是"华夷一统"，形成"华夷一统"的观念。以后经过魏晋南北朝民族大融合，大一统思想为内迁各少数民族所接受，中华各民族间的内在联系与密不可分的整体性得到了进一步加强。隋唐大一统政治的实现，促进了各民族的交流与融合；辽、西夏、金的汉化与认同，加强了中华文化的内在统一，发展了"华夷一体"、"共为中华"的思想，使中华整体观念得到强化与发展。经过元、明、清的进一步发展，大一统思想和中华整体观念深入人心，并在近代全国各族人民反帝反封建的民族解放斗争中得到升华，成为凝聚各族人民的强大的精神力量。

四 中华民族多元一体格局研究

1989年，费孝通先生应邀到香港中文大学作了一次著名学术演讲，题目是《中华民族多元一体格局》。这篇文章的主要论点是：

(1) 中华民族是包括中国境内56个民族的民族实体，并不是把56个民族加在一起的总称。因为这些加在一起的56个民族已结合成相互依存的、统一而不能分割的整体，在这个民族实体里所有归属的成分都已具有高一层次的民族认同意识，即共休戚、共存亡、共荣辱、共命运的感情和道义。多元一体格局中，56个民族是基层，中华民族是高层。

(2) 形成多元一体格局有个从分散的多元结合成一体的过程。在这个过程中必须有一个起凝聚作用的核心。汉族就是多元基层中的一元，由于他发挥凝聚作用把多元结合成一体，这一体不再是汉族而成了中华民族，一个高层次认同的民族。

(3) 高层次的认同并不一定取代或排斥低层次的认同，不同层次可以并存不悖，甚至在不同层次的认同基础上可以各自发展原有的特点，形成多语言、多文化的整体。所以高层次的民族可说实质上是个既一体又多元的复合体，其间存在着相对立的内部矛盾，是差异的一致，通过消长变化以适应于多变不息的内外条件，而获得这个共同体的生存和发展。

费孝通认为：中华民族作为一个自觉的现代民族实体，是近百年来中国和西方列强对抗中出现的。但作为一个自在的民族则是几千年的历史过程所形成的。它的主流是由许许多多分散孤立存在的民族单位，经过接触、混杂、联结和融合；同时也有分裂和消亡，形成一个你来我去、我来你去，我中有你、你中有我，而又各具个性的多元一体。

费孝通的《中华民族多元一体格局》理论问世后，引起了学术界的高度重视。1990年5月，由国家民委民族问题研究中心主办的民族研究国际学术讨论会在北京召开。会上，以费孝通先生的中华民族多元一体格局理论作为中心议题展开了讨论，费孝通又在会上作了《中华民族研究的新探索》的讲话。1996年，日本人类学、社会学、民族学界众多著名学者，在日本（大阪）国立民族博物馆召开了有中国人类学、社会学、历史学者参加的"关于中华民族多元一体论"学术讨论会。学界纷纷撰文评价《中华民族多元一体格局》理论。

林耀华的《认识中华民族结构全局的钥匙》（费孝通主编：《中华民族研究新探索》，中国社会科学出版社1991年版）认为，费先生提出并通过论证而确立了"多元一体"这个核心概念在中华民族构成格局中的重要地位，从而为我们认识中国民族和文化的总特点提供了一件有力的认识工具和理解全局的钥匙。之所以这样讲，是因为多元一体，或说多元中的统一，统一中的多元，这一对矛盾确实主导着中华民族的现实格局和历史进程。中华民族历经几千年连绵不断的发展，终于形成今日这样的统一国家，这样一种汉族和少数民族插花分布、交错杂居而又相对聚居的分布格局，这样的一套建立在互补共生的基础之上，由多种经济文化类型构成的完整的体系。凡此种种，甚至包括我国现行的民族区域自治制度，都无不与"多元一体"这个特征密切相关。几千年来，中国这个辽阔版图上发生过无数分分合合的事件，但无论是分是合，多元和一体这一个对立统一体中的两个相辅相成的侧面始终没有停止过它的矛盾运动。

对中华民族多元一体格局理论的探讨，还涉及对中华民族多元一体格局发展阶段的划分，这种划分由于学界对"多元一体"内涵理解的不同，导致历史分期指导思想的不同，因而形成了不同的看法。

陈连开的《中华民族之含义及形成史的分期》（《社会科学战线》1996年第4期）认为：中华民族形成史可分为起源与孕育、中华民族的自在发展、中华民族从自发到自觉的联合三大历史阶段。第一阶段，从旧石器时代到秦统一以前，是中华民族的起源与孕育期。这个阶段以中华民族"多元"与"一体"矛盾统一运动发展为起点，至春秋战国进一步形成华夏居中称"中国"，夷、蛮、戎、狄配合东、南、西、北居四方成"五方之民"构成"四海"之内统一的"天下"，表明华夷统一已经成为历史的大趋势。第二阶段，从秦汉到1840年的2000余年，是中华民族的自在发展阶段。这一阶段又有从秦汉到南北朝、从隋唐到辽宋夏金、从元到清这三个历史时期。这个大的历史阶段，其主要成果是统一的多民族中国的形成和确立；各民族共同祖国观念的形成，古典爱国主义在反抗外国侵略中得到了发扬。第三阶段，从鸦片战争至当前，是中华民族从自发到自觉的联合时期。从1840年至辛亥革命以前，中华民族在反帝反封建斗争中自发联合，一方面是粉碎帝国主义的侵略与分裂阴谋，保卫祖国的统一与疆域的基本完整，同时在不同层次上寻求将古代中国转为现代中国的强国之道。其主要成果是在最艰难的历史条件下，共同保卫了祖国的统一与疆域的基本完整，并推翻了两千余年的君主专制制度，建立了共和制民国。从辛亥革命到 1949 年中华人民共和国建立以前，中国人民从纲领、道路、政策、方针等各方面把中华民族联合成整体，上升到了理论和自觉意识的高度，获得了中华民族独立解放的大转折。1949 年 10 月 1 日到当前，是中华民族在获得了民族解放和独立以后的蓬勃发展时期，根本的问题是在现代化的基础上实现中华民族的振兴和祖国的完全统一。

马戎的《中华民族凝聚力的形成和发展》(《西北民族研究》1999 年第 2 期) 将历史上中华民族多元一体格局的发展也分为三个阶段。第一阶段，从远古到鸦片战争前，是这一格局的形成时期。远古时代的许多民族集团经过长期的交往、征战和融合，到秦汉时期形成了并立和相互依存的以中原汉族为核心的农业区统一体和北方游牧民族以匈奴为核心的统一体。到了清中叶，汉、满、蒙古、回（主要指新疆各少数民族）、藏等各大民族集团统一在清朝统治之下，才真正结合成一个稳定的政治、经济和文化实体。第二阶段，从鸦片战争到 1949 年中华人民共和国建国前，是这个格局的危机时期。当多元一体格局于清朝中叶最终形成之后，这个民族统一体就开始面临着新的危机。危机首先来自海上的帝国主义侵略。在鸦片战争和太平天国革命中，清朝势力急剧衰落。随后沙皇俄国和新兴起的军国主义日本等也参加了瓜分中国的行动。他们的一个重要手法就是企图使边疆少数民族脱离中华民族大家庭，打乱中国原有的政治疆域、经济体系和民族格局。第三阶段，1949 年中华人民共和国建国至今，是多元一体格局在中国的重建时期。中华民族在中国共产党领导下重新统一起来，努力缔造一个在形式与内容方面与以前都不同的新的"多元一体"结构。

陈育宁在《民族史学概论》（宁夏人民出版社 2001 年版）一书中将中华民族多元一体格局的发展阶段划分为四个时期。第一阶段，先秦秦汉时期中国各族多元一体格局的出现。早在新石器时代，我国东北和内蒙古出现了细小打制石器为特征的北方草原森林地带狩猎游牧民族文化；黄河流域中下游出现了以彩陶为特征的仰韶文化和以黑陶为特征的龙山文化，长江中下游出现了大溪文化和屈家岭文化、河姆渡文化和马家浜文化，它们都是定居农耕民族的文化。这些各具特色的文化，体现了中国民族文化的多元性质。同时各种文化在互相接触中产生自发的竞争，善于吸收别种优秀文化而又保留各自特性的文化得以发展进步，由此在各种文化多元格局中萌生了某种一体化因素。炎帝族和黄帝族的合并，成为形成中的华夏族的核心。炎帝族体中夏族统一各氏族部落建立夏朝，标志着华夏族开始形成。从公元前21世纪到前8世纪上半叶，华夏族不断融入周边若干氏族部落，并逐渐消除内部经济文化发展的不平衡，终于稳定下来。经夏、商、周三代以来，周边各族先后向华夏族的"中土"、"中国"入贡，进行经济文化交流，加强了相互的政治关系。春秋战国时期形成我国历史上的第一次民族大融合。秦统一六国，汉承秦制，进一步扩大了统一国家的疆域，纳入了更多民族群体；汉族得到进一步稳定发展，从而出现了中国各民族多元一体格局。第二阶段，魏晋南北朝隋唐时期中国各族多元一体格局的发展。魏晋南北朝时期形成我国历史上的第二次民族大融合。这次民族大融合是与各族的发展和大规模迁徙分不开的，其基本特点是北方各族的汉化，以及与之相应的是汉族共同体的进一步发展壮大。魏晋南北朝时期的大规模人口迁徙和广泛的民族融合，为隋唐时期更大范围的统一各民族共同发展奠定了基础。唐朝的疆域远远超过汉朝，更多的民族群体纳入唐帝国范例之内，形成更大的多元一体格局。第三阶段，辽、宋、夏、金、元时期中华民族多元一体格局的形成。从唐朝灭亡到明朝建立的400多年，是中国第三次民族大融合时期，中国各族多元一体格局得到进一步发展。辽宋夏金时期，全国始终处于许多民族政权割据一方的局面，但各地区各民族仍取得长足进展。辽宋夏金300多年间各民族的交往与融合以及由此而产生的认同感，为统一国家的建立创造了条件。实现国家统一、巩固并发展民族融合成果的是新兴的蒙古族。成吉思汗及其继承者统一全国建立元朝，使多元一体格局趋于形成。第四阶段，明清时期中华民族多元一体格局的稳固。明朝统一了全国大部分地区，而北部和西北部的部分地区则在蒙古族领主统一之下，再次形成北牧南农的对峙。由于明朝在北方重兵防御蒙古，在南方多次应付土司叛乱，因而明朝未能在元朝已形成大一统的基础上，将多元民族凝成为一体。清朝建立后，采取许多重大措施稳定边疆，巩固我国版图和领土，使多民族国家的统一得到进一步巩固和发展。

五 族源和民族形成问题研究

族源和民族形成问题是研究民族史的一个基本课题。由于距今年代久远,史料的缺乏,加上族源和民族形成问题比较复杂,因此历来众说纷纭。但这个问题是研究各个民族历史的起点,是不能回避的问题,因此历来受到重视。早在新中国成立初期的民族识别工作期间,就对此问题有过初步的探讨。改革开放以来,随着民族史研究工作的深入开展,对这个问题的探讨有了很大的进展,取得了丰硕的成果。

孙进已著《东北民族源流》(黑龙江人民出版社1987年版)详细论证了东北地区历史上出现的东胡、鲜卑、乌桓、契丹、库莫奚、室韦、渤海、肃慎、挹娄、勿吉、靺鞨、女真、满族、赫哲、鄂温克、鄂伦春、濊、貊、夫余、高句丽、沃沮、朝鲜、达斡尔、锡伯、汉族等族的来源和去向。不仅吸收并概括了数十年来中外学者在这些问题上的研究成果,也批判并纠正了中外学者的一些失误,还提出了作者自己的一些新见解。李德山《东北古民族源于东夷论》(《东北师范大学学报》1995年第4期)一文,利用大量的文献及考古发掘资料,论述了东北古民族与东夷族的关系。作者认为,东北地区的古民族来源于东夷,他们是东夷的一支迁入东北后发展演变融合而成的。

20世纪80年代以来,中国学者对高句丽民族起源进行了深入的研究,但对高句丽民族起源还存在着一些分歧,主要有濊貊说、夫余说、殷商说、炎帝说、高夷说等。刘子敬的《高句丽族源研究》(《社会科学战线》2002年第5期)认为,高句丽的族源是多元的,而不是单一的。其最早的源头应是青铜时代的高夷,而高夷既不是濊也不是貊。作为以濊人为主源的夫余人以及青铜时代延续下来的貊人残部(小水貊、貊国遗裔、梁貊等)也是高句丽早期的重要族源,但最早演变为高句丽族的应是分布于今富尔江的古高夷人。至于汉族,自高句丽开始形成时就是其来源之一,在高句丽的长期发展过程中,越来越多的汉人融入高句丽族之中,从而汉族成为高句丽的最大族源。此外,融入高句丽的还有沃沮、肃慎、鲜卑、契丹、百济、新罗等族。需要指出的是,高句丽的形成同古朝鲜并无多少联系。无论是箕氏朝鲜还是卫氏朝鲜,在地域上同高夷以及后来的高句丽五部皆不相重合。耿铁华《高句丽民族起源与民族融合》(《社会科学辑刊》2006年第1期)认为,传统的濊貊说、夫余说颇有疑义,许多新的证据表明,在高句丽民族起源问题上殷商说似乎更具说服力。杨军的《高句丽民族与国家的形成和演变》(中国社会科学出版社2006年版)一书,其中系统地探讨了与高句丽族居地相关的地域概念、高句丽族居地的原住民、前高句丽时期的民族融合、朱蒙所部迁入前的汉四郡民族格局、高句丽族属溯源、高句丽族的形成与演变等重要问题，从多个侧面对高句丽民族的形成与演变过程做了全面系统的研究。作者认为，高句丽族是以濊系民族、貊系民族以及汉族为主源，经过复杂的民族融合形成的中国东北古民族，其所建立的高句丽政权是古代东北亚东部地区出现的第一个成熟的国家。虽然高句丽民族与国家经历了复杂的演进过程，但从隶属于汉王朝的高句丽县开始，高句丽政权一直是古代中国的地方民族政权，不论是战是和，其与中国的关系都密不可分。

传统上以女真为夷族系或通古斯族系之说，赵振绩的《女真系源流考异》(《历史研究》1995年第5期)不同意这种说法。作者广集历史材料，对女真族系源流进行考异，认为女真属东胡族系，来自北魏初的奴真，自唐初至唐末则称（奴真）三十部族，五代时则称女真。蒋秀松《女真与靺鞨》(《民族研究》1992年第3期)认为女真的主源不是黑水部或狭义的黑水靺鞨，而是源于渤海统治下的靺鞨部落。

马兴的《北狄渊源考》(《西北民族研究》2005年第4期)指出先秦时期的北狄分为赤狄、白狄二支；赤狄可上溯到商代的鬼方，白狄的族源可追溯到商朝的舌方。作者认为过去将赤狄、白狄、长狄的族源并列为北狄三大支的说法是错误的，长狄特指属于赤狄的瞍瞒族，长狄名号的得来是因为瞍瞒族中的几位首领个子较大而已。

樊文礼的《沙陀的族源及其早期历史》(《民族研究》1999年第6期)认为，回纥人、粟特人以及鞑靼人只是沙陀民族共同体的组成部分，不是沙陀的族源，沙陀的族源是西突厥别部处月部中的朱邪部落。

杨铭的《巴人源出东夷考》(《历史研究》1999年第6期)认为巴人源出东夷，其核心氏族巴氏属东夷中的徐夷的一个分支，与殷人有某种族源上的密切关系。巴氏最早居地在今安徽的淮水流域，至商代已迁徙到晋东南一带，与樊、相、郑、覃四姓结盟，形成巴族；周灭商之后，巴人活动中心南移至汉水上游即今之豫、陕、鄂之间，春秋战国之际再辗转徙入今重庆东部。应骥的《试探土家族渊源——兼谈巴人源流》(《中南民族学院学报》1999年第3期)亦认为巴人源于东夷，土家族源于巴人，并认为：东夷在西迁过程中分化为西戎、商、濮等民族。西戎族的一支又发展成氐羌系民族先民。

关于楚人的渊源，学术界众说纷纭，主要有东来说、西来说、苗蛮土著说、中原北来说等，其中又以苗蛮土著说、中原北来说为主。造成这样的分歧，主要是源于记载传说时代材料的紊乱而形成不同的理解。赵炳清的《楚人先民溯源略论》(《民族研究》2006年第1期）认为在传说时代，不管是诸夏集团、东夷集团、西羌集团还是三苗集团都不是纯铁板一块，而是一个动态的相互交融的局面。因此，该文结合文献资料、考古资料和民俗资料，论述了楚人先民的演变发展过程，证实楚人的族源是多元的，并认为楚人先民的南迁当于禹征三苗之时。

满族的族源，一般认为其最早先人，是距今三千年前的肃慎人，但关于其形成问题则意见不一。王钟翰《关于满族形成中的几个问题》(《社会科学战线》1981年第1期）一文，依据文献资料和考古发掘资料作了全面论述，肯定了肃慎人是满族最早的先人，明代建州、海西女真是形成满族的主体。作者认为：作为满族的族源，不但要把它最早先人的肃慎包括在内，而且还必须把从肃慎以下挹娄、勿吉、靺鞨以至金代女真人等各族的迁徙、发展及变化过程，系统地、概括地一一交代清楚。同时，对肃慎及其后裔在漫长的年代中一次次分化出去，并吸收其他族人形成了新的共同体，经过一个时期的发展，又与其他族人合并或融合，就不应该把这一部分人的历史（如有关渤海国和金王朝的史事）无区别地全部包括在满族史之内。姚大力、孙静《"满洲"如何演变为民族——论清中叶前"满洲"认同的历史变迁》(《社会科学》2006年第7期）一文指出，从皇太极下诏改称"满洲"之日，满洲共同体就开始存在了，但其性质则伴随着它的成员为应对政治及社会环境的变化而不断改塑其自我归属意识之特定形态的过程而经历了不止一次的重大变化。直到乾隆时代奠定满洲人的共同血统的观念时，满洲认同才被赋予前现代民族认同的性质，而至清末民初才开始转型为现代民族或者种族集团。

蒙古族的族源，历来众说纷纭，莫衷一是，主要有东胡说、匈奴说、突厥说、丁零说和吐蕃说。虽说东胡说已成为学术界的主流观点，仍有学者提出异议。苏日巴拉达哈的《蒙古族源之新探》(《内蒙古社会科学》1981年第5期）一文，以及《蒙古族族源新考》（民族出版社1986年版）一书认为，蒙古族族源最早可溯源于上古时期的白狄、赤狄的狄历一系，与突厥同源，二者与匈奴、鲜卑并为起源自蒙古高原的三大系。《魏书》第一次将狄历的世系系列化，即狄历—丁零—高车—铁勒。汉文史书中的"莫何"、"莫贺咄"、"木骨闾"、"没歌"、"没骨"等，皆系蒙古之音转。柔然为历史上第一个有记载的蒙古人创建的国家。成吉思汗的先祖，出自高车后十二姓的乞袁氏（即乞颜氏），在突厥东征柔然之际，随之东迁到三河之源，孛儿只吉台娶忙豁勒真豁阿，为高车乞颜氏称蒙古之始。赵展的《对蒙古族起源于"蒙兀室韦"说的质疑》(《学习与探索》1982年第2期)则认为蒙兀室韦属通古斯族系,与蒙古族风马牛不相及,蒙古族的真正族源应当是匈奴余种。

郭庆的《浅议达斡尔族族源问题》(《中央民族大学学报》1995年第1期)一文认为,不能说达斡尔族源于古代的哪一具体民族,这不符合民族发展规律;达斡尔人的文化特征有很多地方与契丹人相同或相近,说明他们之间确实有某种亲缘关系,但不能因此就认为达斡尔族源于契丹;我们只能大约推测东胡系民族经多次分化组合后,达斡尔族形成的情况;大约在元、明时期,达斡尔族才形成。穆昆的《达斡尔族的源流与习俗》(《北方民族》1995年第1期)一文充分利用文献资料,在进行实地考察的基础上,阐述了达斡尔族的语言与习俗,认为达斡尔族的习俗多来自契丹并保留至今。达斡尔族来自契丹的故地西喇木伦河、老哈河、达鲁河流域,是以契丹为主体并融合女真、渤海、室韦、汉族等民族组成的民族共同体。

维吾尔族族源和形成问题,讨论热烈,至今仍未达成共识。改革开放前,大致形成一个基本共识,即丁零—回鹘—维吾尔族形成说。改革开放后,谷苞首先提出了一些不同于以往的观点,他在《新疆维吾尔族族源新探》(《中国社会科学》1980年第6期)中认为:公元3世纪居住于新疆的丁零,公元5世纪以后居住在新疆南部的丁零和北部的铁勒,以及他们长期历史中与当地各民族的融合,是尔后形成维吾尔族的主体。9世纪中叶西迁的回鹘,只是与这个主体会合了。苏北海的《维吾尔族族源考》(《新疆大学学报》1981年第1期)和《公元七—八世纪塔里木盆地维吾尔族》(《西北民族研究》1982年第2期)更是提出了与传统观点相去甚远的看法,认为维吾尔族是塔里木盆地最古老的民族之一,是从古以来就居住在塔里木盆地的主要民族,"维吾尔族在7—8世纪已是塔里木盆地的主体居民"。耿世民的《试论塔里木盆地民族的融合和近代维吾尔族的形成》(《新疆历史论文集》,新疆人民出版社1982年版)一文认为:以操突厥语的维吾尔族和其他突厥语族入居这一地区为界限,可大致分为突厥化以前和突厥化两大时期。其间公元八九世纪至公元10—11世纪为诸突厥族与当地居民逐渐融合的时期。由南北两大区都是突厥语替代了当地原居民的语言,到了公元15、16世纪,由于整个塔里木盆地在政治、经济、文化、宗教和语言方面都归于统一,于是一个新的民族共同体(近代)维吾尔族形成了。杨圣明的《回纥人的种族特征试析——兼评回纥与维吾尔之区别》(《甘肃民族研究》1988年第1期)一文借助考古和文献材料,以及近年来体质人类学的调查报告,对蒙古草原的回纥人和现代维吾尔人的体质特征进行了分析和对比，阐明古代回纥不等于维吾尔族，古代塔里木盆地的土著居民也不等于维吾尔族，现代维吾尔族主要是由以上两部分人于9世纪至15世纪末融合而成的一个新的民族。魏良骧在《维吾尔族起源、形成和发展问题再思考》（《民族研究》1999年第4期）一文里，经过对维吾尔族的"源"与"流"、"形成"与"发展"等问题进行了辨析，提出了新的观点，即维吾尔族形成于漠北回鹘汗国时期，是由漠北草原上操突厥语的众多部落发展形成的，不仅有着共同的语言、共同的地域、共同的经济生活，而且有着共同的心理素质，其主要标志为民族的认同Uyghur成为共同的民族自称。维吾尔族族源形成可上溯至南北朝时期的高车、两汉时期的丁零，以至春秋时期的赤狄。苗普生的《塔里木盆地边缘地区的民族融合和维吾尔族的形成和发展》（《西域研究》2005年第4期）论述了历史上不同时期塔里木盆地边缘地区居民的同化和融合状况，指出，八九世纪及其以后，伴随大批操突厥语言的民族部落南下，以及回鹘西迁和伊斯兰教在西域的传播，塔里木盆地边缘地区的居民开始回鹘化和伊斯兰化的过程，塔里木盆地边缘地区在政治、经济、语言、文化和宗教诸方面逐渐统一，促进了近代维吾尔族的形成。

关于哈萨克族族源，历来学者们多认为是乌孙，这几乎已成为定论。钱伯钱的《哈萨克族族源新探》（《民族研究》2001年第5期）一文认为：公元5世纪初乌孙灭国后，乌孙举族南迁帕米尔高原以寻求新的立足之地。乌孙国故地残留的少数乌孙人，不久被同化于悒哒人。公元6世纪后期，突厥勃兴，击灭悒哒后，原乌孙国境即成为西突厥十姓部落的游牧之地。哈萨克族真正的族源应是汉代的奄蔡、南北朝时的曷截及其后裔——唐代的可萨突厥、元代的钦察。蒙古金帐汗国时期，钦察人与克烈、乃蛮、轻吉惕、弘吉剌惕等操突厥语的蒙古人相互杂居，历经200多年的同化与融合，终于形成了今天的哈萨克族。至于哈萨克族中的乌孙部落，作者认为不是2000多年前立国于西域的乌孙，而是10—12世纪游牧于蒙古高原西部的兀孙（又译"兀逊"、"许兀慎"等）。该部多数人随术赤和拔都投迁金帐汗国。此族非彼族，界限应分清，不可混淆。钱伯泉又在《哈萨克族的族源和族名含义研究》（《新疆大学学报》2006年第1期）一文中，肯定哈萨克族的主要族源为两汉的奄蔡、南北朝的曷萨、隋唐的突厥可萨，次要族源是蒙古汗国和元朝西迁至钦察草原的蒙古人。

李生华的《土族绝非吐谷浑后裔——对土族族源研究若干问题的思考》

(《青海社会科学》2004年第4期)一文，对土族族源研究中围绕"吐"与"土"而论证为吐谷浑后裔的观点提出了不同见解，认为自20世纪80年代以来看上去颇为"流行的"吐谷浑说是不符合历史事实的。文章从九个方面阐述了土族（蒙古尔、察罕蒙古）族源为蒙古而绝非吐谷浑。丁淑琴《从波塔宁考察资料看土族族源》(《民族研究》2006年第4期)介绍了19世纪80年代俄国人波塔宁在民和三川地区的调查，并结合史籍记载和国内研究成果，对土族族源研究中的几个问题做了补充说明，认为土族的族源为吐谷浑。

有关彝族的族源，也是中外学者一直争论不休的问题，目前主要有"氐羌说"、"东来说"、"土著说"、"元谋猿人说"和"昆夷和早期蜀人说"。易谋远在《论彝族起源的主源是以黄帝为始祖的早期蜀人》(《民族研究》1998年第2期)一文中提出在彝族的多元起源中，除母族源于昆夷外，彝族起源的主源是以黄帝为始祖的早期蜀人。

有关白族族源，历来有土著说、氐羌说、濮族说等等。后大多主张白族源于先秦至汉晋时期分布滇川边境之僰人。马曜的《白族异源同流说》(《云南社会科学》2000年第3期)一文在总结诸家学人对白族研究的基础上，对白族多种源流的形成及其关系进行深入探讨，认为上述诸说虽持之有故，言之成理，但均有蔽于一隅之嫌。该文依据考古资料，并结合有关文献资料分析，认为白族最早的先民应是以古代云南白羊村新石器文化到海门口、大波那青铜文化时期，活跃在洱海地区周围（北到剑川，东到宾川，南部弥渡、云祥一带）的民族共同体——"洱滨人"为主体，他们不是滇僰人，而是"西洱河蛮"的前身。到两汉时期，大量僰人迁往滇西与"洱滨人"融合，构成白族先民重要的一支。此外还不断同化或融合西迁的蜀（叟）人、楚人、秦人—汉人以及周围一些民族，如哀牢的南诏王族、云龙县一些阿昌族和洱海地区少数彝族也先后融合于白族之中，致使白族形成一个开放性的民族共同体，并提出了白族异源同流的新概念。

傣族的族源，一般认为与百越有关，系由云南的土著民发展而来。刘岩的《傣族渊源与巴楚文化》(《云南民族学院学报》1994年第2期)提出了截然不同的观点，令人耳目一新。作者认为傣族是外来民族，其源头与巴、楚文化有关，傣族先民系由江汉平原经三峡至重庆一带再迁至云南的。他们入滇的时间，就版纳而言，约在公元七八世纪之间，德宏傣族亦不晚于七八世纪，临沧、思茅（今普洱）地区的傣族极大部分是明麓川扩张时期移居的。

当然，也可能有一部分傣族先民是汉唐之际或在更早的时间入滇，宋、元时期少量的陆续进入也是可能的。何平在《傣泰民族起源再探》(《民族研究》2006年第5期)一文中指出，傣泰民族虽然不是像早先一些西方学者所说的那样是从西亚或中国北方迁徙而来的，南诏王国也不是傣泰民族建立的，但我国一些学者后来提出来的傣泰民族是土著民族的观点，以及在此基础上勾画出来的傣族和与之同源的境外泰、老、掸等相关民族的早期历史恐怕也是不正确的。傣泰民族主要是从今天的广西、云南和越南交界一带即今天壮族以及他们的支系聚居的地区辗转迁徙到今天他们居住的这一地区的。今天壮族以及他们的支系聚居的这一地区才是傣泰民族的发祥地。今天的傣泰民族是从这一地区迁徙出去的古越人群体与当时居住在今天傣泰民族分布地区的土著居民融合以后才逐渐形成的。1981年，罗美珍曾在《民族研究》第6期上发表《从语言上看傣、泰、壮的族源和迁徙问题》一文。经过多年的研究，她又发表了《傣泰民族起源和迁徙问题补证》(《民族研究》2006年第5期)一文，从体质结构、语言结构、民族自称、地名分布等方面补充证据，进一步论证自己的观点：傣、泰族的先民属于原始马来人种的一支，即古书记载的我国上古时期东南沿海的"东夷"。他们有一部分人从海路迁徙，经过台湾（留居下来的成了高山族）、海南岛（留居下来的成了黎族）直到南洋群岛，成了印度尼西亚土著的来源。有一部分人则居住在两广，成了后来古书上记载的"百越"（瓯越、骆越、俚、僚等）。后来又有一部分人从广西出发经过贵州（留居下来的成了布依族、侗族、水族）、云南（留居下来的成了傣族），直到东南亚诸地，成了掸族、泰族、老族等；而留在广西的成了壮族。

关于壮族、傣族及泰族（泰国）、老龙族（老挝）之间的渊源关系，历来受到国内外有关学者的关注，先后发表的论文很多。范宏贵的《壮、泰、老、傣族的渊源研究》(《广西民族学院学报》2002年第3期)一文认为，以往和现在研究壮、泰、老、傣等族的渊源问题时，中外学者大多拘泥于从书中的族称来研究，线索断了以后便凭空推测。然而民族的迁徙、分化，史书往往并无记载，把古称搬过来搬过去，始终未能完全解决问题。作者通过深入的研究，发现壮语、泰语、老龙语相同或相近的词汇十分广泛，包括天体、气象、动物、家禽、农业、饮食、生活、人体部位的用词，甚至骂人的丑话、赶牛的吆喝声及1—10的数词都相同或相近。上述各族除了语言相同或相近以外，他们的地名特点也相同，民歌的旋律也相近。此外，从人类学角度分析，他们的体质特征也是相似的。鉴于上述所论，作者确认壮族、泰族、老龙族、傣族在古代应属同一人们共同体，后来迁徙、分化成不同民族。他们同为古代百越人的后裔。但古代百越有很多支系，那么壮、泰、老龙、傣等族先民是哪一支系呢？作者认为，从地理分布看，应是分布在今广西南宁以北至湖南南部、广东西部的西瓯人。详细的研究，可见范宏贵著《同根生的民族——壮泰各族渊源与文化》（光明日报出版社2000年版）。

胡阳全的《论苗瑶民族的同源问题》（《贵州民族学院学报》2001年第1期）一文认为，苗族和瑶族是我国具有悠久历史而分布较广的民族，虽然目前对探讨有关苗族和瑶族的族源文章颇多，但说法各异。该文以翔实、丰富的历史文献、民间传说、语言情况、信仰习俗及苗、瑶族的迁徙原因等资料为依据，通过对比研究后，对苗瑶民族同源问题进行了客观的描述。作者认为：从"蛮书"、《炎徼纪闻》、《溪蛮丛笑》、《赤雅》及《苗族古歌》等史籍和民间传说中，都反映出苗族和瑶族的原始居地是在长沙、武陵地区；从图腾崇拜看，苗族和瑶族都广泛流传着盘瓠传说，都尊奉传说中的盘瓠为本民族始祖；从语言的角度看，苗瑶同属汉藏语系的苗瑶语族，瑶族约有35%的人讲话接近苗语，而苗族也有一部分人讲话接近瑶语，并且苗语保留古苗瑶语的声母较全，瑶语保留古苗瑶语的韵母较全，说明苗瑶确实有着亲密的同源关系；在文化习俗上，也颇多相似之处，如苗族和瑶族有许多相似的民歌，苗瑶的头饰同是椎髻，头巾、衣饰也相仿；从苗瑶各自的迁徙史歌来看，也可证明武陵地区是苗瑶先民原先共同的聚居区，后来都因封建统治阶级多次用兵和战乱，成为迫使苗瑶先民迁离武陵地区的主要原因。作者认为，上述种种，都有力地反映出苗瑶同源于秦汉时期信奉盘瓠图腾的长沙武陵蛮或五溪蛮这一事实。

黄柏权的《土家族族源研究综论》（《贵州民族研究》1999年第2期）一文对40多年来土家族族源研究作了全面的介绍，分别综述了各家说法的依据，经过对各家说法的比较分析后，提出了土家族的两个族源是巴人和濮人的观点。作者还就土家族族源研究中应注意的问题诸如源与流的问题、地缘问题、考古资料的运用等等提出了自己的见解。

此外，还有何光岳独家编著的《中国民族源流史丛书》，先后出版了《楚源流史》（湖南人民出版社1988年版）、《南蛮源流史》（江西教育出版社1988年版）、《百越源流史》（江西教育出版社1989年版）、《东夷源流史》（江西教育出版社1990年版）、《炎黄源流史》（江西教育出版社1992年版）、

《汉源流史》(江西教育出版社 1997 年版)、《氐羌源流史》(江西教育出版社 2000 年版)、《东胡源流史》(江西教育出版社 2003 年版)、《北狄源流史》(江西教育出版社 2003 年版)、《女真源流史》(江西教育出版社 2003 年版)等。

综观十一届三中全会以来民族史学界关于族源问题的探讨,有以下几个显著的特点:第一,探讨族源问题的涵盖面广,涉及大多数民族,包括古代民族和现代民族。第二,民族史学界除了继续挖掘文献资料外,还综合运用考古学、语言学、民俗学的理论和方法进行探讨。第三,越来越多的学者在族源问题上提出多源说,并注意源与流的问题或同源异流、异源同流的问题。

六 民族法制史研究

中国少数民族法制源远流长,至少有两千多年的历史。少数民族法制的内容十分丰富,具有民族的多样性和不同历史时期的阶段性。改革开放以前,这方面的研究十分薄弱。改革开放后,伴随着全国法制建设的进程,少数民族法制史的研究十分活跃,取得了一批新成果,下面择要介绍之。

《蛮夷律》是中国古代适用于少数民族地区的一项专门法规,目前仅见于湖北江陵张家山汉简《奏谳书》中的一桩案例。曾代伟、王平原的《〈蛮夷律〉考略——从一桩疑案说起》(《民族研究》2004 年第 3 期)从民族学、法律史的角度,运用考古发掘的简牍资料,结合历史文献,对《蛮夷律》的内容、适用对象和范围以及其历史作用进行考析,认为《蛮夷律》是战国秦汉时期华夏统治者在兼并巴蜀、荆楚地区后推行民族政策的法律表现形式,关于蛮夷律在赋税徭役方面享有特殊待遇的规定是其中的重要内容。它对于华夏政权的建立和巩固及少数民族地区的稳定,具有重要的经济作用;而《蛮夷律》在东汉时期被逐步毁弃直至废止,是当时少数民族地区社会动荡的重要原因。

赵英的《从〈云梦秦简〉看秦国的民族立法》(《内蒙古社会科学》2007 年第 4 期)认为,秦国是中国先秦时期最早对民族问题进行立法的国家,从现存《秦律》内容可以看出,秦国在被征服的非华夏民族地区设置"臣邦"加以统治,并对"臣邦"君长的地位、民族身份确认、继承人保护、政治经济利益的保护做了规定。这些关于民族政策的立法,大多为后来的封建王朝所继承,成为中国古代民族立法的先河。

罗季常、胡涂的《秦汉民族政治法律制度探讨》(《西南民族学院学报》1991年第3期)认为,在民族政治法律制度方面,秦朝开创了很好的先河,汉朝给予了发展,从而形成了两朝一体的民族政治法律文化,并对以后各朝产生了重大影响。两朝具体的民族政治法律制度虽不尽相同,但都有许多共同的特点,体现了相同的精神。①在政治体制上,两朝都在中央政府设置了"典客"、"典属国"这一行政机构,专门负责掌管、处理少数民族事务,以加强对少数民族事务的管理。②两朝在民族地方不论实行的是哪种体制,都保留原少数民族上层分子"蛮夷君长"的统治地位,承认并维护他们治理其内部事务的权力。③在法制上,秦王朝除一般要求全国统一的法制外,还制定了专门的"属邦律"来调整民族关系,同时又在一定范围内认可民族习惯,并且在刑罚上执行较内地为轻的刑事政策。④两朝都实行"移民政策",秦朝主要是"移民实边";汉朝既采取"移民实边",又实行"边民内迁"的双轨政策。

武沐、王希隆的《匈奴司法制度与刑法考述》(《中原民族大学学报》2004年第6期)认为,以现有的法律体系看,秦汉时期的匈奴已有较完整的司法制度,有专门领掌诉讼的机构、官吏,有监狱,有刑法。刑法中有相应的罪名,有与之配套的刑罚。在汉代人的著作中,匈奴的法律往往被视作习俗,而不是法律。以至于在后人的眼中,匈奴缺少法律和司法制度。

刘精诚的《魏孝文帝的法制思想和法制改革》(《中国史研究》1993年第2期)认为,孝文帝重视法制改革,他的法制思想大致有以下几点:①重视法治;②不徇私情;③"直情折狱";④减轻刑罚;⑤提高司法人员素质;⑥在法治中宣扬儒家道德。孝文帝对法制的重视不仅表现在他积极改革法制、亲自讨论和修改律令,而且亲临刑狱,处理案件。

由氐族苻氏集团所建立的前秦,是东晋十六国时期唯一统一了北方,而且政治较为清明、最具规模气度的一个民族政权。其统治者对法律的运行也比较重视,前秦所以能出现十六国时期仅见的盛世,与其法制比较健全不无关系。何宁生的《前秦法制初探》(《西北大学学报》2002年第3期)论述了前秦统治者的法律思想为:德化为先,礼法并用和约法慎刑。之所以具有这样的法律思想,与其汉文化素养以及推崇儒学密切相关。作者根据翔实的史料对前秦的立法和法律内容进行了考述(包括行政法规、经济法规、刑事法规等),文中特别指出在选官制度方面,前秦采取了多途径选贤求才之策,并通过一系列积极的经济法律措施,促进经济的发展。前秦统治者对法律运行的重视主要体现在司法机构比较健全,注重督励官吏公正和严格执法。何宁生的《十六国时期少数民族政权法制的历史影响》(《民族研究》2006 年第 2 期)认为,十六国时期少数民族所建政权的法律制度多循魏晋,但当时一些有为君主为了适应特殊情势的需要,在取舍中原汉制的基础上,又制定了一些新的法律制度,在行政、刑事、民事、经济、婚姻、司法等制度方面均有所建树,从而使十六国时期的法制在中华法制文明发展史上留下了自己的身影。

尚衍斌的《关于晋唐时期西域法律制度的几个问题》(《新疆大学学报》1994 年第 1 期)依据文献及新疆出土的简牍、文书资料,就晋唐时期西域的立法、婚姻家庭、民事诉讼及晋唐西域法律体系四个问题展开论述,认为晋唐西域法律体系是包括了中原汉法、北方少数民族习惯法及当地部分民族习俗法在内的多元联合体。

秦升阳的《高句丽法律问题研究》(《中国边疆史地研究》2006 年第 3 期)以典籍中的一些记载和有关史实为依据,对高句丽的法律内容作出概括、论证,揭示了高句丽法律和司法的特征:渊源的多元性、内容的原始性、实施的残酷性。

牟军的《试论吐蕃的刑事法律制度》(《西藏研究》1994 年第 2 期)就吐蕃刑事法律制度的基本内容、特点作初步探讨。认为吐蕃刑事法律制度的特点有三:①吐蕃刑法具有鲜明的阶级性,是维护占统治地位的奴隶主阶级利益的工具。②吐蕃刑法以严酷为基本特征。③吐蕃刑法实行株连制度。何峰的《论吐蕃法律的渊源、形式和立法原则》(《中国藏学》2007 年第 1 期)深入研究了吐蕃法律的渊源、形式和立法原则,认为吐蕃法律主要受到历史传统、佛教文化和外民族文化的影响。正规法律文件是吐蕃法律的主要形式,其形成一般经过相关人员起草、赞普和大臣讨论、盖印生效、公布实施等程序。吐蕃法律有比较系统的立法原则,即维护统治阶级利益、保证社会稳定、打击分裂活动、重视社会生产、扶助贫弱阶层、保卫蕃土安全和倡导社会公德。

陆离的《吐蕃统治河陇时期司法制度初探》(《中国藏学》2006 年第 1 期)根据敦煌、吐鲁番等地发现的汉藏文献和汉藏传世文献的有关记载对吐蕃统治河陇地区的司法机构和官员、诉讼制度、审判制度等问题进行了较为细致的探讨,认为吐蕃统治下的河陇地区司法制度有如下特征:①从牒状的格式、证人和保人的画押、牒文连接处的押缝、审案人员的配置以及上诉制度等方面可以看出吐蕃司法制度相当程度上吸收和模仿了唐朝的司法制度。②司法制度较为完善，在审案时力求了解真实情况，获取真实凭据，要求证人和保人起誓盖印并画押，以保证其证词的真实性，审判官员依法审案，按律判刑，对判决结果要盖印，当事人也要在上盖印或画指印以示服从。民众对判决不服可以上诉。③司法制度表现出对奴隶等级制的捍卫。④行政与司法混同，司法机关由行政机关兼理，地方长官可以干预和操纵司法。⑤僧侣有一定的司法审判权。

徐晓光在《辽西夏金元北方少数民族政权法制对中国法律文化的贡献》（《西南民族学院学报》2002年第7期）一文中，通过对辽、西夏、金各北方少数民族王朝法制的内容和特点的分析，认为各少数民族政权通过对内地汉族传统与当时统治经验、法律制度、法律观念的学习、效仿，创建了自己的法制，又结合民族的特点和习惯，丰富了民族法制的内容。

曾代伟的《金朝诉讼审判制度论略》（《民族研究》1999年第2期）从案件的起诉、受理、审判到判决执行的全过程，对金朝诉讼审判制度进行了较全面的探讨，指出在多元一体的文化氛围中，金朝司法在体制和程序上大体沿袭唐宋之制，但其内涵和规范却更多地受到女真传统习惯的浸润，反映出儒家思想的影响相对淡薄，对元朝司法制度具有深远影响。作者特别指出，金律允许亲属之间互相告发，奴婢告主事件层出不穷，这在中国古代法制史上颇具特色。

《天盛律令》是用西夏文写成的、中国历史上最早刊印的少数民族文字法典，共20卷。史金波、聂鸿音、白滨译注的《西夏天盛律令》（科学出版社1994年版）提供了12世纪西夏王国的政治、经济、社会、文化情况，其内容之丰富为世所罕见。杜建录的《论西夏的司法制度》（《西北民族研究》2003年第4期）主要根据传世的西夏《天盛律令》考述了西夏的司法机构、诉讼制度及有关拘捕、传讯与囚禁的规定，指出西夏的行政、军事机关一般都兼有审案和督察复核之责，司法诉讼主要是刑事诉讼。

奇格的《试述古代蒙古的法制及其主要特点》（《内蒙古社会科学》1994年第2期）对蒙古习惯法、成吉思汗大札撒、明代政教并行和清朝统治下的蒙古法制进行了简要论述。奇格又著《古代蒙古法制史》（辽宁民族出版社1999年版），将古代蒙古法制史分为未成文的蒙古族习惯法时期、成文的《成吉思汗大札撒》时期、蒙古法制政教并行时期、清代蒙古贡地方法时期。作者就不同时期所颁行的习惯法规、法典及其特点、作用分别进行了阐述，还探讨了各个时期蒙古法制的法律思想。

《喀尔喀法规》是一部清代喀尔喀地方法规的汇编，达力扎布的《〈喀尔喀法规〉制定原因及实施范围初探》(《中央民族大学学报》2006 年第 1 期)认为，清廷为笼络喀尔喀部哲布尊丹巴呼图克图，稳定喀尔喀，允许土谢图汗等部王公制定了这部法规。该法规有关哲布尊丹巴呼图克图特权和宗教事务方面的内容被奉行于整个喀尔喀。世俗方面的内容，主要在哲布尊丹巴呼图克图大库伦和土谢图汗部实行，后来只限于大库伦内。

罗致平、白翠琴的《试论卫拉特法典》(《民族研究》1981 年第 1 期)详尽地分析了卫拉特法典（又称"1640 年蒙古—卫拉特法典"）制定的历史背景、主要内容及历史意义。指出法典的某些条款虽然还保留了氏族制的外壳，但其主要内容是从社会生活各个方面维护封建所有制，巩固封建等级制度，稳定封建统治秩序，从法律上促进了封建制的发展，对蒙古社会的历史进程产生了深远的影响。黄华均著《蒙古族草原法的文化阐释——〈卫拉特法典〉及卫拉特法的研究》(中央民族大学出版社 2006 年版)一书，首先从对包括《卫拉特法典》在内的卫拉特法全部法条逐一诠释入手，初步了解卫拉特法的性质、特点、体系、效力、调整范围、调整对象等问题，对卫拉特法的制度框架进行鸟瞰式的概览，借助法文化的诠释，全面探求立法者的意图。其次，对卫拉特地方性法律符号展开研究，研究对象包括宗王法、僧侣法、军事法、行政法、刑法、诉讼法等内容。再次，采用法律文化人类学的方法对卫拉特法所涉及的民俗、地方性知识进行文化解读，目的是从中了解游牧民族的价值观和思想体系。从法学、人类学、史学的多维视角对卫拉特法进行整合性的研究，得出有关卫拉特法的学术性和应用性的价值评估。策·巴图《〈蒙古—卫拉特法典〉与蒙古族传统的财产分配习俗》(《新疆大学学报》2006 年第 6 期)一文，对《蒙古—卫拉特法典》中的财产分配法与蒙古族传统财产分配习惯进行对比和分析，以相关文献记载为例阐述二者的关系、发展趋势和社会作用。

乌力吉陶格套的《近代蒙古司法审判制度的演变》(《中央民族大学学报》2004 年第 5 期)认为，清代前期，清政府通过对蒙古的特殊立法，确立了蒙古地区独具特色的司法审判制度。近代以来，特别是清末至民国时期，随着中国传统的司法审判制度的演变和历届中央政府对蒙古的"与内地一体化"政策的实施，蒙古传统的司法审判制度也发生了很大的变化。

元朝是中国历史上第一个由少数民族建立的全国统一性封建政权。蒙古统治者依据"各从本俗法"的原则，对蒙古法、回回法、金制唐律等兼容并蓄，其法源呈多元性。白翠琴的《略论元朝法律文化特色》（《民族研究》1998年第1期）在全面研究元朝法制的基础上，通过纵横对比，从成文法渊源、形成、内容、监察司法机构、圆署约会制度、律书语言文字等方面论述了富有时代特色的元代法律文化。指出元朝统治者将"祖述"和"变通"紧密结合，其法制主要受中原传统法系影响，但又留有浓郁草原游牧习惯法的气息，还吸收了回回法等的某些内容。曾代伟的《蒙元流刑考辨》（《内蒙古社会科学》2004年第5期）指出，在中国古代刑法史上，蒙、元流刑之制有许多独特之处。相关律典的散佚和文献记载的混乱，给我们今天研究此类问题带来了较多的困难。迄今为止，相关论著对蒙、元流刑制度设计及运作真相的研究歧异较大。从实证的角度着手，通过对流刑实际案例的搜集和梳理，针对蒙、元流刑的适用对象、流放地及其特点进行考辨，则能够比较清楚地探明蒙、元流刑仍为法定刑之一；元朝初期沿袭金代流刑之制并加以折代变通；至元八年以后，独具特色的流刑制度逐渐形成；但在司法实践中，变通律令的现象仍十分普遍。

　　清朝是我国历史上边疆政策较为成功、民族法制最完备的朝代，回疆法律制度又是其中最具特色的部分，也是历史上中央政府对穆斯林地区立法的突出成果。王东平的《清代回疆法律制度研究》（黑龙江教育出版社2003年版）一书研究了自清代统一回疆地区至新疆建省止一个多世纪中回疆地区的法律制度，重点探讨了回疆法律典章的分析、大清律与伊斯兰教法律之间的关系、回疆婚姻法、回疆司法制度、回疆经济法规等问题，从法律制度的角度研究了清朝治理边疆民族地区的政策与措施，总结了历史上民族法治的成败得失。作者认为回疆法律制度的问题，其实质是研究以中华法系为基础的大清律在新疆南部这个多民族杂居地区实施时所面临的文化冲突问题，从这个视角阐述统一多民族国家的发展，研究中华民族内部不同文化区域、族群的关系，不仅有很高的学术价值，而且对于巩固国家的统一，维护民族团结，保持边疆地区的稳定有重要的参考意义。王欣的《〈回疆则例〉研究》（《中国边疆史地研究》2006年第3期）主要研究新疆建省前清朝处理新疆南部民族事务的地方性民族法规《回疆则例》，认为《回疆则例》的修订反映了清朝对新疆治理的不断深入，还充分体现了清朝"因俗而治"的统治思想，及在多元文化背景下新疆各种法律文化之间的互相调整与适应，并对其历史作用进行了探讨。

　　周润年、喜饶尼玛译注《西藏古代法典选编》（中央民族大学出版社

1994年版）对藏族成文法典《十六法》和《十三法》进行了译注。周润年在译注的基础上又撰文《西藏古代〈十六法〉的内容及其特点》（《中国藏学》1994年第2期）对其进行了分析，认为藏巴第司噶玛丹迥旺布时期制定的《十六法》是西藏封建农奴制社会的一部典型的成文法，它对于研究西藏社会的社会政治、宗教、文化以及法理等方面具有重要的价值。综观《十六法》的内容，可归纳为以下主要几点：①反映了农奴主阶级的根本利益；②反映了封建农奴社会明显的等级制度；③反映了封建农奴社会生产关系的特征；④反映了神权观念和教法思想。

张植荣的《"藏内善后章程"二十九条的法律地位》（《西藏研究》1993年第1期）认为，《钦定藏内善后章程二十九条》是清政府1793年整顿西藏政务的重要成果，它标志着中央对西藏的施政达到了成熟的阶段。无论从历史还是从国际法的角度来看，"二十九条"都是中国中央政府加强西藏地方主权管辖的表现，是总结元以来历代王朝对西藏拥有完全主权管辖的表现，是一个重要的法律法规。

杨怀英等著《凉山彝族奴隶社会法律制度研究》（四川民族出版社1996年版）分凉山彝族奴隶社会法律制度简况、奴隶制度等级隶属关系、奴隶制社会的刑法制度、奴隶制社会民法制度和婚姻家庭制度、奴隶制社会继承制度和奴隶制社会的诉讼制度七个方面进行了阐述，涵盖了凉山彝族奴隶制社会习惯法的全部内容。张晓辉、方慧主编的《彝族法律文化研究》（民族出版社2005年版）对彝族法律文化的历史发展及其现代意义进行了研究。彝族在历史上形成了发达的法律文化，该著作研究了先秦、南诏、大理国、元明清时期以及民国时期的彝族法律文化，研究了彝族传统法律文化在现代社会的变迁及其对现代法治秩序建构的启示。

方慧、田瑞华的《略论元、明、清时期的傣族法律》（《云南社会科学》1998年第6期）认为元代傣族尚没有成文法，但已与原始社会的习惯法有所不同，已具有鲜明的阶级性，保护的是傣族奴隶主阶级的利益。明、清时期傣族的法律有所进展，特点是：成文法尚未公布，成文法与习俗法并存；傣族封建法律深受佛教影响；傣族成文法的结构是刑、民并重；体现出较为独特的民族关系；法规中保存了较多的奴隶制残余，并深受内地和东南亚地区法律的影响。吴云、方慧的《元明清时期傣族成文法的形成与变迁》（《思想战线》2006年第5期）一文认为：元代以后，傣族社会被纳入到中央王朝的政治体系中，随着中央集权的强化和南传上座部佛教的传入，傣族社会发生了巨大的变化。元代傣族的社会法律规范只是习惯法，至明清时才形成了成文法，其成文法一是体现了内地地主经济因素的影响，二是佛教精神成为其重要原则。吴云在《元明清时期傣族法律文化的变迁》(《云南民族大学学报》2006年第3期)一文中提出，元明清时期是傣族社会重要的发展时期，傣族社会在与中央王朝的交往过程中，社会生活各方面都发生了转型与变化，法律文化也随之发生了重大变迁。文章根据丰富的历史资料，对这一时期傣族法律文化的内涵及其变迁进行了探讨，认为其具有如下一些特点：法律文化性质由早期的奴隶制性质向明代以后的封建领主制变化；法律形式从习惯法向成文法发展；法律文化多方面内容和特征也就随之发生了变迁。

罗洪洋、张晓辉的《清代黔东南文斗侗、苗林业契约研究》(《民族研究》2003年第3期)指出，明末清初，黔东南侗苗族居住区因为天然木材资源丰富而成为著名的木材集散地。但天然林的储量毕竟是有限的，至道光年间，成片的天然林差不多被砍伐殆尽。从清初开始，其森林就以人工育林为主，因而延续和造就了当地林业和林业贸易的辉煌。作者认为其根源在于当地盛行林业契约，这些契约有效地保护了人工育林者的产权，较好地调整和规范了各方面的利益分配关系。该文对该地有名的林业区文斗的林业契约进行了分析归纳，将其分为卖契、佃契、分合同、处理山地林木纠纷四类，并从文斗林业契约中注意到，就算以现代人的眼光来看，文斗林契对所有权的保护是无微不至的：买卖契、佃契等都明确规定林木林地的界限，契约中各自的权利、义务规定都十分详细，最大限度地避免了纠纷的产生。而一旦发生纠纷，习惯法的处理也是简明和富有效率的，契约中的认错契是最有力的证明，何况还有侗族组织等行之有效的保障力量。罗洪洋《清代黔东南锦屏苗族林业契约的纠纷解决机制》(《民族研究》2005年第1期)又对清代黔东南锦屏苗族林业契约的作用进行了探讨。他认为这一时期苗族人工林业中的财产关系主要依靠林业契约进行调整，而林业契约之所以能够良好地发生作用，并不在于有国家法的保障，而在于林区苗民形成了一套本地的契约纠纷解决机制，寨老等民间头人在契约纠纷解决中担任着重要角色，而苗族习惯法则是契约效力的后盾。当然，林业契约之所以能在人工林业的生产阶段发挥作用，还与清朝官府此阶段的"放任"密切相关。除了"宏观引导"和创造外围条件之外，官府将人工林业的生产阶段完全交给苗族社会和民间法自己去调整，这既与当时封建政府的控制力有关，也与中国封建政府的历来的统治策略有关。应该说，皇朝政府对当时的林业生产阶段采取"放任"态度并非是一种积极和经过深思熟虑的行为，也即皇朝政府之所以"放任"和"不干预"，其原因并非是因为其意识到林业生产阶段是"私域"、是其权力的"界限"，而是因为封建皇权自身的"控制力"力不从心。而恰好是皇权的"力不从心"，也恰好是因为"力不从心"之下的"放任"，使林业契约等非正式制度充分发挥了作用，也使锦屏的林业生产获得了一种相对自由的空间，市场这只"看不见的手"抓住机会发挥出了最大效用，调动了各方面的积极性，从而极大地促进了林业生产。

周相卿的《清代黔东南新辟苗疆六厅地区的法律控制》（《法学研究》2003年第6期）一文认为，清雍正年之前，黔东南苗族地区的治理主要依靠习惯法，雍正六年在该地区新设丹江等六厅（简称"新辟苗疆六厅"），设流官进行直接控制，但是考虑到苗族地区的文化背景差异，采取了灵活务实的政策。表现在：①清朝一般法律在该地的适用问题上多有变通，比如对于重要的犯罪必须依照国家法律处断，而苗人自相争讼，则视同民事争议，由苗人自己根据习惯法解决。②采取特别立法进行控制，比如在苗区实行屯军、苗汉隔离、豁免赋税等，主要是考虑到苗族地区法律传统的特征性，不宜强行推行国家法，因此给予苗族习惯法以很大的适用空间。作者认为清朝在苗疆六厅地区的法律控制的指导思想是稳定边疆，事实上这一政策的实施保持了当地60年的稳定，只是乾隆后期由于实施不力才造成咸丰同治年间的起义爆发。但它也有明显的局限性，没有国家强制力的控制，习惯法中的缺陷无法克服，如累世复仇的"打冤家"问题就得不到解决。

陈宁英的《从"田旻如案"看清初民族地区法律实施的变通》（《中南民族大学学报》2004年第1期）对发生于18世纪中叶鄂西土家族地区"田旻如案"进行了分析，认为仅从法律制度这一角度来看，清朝初年之所以能较迅速、平稳地把国家的法律、政令全面推行于鄂西少数民族地区，促进当地的社会从封建农奴制形态的土司制度转变成与内地相一致的封建地主制制度，使该地区社会的政治、经济、文化、思想意识等方面得到极大的改变，与清初中央政府在处理"田旻如案"中成熟运用政治、军事和法律手段有着不可分之关系，尤其是该案中的法律制度的变通实施，对此后该地区政治、经济、文化发展的影响不可低估。

七 边疆史研究

中国边疆地域广阔，居住的民族众多。因此，边疆史的研究与民族史的研究是密不可分的。中国的边疆史研究，有着悠久的优良传统。从20世纪初至40年代末，中国边疆史研究在内忧外患的压力和寻求强国富民的动力交相推动下，实现了由传统的边疆史研究向现代边缘学科的转变；1949年中华人民共和国成立后，中国的边疆史研究进入了一个新的发展阶段，这时的边疆史研究在指导思想的转变、研究重点的转移等方面均出现了新的局面，但因这项研究由于边界问题涉及国家领土主权，向来在学术界被视为"禁区"，研究者多望而却步，造成了中国边疆史研究相对停滞的局面。但中共十一届三中全会以后，确立了实事求是的思想路线，中国边疆史研究又日趋活跃。但中国边疆史研究的真正发展繁荣则是在90年代以后，以中国边疆史地研究中心为代表的一批研究机构的先后成立、大量有关中国边疆史研究论著的出版标志着中国边疆史研究进入了全面发展的阶段。1983年3月成立了中国边疆史地研究中心。1988年10月22日至26日在北京召开了建国以来首次中国边疆史地学术讨论会，中心议题是：中国边疆史地研究的对象、目的和展望；中国历代边疆政策及边疆开发；中国近现代边界研究。这次会议对中国边疆史地研究深入发展起了促进作用。现仅以边疆史与民族史相关较紧密的研究成果略作介绍。

在治边思想研究方面，方铁的《论中国古代治边思想的特点、演变和影响》（《中国边疆史地研究》2003年第1期）《古代治边观念的研究内容与主要特点》（《中国边疆史地研究》2006年第1期）两文，前者认为：古代治边思想大体形成于秦汉，发展和延续至清代，其内涵是动态变化的，经历了从肤浅到成熟的过程，各个时期的治边思想又有其特色。古代治边思想总体上有两个基本的特点：统治者对开拓疆土多持相对保守的态度，认为理想的边疆治理是"守在四夷"；从"华夷有别"的治边观出发，在边疆地区施行相对宽松的羁縻统治，同时重视在边疆传播封建文化的教化作用。后者认为，古代治边观念是中国古代逐步形成的关于边疆、历史疆域形成与管辖及相关问题的处理，在态度、方略和措施方面的一系列认识。其研究内容十分丰富，大体上包括古代边疆观、古代治边观以及对其他边疆有关问题的认识观三个主要方面。治边观念的特点主要有：对历代边疆施治产生了深刻影响；与国势兴衰相关联；中原王朝与边疆政权的治边观念有一定差异；经历了发展演变的过程。方铁、邹建达的《论中国古代治边之重北轻南倾向及其形成原因》（《云南师范大学学报》2006年第3期）指出，重北轻南，即在边疆统治方面重视北方、相对忽视南方的倾向，是封建王朝治边方略的重要组成部分。秦汉时这一倾向基本形成，以后延续了上千年。受其影响，历代王朝统治边疆及边疆民族的原则，有不少是从对付北方少数民族的方法发展而来。因驻兵、屯田及经营的重点长期在北方，元以前中原王朝对南部边疆开发的力度较小。元与清重北轻南的倾向不甚明显，主要由于这两个王朝减轻了来自北部边疆的压力。重北轻南治边倾向的形成，与南北方少数民族有不同特点，南北方民族融合过程的差异，北方为历代军事争夺的重点，以及北方游牧民族易对中原王朝构成威胁等因素有关。

黄松筠的《中国古代藩属制度五个阶段的基本特征》（《社会科学战线》2007年第6期）认为，中国古代藩属制度于周代形成、汉代确定、唐代创新、明代强化、清代完备，同姓藩国、境内属国、羁縻府叫、都司卫所和藩部曾分别是上述五个阶段中的藩属主体，藩属制度在各阶段有不同的特征。藩属制度是中国古代国家政体的重要内容之一，它具有一朝（国）两制、地方自治与民族自治、藩卫内向三大基本特征，其预期目的是为了捍卫中央王朝的安全，周至清末的三千年间，藩属制度的实质和作用虽然没有根本性的变化，但其发展过程的阶段性则是客观存在的。李大龙的《汉唐藩属体制研究》（中国社会科学出版社2006年版）系统研究汉唐两朝与周边国家及少数民族政权之间建立的藩属体制及其历史演变，从一个侧面深刻地反映了中国古代外交政策体制的形成与发展，对研究古代外交史、政治史、边疆史等问题具有重要参考价值。作者认为，汉王朝是我国古代藩属体制的形成时期，而唐王朝则是继承和发展了汉王朝的相关理论和制度，将汉唐的藩属体制放在一起进行研究，不仅可以看到藩属体制形成和发展的过程，而且也可以更为清晰地探讨藩属体制在中国古代疆域形成和发展中的作用。该书对汉唐藩属体制的研究主要分为三个方面：一是对汉唐两朝的藩属观念的形成和发展进行概要探讨；二是系统阐述汉唐两朝藩属体制的构筑过程；三是对汉唐两朝为维持藩属体制运转而采取的各项政策和措施进行总结，以求对汉唐藩属体制的形成和发展有一个整体的认识。李大龙又在《不同藩属体系的重组与王朝疆域的形成——以西汉时期为中心》（《中国边疆史地研究》2006年第1期）一文中，以西汉王朝为例，对古代中国王朝的疆域形成进行了探讨。文章认为，不同藩属体系的碰撞和重组是王朝疆域形成的主要途径。在西汉初期，中华大地上存在以西汉王朝和匈奴为核心的两大藩属体系，以及众多的亚藩属体系和弱藩属体系。自武帝时期开始，随着西汉王朝国力的增强，两大藩属体系进入碰撞、重组阶段，其结果是不仅以匈奴为核心的藩属体系被纳入西汉王朝的藩属体系中，其他弱藩属体系也进入其中，属于西汉王朝藩属体系的亚藩属体系则成为郡县，由此最终形成了郡县、特设机构、藩属国三个不同层次构成的西汉王朝疆域。

都护是中国古代王朝设置的职官之一，起自西汉，迄于明代，对我国古代边疆或边疆民族的管理发挥了重要作用。李大龙的《都护制度研究》（黑龙江教育出版社2003年版）探讨了都护制度的形成、发展和消亡的历史。认为都护制度适应边疆和边疆民族管理的需要而出现，又在边疆和边疆民族管理中得到发展、完善。内容涉及边疆民族政策、管理机构、边防建设、边疆发展、民族关系、经济文化交流等多个方面。

程尼娜的《护乌桓校尉府探析》（《黑龙江民族丛刊》2004年第5期）和《护东夷校尉考》（《北方文物》2004年第4期），前者认为护乌桓校尉府设于汉武帝元狩年间，是两汉魏晋王朝监领统辖归附中央王朝的乌桓、鲜卑诸部事务的官属机构。曹魏以后，历任护乌桓校尉均由幽州刺史兼任。护乌桓校尉掌管乌桓、鲜卑部落的安抚、赏赐、管理、互市贸易，以及乌桓、鲜卑大人朝见天子、纳贡、质子等事项，使其为汉侦候、守边。后者认为护东夷校尉设于曹魏时期，其初期是中央王朝监领统辖东北东部诸少数民族事务的官属机构，北魏时期，是总领东北少数民族事务的重要机构。北魏末年，拓跋鲜卑统治集团在东北地区的统治衰弱，撤销了护东夷校尉府。此后，护东夷校尉成为北朝授予东北高句丽、新罗政权统治者的官号。薛宗正的《大行令、大鸿胪与鸿胪卿——汉唐时期的主管外事、蕃务的行政建置》（《新疆社会科学》2004年第5期）认为我国历代中央政权在处理外邦和边疆地区的蕃务过程中，逐渐形成了一整套完整的制度，其主管官员，西汉称大行令，西汉末年又创制了大鸿胪，开始取代了大行令的职能，魏晋南北朝一直继承其制，隋唐时期这一机构日益庞大，称为鸿胪寺，主管大员称鸿胪卿，演度为唐九卿之一。

管彦波的《简论隋文帝的治边思想与治边措施》（《贵州民族研究》2006年第2期）认为，隋文帝在其执政的短短20多年间，就能一统南北，把隋朝建设成一个颇为强盛的封建王朝，除了与隋文帝所进行的内政改革至为密切外，与其所推行的"无隔华夷"、"文轨攸同"的治边思想、"远交近攻"、"离强合弱"的治边方略和"严防边塞"、"清边制胜"的治边措施亦不无关系。王力平的《隋朝的边疆经略》（《中国边疆史地研究》1999年第1期）利用隋朝反击突厥、平定吐谷浑、征伐高丽、抚定西南各族、平息海疆之乱等史实，探讨了隋朝边疆经略与统一多民族国家再建的关系。

王静的《隋唐四方馆、鸿胪客馆论考》(《西域研究》2002 年第 2 期) 对隋唐四方馆、鸿胪客馆的机构设置、生活状况及其所发挥的作用进行了论述与考证。隋唐两朝皆设有鸿胪客馆与四方馆作为接待来朝四夷使节的场所与机构，但其管理方式略有不同。例如隋代四方馆隶属于鸿胪寺，唐代则隶属于中书省。唐代四方馆与鸿胪寺俱为处理四夷事物的政府机构，具有同等重要的地位。唐朝鸿炉寺下属的典客署为掌管朝贡四夷蕃使各项具体事务的机构，其中管理鸿胪寺客馆即为其主要职责之一。作者认为：隋唐客馆的设置，是隋唐大一统时期民族关系与对外关系进一步发展的结果。这些机构的设置，不仅为吸引周边民族与中央王朝进行往来提供了条件，而且也在一定程度上为促进民族融合提供了契机，对发展中央王朝与边疆民族的关系，对增进双方经济、文化交流发挥了积极的作用。

马国荣的《唐鸿胪寺述论》(《西域研究》1999 年第 2 期) 对唐代专门管理外交和民族事务的常务机构鸿胪寺进行了研究，指出鸿胪寺担负着接待周边诸蕃入朝使者和部分商人的繁重任务，进一步巩固和发展了唐朝与周边地区各民族的关系，积累了较丰富的外交和民族工作经验。

李鸿宾的《东突厥的复兴与唐朝朔方军的设置——兼论唐朝控制北部边地的方式及其转化》(《民族史研究》，民族出版社 1999 年版)，主要论述了唐朝征服东突厥后处置突厥降户与北疆控制问题。唐廷先是采取笼络性质的羁縻州制安抚突厥降户，随着北疆新兴力量的崛起，开始实行具有安抚和征伐双重功能的都护府制，后来又演变成朔方道行军大总管体制，最终形成了以御边为主的节度使体制，这种转化表明唐朝前期军队体制和军事制度内在规律的发展趋向，又反映出当时唐与突厥双方力量和格局的转换。

方铁的《论唐朝统治者的治边思想及对西南边疆的治策》(《云南民族学院学报》2001 年第 2 期) 认为由于以唐太宗为代表的唐前期统治者着力经营边疆，故在西南边的统治较前代有明显深入，西南边疆的社会经济也有长足发展。但唐太宗等人治理边疆的思想，主要是从"四海如一家"和"德泽洽夷"等怀柔边疆民族的道德观出发，而对开拓及巩固边疆的重要性与深远意义，以及开发边疆实现其利用价值的重要性，却认识不足，甚至还流露出经营边疆招徕远域"无益于用而縻弊百姓"的错误意识。在上述思想指导下，唐朝统治者经营西南等边疆地区存在重统治轻开发和重投入轻回报的情形，虽然在经营边疆上耗费了大量人力和物力，但却因赋税收益甚微和处理边疆事务缺乏长远与全局的考虑，以至对边疆的经营活动难以为继，也使唐前期开明的治策鲜克有终。所以作者认为，唐朝经营边疆的力度与成效与后来元明清相比就略逊一等，这主要是与唐统治者的治边思想和治策的局限性有关。

宋朝对西北的统治是相当薄弱的，因而历来研究的不多。安国楼的《论宋朝对西北边区民族的统治体制》(《民族研究》1996 年第 1 期) 对蕃官的除授和承袭、迁转和待遇及其与汉官的关系进行了考述，并对麟、府、丰三州的统治体制进行了剖析。作者指出宋朝部族体制是一种更高层次的羁縻体制，与西南地区的羁縻州体制有所不同。北南体制所存在的这种差异体现出宋朝对边区民族政策逐步向多层次发展的趋势，也是对唐朝羁縻政策的进一步完善和发展。

方铁的《论宋朝以大理国为外藩的原因及其"守内虚外"治策》(《中央民族大学学报》2000 年第 6 期) 剖析了宋代统治者的治边思想和策略，认为宋朝把云南大理国视为外藩的主要原因有二：其一，北宋统治者错误地总结"唐亡于黄巢，而祸基于桂林"的教训，故将大理国与南诏类比加以防范，以大渡河为界，使大理国"欲寇不能，欲臣不得"。认为这样就能杜绝西南地区的边患；其二，宋朝统治者认为"理内"较"理外"重要，"外忧不过边事，皆可预防。惟奸无状，若为内患，深可惧也"，所以"理内"是治国的根本。宋朝统治者的这一策略思想最后发展成为具有战略性质的"守内虚外"的统治政策。

王静的《元代会同馆论考》(《西北大学学报》2002 年第 3 期) 对元代会同馆的建制、会同馆内的居住人员及元代会同馆的历史作用等问题作了论考。会同馆是中国古代中央客馆建制的组成部分，其职责是专门接待入京朝贡的周边四夷使节。元承辽金之制，也建有会同馆，其设立对发展元朝与周边四夷的关系起到了积极的作用。通过元代设置会同馆这一历史事实，说明自从入主中原后，蒙古族对"华夷之辨"与"用夏变夷"思想的继承，以及对四夷朝觐为主体的华夷关系体系的沿袭。同时指出，元代会同馆具有承先启后的历史作用，既承前代之制，又对后世中央客馆的建制有一定的影响，明清两朝会同馆的设立从名称到制度，均在一定程度上沿袭了元代之制。

尤中的《元朝对西南各民族地区的设治和经营》(《思想战线》1995 年第 2 期) 论述了蒙古帝国和元朝对西南少数民族地区先后采取的一些不同的措施，如：设置万户府、千户所和百户所；建立行中书省和利用土官进行统治；

开发军、民屯田；设置驿传，打开对外交通，活跃商业；建立学校，提倡儒学，加强对宗教的利用等，从而最终使西南少数民族地区稳定下来，政治、经济、文化各方面都较之过去有所发展变化。

栾凡的《明朝治理边疆思想的时代特征》(《学习与探索》2006年第3期)指出，明朝的治理边疆思想既有对以往封建王朝治边思想的继承，又有自己的独特之处，在取代少数民族建立的统一王朝——元朝之后，边疆局势与其他王朝有许多不同之处，治理边疆理念也必然随之发生变化。明朝统治者不仅从"天命论"的角度承认元朝的正统地位，而且提出"华夷一家"的理论，这是对元朝"大一统"思想的继承与发展，标志着民族融合已经达到一个新的层次，中华整体观念已深入人心，同时也为清朝的治理边疆思想奠定了基础。乌云高娃、刘迎胜的《明四夷馆"鞑靼馆"研究》(《中央民族大学学报》2002年第4期)对明代四夷馆鞑靼馆的设置年代、蒙古语教学、文书翻译活动、译语的编撰等问题作了系统的探讨。明朝设立的四夷馆专门负责与"四夷"往来文书的翻译，同时也是我国历史上最早为培养翻译人才而设立的专门机构。鞑靼馆是四夷馆的一个下属机构，其职责是翻译蒙古文书，兼培养通晓蒙、汉语的翻译人员。

明朝初年，在东北部边疆地区推行以卫所制度为特征的管理体制。但有明一代，这种体制随着时间的推移发生了很大的变化。张士尊的《明代辽东都司军政管理体制及其变迁》(《东北师范大学学报》2002年第5期)对此变化过程及其规律性进行了探讨。认为，洪武年间，辽东都司曾行使军事镇戍与行政管理的双重职能，是辽东地区的最高行政机构。永乐年间，专门执行军事镇戍职能的总兵体制开始形成，辽东都司逐渐将镇戍职能让渡给新的指挥系统，该机构只剩下行政管理一种职能并受制于总兵体制。随着总兵的设置，以总兵为核心的执行特定镇戍任务的指挥官员脱离了卫所，自成体系，其职能与都司管理无关。洪熙、宣德以后，行政监察体制开始形成，逐渐侵夺都司的行政管理权和总兵的军事指挥权，在监察与决策中都起着决定作用。从都司到总兵再到巡抚，辽东决策权的转移具有深刻的历史原因，了解这个过程对研究明代东北部边疆结构及其管理方式有着重要意义。

黄松筠的《明清在东北治边政策之比较》(《社会科学战线》2003年第2期)对明清两朝东北实施的治边政策进行比较研究，剖析利弊得失。作者认为，明朝在东北沿袭历代"内中国外夷狄"的传统的治边政策，妨碍国家"大一统"，导致东北动荡不定，国家陷入危机。清朝突破传统观念，以"华夷一家"为指导思想,将东北纳入中央行政管理系统,并因地制宜、因俗而治,真正实现国家政治与民族的"大一统",维护边疆的统一与稳定。清朝的治边政策是时代的巨大进步。

清代新疆建省以前,在当地长期实行军府管理制。清代新疆军府制的内容丰富而复杂,只有深入了解其内容,才能更好地认识清朝的边疆管理制度和民族政策,更好地认识清朝治理和开发新疆的政策和措施。王希隆的《关于清代新疆军府制的几个问题》(《西域研究》2002年第1期)在论述了伊犁将军于新疆的实际行使权限、伊犁参赞大臣无定制的事实与原因后,进而提出清代新疆的军府建制实为两个军府的观点。清朝统一新疆之后,设伊犁将军府为新疆最高军政建制,伊犁将军权限之大、统辖地域之广,在当时全国驻防将军中首屈一指,故其名号前冠有"总统"二字。但是,由于当时新疆划分为四大军政区,各区自有专辖一区的军政长官,伊犁将军主要是管理伊犁直辖区内的军政事务,对其他军政区的都统、参赞大臣等长官只是名义上的节制,其"总统"之权实际有限。清朝在新疆设立了两个军府,即伊犁将军府和乌鲁木齐都统府。乌鲁木齐都统虽然在名义上受伊犁将军节制,但二者同为武官从一品,这两个军府无论辖区范围、驻军规模、下属军政官员品级数量、所理军政事务等方面基本相当,只是伊犁将军名义上拥有节制统辖南路的权限,尽管这一权限不过徒具形式而已。

此外,从2000年开始,"中国边疆通史丛书"(由中州古籍出版社出版)陆续面世。这套丛书包括《中国边疆经略史》、《东北通史》、《北疆通史》、《西域通史》、《西藏通史》、《西南通史》和《海疆通史》七部。如由马大正主编的《中国边疆经略史》(2000年10月出版)从历代王朝的边疆政策、边疆开发、边疆治理、边疆管理机构的设置,以及中央王朝与边疆史地区的政治经济文化关系、民族关系、藩属关系的发展和演变等不同的方面对中国历代边疆经略的历史进行了全方位的综合论述。

八 民族政治史研究

在中国历史几千年的发展长河中,各民族的社会政治发展不尽相同,但这方面的研究比较分散,下面择要介绍之。

关于中央王朝在少数民族地区的设治和管理制度的研究有:尤中的《元朝对西南各民族地区的设治和经营》(《思想战线》1995年第2期)论述了蒙古帝国和元朝对西南少数民族地区先后采取的一些不同的措施,如:设置万户府、千户所和百户所；建立中书行省和利用土官进行统治；开发军、民屯田；建军学校，提倡儒学，加强对宗教的利用等，从而最终使西南少数民族地区稳定下来，政治、经济、文化各方面都较之过去有所发展变化。

明代总督之设始于西南，但明代西南总督之制的研究，以往学术界关注不够。黎小龙的《明代西南总督与民族社会冲突调控》(《民族研究》2005 年第 4 期) 在对明代 30 余任西南总督的统计基础上，对明代督抚制度及其与明代西南民族地区治乱的关系进行了系统的探讨，提出明代西南总督之设缘起于边疆民族地区大规模社会冲突，是明王朝平定这些社会冲突的一种特殊举措。从明英宗正统六年王骥肇其始，明代西南跨省性总督的设置，几乎都与西南民族地区的社会冲突有着直接的联系。终明一代，西南总督之置罢更替，辖区之宽狭，事权之大小，调控力度之强弱，无不与西南民族地区社会冲突的状况息息相关。文章最后指出，西南总督之设，以及西南民族社会冲突主要依托西南数省之力调控，皆反映了明中央王朝重北轻南的边疆战略思想；西南总督之设，虽有维护边疆民族地区统一和稳定之意义，但大军征讨所带来的破坏与影响至为沉重，是为史鉴。

盟旗制度是清朝用来统治和管理蒙古地区的军政制度，其中扎萨克旗是盟旗制度的核心。达力扎布的《清初内扎萨克旗的建立问题》(《历史研究》1998 年第 1 期) 对内扎萨克旗的初建时间和数目以及 49 旗最后形成的确切时间等众说纷纭的问题进行了探讨。作者指出，扎萨克旗制度的建立和实施在崇德元年，汉译名扎萨克译自满语而不是蒙古文。崇德元年初建的扎萨克旗有 27 个，此后不断封授扎萨克，至康熙七年最后形成了内扎萨克蒙古 49 旗。杨强著《清代蒙古族盟旗制度》(民族出版社 2005 年版)，就蒙古盟旗制度建立的背景、过程、具体的行政体制以及清代对蒙古的立法与管理，蒙古族的宗教、婚姻等问题做了比较全面的论述。朱普选的《青海蒙古族盟旗制度研究》(《青海民族学院学报》2006 年第 1 期) 认为，这一制度的实施有其内在的原因，但青海蒙古族所处的以牧为主的生态环境与以地域为本的盟旗制度在一定程度上的不相适应性，最终成为青海蒙古族社会衰退的主要因素之一。

廖祖桂、陈庆英、周炜的《清朝金瓶掣签制度及其历史意义》(《中国藏学》1995 年第 3 期) 一文分活佛转世制度的形成、金瓶掣签制度的设立、金瓶掣签制度的实施、金瓶掣签的历史意义四部分，全面探讨了金瓶掣签制度，认为金瓶掣签制度是清朝中央政府整饬、改革西藏行政管理体制、确立系统治藏法规中的一项重要内容。它既符合政治手续、法律手续，也符合宗教手续；既体现了中央政府的权威，又体现了西藏地方隶属于中央政府管辖的历史事实，有利于维护和稳定蒙藏地区的社会局势，团结宗教上层人士和广大僧俗群众。金瓶掣签制度的立法思想正确，具体操作可行，给后人以启迪。陈庆英的《清代金瓶掣签制度的制定及其在西藏的实施》(《西藏民族学院学报》2006年第4、5、6期)指出，金瓶掣签制度是清代乾隆皇帝针对活佛转世中的一些弊病而制定的一项重要制度，是中央政府管理藏传佛教事务的有力举措。虽然有关的研究已经相当丰富，但是陈庆英先生依据丰富的史料再次对相关的几个问题进行了研究，取得了新的进展。作者首先研究了金瓶掣签制度的缘起和形成，认为这一制度在制定时结合了藏传佛教活佛转世认定中的一些传统和清朝选官制度中的签选办法等。随后，作者详细考察了九世、十世、十一世、十二世达赖喇嘛的认定、坐床过程，论述了掣签认定和免于掣签等各种例规的形成。最后，作者还考察了通过金瓶掣签认定帕巴拉活佛等西藏其他活佛的事例，并根据史料列出了清代除达赖、班禅系统以外的68个通过金瓶掣签认定的活佛清单，指出自1793年至1911年的120年间，共有70多位活佛在拉萨通过金瓶掣签认定，平均每三年举行两次金瓶掣签活动。

伍昆明主编的《西藏近三百年政治史》(鹭江出版社2006年版)，是近年藏族史研究所取得的一项突出成就。该书是由著名藏史专家柳陞祺先生牵头发起，由中国社会科学院民族学与人类学研究所多位藏史专家倾力合作、历时十多年完成的一部专门研究清代以来西藏政治史的专著，共计70万字。该书对300年以来的西藏政治发展进行了全面系统的梳理，内容十分丰富。特别是在以下两个方面用笔尤多：①中央政府与西藏地方的关系问题。该书通过大量翔实的资料无可辩驳地论证了300年以来西藏在主权上归属于中国的历史事实。②对300年来英国侵略西藏政策的演变历程有了清晰的梳理、把握和分析，充分运用英国外交部档案和英国殖民者自己的著述揭露了英国对西藏的侵略以及制造所谓"西藏独立"活动的过程，深刻分析了英国不同时期在国际、国内以及对华关系等多种因素考量下出台的西藏政策的实质。书中还第一次对现在依然生活在所谓"麦克马洪线"以南的门巴、珞巴族人民的抗英斗争历史作了描述，使西藏历史更为完整，也有助于增强生活在边疆地区的上述民族对祖国的认同感。2006年9月，中国藏学研究中心历史所、《中国西藏》杂志社、中国社会科学院藏族历史与文化研究中心联合召开该书出版座谈会，与会专家给予高度评价，认为该著不仅充分吸收前人的学术成果，且有诸多的新史料、新见解，是一部高质量的史学著作。

关于各民族继承制度的研究有：罗新的《匈奴单于号研究》（《中国史研究》2006年第2期）认为匈奴政体的单于号，是匈奴政治制度的一部分，源于草原政治文化的古老传统。匈奴单于历来都有单于号，这个单于号绝不是单于本人担任单于之前的名字，而是在登上单于位之后获得的专有名号。《史记》、《汉书》中关于虚闾权渠单于之前的历任单于，所记录的都是单于号而不是名字。长期以来把头曼、冒顿等等当作名字，实是一种误会。西汉末年及新莽时期，由于匈奴国家与中原王朝之间建立了前所未有的密切联系，造成单于名号制度发生一些形式上的变化。这些变化显然是源于中原王朝强大的政治作用与文化影响。东汉南单于号中包含血统世系的信息，很可能是学习汉朝庙号制度的结果。同时，南匈奴单于号也从就职时获得改为死后获得。南匈奴单于号的这种重大变化，是南匈奴社会文化发生深刻变化的一个表征。关于匈奴单于位的继承制度，目前史学界还存在不同看法。武沐、王希隆的《秦、西汉时期匈奴单于位继承制度考辨》（《民族研究》2003年第3期）认为，匈奴单于位的继承制度是一个非常庞杂的系统，但仍有章可循：在呼韩邪单于之前，它的主干是长子继承制，同时，它需要兄终弟及以及叔继侄位、侄继叔位等方式的补充。兄终弟及以及叔继侄位、侄继叔位等虽然只在特殊情况下才得以实行，但却是不可缺少的组成部分，它们在长子继承受阻碍时承担衔接和纽带功能。肖爱民的《试析匈奴单于位的继承制度》（《内蒙古社会科学》2007年第3期）认为，在匈奴单于位的继承上，贵人会议的推举、已故单于的遗言、继承者的实力、阏氏的意向及用事大臣的倾向等是重要的因素，尤其贵人会议推举是必经的法定程序。因此，单于位的继承实行的并不是严格意义上的世袭制，而是向世袭制过渡的世选制。

王德忠的《辽朝世选制度的贵族政治特色及其影响》（《东北师大学报》2003年第6期）认为，源于契丹族建国前氏族社会选举传统的世选制度，因其满足了辽朝以契丹贵族为首的各族上层人物垄断高官显宦的需要，加之契丹族保留着游牧生产方式和部族组织，故而有其存在和延续的社会基础。在相当长的时期，世选制度因与契丹族的社会发展相适应，发挥了积极作用，但其消极作用在辽朝中后期日益明显地表现出来。王善军的《世选制度与契丹的家族势力》（《社会科学战线》2004年第1期）指出契丹民族在其发展过程中，将"习惯地由同一家庭选出他们后继者的办法"逐渐确定为世选制度，但家族之间对世选权位的争夺仍在不断继续；世选制度为契丹皇族、后族及新旧贵族家族势力的维持提供了政治上的保障，又为家族势力的维持提供着经济和军事上的保障。李桂芝的《契丹贵族大会钩沉》（《历史研究》1999年第6期）考察了契丹贵族大会的召集者和参加者，考证了贵族大会的内容和程序，指出契丹贵族大会源自原始部落时期的贵族议事会，在契丹历史发展过程中发挥过重要作用；随着皇权的加强，到景宗和圣宗时，它逐渐被官僚的朝仪所取代，但其某些特点在"朝仪"中仍得以保留。

杜家骥的《清朝满族的皇家宗法与其皇位继承制度》（《清史研究》2005年第1期）一文认为满族皇家宗法的特点是严嫡庶之分、长幼之序，清初尤为明显，汗（皇）位传承及竞争只在嫡出者之间进行，且有一个由兄终弟及向父死子继的转变过程，这与辽、金、元等少数民族政权及汉族早期王朝的情况相同，符合一般规律。清入关后，皇子之间嫡庶身份差别趋于缩小，在废嫡或无嫡的情况下皇位传于庶出者，与两汉、唐、两宋、明等朝多庶出者继承皇位的状况也相同。

水西是古代彝族默支系建立的地方性政权，元明时期，水西君长接受中央王朝的赐封，成为全国有名的大土司。关于水西政权的继承制度，既往的研究多采用嫡长子为大宗，其余宗子为小宗，层层分封的宗法制原则来解释贵州水西彝族的政治制度。温春来的《中央王朝的开拓与少数民族地方政权承袭制度的演变——对明代贵州水西彝族宗法制的再思考》（《贵州民族研究》2004年第3期）通过梳理、考辨有关彝、汉文献，认为水西彝族本来采用的是轮替继承的承袭制度，嫡长子继承制并非水西彝族本身的制度，而是在明王朝的干预下形成的。

关于各民族政治制度方面的研究，杨保隆的《试谈金代废除勃极烈制度的原因》（《社会科学战线》1994年第1期）指出，废除勃极烈制度的原因，一般认为是金熙宗因金朝统治区域扩大，管辖民族增多，为适应多种政治、经济制度和女真族社会迅速封建化而采用。该文认为这不是最初动因，因为：金太宗末年已采用汉官制，不是熙宗时才开始；战争还在进行，发展生产尚未成为唯一任务，勃极烈制度的积极作用尚有用武之地；金灭辽后已在汉族聚合区施行汉官制，即仿辽朝在地方系统实行两套官制（猛安谋克与州县制），为何不仿辽朝上下均实行两套官制？原因应从太宗朝寻找。太宗执政10年后决定废除勃极烈制，是因为发生了一些重大政治事件：太宗即位后因私用国库财货过度，受到诸勃极烈"廷杖"处罚，皇帝尊严、权力受到挑战；作为皇储的谙班勃极烈一位在斜也死后，虚位一年多太宗不授人，意在授其子，在诸勃极烈再三要求下才按"有约"授合剌，传位其子的私欲遭挫；握有实力的诸勃极烈左右太宗，特别是移赉勃极烈宗翰不仅公开伸手要权，且千方百计扩大势力，结党营私，皇位潜伏着被篡夺危机。此三点应是太宗改变阿骨打要他"一依本朝旧制"，改行汉官制的原因，因为在汉官制下，辅佐皇帝的最高官也只能传达、执行皇帝旨意，唯皇帝之命是从。

吴景山的《后突厥汗国的政治制度辨析》(《西北民族学院学报》1995年第4期)着重分析了后突厥汗国的政治制度。指出：尽管突厥地区曾在隋唐两代长时期内受到中原地区的封建政治、经济、文化等方面的影响，但综观突厥汗国的历史，无论是统治方式还是政治制度方面，仍然是一如既往的奴隶制。

李文学、王希隆的《吐谷浑地方统治制度的演变》(《民族研究》2005年第5期)对吐谷浑的地方统治制度进行了系统研究，指出其地方统治制度大约经历了三个发展阶段，即酋邦部落制，酋邦、宗族部落制并行和汗国宗族部落制阶段，并对各阶段涉及的一些具体问题进行了考证。

陆庆夫、陆离的《论吐蕃制度与突厥的关系》(《兰州大学学报》2005年第4期)认为，吐蕃立国后一系列规章制度的建立，我国学术界多年来认为主要受到唐朝的影响，该文对此提出不同看法，并从以下几个方面举例论证：①吐蕃军政合一的行政区划"茹（ru）"、"东岱（stong-sde）"与唐朝的府兵制区别较大，而与突厥汗国的"设"更为接近。②吐蕃的职官制度如设奎本（khos-dpon）以及贡论、囊论、喻寒波以及地方官域本（yul-dpon）之设与唐朝职官系统在职能上并不相同，而是源自突厥。从历史交往来看，吐蕃与突厥的交往早于与唐朝的交往，受突厥影响的可能性更大。③吐蕃实行兵民合一，以十进制编制军队，设千户、万户，制定严刑峻法，犯罪必施以重刑，对盗窃罪按盗窃之物的数倍或几十倍追征等做法，均来自突厥之制。④在本教丧葬仪轨中以羊马作为献祭品同样与突厥有渊源关系。作者最后认为藏文古代史籍指出吐蕃"自北方霍尔、回鹘取得了法律及事业之楷模"的记载是确有所据。文章通过对吐蕃、唐朝、突厥史料的梳理对比得出上述结论，表现出较为广阔的视野，同时对已有的学术著作中的某些观点进行了反思。

史金波的《西夏的职官制度》(《历史研究》1994年第2期)以黑水城出土的《天盛改旧新定律令》的丰富资料为基础，结合其他资料，深刻探讨了西夏天盛年间的职官制度。指出：区别于"庶人"的"官"是西夏职官制度中最基本的体系，起主导作用，内部又以其品阶层次区分地位高低——它体现着一个人的身份地位。但西夏的"官"一般不表示实质性的职务，类似于中原王朝的爵。"职"是西夏职官制度中的另一个重要体系，职事官是在西夏政府各职司中任职的官员。"职"与"官"是两个不同的系统，又有密切的联系。在西夏一般官品高的人职位也高，但有职位者并不一定有"官"，"官"和"职"的等级并不相当。"官"位比较稳定，职事官不在任则取消。过去所说的西夏有蕃、汉两套官制，实际上所谓"蕃官"可能是西夏"官"位的西夏语译名，并非蕃官系统。如果说西夏有两套官制那应是"官"、"职"之分。

18世纪中叶，清朝政府统一新疆以后，实行了因俗而治的统治方针。牛海桢的《试论清王朝对维吾尔族伯克制度的改革》（《喀什师范学院学报》2006年第1期）认为，对维吾尔族旧有的伯克制度的改革是这一政策的主要内容，清政府通过对伯克制度的一系列改造，收到了对南疆少数民族地区直接统治的效果，也在一定程度上打破了南疆维吾尔族地区的封闭局面，在一定程度上促进了民族融合。王东平的《关于清代回疆伯克制度的几个问题》（《民族研究》2006年第1期）对清朝回疆的伯克制度进行了进一步深入探讨，运用新材料考订伯克制度的名称、实际执掌及其变化，提出了新的见解。

过去藏学界一般认为，帝师制度创始于元朝，初设于忽必烈时期，并随元朝的灭亡而结束。但是1981年在北京房山云居寺发现了一份明朝正统十二年（1447）刊印的藏汉文合璧《圣胜慧到彼岸功德室集偈》，在其汉文题款中有"贤觉帝师"之称。有学者根据题款末尾皇帝尊号为西夏仁宗而定之为西夏时代作品，并据此认为元代帝师制度沿袭西夏僧官制度而来。随后此说得到广泛的认可。张羽新的《帝师考源》（《中国藏学》2004年第1期）认为帝师源于西夏之说值得商榷。首先，作者认为在已发现的西夏文献如《文海》、《番汉合时掌中珠》等中，均未见到西夏设帝师的可靠证明。而《胜》主要依据题款末尾西夏仁宗的尊号是无法确定时间的，因为"仁宗"是皇帝死后的谥号，因此，这件作品的刻写年代是很难遽然论定的。其次，八思巴被封为帝师是由于他创制了蒙古新字，而非宗教上的原因，"帝师"是官制，而非宗教职务。因此，作者认为封八思巴为帝师是仿照西夏的西藏僧人独享的僧官制度而设置的这一结论是缺乏根据的。文章认为"王者必有师"是形成于春秋战国时期的儒家治国思想,"帝师"作为帝王之师的专门用语,在西汉以后的历史典籍中屡见不鲜,这才是忽必烈师"汉法"建立帝师制度的真正历史渊源。

"贡萨"与"贡龙"是 20 世纪中叶以前存在于西南边疆德宏地区景颇族社会的两种政治制度。"贡萨"全称"贡晶贡萨",意为"传统体制",特指贵族山官专制的政治制度,俗称"山官制",已有近千年的历史。"贡龙"全称"贡龙贡查",意为"民主自由",是与"贡晶贡萨"相对立的政治制度,专指 19 世纪中叶后,部分村寨百姓起义推翻了贡萨制山官政权,建立了没有山官统治的贡龙贡查民主制。两种不同性质的政治制度并存到 1950 年德宏解放。赵学先的《景颇族历史上的"贡萨"与"贡龙"制》(《中国边疆史地研究》2007 年第 1 期)一文,对两种制度的产生、发展和并存原因进行探析,以期对了解研究景颇族社会发展有所裨益。

从 1913 年开始,西藏政教领袖十三世达赖喇嘛在内外各种压力之下实行"新政",对西藏的政治、经济、军事、文化教育等诸方面采取一系列改革措施,加快了西藏由封建农奴制社会向近代社会转型的历史过程。其中,重新组编、扩充和改良藏军,是达赖喇嘛新政最核心的内容。秦永章的《试论十三世达赖喇嘛对藏军的近代化改革》(《民族研究》2007 年第 5 期)在前人研究的基础上,爬梳相关史料,就十三世达赖喇嘛对藏军的近代化改革的社会背景、主要措施等做了较深入的探讨,这对西藏近现代史以及藏军史的研究有所裨益。格桑达吉、喜饶尼玛的《十三世达赖喇嘛新政》(《中国藏学》1996 年第 2 期),论述了十三世达赖喇嘛新政产生的政治经济背景、改革措施及其局限性,认为在某种程度上,十三世达赖喇嘛的思想源于"洋务派"和"维新派"思想。

明清两代是贵州社会发生变革的重要时期。在这场社会变革中,民族地区首当其冲,是所受震动最大、变化最为剧烈的地区。李耀申的《试论明清之际的贵州民族社会变革》(《贵州民族研究》2006 年第 2 期)一文认为,明清之际的贵州社会变革,主要是通过民族地区近乎天翻地覆的变化来实现的,这场变革的直接结果,是完成了省境内民族地区的社会转型。明清之际贵州民族社会的变化,概括起来大体有以下几方面:其一,从明代开始,由于逐渐成为封建中央王朝联系西南边疆地区的纽带和治理边疆民族地区的试验地,在政府强力投入政治和军事力量的情况下,民族社会政治结构发生急剧变化;其二,随着先进生产技术、生产工具及新农作物品种的引进,民族地区的社会生产开始摆脱原始农业状态，封建生产关系逐步确立，封建地主经济取代封建领主经济的趋势进一步加强，并最终完成了这一历史性的过渡；其三，由于大批汉族移民的迁入和交通的改善，省境内封闭型的山地农业经济状况被打破，随着与省内发达地区和周边省区经济文化交流的增多，民族地区的经济和社会开始从全封闭逐步走向开放，并由此开始了长达数百年的社会转型进程。经济上先进生产技术的引进及商品经济的渗透和冲击，政治上从土司制度的崩溃到流官体制的确立的"改土归流"，是促成这一社会变革得以实现的重要因素。

对土司制度的研究，一直受到史学界的重视。改革开放以来，涌现了一大批的研究成果。

综论中国土司制度问题的论著有：吴永章的《中国土司制度渊源与发展史》（四川民族出版社1988年版）一书，指出土司制度渊源于秦汉，中经魏、晋、南北朝、隋唐时期不断得到充实，正式形成于元代，完备于明和清初，清雍正改土归流后，则逐渐衰微。龚荫的《中国土司制度》（云南民族出版社1992年版），除对中国土司制度的起源、形成、发展和消亡进行了系统的论述外，全书绝大部分篇幅对元、明、清先后设置的全国2569家土司从治所、族属、承袭、事纂四个方面分别作了介绍，学术性、资料性都很强。李世愉的《清代土司制度论考》（中国社会科学出版社1998年版）主要阐述了土司制度在清代走向衰落的原因、过程、具体表现、特点，以及土司制度的衰落对西南地区治理产生的影响，这是一部学术水平较高的专著。

张晓松的《论元明清时期的西南少数民族土司土官制度与改土归流》（《中国边疆史地研究》2006年第2期）认为，元明清时期，少数民族职官制度建设达到了新的高度。一方面，元明清政府继续推行以流官为代表的郡县官制，使更多的少数民族地区实现职官制度上的划一；另一方面，继续实行羁縻职官制度，并使之达到更加完备的程度。元政府开始实行的土司土官制度，成为元明清诸朝对少数民族实行羁縻统治的基本形式。以羁縻为核心的土司土官制度是中国特定历史条件和民族特点的产物，它的实行逐步改变了一些少数民族各不相统、各自为政的分散局面，从而保证了国家政权的统一和领土的完整，缓和了封建王朝与少数民族之间的直接矛盾和冲突。因此，元明清时期的西南少数民族土司土官制度是诸朝历代羁縻职官制度的进一步发展和集大成，是皇权统治下二元结构的职官制度，也是最终将少数民族纳入统一职官制度管理的一种过渡和准备。皇权统治下的西南地区二元结构的土司土官制度与流官制度，有着内在的二重性。一方面，二者表现在一定历史阶段内的和谐统一；另一方面又表现为二者的矛盾对立。土司土官制度与流官制度的和谐并存，加速了内地与少数民族地区以及少数民族之间的政治、经济、文化交流和民族地区的开发。随着中央王朝对少数民族控制力量的增强和二元官制矛盾冲突的加剧，流官制度与土司土官制度在少数民族地区并存的基础发生动摇，土司土官制度必将逐渐被全国划一的职官制度模式所取代。改土归流是封建王朝在少数民族地区实行的政治、经济、文化等方面的改革活动。改土归流的结果有利于中央王朝的统一管理，有利于巩固国家的统一和职官制度的划一，有利于中央政府的政令畅通，有利于民族地区的开发与发展。另一方面，改土归流毕竟是封建剥削制度下的产物，不但充满了封建统治阶级和大民族主义的民族压迫和歧视，而且始终伴随暴力和镇压，给少数民族人民造成了严重的灾难。

以一个区域或民族的土司制度为研究对象的论著较多，比较有代表性的有：史继忠的《试论明代"水西政治制度"》（《贵州文史丛刊》1984年第3期）认为，水西政治制度虽具有一般土司制度的共性，但又有其个性，即政权和族权合而为一的"家支"制度、军事和行政组织结合的"则溪"制度以及"九扯九纵"为特征的土司制度，二者有机结合起来，构成了明代"水西"政治制度的鲜明特征。杨明洪的《论清代凉山彝区的土司制度与改土归流》（《民族研究》1997年第2期）认为，从清初至康熙年间，清王朝在凉山彝区保留了土司制度。到雍正年间，伴随改土归流在相邻地区进行，在没有弄清凉山彝族社会状况下，在凉山也宣布实行改土归流。而事实上，在凉山改土归流并未实行，只在凉山边缘浅山坝子地带推行州县制度。雍正以后，针对不同情况，清王朝在土司制度与改土归流问题上采取了比较灵活的政策，从而一部分土司仍被保留下来，而另一部分土司被革除，使凉山边缘某些地方走上了封建制道路。到清末，为达"筹边援藏"的目的，清王朝在凉山腹地宣布搞改土归流，并有废奴之议，但终因黑彝奴隶主势力的反扑，未能如愿。

元明清以来，随着土司制度在南方少数民族地区的推行，相伴而生的土流并治政策也随之产生。土流并治，即在同一个区域流官政权和土官政权同时并存，土官、流官同时进行统治。胡绍华的《土流并治的典范——清末民初西双版纳土流并治研究》（《中南民族大学学报》2006年第5期）认为，土流并治是元明清王朝及民国中央政权统治南方少数民族的基本政策，这种统治政策延续了近700年，在中央王朝统治南方少数民族的历史上起过重要作用。在土流并治的政权中，以西双版纳地区最为突出。西双版纳地区从清朝改土归流始，土司政权和流官政权就并存，到清末民初土流并治统治达到极盛时期。这种特殊的统治政策在西双版纳地区起到了突出的作用。一是土官、流官分工明确，使政令统一，办事效率提高。二是土官、流官和平共处，流官有效地控制了土官，土官有效地控制了土民，稳定了地方。三是加强了外交，维护了边防的安全。因此，土官、流官共存，土官、流官共同治理政权，事无大小土官、流官共同负责，对西双版纳地区政令的统一、地方的稳定、维护边防的安全起过重要作用，是为土流并治的典范。

闵红云、段红云的《清代丽江木氏改土归流及行政管理变革》（《思想战线》2005年第2期）认为，明末清初，由于丽江纳西木氏的不断扩张，激起了被征伐地区各族人民的反抗，也违背了中央王朝设立土职守土安边的初衷，威胁到清政府在滇西北的统治。在各地土民的反抗浪潮和滇西北新一轮的政治交锋中，木氏走向了衰落，最终于雍正元年被清政府以和平的方式改土归流，结束了对丽江长达471年的统治。

播州土司制度开始于元代，完备于明初，终结于明末万历二十八年。阐明播州土司制度的历史轨迹及其历史作用，无疑有助于黔北历史文化的研究。陈季君在《播州土司制度的形成和历史作用》（《贵州民族研究》2006年第1期）一文中提出，杨氏从唐末执掌播州政权至南宋亡，共经历了十五世土官时期，每一代土官都能效忠朝廷，与中央王朝保持着良好关系，内部能偏安一隅，致力于发展生产，振兴武备，注重文治教化，使播州社会相对稳定，经济发展，为元明杨氏土司统治播州打下了良好的基础。元明时期，统领播州的杨氏土司在杨应龙反叛前，一直都能外而效忠朝廷，内则治国安邦，采取促进社会经济发展的政策措施，使播州社会安定、经济日益活跃，士习民风蒸蒸日上，武备也与时振兴。对维护国家统一，巩固西南边陲，发展当地生产，振兴黔北文化教育起过不可磨灭的作用。明末，随着封建王朝中央集权不断强化和边境民族地区经济日益发展，土司势力的不断强大与中央集权的矛盾愈益突出，土司制度必然为流官制度所取代。1600年（万历二十八年）平定播州宣慰使杨应龙叛乱，设流官治播，在全国改土归流中是较突出的事件，它加强了明王朝对西南地区的统治，促进了播州经济文化的发展，亦是应该肯定的。

高崇、吴大旬的《试论清朝初期对侗族地区土司的管理》（《贵州民族学院学报》2006年第2期）一文依据文献和碑文资料，对清朝初年中央政府对侗族地区土司的管理进行了论述，指出清政府为了加强对侗族地区的管理和统治，对侗族土司广加招徕，准予承袭，制定并施行一系列严密的管理措施。这对于稳定和巩固西南边疆，起了重要的作用。随着侗族地区土司制度的腐朽，其弊端日渐显露，严重阻碍了土司地区社会生产的发展，引起了广大土民的强烈不满，亦不利于清朝的统治。因此，清廷在这些土司地区的改土归流势在必行。雍正四年（1726年）之后，清政府便于侗苗聚居的黔东南等地开始进行大规模的改土归流。

谈琪著《壮族土司制度》（广西人民出版社1995年版）一书，以专题的形式分别探讨了羁縻制度、土司制度的确立、土官族属、姓氏传袭、统治机构、土司武装与战争、瓦氏夫人抗倭、土司制度与阶级关系、社会经济、社会教育、文艺宗教、改土归流、土司制度与壮族社会等问题，是一部理论和资料皆突出的专著。壮族地区从明代开始也逐步改土归流，黄家信的《改土归流对壮族社会的影响》（《广西民族学院学报》2006年第4期）认为，在实行土司制度时期，壮族人身依附关系严重，社会等级森严，社会成员流动少。改土归流之后，壮族核心居住区逐渐朝着多民族聚居的特点发展；壮族地区的政治、经济、文化开始与中原地区划一；壮、汉民族之间既有融合，也有同化，但是壮融入汉是主流；大约从明代起，壮族逐渐对壮、汉文化抱等距认同的态度，并在族际交流中维持自己的族群边界。改土归流的结果是使壮族看起来与汉族无异，但却实在又是一个特点突出的民族。

胡挠、刘东海的《鄂西土司社会概略》（四川民族出版社1993年版）一书所用资料，除正史、方志外，多采自稗史，是一本研究鄂西地区土司制度有新意、有特色的书。

田敏著《土家族土司兴亡史》（民族出版社2000年版）是一部专门对土家族土司自元兴至清亡的历史全过程进行探讨的学术著作。该书详细阐述了中央王朝对土家族土司的征服和治理、土家族土司与中央王朝的关系、土家族土司内部政治结构与经济状况、不同时期土家族土司势力的发展与变迁、清朝对土家族土司改土归流的策略及诸土司改流后的安置与去向，并深入论述了土家族土司兴亡的规律和特点。

九　社会经济史研究

关于各民族社会性质的研究，改革开放以前一直是热门话题，改革开放以来对它的研究仍继续，但势头已减弱。李锡厚的《辽金时期契丹及女真社会性质的演变》（《历史研究》1994年第5期）认为，契丹人立国前后还处在氏族社会末期阶段，阿保机时代的契丹王朝仍然是一个徒有王朝之名的部落联盟。随着头下、汉城的大量出现，标志着封建土地私有制已经逐步确立起来，随之而来的则是导致契丹氏族、部落内部出现了剥削阶级，拥有头下、汉城的契丹权贵成了封建制。

史金波著《西夏社会》（上海人民出版社2007年版）认为，西夏社会的基本特征是：①在西夏，党项族虽位居主体，在政治上、军事上占有优势，但汉族人数很多，在经济、文化方面占有优势，掌握先进的生产力、熟悉先进的生产方式；藏族和回鹘在西夏虽势力较弱，但在宗教的传播、发展和畜牧业上却有优势可言。这种各有特点和优势的民族格局，使各民族的综合力量保持了大体的相对均衡，呈多边态势。②西夏地区在党项族进入前早已是成熟的封建社会，只不过党项族这个远道迁徙来的客人开始仍保留着原来的面貌。随着时间的推移，在党项人由客人变为主人的过程中，逐步接受了封建社会制度，党项族也封建化了。然而迅速封建化的西夏社会，还明显保留着部分的奴隶制残余。③西夏境内各民族文化相互影响、相互交织、相互渗透。西夏多民族、多层次的社会文化在共存中互相接触、交界、融会，有时形成了你中有我、我中有你的混合状态。这种混合式的文化正反映了西夏多元文化的特点。

多杰才旦主编的《西藏封建农奴制社会形态》（中国藏学出版社1996年版），是第一部全面系统论述西藏封建农奴制社会形态的专著，将田野调查资料和藏汉文文献资料结合起来研究问题，是该书的一大特色。

关于凉山彝族奴隶制，学者曾进行过广泛的讨论，先后出版了几本专著，即由编写组编著的《凉山彝族奴隶社会》（人民出版社1982年版）、周自强的《凉山彝族奴隶制研究》（人民出版社1983年版）和胡庆钧著《凉山彝族奴隶制社会形态》（中国社会科学出版社1985年版），此三本专著的出版是凉山彝族奴隶制研究的阶段性成果。三书均系统地阐述了凉山彝族奴隶制的产生和发展，奴隶制的生产方式，等级和等级关系等问题。

马曜、缪鸾著《西双版纳份地制与西周井田制比较研究》（修订本）（云南人民出版社2001年版）通过对傣族农村公社这一古老社会共同体在现实社会生活中活生生的遗存的研究，一步步地揭开了建筑在这种社会共同体基础上的封建领主制社会的全部奥秘。它不仅在史实上丰富了我国乃至世界上对农村公社这一古老社会共同体的认识，而且在理论上丰富和深化了人们对马克思关于东方公社理论的认识。

曹成章著《傣族农奴制和宗教婚姻》（中国社会科学出版社1986年版）和《傣族社会研究》（云南人民出版社1988年版）两书，前书论述了农奴制下的社会经济、土地制度、地租形态、政治军事法律制度、等级关系等。后书论述了傣族从原始社会向阶级社会过渡、傣族社会的奴隶制及其特点、从奴隶制向地主制过渡等历史过程以及傣族社会发展缓慢的原因。何平的《傣族古代社会形态演进与奴隶制问题》（《广西民族研究》1990年第2期）认为，就社会形态而言，傣族历史继原始社会之后，便进入了封建领主农奴制社会。在此之前，并不曾经历过以奴隶制为"主要形态"的阶段。但奴隶制作为封建剥削制度的补充形式是存在乃至发展的，这就是奴隶制在傣族历史上的地位和特点。

罗阳的《西双版纳傣族封建领主制的社会阶层与社区类型》（《云南民族大学学报》第5期）一文提出，西双版纳傣族在1956年实行和平协商土地改革、废除封建土地制度之前，傣族社会成员，尤其是劳动者呈现出等级聚居，各聚居区有一定的地域界线，承担不同的社会职能，有不同的社区意识，形成为等级社区。因此，该文从社会分层的角度，探讨了傣族封建领主制度的社会阶层和等级的分类、阶层与等级社区的差别和关系，指出西双版纳傣族封建领主制的社会阶层有贵族、自由民、农奴、家奴、宗教神职5种，包含7个等级。等级社区主要有召庄社区、傣勐社区、滚很召社区。各等级社区的职能不同，并与各等级所属阶层相关。等级社区各阶层之间的差别明显。

颜恩久著《布朗族的氏族公社和农村公社研究》（中国社会科学出版社1986年版）是一部较全面论述布朗族社会历史的学术专著。作者分析了解放前布朗族的生产力状况、土地制度、社会组织、风俗习惯、亲属称谓、文化艺术及语言等方面的情况，全面扼要地论述了氏族公社（母系氏族、父系氏族）和农村公社的特点，从而为原始社会的研究及原始社会如何逐步向阶级社会过渡的研究提供了翔实、生动的例证。

关于各个时期有关少数民族经济的研究。唐代关于少数民族赋役制度，以开元二十五年（737）颁布的内附"蕃胡"、"夷獠户"赋役令内容最为详备。中外学者对此高度重视，曾从各自研究的角度，对相关内容作过解释。王义康的《唐代"蕃族"赋役制度试探》（《民族研究》2004年第4期）认为，唐代赋役令中对"蕃胡"征收货币税并非从"商胡"的经营性质出发，税银羊的对象主要也不是"商胡"。内附"蕃胡"或诸国内附蕃胡，虽然包括原居于唐辖境内而在本土附贯的"蕃族"，或境外诸国入居于唐附贯的"蕃族"，但主要指居于北方境内从事畜牧业的各少数民族；赋役令规定的税额是隶于正州县与羁縻州的"蕃族"普遍遵循的原则，剑南地区"夷獠户"也按半输的税额纳税，但并非所有羁縻州都承担赋役，仅限于与唐有较强依附关系的已"同编户"者；在实际执行过程中，对不同形式附唐或内迁的少数民族在起征赋税时间上给予优惠。离开本土内迁的突厥"降户"给复十年，而在本土招慰附户贯归唐的"蕃族"给复三年。

西夏的高利贷非常盛行，它不仅活跃于经济较发达的城镇，而且也流行于边远落后的牧区，在这个民族政权的社会经济生活中，有着举足轻重的地位。杜建录的《西夏高利贷初探》(《民族研究》1999年第2期)利用新公布的《西夏天盛律令》以及天庆、乾定年间典当文契，结合其他夏、汉文献资料与文物考古资料，对西夏高利贷的经营形式、利息以及社会影响等问题进行了探讨，认为西夏高利贷非常常盛行，它在官府的庇护下，拼命地压榨贫困的农牧民，使他们变成高利贷控制下的债务奴隶。高利贷这一经济力量转化为超经济的强制力量，是西夏社会长期保留奴隶制残余的重要杠杆。杜建录又著《西夏经济史》(中国社会科学出版社2003年版)，详细讨论了党项羌内迁后的社会经济，西夏的生存环境，西夏的畜牧业、农业、手工业、商业、赋役制度、土地关系、阶级结构等问题。史金波的《西夏农业租税考——西夏文农业租税文书译释》(《历史研究》2005年第1期)指出，新发现的部分草书西夏文租税文书说明，西夏黑水城地区有以耕地多少缴纳农业税的固定税制，缴纳杂粮和小麦的比例为4∶1；西夏的"佣"和有地区特点的"草"也以耕地多少负担，农户的租、佣、草账是逐户登记，以迁溜（类似"里"）为单位统计造册；西夏农户还有负担较重的人头税；西夏实行以耕地为标准的实物租税，秋后统一征收，然后入库管理。

张云的《元朝在西藏地方征税考》(《中国经济史研究》2003年第4期)依据汉藏文资源，对元朝在西藏地方的征税问题进行了探索，辨析了史书记载上的歧义，认为元朝在西藏地方征税既取决于归附大蒙古国初期双方的约定，也取决于大蒙古国维护其统治的需要，同时也是元朝统一制度在西藏的具体体现，征税是可以确定的客观历史事实。元朝在西藏地方征收的税种，包括人丁税、地税和商税等。

郭志超、董建辉的《畲族赋役史考辨》(《民族研究》2000年第2期) 一文，博稽史籍，对不同时期、不同地区畲族的赋役状况进行了考辨与论证，并对过去有学者认为在畲族地区实行赋役制度始于唐代，到明、清时期畲族地区已普遍承担赋役等论点提出异议。认为关于唐代在漳、汀建州后便"畲承赋役"的论点没有根据，在两宋大部分时间，依然是"畲民不悦（役），畲田不税，其来久矣"。认为封建政府对畲族实行赋役制度始于南宋末，到了明代也只有粤东大部分畲族和闽西、闽南小部分畲族承担赋役，在畲族许多移居区，如闽南（九龙江以东）、莆仙、闽北、闽东、赣东北、浙南等地的畲族，尚无赋役，只是到了清代各地的畲族才普遍承担赋役。

关于各民族之间经济关系以及商业贸易等的研究有：贺卫光的《中国古代游牧民族与农耕民族在经济上的互补与非平衡需求》(《西北师大学报》2003年第1期) 认为，中国古代游牧文化与农耕文化间关系的基础是经济上的互补性。历史上游牧民族与农耕民族间在经济上互补关系的主要内容有朝贡贸易、互市贸易以及战争这种非正常的互补形式。但在经济互补关系的实际运行过程中，双方在产品需求方面是一种"非平衡需求"关系，而这种关系又往往成为互补关系中各种矛盾的诱因。

汤开建、杨惠玲的《宋金时期安多藏族部落与中原地区的马贸易》(《中国藏学》2006年第2期) 一文认为，宋代中原与藏区的马贸易前人多有论及，然而这些研究多以中原王朝为主体进行论述，且在资料和论证方面尚有不足之处。作者首先探讨安多藏族部落与中原地区马贸易兴盛的原因，认为生活在安多地区的藏族部落在经济上对中原地区有着严重的依赖性，而中原王朝由于国防与战争需要安多藏区的马匹，这种相互需要是马贸易持久繁盛的原因。其次，作者广泛搜求史料，对当时的马贸易状况进行了描述，指出宋金时期的马贸易可分为边州市马与蕃部贡马，以边州市马为主。作者重点对宋代的边州市马进行了论述，认为宋朝与安多藏区的马贸易可分为三个阶段：①北宋初年到宋神宗熙河之役前，当时由于四川、河东尚未归宋，马贸易集中在陕右诸州，安多地区马贸易总量占全国的1/3。②宋神宗熙河之役后至宋徽宗末年，熙河之役后，宋拥有安多藏区，在贸易中占据主动，开始茶马贸易。③南宋与金朝南北两地的边州贸易，南宋时期安多藏区大半沦陷于金人之手，藏方与宋、金两方展开贸易。文章搜集资料广泛，对每一个阶段的贸易额都有列表统计，使人一目了然，也充分显示了作者的严谨的学术规范。

林永匡著《清代西北民族贸易史》（中央民族学院出版社1991年版）对清代南北民族官方、民间贸易的具体内涵、货物品种、区域、规模、管理、形式和影响等，进行了论述，而且对这些贸易的特点和历史作用，亦作了必要的阐述。

包赛吉拉夫等编著的《蒙古族商业发展史》（辽宁民族出版社2007年版）阐述了蒙古族自草原部落、大蒙古国、元朝、北元、清初中期及鸦片战争以后，直到现在的蒙古族商业发展的历史渊源、商业思想、商业兴起的原因及商业特点、存在的局限性等。

赖在理著《回族商业史》（中国商业出版社1988年版）对唐、宋、元、明、清及民国以来回族商业活动的特点及发展历程作了较为详细的论述，指出回族商业促进和推动了回族的形成发展和我国边远民族地区的开发，在一定程度上对自给自足的小农经济起着瓦解作用。

曹必宏的《抗日战争时期的康藏贸易公司》（《中国藏学》2006年第3期）认为，民国时期，尽管西藏地方与中央政府在政治上存在诸多隔阂，但在经济交流方面仍然保持着密切的联系，特别是抗日战争时期由康藏知名人士组织成立的康藏贸易公司积极从事西藏与内地间的贸易，提出推动两地贸易的建议，发挥了重要作用。作者主要依据中国第二历史档案馆的档案资料，对康藏贸易公司的活动进行了梳理和分析。文章首先回顾了该公司的成立，然后对公司为了落实国民政府的《建设康藏经济初步计划》而提出的多项发展贸易的建议进行了研究，最后，对该公司与经济部、交通部、中央银行等中央经济部门合作，推行一系列有利于康藏及抗战大后方经济建设的事业，如：在后藏仰宗开采硼砂；与交通部合组康藏驮运公司；专自印度经西藏、西康代运物资至内地，以供应大后方；与中央银行订立通汇和约、代办西藏汇兑等等问题进行了探讨。作者指出虽然由于三次康藏纠纷事件，康藏地区与内地间的贸易受到一定的影响，但总体上看，抗战期间两地贸易保持着繁盛局面，这与康藏贸易公司的活动直接相关。这些活动加强了两地人民的联系和了解，加深了感情，同时由于从印度运回不少战略物资和机器设备，在一定程度上支援了祖国的抗战大业。肖怀远编著的《西藏地方货币史》（民族出版社1987年版），系统论述了西藏地方货币的产生、发展及最后统一于人民币的历史。书中还将西藏货币史作为一个民族文化史的重要组成部分进行了一定的理论分析。

近代伴随着大规模民间贸易兴起，各地从事民间自由贸易的商人依托于各级城镇市场源源涌入昔日沉寂偏僻的广西民族地区，这一原有商人稀薄之地更成为商人竞相谋利之所。商人们逐末求富的种种活动，对近代广西各少数民族生活区域产生了一系列深远的影响。陈炜的《近代商人与广西少数民族地区农家经济》(《贵州民族研究》2006年第2期)一文以近代广西少数民族地区农家经济的衍变为视角，对近代商人及其工商活动对广西民族地区经济发展的关系进行了探寻。文章提出：商人们不仅仅只是地方生活物质的供给与调剂者，而且对民族地区区域城乡市场的形成、地方手工业产品的改良与推广等社会经济生活的多个方面，起着不可替代的作用。近代广西民族地区小农经济的变迁，离不开活跃的商人和民间自由贸易。在商人深入民族地区开发当地经济过程中，其利用资金和技术产业的双重优势，引发了少数民族家庭经济生活方式呈现由传统向现代的潜变，并促成了少数民族融合认同于商人移民群体的发展势头。通过交往与接触的加深，少数民族地区思想逐渐由封闭走向开放。如此宽泛的民间贸易在打破民族地区社区孤立封闭发展格局的同时，也使近代广西民族经济在缺少政府导向开发的格局下出现了一个以民商群体为开发整体，在区域总体联系基础上进行全面开发的新阶段。然而，事物的发展总存在着两面性，民商主导的这种开发格局也带来了一系列负面影响。一是由于民商控制了少数民族生产消费的整个过程，使得大量剩余价值流入他们手中，少数民族仅获得其中少部分，这无疑便成为广西近代民族地区金融枯竭和发展动力不足的一个重要原因。二是由于民商是在市场利润的刺激下涌入民族地区从事经济开发活动的，难免不同程度上存在盲目开发的倾向和追求一时之利的短期行为，而这些活动却在一定程度上对少数民族农家经济生活造成了长时间的不良影响。三是民族经济开发高潮后所带来和遗留的一系列问题，尤其是生态环境问题，不能说与此无关。

关于各民族经济发展和贡献等方面的研究有：卢明辉主编的《清代北部边疆民族经济发展史》(黑龙江教育出版社1994年版)论述了清初北方诸民族，包括蒙古族、达斡尔族、鄂温克族、鄂伦春族的社会组织变迁和他们各自的经济形态，清代以后经济社会发生的巨大嬗变的发端、发展的特点和差异性问题，以及他们与周边民族和中原地区汉族进行的经济、文化交流等错综复杂的发展影响的轨迹。

杨明洪的《论清代对凉山彝区的经济开发》(《民族研究》1995年第2期)分析了清王朝对凉山彝族地区的两次开发高潮，第一次是在清代中叶即雍正、乾隆、嘉庆年间，第二次是在清末即光绪、宣统年间，指出两次经济开发高潮程度不同地给凉山地彝族地区社会经济文化发展以强烈的影响,直到今天我们仍能看到历史陈迹,汉族地区先进的生产技术以及玉米、土豆、水稻等高产作物借此先后传入该地,凉山边缘地带平坝、浅山地区已逐步由奴隶社会向封建社会转变。

覃乃昌的《壮族稻作农业史》(广西民族出版社1997年版)一书,论证了壮族地区是稻作农业的起源地之一,壮族是最早把野生稻驯化为栽培稻,从而创造了稻作文明的民族之一;阐述了壮族地区新石器时代稻作农业的产生及从先秦到明清时期稻作农业发展的历史进程。

杨先保的《从黄道婆看海南"熟黎"对宋元明棉纺织业的贡献》(《海南大学学报》1998年第1期),认为海南"熟黎"在宋代就创造了治棉工具,并运用于纺织;海南早就有植棉治棉的历史,黄道婆不是向"闽籍汉人"学习而是向海南"熟黎"学习制竹治棉工具和纺织技术的;黄道婆传播到松江地区的"乌泥泾被"也是向"熟黎"学习、运用黎锦"纺、织、染、绣"四大工艺的结果,黄道婆和"熟黎"都为我国治棉和纺织技术的发展作出了不朽的贡献。

十 民族文化史研究

历史上各民族的文化,内容十分丰富,但在改革开放前对它的研究重视不够,改革开放后才引起广泛的注意,已有了不少研究成果,下面择要介绍之。

综论性的研究。佟柱臣著《中国边疆民族物质文化史》(巴蜀书社1991年版)充分运用大量考古资料,结合历史文献的有关记载,论述了从商周迄明清时代中国边疆几十个少数民族的生活、习俗以及生产力和生产关系的发展在物质文化上的反映。并通过对各民族文化的交融过程,揭示中国文化——多民族的华夏文化共同体的形成和特征。

管彦波的《文化与艺术:中国少数民族头饰文化研究》(中国经济出版社2005年版)一书,从符号学和历史民族学的角度,对民族头饰这种文化现象进行爬梳剔抉、系统研究。该书对头饰发生的思维基础与社会基础进行了深入细致的探讨;以头饰外化的物质形态和文化丛结为主纲,具体而微地揭示了中国少数民族头饰的丰富内涵;深入地探究了头饰的多维属性与社会功能,以及头饰文化与生命礼俗、文物考古、民俗心理、民族意识、语言文字、图腾崇拜等社会文化现象之间的关系。该书强调头饰的艺术性传承,从历史发展的纵向上对我国边疆地区诸如敦煌莫高窟艺术、北方契丹绘画、东北集安高句丽壁画、剑川石窟艺术、丽江东巴画上所保存和再现的中华各民族的衣冠服饰特别是发式和发髻的丰富素材，进行了逐一的揭示，而且还把头饰作为民族审美心理的一种特定符号，进行了美学意义上的探讨。

张碧波、董国尧主编的《中国古代北方民族文化史》（民族文化卷、专题文化卷）（黑龙江人民出版社1993年版、1995年版），前书是研究历史上我国各民族文化发生、发展、融合、交流的特点，后书则是探讨区域内各种文化形态的发展特点，内容包括原始文化、哲学思想（附伦理道德）、宗教、习俗、语言文字、文学、史学、音乐舞蹈、岩画、石窟、医术、科学技术、军事、教育、体育等。两书构成了中国古代北方民族文化史的整体内容，开辟了我国区域民族文化史研究的先例，具有开拓性。

吴永章著《中国南方民族文化源流史》（广西教育出版社1991年版）一书应用大文化概念，从文化的物质形态、智能形态、规范形态和精神形态四大方面入手，将南方民族古代文化现象分成二十大章，以史为经以志为纬，内容有录、有证、有辨、有议，一气呵成，使人读来颇有新意。比如，"俗尚赘婿"、"不落夫家"、"姑家之女，必字舅氏"、"非婚生子女地位与婚生子女地位同"、"抢婚"等等，是我国南方古代民族中十分普遍的文化现象。作者在该书中从赘婿的地位、妇女的地位、姑舅表婚的性质、婚姻的演变、抢婚的缘由等方面进行深刻的剖析，得出这些文化现象是古代南方民族由母权制社会向父权制社会过渡时期的产物。

在我国南方边疆地区，少数民族的教育文化主要体现为少数民族代代相传的传统教育和少数民族地区历代兴学的学校教育两种形式。龚荫在《古代南方民族教育文化与民族发展》（《西南民族大学学报》2006年第4期）一文中指出：边疆地区少数民族，过去一直发展缓慢、落后。少数民族代代相传的传统教育，即家庭父母对子女各方面的言传、身教，社会流传的风俗、习惯、道德、规范和宗教教化的修行、功德、利益等。少数民族地区历代兴学的学校教育，秦汉迄于唐宋时代，仅是在南方边疆几个发展较快的少数民族地方兴办了学校；迨明、清时代，明朝政府在南方边疆一些发展较快的少数民族地区设立学校，清朝政府在明朝的基础上又有较大发展，在南方边疆少数民族府州县设立义学、书院，规定贡生名额，并开科取士。南方边疆少数民族的教育文化：代代相传的传统教育基本是南方边疆少数民族经常耳闻目睹，长时间熏陶感染，从而潜移默化，一代传承一代；历代兴学的学校教育，则主要是培植忠顺土官土司，对南方边疆少数民族宣扬封建制度，剥削压迫有理，维护封建秩序，安定稳固边陲。

管彦波的《试论南诏多源与多元的文化格局》（《民族研究》1993 年第 2 期）对南诏文化的内部结构和外部环境作了全面的考察，认为南诏文化是在西北秦陇地区的氐羌文化、湘沅地区的楚文化、云南古代汉文化、爨文化的基础上，以一种开放性的强烈的文化创新意识，大力汲取、借鉴唐文化以及周边的吐蕃文化、印度文化的基础上，逐渐发展起来的具有明显的地方性、区域性的中华传统文化之下的一个子文化。它涵盖着多元的民族文化和土著文化，在文化的特质、构建及渊源上，呈现出多源与多元的特性，且这种文化来源的多元性与文化的构建的多元性，又着重表现为南诏政治、经济和文化生活的多样性与丰富性。

关于各民族文化的研究。李德洙主编的《中国少数民族文化史》（辽宁人民出版社 1994 年版）由众多学者分别对今天中国境内 55 个少数民族的文化作了亘古贯今的科学描述，内容包括各少数民族的物质文化和精神文化及其主要表现——衣、食、住、行、宗教节日、工艺技术、音乐诗歌、神话传说和伦理观念等方面的沿袭和变革，比较全面系统地介绍了中国少数民族的文化源流和文化特征。

宋新潮的《匈奴文化及其对两汉的影响》（《中央民族大学学报》1994 年第 1 期）认为匈奴文化是北亚草原地区游牧民族文化的典型代表，从政治、经济、思想观念以及语言、服饰等方面对中原文化产生了影响。

郑小容的《慕容鲜卑汉化过程中所保留的本族文化》（《西南民族大学学报》2005 年第 2 期）考察了慕容鲜卑在汉化的同时所保留的牧业、本民族语言、族内婚等本族文化，从同化量化标准的角度给予解释，指出由于汉族社会组织的封闭性，慕容鲜卑汉化的途径只能是从外部学习汉族文化，最后把自己的社区变成与汉族相同的社区；汉化不等于非汉族文化变为零，因为汉族文化本身不统一，中国地方文化系统可以兼容一些非汉族文化因素。

冯继钦、孟古托力、黄凤岐著《契丹族文化史》（黑龙江人民出版社 1994 年版）论述了契丹族的语言和文字、契丹族的四时捺钵、契丹族的衣食住行、契丹族的婚姻家庭、契丹族的葬俗、契丹族的儒家文化、契丹族的自然崇拜与礼仪、契丹族的宗教、契丹族的教育、契丹族的文学艺术和科学技术等，力图全面反映出契丹族各个时期的文化状况。

宋德金著《金代的社会生活》（陕西人民出版社 1988 年版）论述了金代社会生活的各个阶层面，包括各阶级、阶层的社会地位和生活，衣食住行，婚丧礼俗，宗教信仰，伦理道德，文娱体育，岁时杂俗等，还考察了金代汉族与女真文化的相互影响和民族融合的历史趋势。

史金波的《西夏的历法和历书》（《民族语文》2006年第4期）指出，西夏历法承袭中原历法，与宋朝历法有渊源关系。西夏历书种类多样，内容丰富，目前已经发现的西夏历书有刻本西夏文历书、写本西夏文—汉文合璧历书、汉文刻本历书、汉文写本历书。西夏历书前后跨越170多年时间。

杨富学著《回鹘文献与回鹘文化》（民族出版社2003年版）通过对数以万计的回鹘文文献的系统整理，结合汉文及其他有关文字的记载，并广泛采用19世纪末20世纪初以来的考古发现，对古代回鹘人的语言文字、宗教信仰、文学成就以及科学技术的进步作了比较系统的研究，尤其是对回鹘文字源流的考证，对回鹘宗教（包括萨满教、巫术、摩尼教、佛教、景教、袄教、道教）的系统研究，对回鹘科学技术的深入探讨，以及对回鹘与周边诸族文化关系的阐发很有新意。

罗贤佑著《畏兀儿文化与蒙古汗国》（《中央民族学院学报》1993年第5期）比较全面而详尽地论述了畏兀儿文化对于蒙古汗国的影响。指出，早在蒙古兴起以前，畏兀儿已创造出发展程度较高的文化。发达的畏兀儿文化给予13世纪初兴起的蒙古以巨大而深远的影响。该文依据丰富而确凿的史料，说明蒙古初兴的蒙古汗国时期，从外部输入的主要是畏兀儿文化，这对于蒙古民族的社会发展及其文化素质的提高起了重要的催化作用。蒙古族对于畏兀儿文化的吸收与融合，从一个侧面反映出：在多民族中国形成与发展的漫长历史过程中，各个民族文化的汇集交融是促进中华民族统一性与不可分割性的重要因素。

张正明著《楚文化史》（上海人民出版社1987年版）是一部跨学科、全方位、多层面研究楚民族与文化的专著。该书从楚人的族源、原始崇拜、宗教信仰、农田水利、铜铁冶铸、丝织、刺绣、木雕、竹编、漆器、料器、城市建筑、商业货币、天文历法、哲学、文学、字画、乐舞、风俗等方面全面系统地阐述了楚文化的渊源及其形成发展的过程，认为楚文化是糅合了中原文化的末流和楚蛮文化的余绪而形成的一种带有浓重地方特色的古代文化，其主源并非三苗文化，而是祝融部落集团崇火尊凤的原始农业文化。

张云著《丝路文化·吐蕃卷》（浙江人民出版社1995年版）认为，吐蕃文化是青藏高原文化圈的核心内容，而吐蕃处于黄河流域、印度河流域和两河流域这三大古老文明地区之间的夹心地带，因此我们不仅应该重视中原文化、印度文化对吐蕃文化的影响,也重视中亚文化(诸如祆教、景教、伊斯兰教等等)在吐蕃丝路文化形成中所发挥的作用。同时认为,吐蕃丝路是一个纵横交错的交通网络,它造就了吐蕃人的开拓精神,从而对吐蕃文化的形成发挥了巨大的推动作用。格勒的《论藏族文化的起源形成与周围民族的关系》(中山大学出版社1989年版)认为西藏文化起源于本土,即藏南各地(卫藏)是西藏民族最早的活动中心和西藏文化孕育的摇篮。藏族文化的形成是当地土著文化与中原氐羌系统、北方胡人系统、南方濮越系统这三大文化系统交流的结果。

邓天红的《试论清代满族文化发展的特点及历史地位》(《社会科学辑刊》1995年第3期)认为,满族文化在形成和发展过程中具有快速性、对汉文化积极吸取的进步性、优化融合性,以及对其传统文化的继承与保守性等特点。此外,满族文化对滋补、充实、丰富汉文化作出了突出的贡献,在中华民族文化发展史上占有重要的地位。支运亭、王佩环的《论清入关前满族宫廷文化》(《社会科学辑刊》1995年第6期)指出,清入关前,满族统治者在"参汉酌金"原则的指导下,通过创制与改革满文、提倡文教、开科取士、明尊卑、定礼乐、辨等微、定服饰仪仗等一系列措施,创造出许多独具特色的满族宫廷文化。该文化既体现了满族对其先民文化遗风的大量继承,同时也表明了他们对汉族封建文化的引进吸收,以至于呈现出多元复合的特色。

蔡志纯、洪用斌、王龙耿编著《蒙古族文化》(中国社会科学出版社1993年版),比较全面系统地论述了蒙古族的物质文化和精神文化。

曹成章著《傣族村社文化研究》(中央民族大学出版社2006年版)的出版,为研究村社文化对社会发展的影响提出了一个新的课题。该书紧扣傣族社会长期保存农村公社这一特殊社会历史现象,逐一解析傣族社会各种物质文化和精神文化的内涵与特点,揭示傣族文化与农村公社不可分离的密切关系,证明傣族社会的物质和精神文化也是建立在农村公社基础之上的,因此将傣族文化定位为"村社文化"。在此理论基础上,该书解析了村社文化对社会发展的作用和影响,认为傣族文化是傣族社会的一种社会现象,傣族社会自从诞生的时候开始,就同时产生了与之相应的文化,这种文化随着社会物质生产的发展而变化。

董秀团的《论明清时期白族文化的转型》(《云南民族大学学报》2004年第4期)认为,明清时期是白族文化发生重大转型的关键时期。由于大规模汉族移民的进入及汉文化的全方位输入，白族作为区域范围内主体民族的地位开始丧失，白族文化在当地的主导地位也被汉、白文化的交映和协奏所代替。该时期白族文化的转型在民族成分、文化、政治、宗教、艺术等各个方面均有表现。明清转型后的白族文化奠定了此后白族文化发展的基调和原则，即在继承和保持本民族传统文化的基础上，大量吸收汉族文化进而将之与本土传统文化进行整合，将二者融合为新的白族文化。

杨福泉著《纳西族文化史论》（云南大学出版社2006年版），以单一逐个的专题作为研究对象进行大胆的探索，在简要概述和研究纳西历史的基础上分专题研究，这一横向切入点的研究方法给人以耳目一新的感觉。书中客观公允地探究了多元文化对纳西族历史进程的重要影响，指出多元文化对推进纳西族历史起了关键作用。书中指出，作为纳西族本土文化的主干部分——基于纳西族本土宗教东巴教而形成的东巴文化、自明代以来传入的汉文化（包括汉传佛教、道教、儒家文化）和明清时期传入和发展的藏传佛教文化，构成了纳西族精神文化史中最为重要的篇章，对纳西人和纳西社会，以及纳西族的民族性、民族精神都产生了非同寻常的影响。其中对历史上纳西族与藏族关系的深入剖析，是该书最出彩的亮点之一。该书还以大量的篇幅，阐述了纳西族本土的哲学思想，从诸多思想火花中，人们可以探知到睿智朴素的纳西哲学，了解纳西人的宇宙观、生命观、生死观、生态观和人生的审美情趣，透过这些思想来认知纳西族的民族精神。

少数民族宗教发展的历史是民族史研究的一个重要方面，因宗教学科将详细论述，现只择要列在民族文化史中来介绍。

佛教史方面的著作。史金波著《西夏佛教史略》（宁夏人民出版社1988年版）论述了佛教在西夏的发展，西夏佛经的翻译、印施和流传，西夏的寺庙和僧人，西夏佛教的宗派和艺术以及西夏灭亡后党项人的佛教活动等，同时具体分析了西夏佛教发展的历史背景，和它在西夏文化中的地位。崔红芬的《浅析西夏河西佛教兴盛的原因》（《敦煌学辑刊》2005年第2期）从河西地区佛教基础、西夏与吐蕃的历史渊源、民族政权、境内民族信仰、统治者的提倡和河西地区相对稳定的环境等几个方面论述了西夏佛教兴盛的原因。

王森著《西藏佛教发展史略》（中国社会科学出版社1987年版），以历史的先后为序，分门别派，全面系统地叙述了西藏佛教的兴起、发展和演化的沿革，在我国西藏佛教研究中具有开拓性的意义。王辅仁著《西藏佛教史略》（青海人民出版社1982年版）是新中国成立以来第一部以历史唯物主义阐明藏传佛教历史的专著。丁汉儒等著《藏传佛教源流及社会影响》（民族出版社1991年版）论述了佛教在西藏的传播、发展及其诸教派的形成，藏传佛教格鲁派的产生及黄教寺庙集团的统治，藏传佛教在蒙古、内地的传播，藏传佛教的"政教合一"制度，寺庙僧伽组织和经法教育制度，寺庙经济、宗教思想文化及其影响等问题。班班多杰著《藏传佛教思想史纲》（上海三联书店1992年版）以第一手的藏文资料为依据，运用哲学、宗教学、文化学理论，对藏族传统宗教苯教的产生、发展、演变及其与佛教的关系作了全面、深入的论述，对藏传佛教各宗派的基本教义、体系框架、思想特点、理论来源作了系统、深刻的阐述。吕建福著《中国密教史》（中国社会科学出版社1996年版）系统论述了佛教密宗（密教）在中国的传播和发展。

有关佛教制度的研究。蔡志纯、黄颢著《活佛转世》（中国社会科学出版社1992年版）对活佛的由来、转世的过程、程序，对幼年活佛进行的佛教教育，活佛在寺庙的生活、地位、等级、世系、佛号，以及接受中央政府的封赐直至圆寂、塔葬等作了比较全面的论述。

中国伊斯兰教史方面的著作。周燮藩、秦惠彬等著《中国伊斯兰教史》（中国社会科学出版社1998年版）、金宜久主编的《伊斯兰教史》（中国社会科学出版社1990年版）、冯今源著《中国的伊斯兰教》（宁夏人民出版社1991年版）等。

有关伊斯兰教制度的研究。马通著《中国伊斯兰教门宦制度史略》（宁夏人民出版社1983年版）和《中国伊斯兰教门宦制度溯源》（宁夏人民出版社1986年版），前书探讨了中国伊斯兰教各派在甘、宁、青地区的传播与发展；后书则探讨了中国伊斯兰教各派别的历史渊源问题。作者对伊斯兰教的一些学派从中亚经新疆而传到甘、宁、青地区的历史，作了较系统的论述。

清末民国时期基督教在西南少数民族中得到迅速发展传播，是中国近代史和基督教在中国传播历史上的特殊一页，但以往的研究多是就某一具体问题的探讨，成果较为零星、分散，秦和平著《基督宗教在西南民族地区传播史》（四川民族出版社2003年版）是这方面研究的第一本专著。该书全面、系统、深入、细致地论述了基督宗教在西南地区传播的历史过程和特点，并探讨了基督宗教与西南少数民族的互动、清末民国各级政府对教会活动的认识与回应和基督宗教对西南少数民族的影响等。方慧、胡兴东《清末民国时期基督教传入对西南信教少数民族法律文化的影响》（《世界宗教研究》2006年第1期）一文通过对这个时期基督教传入西南少数民族后对他们法律生活的影响进行探讨,力图揭示基督教在当时作为一种强势文化和政治力量,在进入西南少数民族地区后,对改变西南少数民族信教民众的行为规范、纠纷解决和在国家司法权位方面的作用,进而剖析基督教传入是如何影响西南信教少数民族对诉讼的选择等问题,以说明这个时期基督教在这些少数民族中得以传播的一些缘由。文章认为,由于基督教所具有的教规和当时在中国所处的特殊政治地位,导致信教少数民族在行为规范、纠纷解决以及在国家诉讼中权位,诉讼选择上都发生了变化。在这种转变中,最重要的是少数民族教民在国家诉讼中权位结构发生了重构。这种法律文化的重构对这个时期少数民族信仰基督教是一种推动力。

伍昆明著《早期传教士进藏活动史》(中国藏学出版社1992年版)是我国第一部研究西方与西藏关系最早阶段历史的专著。书中首先系统梳理了自公元前5世纪起至17世纪两千多年间西方对青藏高原及西藏的认识过程即知识积累的过程。全书重点论述了1624年至1745年间罗马天主教耶稣会和卡普清修会的传教士,先后数十批分别进入西藏阿里地区和日喀则、拉萨等地进行传教活动的历史。书中还就基督教与藏传佛教在西藏的矛盾和冲突,藏族人民的反洋教斗争等问题进行了专门研究。针对国内学术界长期以来对在华传教士的活动持否定批判的观点,书中以翔实的史料作出了自己的评判,认为尽管早期传教士是伴随着西方殖民主义势力向东方扩张而进入西藏的,但并不是所有的传教士都是为了西班牙、葡萄牙开拓殖民地的目的而来的,他们中有一部分人是出于对上帝的信仰,为了传播"上帝的福音"而进入西藏的,因此指出对传教士个人、教会和殖民主义势力的入藏动机应做具体的分析和区别。

任新民的《试论基督教在怒江地区傈僳族社会变迁中的整合功能》(《思想战线》1999年第5期)认为,基督教在怒江傈僳族社会的传播总体上与傈僳族社会变迁进程是相符合的,基督教在其传播中有机地融入傈僳族传统文化中,成为怒江傈僳族文化中的重要组成部分;同时基督教在傈僳族社会传播中由于自身的目的和意图,又发生了功能的异化,为中央政权总体社会整合制造了障碍。

十一 民族历史人物和事件评论

在中国多民族的历史上,出现过无数著名的历史人物,许多历史事件都是由他们导演的。评述这些历史人物的时代及其地位与功果,30年来硕果累累。下面难以一一胪列，只能择几个重要方面介绍之。

李锡厚著《耶律阿保机传》(吉林教育出版社1991年版)是一本比较详细的耶律阿保机传。既对耶律阿保机的一生做了科学的论述和评价，也对辽朝早期的一些重大历史事件和历史问题做了分析和评论。书中对涉及耶律阿保机的辽代早期的典章制度，如汉城、汉军、斡鲁朵与亲军的建立过程及历史作用、姓氏制度的起源及其与居住地的关系等等多有精辟的论述。

金代的人物传记，以往由于资料的缺乏，专著成果极少，改革开放以来也取得了较大成绩。范军、周峰著《金章宗传》(中国广播电视出版社2003年版)指出，金章宗是金代的第六个皇帝，在金代历史上起着承上启下的作用，处于为金朝由盛转衰的历史时期。该书以《金史》为主要依据，并结合其他有限的史料，力图勾勒出金章宗真实形象的大致轮廓。作者分析了金章宗的出身背景与成长历程，以主要篇幅从多个方面探讨了金章宗的治国之道，论述了其对蒙古的北伐和对南宋的南征，并以一定的篇幅论述了金章宗的诗词才艺。周峰著《完颜亮评传》(民族出版社2002年版)，以完颜亮试图统一中国的历史进程为主线，完整全面地介绍了完颜亮的一生，并对其进行客观的评价。作者在深入揭露完颜亮的荒淫无道时，并没有抹杀其在位时所取得的显著政绩，对完颜亮在位十余年所推行的政治、经济改革和试图实现统一天下的雄心韬略，都给予充分的肯定。赵永春的《论金熙宗的改革》(《社会科学辑刊》2004年第1期)，评价了金熙宗的一生，指出金熙宗即位以后，及时调整了金宋关系，开始了统配制度、整顿经济秩序等各方面的改革，使金朝统治从武力征服向以文治国。金熙宗变"女真旧制"为全面采用汉制，促使女真奴隶社会迅速转向封建社会。此外，还有刘肃勇著《金世宗传》(三秦出版社1987年版)等。

满族历史人物的研究十分广泛，学术专著有：阎崇年著《努尔哈赤传》(北京出版社1983年版)和滕绍箴著《努尔哈赤评传》(辽宁人民出版社1985年版)，后书详细介绍了努尔哈赤的出身、家世、主要经历、独特性格，同时，对当时的政治、经济、军事和外交诸方面的情况也作了一定的叙述和分析。作者论述了努尔哈赤取得成功的原因，对他一生的功过也作了评价。此外，有孙文良、李治亭著《清太宗全传》，周远廉、赵世瑜、冯尔康著《雍正传》，周远廉著《乾隆全传》，白新良著《乾隆传》，戴逸著《乾隆帝及其时代》，郭成康等著《乾隆皇帝全传》，吴文发著《嘉庆传》，张玉芬著《嘉庆道光评传》、孙孝恩著《光绪评传》等。

蒙古族在历史上曾涌现出许多著名历史人物,关于评价忽必烈的论著有周良霄的《论忽必烈》(《中国社会科学》1981年第2期)一文,以及《忽必烈》(吉林教育出版社1986年版)一书,均评价了忽必烈即位以后在迅速改变蒙古旧有统治制度和实现全国大一统中的历史功绩,以及他后期逐渐趋于消极、保守给社会发展造成的不良后果。与上述观点不同,白钢的《关于忽必烈"附会汉法"的历史考察》(《中国史研究》1981年第4期)认为,忽必烈所建立的元朝,既不是完全抛弃大蒙古国的旧制,也不是全盘照抄中原传统王朝的成法,而是合而为一,搞成一个蒙古旧制与中原汉族封建制度相混而一的结合体,即"附会汉法"。作者着重分析了属于沿用蒙古旧制的分封采邑制、达鲁花赤的设置、蓄奴制度、斡脱制度、科差制度、军事长官的世袭制六个方面和附会汉法过程中出现的税粮制度、军人待遇、刑法制度上的南北异制问题,指出:诸制并举,造成了社会制度的极端混乱,元朝不足百年而亡,不能说与忽必烈有意识地保留大量蒙古旧制没有关系。李治安著《忽必烈传》(人民出版社2004年版),以忽必烈人生历程为纵向主浅,以其在位35年间政治、军事、经济、文化诸领域的重要史事为横向线索,对元王朝的缔造者忽必烈进行了全面系统的描述和诠释,揭示了忽必烈在少数民族中首次统一和治理中国南北的来龙去脉和曲折经历,及其动因、背景和利弊得失。

朱耀廷著《成吉思汗传》(人民出版社2004年版)对成吉思汗的功过是非,尤其是褒贬不一的西征,进行了深层次的分析探讨,作出了实事求是的评价。

杜家骥的《清代蒙古族女诗人那逊兰保及其相关问题考证》(《民族研究》2006年第3期)通过考证,揭示了清代蒙古族女诗人那逊兰保的出身、生年、年寿、家世及其出身的蒙古王公家族与清廷的关系,论述了那逊兰保在京师所受到的文化教育与熏陶、对其子满族著名文人盛昱的影响;对史籍及论著中的一些错误进行了辨析,并以那逊兰保及其同类史事为例,阐述了满蒙汉民族血缘融合及文化方面的交融现象。清雍正朝征讨准噶尔之役,清军在和通泊之战惨败后,取得了额尔得尼昭之战的胜利,以往史学家都强调了蒙古亲王策凌在清军扭转战局中的作用。张杰的《论清代靖边右副将军塔尔岱》(《黑龙江民族丛刊》第4期)依据大量鲜为人知的珍贵史料,全面论述了塔尔岱先在和通泊战役力挽狂澜,后在额尔得尼昭战役中立下大功,因而晋升为黑龙江将军和靖边右副将军的辉煌一生。

此外，就有关蒙古族历史人物专著而言，主要的还有：朱清泽著《成吉思汗评估：一代天骄》（广西教育出版社1996年版），杨纳著《世界征服者：成吉思汗及其子孙》（华夏出版社1996年版），余大钧著《一代天骄成吉思汗—传记与研究》（内蒙古人民出版社2002年版），萨兆沩著《萨都剌考》，杨绍猷著《俺答汗评传》，包桂芹著《清代蒙古官吏传》（民族出版社1995年版），卢明辉等编《蒙古族历史人物论集》（中国社会科学出版社1981年版）等。

由我国著名回族历史学家白寿彝任主编、杨怀中任副主编的《回族人物志》（宁夏人民出版社出版）是一部大型的回族历史人物传记著作，合书共分4册，68卷，收录了自元代至辛亥革命700余年近400位回族人物的传记。1992年全国第七次回族史讨论会在西安召开，会议主题是对近现代回族人物研究，收到论文近90篇，既有人物述评，也有专题论文，既有国内人物，也有海外华侨、华人。代表们认为，在中国社会急剧变革的近现代史上，回族在政治、经济、文化、外交、科技以及宗教领域涌现出了不少著名人物，但他们之中的很多人还没有被发现而给以研究和评价，所以这次会议是一个良好的开端。1995年陕西人民出版社出版了这次会议论文集《近现代回族人物研究》，对30多位回族人士进行了介绍和评论。对陕甘回民起义领导人白彦虎的评价，历来意见分歧，有的认为白彦虎是反清英雄，有的认为是民族败类。马汝珩的《略论白彦虎历史评价问题》（《清代同治年间陕西回民起义研究》，三秦出版社1990年版）认为，对白彦虎的评价，要从当时的历史条件出发，实事求是地指出他的功绩与过错，才能使人们理解和信服。因此，对白彦虎的评价，既要看到他坚决抗清的功绩，也不能忽视他与阿古柏合流的错误。然而功过相交，还是功大于过的。冯增烈的《白彦虎散论》（《清代同治年间陕西回民起义研究》，三秦出版社1990年版）引证大量史料，对白彦虎一生反清活动做了客观的评价。喇秉德的《白彦虎"叛回国投敌"说辨正》（《清代同治年间陕西回民起义研究》，三秦出版社1990年版）认为白彦虎是唯一一位坚持反清斗争最久、参加并指挥作战次数最多、抗击清军最顽强、在回族历史上值得纪念的英雄人物。吴忠礼、刘钦斌著《西北五马》（河南人民出版社1993年版）对西北马氏家族作了实事求是的分析，提出了不少有别于学术界传统认识的新见解。

罗贤佑的《论元代畏兀儿人桑哥与偰哲笃的理财活动》（《民族研究》1991年第6期）认为，桑哥与偰哲笃是元代两位著名畏兀儿人士，他们的理财活动，构成元代经济史的重要一章。以往由于种种原因及偏见对他们的评价有欠客观公允，不完全符合历史事实。作者通过对史书记载的分析研究，对这两位元代少数民族历史人物作了新的评述。

藏族历史上的宗教史学家们将墀祖德赞与松赞干布、赤松德赞并称为"三法王"，但是，林冠群的《吐蕃赞普墀祖德赞研究》(《中国藏学》2005年第4期)认为从历史功绩来说此三位赞普并不能等量齐观。文章首先根据墀祖德赞之名中含有"墀(khri)"字认为其以王储身份继任赞普之位，而藏史中常见的热巴巾一名当为臣民恭赠的"尊号"，因为他不喜欢披头散发，而是结成发辫，故而得此尊号，但此说并不见于当时之文献中。而为人熟知的所谓其崇敬僧人，让人坐于发辫丝带上而得名的说法亦属于无稽之谈。其次，作者探讨了墀祖德赞的生卒年，认为该赞普生于806年，卒于838年或839年，作者认为藏文文献在纪年方面极不可靠，因此必须参考其他文献。文章的重点是从墀祖德赞的成长环境及当时吐蕃的内外形势等方面入手，分析墀祖德赞即位后的所作所为。认为墀祖德赞即位之时，吐蕃并未进入过去学界所称的"衰世"，相反却颇具中兴气氛。但是，墀祖德赞以10岁之龄幼年即位，加之体弱多病（文献中皆称"有心疾"），因此，他一方面不得不依靠佛僧辅政，一方面期望通过佛僧之祈愿以摆脱疾病。墀祖德赞在赞普之位上的作为大体概括为二：一是以国家强制力推展佛教，制定了政府出资供养僧人、"七户养僧"等崇佛制度，同时，极力推崇信奉佛教的大臣，将从墀德松赞开始设立的僧相制度推向极致，这一举措破坏了吐蕃原有的政治生态，直接影响到传统贵族的利益，激发了吐蕃政坛的倾轧斗争。二是在对外关系上，文章质疑后世藏文文献中对墀祖德赞开疆拓土业绩的描述，通过考证认为他在对外关系中是消极被动的，在他执政期间吐蕃全面与敌对外国达成和解协议。总之，文章认为推崇墀祖德赞为一代贤君，只不过是佛教学者的立场，而历史事实是他的统治可谓横征暴敛，是一位十足的暴君。其历史功绩实无法与松赞干布、赤松德赞相媲美。

牙含章编著的《达赖喇嘛传》（人民出版社1984年版）和《班禅额尔德尼传》（西藏人民出版社1987年版），前书详细介绍了一世至十四世的生平和政治宗教活动，着重评介十三世、十四世达赖喇嘛执政时期的政治和宗教活动。后书详细介绍了班禅世系的形成和发展，着重评介了九世、十世班禅爱国主义的一生。全书以西藏历史为经，以班禅世系为纬，织成一幅近六百多年的历史画卷。

从1913年开始，西藏政教领袖十三世达赖喇嘛在内外各种压力之下实行"新政"，对西藏的政治、经济、军事、文化教育等诸方面采取一系列改革措施，加快了西藏由封建农奴制社会向近代社会转型的历史过程。格桑达吉、喜饶尼玛的《十三世达赖喇嘛新政》（《中国藏学》1996年第2期），论述了十三世达赖喇嘛新政产生的政治经济背景、改革措施及其局限性，认为在某种程度上，十三世达赖喇嘛的思想源于"洋务派"和"维新派"思想。重新组编、扩充和改良藏军，是达赖喇嘛新政最核心的内容。秦永章的《试论十三世达赖喇嘛对藏军的近代化改革》（《民族研究》2007年第5期）在前人研究的基础上，爬梳相关史料，就十三世达赖喇嘛对藏军的近代化改革的社会背景、主要措施等做了较深入的探讨，这对西藏近现代史以及藏军史的研究有所裨益。

柳升祺、邓锐龄的《第六辈班禅额尔德尼洛桑·贝丹意希生平事迹述评》（《民族史论丛》第1辑，中华书局1987年版）对世班禅额尔德尼生平涉及政治的两件大事进行了详细的评述。一件是1772年至1775年，班禅大师以一个宗教领袖的身份写信给英国东印度公司劝他们停止与不丹武力冲突，以利益众生。东印度公司当即一面与不丹言和，一面派遣职员布格尔（G. Bogle）到扎什伦布寺进行联络拉拢，并离间后藏对前藏和清政府的关系，延留达半年之久。该文即根据布格尔本人的笔记和有关第一手资料，说明班禅是如何对待一切，既保持了一个宗教大师的纯洁无瑕，又维护了国家的主权。另一件大事是1779年至1980年，他以一个未曾出痘的"生身"，从祖国西南绕行西北，到热河的避暑山庄来祝乾隆皇帝的七十大寿，但不幸以患天花在北京圆寂。他这次来不是为己，而是为争取朝廷敕封第八世达赖喇嘛，肯定达赖管事之权，并改正了第六、第七、第八这三世达赖喇嘛的辈次。

朱德普的《叭真再考》（《思想战线》1998年第8期）指出，国内外史学界对叭真族属有壮族、克木人、孟人、拉瓦人、傣族诸说。作者认为，叭真的族属系傣族，是傣族古代兴盛时期的民族英雄。

广西民族学院民族研究室著《壮族历史人物传》（广西人民出版社1982年版），以人物为主，论述了一些重大的历史事件。

莫家仁的《侬智高：沸沸扬扬的千古议题》（《广西民族研究》2000年第2期）认为自宋至元、明、清、民国，对侬智高辱骂之词充斥官书、野史，种种横加指责无不从封建王朝的正统思想出发。新中国成立之后，对侬智高持肯定态度的人虽越来越多,但也不乏持否定态度的人,主要体现在对侬智高的国籍和起兵反宋的性质上。侬氏世为广源州蛮首领,有人据《宋史》"自交趾蛮据有安南,而广源州虽称邕管羁縻州,实服役于交趾"一句,断言侬智高为安南人,其起兵反宋是对中国的侵略。作者认为这种观点实属荒唐。《宋史》和时人王存《元丰九域志》都明确记载广源州是邕州属下的羁縻州,是被交趾蚕食的。侬氏虽受交趾奴役,但始终没有屈服,且不断起兵反抗,并一再要求宋朝保护,共同御敌,清楚地表明他是宋朝王民,并非安南人。侬智高是在外受交趾压迫、内被宋王朝三番五次拒绝内附的情况下才起兵反宋的,是昏庸的宋王朝和交趾人入侵共同逼出来的。至于有人提出侬智高反宋是落后农奴制反对先进封建制,是历史的倒退,则该文作者认为,落后民族为了自己生存展开的反压迫、反歧视的斗争,无论何时何地,都是正义之举。侬智高的起义虽然失败,但对壮族社会发展和对宋王朝改善边疆民族地区的统治方式都起到积极推动作用,其正义与进步的性质无可置疑。

黎瑛、陈炜的《经略西南:岑毓英的思想及实践(1865—1885)》(《贵州民族研究》2006年第1期)一文对岑毓英的边疆建设思想及其实践进行了分析探讨。指出:在内忧外患的时代背景下,为了维护辖地的安全,巩固国家的边围,这一时期岑毓英的边疆建设思想包括四个方面,即强调稳靖的民本思想、激浊扬清的吏治思想、以教化转变民心的教育思想和未雨绸缪的防边思想。这些思想贯穿了岑毓英边疆建设的始终,也是他边疆思想中较突出的几个方面。岑毓英的边疆建设思想是多方面因素相互激荡的产物。作为一种指导行动的理念、思想,是对时势的认识和反映,应该说其主流是正确的、进步的。虽然其中也掺杂着某些错误甚至罪恶的方面,但在这些思想指导下,岑毓英进行的地方治理,在中法战争前后及中法战争中对国家和民族做出了重要的贡献。陆君田、苏书选编著的《陆荣廷传》(广西民族出版社1987年版)比较详尽地评述了陆荣廷的一生,叙述了他的童年,落草为绿林,入会党,投靠清廷,招抚绿林,镇压游勇等诸多事迹,他与卖国贼袁世凯又勾结又矛盾的关系,对孙中山领导的革命和政府的对抗,其后形成旧桂系后军阀体系,直至旧桂系的崩溃与灭亡的过程。这是了解旧桂系军阀壮族陆荣廷一生的人物专著。

十二 综论性研究

改革开放30年来,我国出版了一大批民族史专著,除部分专著已在上面专题讨论时提到外，现择要略作介绍。

1. 综合性中国民族史

江应樑主编的《中国民族史》（民族出版社1990年版）和王钟翰主编的《中国民族史》（中国社会科学出版社1995年版），以中华民族多元一体的特点立论，着眼于历史上各民族的发展，充分阐述了中国历史是由各民族共同创造的这一基本历史事实。后书不仅阐明了在历史上曾经强大过的匈奴、鲜卑、突厥、回纥、吐蕃、契丹、女真、党项等民族的族源、形成和发展，而且即使是曾出现于历史上的一些小民族（部族）在该书中也占有一定的篇幅。当代的少数民族，一部分是古代民族的后裔，一部分是古代民族融合后发展而成的一个新民族，一部分是外来民族发展演变而来的。该书对当代55个少数民族的历史、社会状况、传统文化、风俗习惯等均作了扼要的介绍，论述了各民族之间在政治、经济、文化等方面的交往，以及对缔造伟大祖国的贡献。

尤中著《中华民族发展史》（晨光出版社2007年版）一书共分3卷。全书基本上以中国古代历史上的正统王朝作为划分中华民族历史发展阶段的单元，共分八个阶段，在概述各历史阶段重大政治、军事、经济、文化发展的基础上，重点论述不同王朝统治下的古代各民族的发展、演变情况及其历史地位和作用，论述各古代民族在不同历史时期建立的不同地方政权及与中原王朝的关系，论述边地古代民族强大后入主中原、建立大一统王朝统治全国的历史过程，及在其统治下各族的演变、发展，把地方民族政权的兴亡、王朝的更替与古代民族的演变、发展联系起来看成一个整体。

黄烈著《中国民族史研究》（人民出版社1987年版）一书分上、下编。上编对活跃在我国古代前期历史上的许多古老民族，如氐、羌、匈奴、乌桓、鲜卑等，提供了若干有始有末的历史材料，进行了比较完整的研究；下编侧重在民族关系的研究，探讨了在什么情况下才能出现民族融合、政权在民族融合中的作用如何、民族融合发展的层次等方面的问题。

2. 族别史

族别史的研究在建国初的头30年，主要成果是各民族的简史。改革开放以来，随着对各民族历史研究的深化，有了一批比较详细的民族史或民族通史的问世。

东胡与匈奴同时兴起于战国末期，公元前206年被匈奴击破，遂分衍为许多族支。除两汉时的乌桓、鲜卑外，魏晋以后有由鲜卑分化出的段部（徒何)、慕容（吐谷浑在内）、宇文、拓跋、秃发、乞伏等部；北魏时又有柔然；唐末五代十国时继起的还有契丹、库莫奚、室韦及辽、金时期兴起的蒙古，都是属于东胡一系。林干著《东胡史》（内蒙古人民出版社1989年版）较全面系统地论述了从早期东胡（即被匈奴击破以前的东胡）以来至1840年鸦片战争为止各个时期东胡各族的经济生活、社会结构、政权组织、文化习俗、部族兴衰、政治演变及与他族特别是汉族的关系等。林干著《匈奴通史》（人民出版社1986年版）一书，对匈奴族的经济生活、社会结构、政权组织、文化习俗、部族兴衰、政治演变及与其他各族特别是中原汉族的关系，做了较全面和系统的论述。

孙进己等著《女真史》（吉林文史出版社1987年版）论述了从女真先人肃慎至辽金元明女真的发展史。

王承礼著《渤海简史》（黑龙江人民出版社1984年版）一书就渤海王国的建立、疆域地理、社会经济、政治制度、文化及和唐王朝的关系，与日本的交往等问题进行了探讨。

林干著《突厥史》（内蒙古人民出版社1988年版），对在中国和中亚历史上活跃了近二百年的突厥族的经济生活、社会结构、政权组织、文化习俗、部族兴衰、政治演变及与其他各族，特别是中原汉族的关系，作了较全面系统的论述，因而突厥的民族面貌和社会面貌都描绘得十分鲜明。其中值得指出的是关于突厥社会性质和社会制度部分的论述。中外学者多认为突厥族不曾经过奴隶制阶段，而该书却引用了大量史料，证明东突厥、后突厥和西突厥都确曾经过奴隶制，且就突厥及其他古代北方游牧民族形成奴的内因和外因、游牧民族的主要生产资料不是土地而是牧畜、奴隶也不是家内奴隶而是生产奴隶等这些带关键性的问题进行了详细的分析和论证。

杨圣敏著《回纥史》（吉林教育出版社1991年版），是国内第一部维吾尔族古代史专著。其中对突厥与铁勒的关系、回纥人的来源，对回纥汗国的社会结构、经济和文化以及人口、人种等问题都提出了与传统观点不同的看法。

吴天墀著《西夏史稿》（增订本）（四川人民出版社1983年版）对党项族的历史作了详细的叙述，并对西夏史上一些重大问题提出了自己的看法。

白翠琴著《瓦剌史》（吉林教育出版社1991年版）探讨了瓦剌历史发展的过程，及其政治、经济、军事、文化及社会生活等各个方面，是我国第一部较为全面系统地研究瓦剌史的专著。

陈国强等著《百越民族史》（中国社会科学出版社1988年版）是我国研究百越民族史的第一部专著。作者运用考古资料和民族学资料，补充了文献资料的不足，同时吸收学术界的研究成果，进行综合、比较研究，论述了百越民族的名称、分布、来源、文化特征、社会经济、社会性质、民族关系等问题，提出了不少独到的见解，有较高的学术水平。

朱俊明著《夜郎史稿》（贵州人民出版社1990年版）论述了夜郎的族属、民族演进、经济状况、社会形态、文化习俗以及与华夏、荆楚和秦汉王朝的关系等问题。

徐杰舜著《汉民族发展史》（四川民族出版社1992年版）系统地论述了汉民族的起源、形成和发展，以及民族特质和诸文化表象特征等。认为汉民族的起源是多元的，有两个主源：炎黄和东夷（即华夏民族主要是以炎黄和东夷为基础形成的）；三个支源即苗蛮、戎狄和百越。从秦至西汉时期，随着华夏民族发展、转化，形成了汉民族。作者还将汉民族的发展分为三个时期：封建社会时期、半封建半殖民地时期和社会主义时期。此书的出版，标志着我国汉民族研究进入一个新阶段。

李燕光、关捷著《满族通史》（修订本）（辽宁民族出版社2003年版）论述了满族的源流、改称满洲、进入封建社会、定都北京、八旗制度、康乾业绩、资本主义国家侵略、满族贵族的垮台、社会经济的变革和思想文化的发展等问题。

义都合西格主编的《蒙古民族通史》（内蒙古大学出版社2002年版），分为五卷，按照蒙古民族的发展时序，对蒙古历史进行了全方位的深入探讨，清晰地勾勒出蒙古民族发展演变的历史轨迹。在充实以往研究中较为薄弱环节方面，该书用力甚多。例如，对于饶具特色的蒙古族文化在蒙古族社会历史中的地位和作用，全书的每一卷都进行了详尽细致的论述。此外，还有内蒙古社科院《蒙古族通史》编写组的《蒙古族通史》（民族出版社2001年版）等专著。

邱树森主编的《中国回族史》（宁夏人民出版社1997年版）系统论述了回族的历史发展过程、社会经济、科教文化、宗教信仰、风俗习惯、人物组织等问题，反映了当时国内回族史研究的水平。

芈一之著《撒拉族史》（四川民族出版社2004年版）阐述撒拉族历史发展的过程和规律、几次重大历史事件（乾隆四十六年的反清起义、嘉道年间陕甘回民起义中的撒拉族、光绪乙未"河湟事变"等）的起因、过程、结果以及性质和历史作用、近代以来撒拉族社会演变的特点。

刘志霄著《维吾尔族历史》（上编，民族出版社1985年版；中编，中国社会科学出版社1996年版）详细论述了1949年中华人民共和国成立以前中国维吾尔族在各个历史时期的政治、经济、文化及其社会发展状况。

贺灵、佟克力著《锡伯族史》（新疆人民出版社1993年版）系统地论述了锡伯族兴起、西迁、发展的历史，论述了锡伯族人民为保卫边疆、捍卫统一作出的重大贡献。

吕建福著《土族史》（中国社会科学出版社2002年版），是一部比较系统地论述和反映土族历史演变过程的学术专著。该书将土族史放到整个中国历史大背景下进行考察，上溯土族先民的考古文化，下探至民国时期土族地区的社会变革，对土族的来源、迁徙、融合、分布、变迁等作了全面系统的论述，同时尽量反映每个阶段土族的政治、经济、宗教、文化等各个层面。

方国瑜著《彝族史稿》（四川民族出版社1984年版）叙述了彝族的分布区域、族源、古代部落、奴隶社会的发展及其地方政权的建立，论述了不同地区彝族社会发展的不平衡性。认为：滇东、滇南和滇西若干地区，从8世纪末出现了个体生产的隶农，生产关系逐渐向封建制过渡，10世纪末封建领主制经济已经形成，12世纪有的地区已进入封建地主制经济阶段，但四川凉山等地区直到解放前还是奴隶制。易谋远著《彝族史要》（社会科学文献出版社2000年版）着重探讨了彝族的族源、不同历史时期的迁徙与演变、阶级结构、宗教信仰及传统历法等一些争论最多的学术问题。如提出彝族传统历法几近"颛顼历"的阴阳合历之新解。认为过去有学者把所谓距今万年前乃至二三万年前的"虎伏羲"即"彝族虎图腾"视为中国历数之祖和彝族历数之祖，于史无征，理亦难通。指出中国历数之祖为颛顼，既是彝族昆夷祖先，又是彝族历数之祖。彝族的传统历法不是十月太阳历，而是古彝人经历由原始的物候历到观象授时的星象历的发展阶段以后，根据一定的法则，用日、月、年组合起来计算时间的方法，最后产生了"颛顼历"的以太阴纪月、太阳纪年的阴阳合历。

冉光荣、李绍明、周锡银著《羌族史》（四川民族出版社1985年版）分上、下编，上编按历史顺序，叙述从传说时代的羌人至隋唐时期的羌人的历史。唐宋以后，多被汉族或其他族所融合，只在岷江上游有部分存在。下编叙述岷江上游的古代文化和宋代以前羌人的活动、明清时期羌族地区的土司制度和改土归流、近代羌族的社会及羌族人民反帝反封建的斗争和现代的羌族社会及羌族人民的革命斗争。

江应樑著《傣族史》（四川民族出版社1984年版）系统地叙述了傣族的分布、族源、部落时代、奴隶制时代、封建制时代，近代傣族社会、傣族人民反侵略、反封建斗争的光辉历程，着重探讨了傣族历史上的奴隶制和土司制度，介绍了傣族的家庭婚姻、语言文字、宗教信仰、生活习俗、民间文学等。

郭大烈、和志武著《纳西族史》（四川民族出版社1994年版）论述了纳西族的族源、古老的社会形态、秦汉至唐宋时期纳西族的历史发展、唐宋时期的社会政治、古代纳西族的社会经济与社会生活、纳西族地区的土司制度和近现代纳西族地区的社会发展。

伍新福著《苗族史》（四川民族出版社1992年版）和《中国苗族通史》（贵州民族出版社1999年版）两书系统叙述了中国苗族的迁徙、分布、支系、政治、经济、军事、教育、文学艺术、风俗习惯、宗教信仰、语言文字等方面的历史状况和发展特点。

张声震主编的《壮族通史》（民族出版社1997年版）全面、系统地论述了壮民族的历史渊源以及从原始社会到中华人民共和国建立的各个历史时期的社会政治、经济和文化的发展里程及其面貌。

吴永章著《瑶族史》（四川民族出版社1993年版）和《黎族史》（广东人民出版社1997年版）二书，前书依历史发展次序，论述了先秦时期的荆蛮，两汉、三国、两晋时期的盘瓠蛮，南北朝时期的盘弧蛮和僚人，隋唐时期的莫徭，宋、元、明、清时期的瑶族。后书全面、系统地论述了黎族悠久灿烂的历史文化，从远古文化遗址、遗物、先秦时期的黎族先民，到两汉以降至明清各朝黎族地区的地理沿革、中央王朝的治理政策、黎族社会经济、风习、文化、民族关系、反抗活动等。两书引证广泛，材料丰富，考证严谨。

蒋炳钊著《畲族史稿》（厦门大学出版社1988年版）论述了畲族的来源和历史上的迁徙活动；元代以前畲族地区社会经济状况、明清时期畲族对山区经济的开发、解放前畲族地区封建社会经济结构；唐以来各个时期畲族人民的革命斗争；畲族的社会习俗和文化特点等。

3. 地区民族史

蒋秀松、朱在宪著《东北民族史纲》（辽宁教育出版社1993年版）系统简明地论述了上自远古，下迄清代，在祖国东北边疆生息繁衍的各民族的历史足迹；全面地介绍了记载这些民族的文献资料和考古资料，以及国内外研究的状况；在丰富的资料和研究成果的基础上，作者高屋建瓴、深入浅出地阐明了自己的观点。此外，还有傅朗云等著《东北民族史略》（吉林人民出版社 1983 年版）。

杨建新著《中国西北少数民族史》（宁夏人民出版社 1988 年版）在系统介绍西北各族历史的同时，着重探讨了西北各族历史上的迁徙问题、重大事件的时限问题、活动地域的范围问题、重要史实的真伪问题和民族形成问题等。

林干著《中国北方民族史新论》（内蒙古人民出版社 1993 年版）论述了北方民族与中原汉族的关系，着重指出北方民族对中原文化的影响，并对历史上的和亲问题进行分析，颇具创建。

胡绍华《中国南方民族发展史》（民族出版社 2004 年版）采用一种新的叙述方法和分期方法，对中国南方民族发展史进行论述。以作者的话来说，所谓新的叙述方法就是不受历史著作体例的限制，将中国南方各民族的人口、分布、地理、物产、族源、语言文字、政治、经济、文化等内容包括在内，以便能够尽量全面、系统地反映南方各民族发展的概貌；所谓新的分期方法则是不受中国通史分期法的限制，也不受各种已出版的中国民族史著作分期方法的制约，而是根据西南、中南和东南民族历史发展的实际情况进行分期，以避免中心通史分期不适合南方民族历史发展规律的弊病，更加真实地反映南方民族历史发展的面貌。

尤中著《中国西南民族史》（云南人民出版社 1985 年版）以历史发展为序，对我国古代西南的原始人和原始群的生产、生活状况，国家的出现及一些地方原始社会的延续进行了探索，对秦汉以后的西南各族的分布、社会状况及其与中原王朝的关系进行了分析和研究，特别是对元明清时期中原王朝对西南各族的统治、土司制度与改土归流、中央王朝在西南的屯田和移民垦殖、各族的反民族压迫与民族间的纷争作了详细的阐述。

张雄著《中南民族史》（广西人民出版社 1989 年版）采取以历史时期为纲而各族系又前后连贯的叙述方法，论述各族系各民族的源流、分布的发展演变等。

尤中著《云南民族史》（云南大学出版社 1994 年版）系统全面地论述了从远古原始人群时代到清代这一历史时期云南各民族的历史，内容包括云南各民族的源流、分布区域及社会、政治、经济、文化等方面。

吴永章著《湖北民族史》（华中理工大学出版社1990年版）以湖北地区的民族分布、民族关系及民族融合为主要线索，在大量占有资料的基础上，纵观历史全局，勾勒出湖北民族地区民族的形成、发展的脉络。在理清湖北民族发展脉络的同时，注重历朝历代治理南方、包括湖北诸族的政策的研究。

4. 断代民族史

由中国社会科学院民族研究所组织实施的中国历代民族史丛书包括《先秦民族史》、《秦汉民族史》（均为田继周著）、《魏晋南北朝史》（白翠琴著）、《隋唐民族史》（卢勋、肖之兴、祝启源著）、《宋辽金时期民族史》（陈佳华、蔡家艺、莫俊卿、杨宝隆著）、《元代民族史》（罗贤佑著）、《明代民族史》（杨绍猷、莫俊卿著）、《清代民族史》（杨学琛著）等各分册，四川民族出版社1997年出版。该套丛书全面、系统、深入地阐述了中国历史上各少数民族的起源、形成和发展，探讨了中国民族关系史发展的客观规律，内容宏富，史论兼述，自成体系。

伊伟先著《明代藏族史研究》（民族出版社2000年版）是一部对明代藏族历史进行全面、系统探讨的专著。该书除系统地阐述明代乌斯藏帕木竹巴政权的建立及其行政体制，帕木竹巴地方政权历任第悉（领导人）及其政绩，明代乌斯藏及安多与康区的经济发展、文化成就与各教派的活动外，还对这一时期许多重大问题进行深入探讨。如关于帕竹巴政权的性质，作者认为它是以封建农奴和溪卡（庄园）经济为基础，采取"族内传承"的维系政、教两权的政教合一的政权，指出帕木竹巴对乌斯藏的统治之所以能维持长达260年之久，帕木竹巴时期西藏社会之所以呈现出一派繁荣景象，俱与溪卡制度的实施有着直接关系。

此外，断代民族史还有卢明辉著《清代蒙古史》（天津古籍出版社1990年版）、曾国庆著《清代藏史研究》（齐鲁书社1999年版）等。

周伟洲著《唐代党项》（三秦出版社1988年版）论述了党项的族源和早期的发展，唐初党项的降附及党项诸羁縻府州的建立，唐代党项的内徙与分布，唐朝中、后期党项的状况，唐末党项拓跋部的崛起及其割据势力的形成，以及五代时期的党项。作者另出版《早期党项史研究》（中国社会科学出版社2004年版）是对前书进行的增补，利用新的文物考古资料及西夏学研究成果，增加了五代后至北宋初年（1032）的内容，阐发个人新见解。周伟洲著《敕勒与柔然》(上海人民出版社1983年版)较为系统地叙述了两族在隋代以前的历史,探讨了这两族的族源、迁徙和融合问题,以及他们的社会、政治、经济、文化概况。

魏良弢著《西辽史研究》(宁夏人民出版社1987年版)和《西辽史纲》(人民出版社1991年版),前书主要论述哈剌契丹人在西辽的历史,考证了西辽纪年,介绍了西辽的创建、发展和灭亡以及国家组织和基本政策,同时谈到了哈剌契丹人的经济、文化等;后书系统阐述西辽政治、经济、民族、宗教、疆域、纪年及对中亚社会的影响等。两书对有关哈剌契丹研究的一些重大学术问题提出了自己的见解,很有独创性。

高昌回鹘是对公元8世纪从漠北草原迁居高昌、北庭等地的回鹘人以及回鹘人在这些地区所建立的诸政权的总称。田卫疆《高昌回鹘史稿》(新疆人民出版社2006年版),在前人研究的基础上,通过对各种有关文献和资料的辨识和分析研究,既总体概括,又具体分析地对高昌回鹘五个多世纪的王族血统、社会结构、经济生活、文化变迁以及同历代中原王朝的关系进行比较全面系统的探索研究,对高昌回鹘数百年的历史重新进行一番架构,写成一部高昌回鹘历史,补阙了西域史研究的不足。

5. 工具书

高文德等主编的《中国少数民族史大辞典》(吉林教育出版社1995年版)收词近三万条,内容包括中国古今各少数民族的政治、经济、文化、军事等各方面,上起远古,下至新中国建立,凡有关少数民族的古国、朝代、年号、族名、部落、社会阶级、重大历史事件、历史人物、典章制度、联盟誓约、经济生活、典籍文物、历史地理、宗教习俗、语言文字、特定名词术语,无不兼收并举。收词齐全,内容丰富,释义深化是该辞典的特点。对释文或述或考或辨,皆取要义,多所匡谬,尽可能吸收国内外公认的最新研究成果,反映了当前民族史研究的新水平。

高文德主编的《中国民族史人物辞典》(中国社会科学出版社1989年版),是目前国内外第一部有关中国少数民族历史人物的大型专科辞典。全书收录上自远古下迄清末的少数民族历史人物5000余条。该辞典收词较全,凡在中国少数民族历史中占有一定地位、比较重要的历史人物均已收录。除在历史上起过一定作用的帝王、后妃、诸王、公主、勋戚及有一定事迹和影响的臣僚、将帅外,特别注意收录了各少数民族领袖人物、各部重要首领;著名起义领袖和代表人物;在经济、文化、科教等方面有所创造和贡献的科学家、发明家、改革家、学者、文学家、艺人、名医名匠等；宗教界领袖和著名人物；少数民族传说的祖先；等等。

此外，《中国大百科全书》（民族卷）（中国大百科全书出版社1986年版）、中国历史大辞典编纂委员会编纂的《中国历史大辞典》（民族史卷）（上海辞书出版社1996年版）、《辞海》（民族史部分）（上海辞书出版社1999年版）、邱树森主编的《中国回族大词典》（江苏古籍出版社1992年版）、杨惠云主编的《中国回族大辞典》（上海辞书出版社1993年版）、余太山、陈高华、谢方主编的《新疆各族历史文化大辞典》（中华书局1996年版）、王尧、陈庆英主编《西藏历史文化辞典》（浙江人民出版社1998年版）、《壮族百科辞典》（广西人民出版社1993年版）等，都有关于民族史的内容。

综上所述，党的十一届三中全会以来的30年中，中国民族史研究成果丰硕。由于篇幅的限制，本章仅仅选取其中少部分学术论著作了介绍，挂一漏万，在所难免，敬请读者原谅，并批评指正。

第 五 章

民族语言文字研究 30 年

孙宏开

第一节 绪论

中国历史上就是一个多民族多语言的国家。20世纪以前的少数民族语言文字研究基本上属传统的语文学范畴。中国语言学从《马氏文通》（1898）开始，陆续引进西方现代语言学的理论和方法，研究汉语和少数民族语言，开创了现代语言学的历史新纪元。而少数民族语言研究引进现代语言学理论和方法又比汉语要晚数十年，而且在理论和方法上又受汉语研究较深的影响。

从现代语言学的观点看，少数民族语言文字研究大体从20世纪开始。从规模、深度和水平分析，大体可以分为前50年和后60年。基本上可以从中华人民共和国成立作为分界。对少数民族语言的全面、深入调查研究是新中国成立以后的事情。从中华人民共和国成立至今的近60年间，基本上也可以分为两个历史阶段，这两个阶段的分界大体可以以1978年中国共产党十一届三中全会作为分界。即1949年至1978年作为一个阶段，1978年至今作为另一个阶段，本文论述的重点是20世纪后半叶至今的中国少数民族语言文字研究。

一 中华人民共和国成立以前的少数民族语言文字研究

新中国成立前的少数民族语言研究，基本上处在无序状态。仅有很少的学者，从个人兴趣出发，对少数民族语言开展实地调查研究，或对少数民族文字的某些文献进行研究，发表了屈指可数的几种专著，如赵元任的《广西瑶歌记音》、李方桂的《龙州土语》《武鸣土语》《剥隘土语》等，王静如的

《西夏研究》、于道泉的《仓洋嘉措情歌》、丁文江编的《爨文丛刻》、傅懋勣的《丽江麽些象形文〈古事记〉研究》等。发表的文章总数不到200篇。王均在总结这一历史阶段的情况时有这样一段话："在旧社会，少数民族语文总的来说是受歧视的，除少数几种外，一般被禁止使用。民族语文研究方面，一是对于少数民族语言有研究的专家少；二是大多数民族语言从来没有人研究过；三是大多数民族从来没有文字，少数有文字的民族，尽管文献资料有多有少，但从文献的时代来看，连续的、特别是早期的、能用作语言历史研究的资料，是不够多的，而且也很少有人进行研究。这就是解放前我国少数民族语言研究的情况。"[①] 这段文字，实事求是地评估了新中国成立前我国少数民族语言文字的研究状况。

尽管如此，从20世纪30年代开始，老一辈的民族语言学家，冒着极大的风险，深入少数民族地区，用现代语言学的理论和方法对多种少数民族语言进行实地调查研究，如赵元任对广西壮语的调查，李方桂对贵州布依族语言以及广西壮语的调查，罗常培对云南独龙语、傣语、怒语、白语的调查，袁家骅、马学良、高华年等对云南彝语的调查，傅懋勣对云南纳西语的调查，邢公畹对云南傣语的调查，闻宥、傅懋勣、张琨等对四川羌语的调查，金鹏对四川藏语、嘉绒语的调查，等等，都取得了一定的成果。他们开拓了少数民族语言研究这块从未有人开垦过的处女地，起到了拓荒和奠基的作用。

在新中国成立前，对中国语言学影响比较大的是李方桂，他在20世纪30年代就将分布在中国大陆的语言和方言进行了比较全面的分类，提出了一个总体的分类框架。这个框架后来被罗常培、傅懋勣等一代一代语言学家不断地补充、修订和完善，形成一个被语言学界大多数学者都可以接受的比较成熟的分类框架，一直沿用至今。

二 新中国成立以后至改革开放前的少数民族语文研究

中华人民共和国成立以后的前十年，被少数民族语言学界称为中国民族语文工作的第一个繁荣发展时期。在这个历史阶段，新中国的民族语文事业从无到有，由小到大，得到了前所未有的大发展。在这个历史阶段，民族语

---

① 王均：《中国少数民族语言研究情况》，载《民族语文研究文集》，青海民族出版社1982年版。

文工作大体可以分为三个阶段：

1. 从新中国成立初期到 1955 年

半封建半殖民地的旧中国，我国各少数民族处在政治上不被承认、受歧视，经济上、文化上非常落后，生活上极端贫困的境地，文盲率占 95% 以上，一些民族不得不以刻木、结绳、数豆粒等方式来记事。中华人民共和国的成立，标志着民族压迫制度和歧视少数民族制度的结束，开始了民族团结和睦、民族平等和语言平等的新时代。党和政府制订了一系列方针政策，保障少数民族的平等权利，其中包括制订民族语文政策，保障少数民族语言文字的使用以及发展少数民族文化教育的权利。

新中国成立前，我国仅有少数几个民族有文字，而且他们主要在宗教领域使用，很少使用于学校教育。大多数少数民族没有文字或者文字不完备。新中国成立后，为了做好民族工作，了解少数民族在政治上、经济上、文化上的各方面要求，中央政府多次派出慰问团，深入全国各少数民族地区，慰问少数民族，并进行调查研究，征求各少数民族的意见。在众多意见中，其中非常强烈的一条意见就是要求政府为没有文字的少数民族创造文字，以提高本民族的文化教育水平。有的民族访问团，在访问过程中还收到了少数民族送给访问团的无字锦旗，以表达少数民族迫切需要文字的愿望。

1951 年 2 月，为了贯彻党的民族政策，做好民族工作，中央人民政府政务院在先后听取了中央人民政府民族事务委员会李维汉和中央少数民族访问团的报告之后，就民族事务作出了六项决定。其中的第五项决定指出："在政务院文化教育委员会内设民族语言文字指导委员会，指导和组织关于少数民族语言文字的研究工作，帮助尚无文字的民族创立文字，帮助文字不完备的民族逐渐充实其文字。"随后，在北京成立了以邵力子为首的民族语言文字研究指导委员会，其中副主任委员有陶孟和、刘格平，委员有章伯钧、李维汉、阳翰笙、罗常培、陆志韦、费孝通、夏康农、季羡林、黎锦熙、翁独健、曹伯韩、刘春、郑之东、傅懋勣、马学良、方与岩、左恭等。

早在 20 世纪 50 年代初期，民族语文工作者为摸清我国少数民族语言的分布、使用情况和一般特点，就随同中央少数民族访问团，深入全国少数民族地区进行语言调查，为民族识别做了大量的工作。例如，罗常培《关于少数民族语文工作的报告》的文章中报道了有关情况："中国科学院语言研究所于 1950 年成立后，即先后派遣工作人员陈士林、喻世长、王均、王辅世和燕京大学讲师陈舒永等参加中央访问团西南、西北、中南各分团调查研究各该地语言，所得结果已经先后刊载科学通报（2卷3期、王均《参加中央西北访问团调查新疆兄弟民族语言的工作报告》；4期、陈士林《西康彝语文工作报告》；8期、喻世长《参加中央西南访问团调查贵州兄弟民族语言的工作报告》；稿成待印、王辅世《广西龙胜县少数民族语言调查报告》）。"① 该文还提到："1951年，中南访问团出发时，除语言研究所派王辅世参加外，中南区教育部另请中山大学语言学系主任岑麒祥，教授严学宭、高华年、张为纲、陈必恒等参加。他们7月间在广东北江调查了八排瑶语和过山瑶语，8、9月间又在海南岛调查了本地黎语、孝黎语、苗语。11月中油印了《广东少数民族语言初步调查报告》一种分送有关机构参考。"此外，蔡美彪、刘璐还参加中央访问团赴东北和内蒙古进行语言调查，写成调查报告发表。②上述人员在中央访问团访问结束后，有不少人留在当地，继续从事少数民族语言文字的调查研究，如袁家骅、罗季光等在广西，傅懋勣等在云南，陈士林等在四川，对当地少数民族语言文字作更加深入细致的调查研究。

在经过一段时间的调查研究之后，中央对全国各地的民族语言文字使用情况有了初步的了解，在此基础上，1954年5月，中央人民政府政务院文化教育委员会民族语言文字研究指导委员会及中央人民政府民族事务委员会向中央作出了《关于帮助尚无文字的民族创立文字问题的报告》。该报告指出："几年来由于少数民族在政治、经济、文化方面获得很大的发展，没有文字的或没有通用文字的民族现在迫切要求解决文字问题，而为了创立文字，就必须首先确定有关制订少数民族语言文字问题的基本原则。"该报告在分析了我国少数民族使用语言文字的7种基本情况之后，指出："根据以上分析，大致可以确定：对于没有文字或没有通用文字的民族，根据他们的自愿自择，应在经过一定时期的调查研究之后，帮助他们逐步制订一种拼音文字，或帮助他们选择一种现有的适用的文字。"报告认为："各少数民族均有发展其语言文字的自由，也均有学习和使用其语言文字的自由，同时不论已有文字或还没有文字的各民族人民，凡是自愿学习汉语汉文或其他民族文字者，各级人民政府均应予以保障和帮助，凡机关、学校团体等亦均应尽可能予以帮助，并不得加以歧视，这是非常重要的。"

---

① 罗常培：《关于少数民族语文工作的报告》，《科学通报》第3卷，1992年第7期。
② 参见蔡美彪、刘璐《东北各少数民族的语言和文字》和蔡美彪：《内蒙呼伦贝尔地带各兄弟民族的语文概况》，均载于《国内少数民族语言文字的概况》，中华书局1954年版。

同月，政务院对上述报告作了批复，原则上批准了该报告，并具体指出："报告中所提关于帮助尚无文字的民族创立文字的办法，特责成中国科学院语言研究所和中央人民政府民族事务委员会审慎研究，然后拟订计划和订出在一两个民族中逐步试行。并应继续了解情况，及时总结经验，以便在事实证明这些办法确是可行，而且其他条件也比较成熟时，逐渐地在别的民族中进行。"鉴于国务院已经对少数民族文字创制工作有了明确分工，故相应地撤销了民族语言文字研究指导委员会。

从中华人民共和国成立到1955年，这一阶段的调查研究，基本上处在摸情况、搞试点、取得经验阶段，但是它对于当时的民族识别工作，以及了解我国少数民族语言文字的全面情况，制订国家民族政策和民族语文政策起到了十分重要的作用。

2. 从1955年底到1958年大调查基本上结束

1955年12月6—15日，在党中央和政务院的亲切关怀下，由中国科学院和中央人民政府民族事务委员会共同发起，语言研究所和中央民族学院具体筹备，在北京举行了首届民族语文科学讨论会，吴玉章、胡乔木、刘格平、刘春、张稼夫、潘梓年等到会讲话，各省、自治区有关负责同志和少数民族语文工作者、专家学者近100人出席了此次会议。会议学习并讨论了中央关于少数民族语言文字工作的指示，交流了民族语文工作的情况和经验，交换了如何帮助少数民族创立、改进和改革文字的意见，初步制订了少数民族语文工作的12年远景规划和第一个5年计划。1956年1月17日，中国科学院和中央民族事务委员会联名给周恩来总理写了一份报告，报告中说："会议讨论并提出了一个少数民族语文工作的初步规划。在这个规划中，规定在两年（1956—1957）内，普遍调查少数民族语言；两三年（1956—1958）内，完成那些需要创立、改进或改革文字的各民族的确定文字方案的工作；个别情况不太清楚，但是需要创立、改进或改革文字的民族，至迟也要在1960年以前确定他们的文字方案。"会议还安排了两件事：第一，对全国少数民族进行语言普查；第二，在各地分别召开语文科学讨论会。

民族语文科学讨论会后，《人民日报》发表了题为《加速完成创立少数民族文字的工作》（1956年1月3日）的社论。社论除了报道了会议的情况外，还指出："创立、改进和改革各民族文字既是一件严肃的政治任务，也是一件细致的科学工作。在加快速度的同时，必须保证工作的质量。……每个民族语文工作者必须有全局观点，服从统一的规定，竭尽自己的力量，以达到各项工作的要求。……有经验的科学家应该耐心地培养青年科学工作者，使新生力量不断地成长起来。语言的调查研究，文字的教学，编译出版工作等方面的力量应该相互配合起来。各级负责民族事务、教育、文化等项工作的领导机关都必须把这一工作列入本单位的工作计划，分担一定的责任。地方党委要加强对当地民族文字工作的领导；各个有关机构要十分重视并配备适当的力量，使这一工作能够更顺利地进行，使我国各民族文化迅速地发展起来。"《光明日报》也发表了题为《加强帮助少数民族创立、改进和改革文字的工作》（1955 年 12 月 17 日）的社论。肯定了"这次科学讨论会在少数民族语文科学工作上和在民族工作上都有重大的意义。它将有力地推动有关民族部门和民族语文工作者把帮助少数民族创立文字的工作做得更多更好，以适应国家经济文化建设迅速发展的要求"。从此，中国少数民族语言文字的调查研究，进入了一个黄金时期。

1955 年冬，为了迎接即将到来的民族语文工作的艰巨任务，有必要成立一个机构具体全面负责并协调创制和改革少数民族文字的各项具体工作，于是一批从可少数民族研究的学者紧锣密鼓地进行了酝酿，并决定于 1956 年在中国科学院哲学社会科学部成立少数民族语言研究所。在筹建少数民族语言研究所的报告中大体说明了成立这个研究所的背景、意义、目的要求和经过。该文件指出："1955 年 12 月我院与中华人民共和国民族事务委员会联合召开民族语文科学讨论会时，民族事务委员会负责同志曾与我们谈过中央曾指示他们要成立一个少数民族语言研究所，并责成民族事务委员会和中国科学院共同筹建，并共同领导这个所的工作。我们和民委会经过反复磋商，同时征询语言研究所的意见，认为此所应由语言研究所和中央民族学院合作，应在语言研究所少数民族语文研究组和中央民族学院语文系的基础上筹建。"该文件明确指出，研究所的主要任务是在 1956—1957 年两年内普遍调查少数民族语言，帮助那些需要创立和改革文字的民族进行文字方案的设计工作。该文件于 1956 年 3 月 27 日在中国科学院第 11 次院务会议讨论通过。当即于 4 月成立少数民族语言研究所筹备处，并于年底在北京中关村正式挂牌成立少数民族语言研究所。所长是包尔汉，副所长是尹育然和傅懋勣。

关于少数民族语言研究所在创制和改革文字方面的任务，中央人民政府政务院在 1956 年 3 月 10 日的《关于各少数民族创立和改革文字方案的批准程序和实验推行分工的通知》中有明确的规定："中国科学院少数民族语言研究所负责作出创立和改革文字方案的初步设计。由省、自治区人民委员会审核，并广泛征求本民族各界人士的意见，经过充分协商讨论取得同意后，提出意见，报民族事务委员会审查。经确定后，由省自治区人民委员会公布作为实验推行的方案。"中国科学院少数民族语言研究所的成立，对领导和推动少数民族文字的创制和改革，对于少数民族语言学科的发展，起到了不可磨灭的作用。

早在1954年，经中国科学院和苏联科学院联系并同意，苏方决定派遣教育科学院通讯院士东方学研究所的格·谢尔久琴柯教授来华，传授苏联为少数民族创制文字的工作经验。谢尔久琴柯于1954年10月抵京，任中国科学院语言研究所和中央民族学院顾问，并于1954年冬至1955年春在中央民族学院为中国科学院语言研究所的研究人员、中央民族学院和北京大学的教师和研究生讲授了"苏联各民族文字创制史简明教程"[①]。根据谢尔久琴柯在讲课时称，这个讲课稿是他1951—1953年在苏联科学院东方学研究所工作的基础上写成的。道布曾概括谢尔久琴柯传授的主要经验有以下四个方面：

第一，为有方言分歧的民族创制文字就要选择一个基础方言。通常是选择最有威望，普遍性相当大，并在发展为统一的全民标准语时最能充分地反映出语言发展的一般规律和趋向的方言为基础方言。

第二，标准音通常是建立在这样一种土语上，它最有威望，流传不太广，使用它的地区一般是政治文化中心，在经济上也最发达。几种土语语音不一致时，只能选择一个土语做标准音。同时照顾到其他土语是不可能的。

第三，有一些语言虽然有方言的分歧（有时是十分严重的分歧），通常还是给它们在一种方言的基础上创立统一的文字。统一的文字和统一的标准语能促进民族的最大限度的团结，促使它变为统一的社会主义民族。

第四，音位是语言的基本的语音单位，必须在字母表里给它创造专门的符号。字母表必须要照顾和反映要创立文字的那种语言的所有的语

[①] 该教程经翻译收入〔苏〕格·谢尔久琴柯著、刘涌泉等译：《关于创立民族文字和建立标准语的问题》，民族出版社1956年版，第1—316页。

言（音位）特点。①

由于参加听课的都是后来大调查各工作队的骨干，加上当时没有其他渠道的经验可以借鉴，苏联为少数民族创制文字的经验以及谢尔久琴柯的学术观点和方法，对后来我国开始的少数民族语言调查和为少数民族创制文字产生了一定的影响。

普遍开展的少数民族语言调查，为创制文字铺平了道路。前面提到，从1951年到1955年，民族语文工作者已经进行了部分语言的试点调查，特别是1955年，南方和北方都组织了较大规模的试点调查，了解到不少新的情况，取得了一定的经验。但对少数民族语言的全面调查，是指从1956年开始到1958年大体结束的少数民族语言大调查，这次调查是广大少数民族群众的迫切需要，是党和政府根据马克思列宁主义毛泽东思想解决我国民族问题的一项重大决策，虽然当时的主要目标是为了解决少数民族文字问题，但也是少数民族语言研究史上的一次大行动，投入人力之多、花费经费之大、取得成绩之丰富，是可以载入少数民族语言研究史册的大事件，也是有史以来少数民族语言研究领域可以大书特书的壮举。为了做好这项工作，当时的中国科学院和中央民族事务委员会进行了大量的准备工作。主要有以下几个方面：

(1) 组织大调查的队伍

开展这样大规模的调查，队伍问题是最核心的问题。马学良先生在回忆老一辈革命家与民族语文工作，涉及大调查的队伍问题时，提到过这样一个动人的场面："1955年胡乔木同志受毛主席委托在中南海召集有关科研人员研究如何解决这一问题。会议中，毛主席派人来要会议记录。可见毛主席对这一问题的重视。讨论中，乔木同志问我中央民族学院民族语文干部和学生的情况。我告诉他：语文系民族语文教师及4年来开设的包括17个民族成分、28种语言和方言的民族语文班，除已毕业和调工作的外，在校学生尚有24个班496人。乔木同志听了以后说，这不就解决了嘛！除部分教师留校教课外，高年级学生及应届毕业生都可参加调查。"② 除此以外，中央民委还从

---

① 道布：《关于创制少数民族文字问题的几点思考》，《三月三·民族语文论坛》2001年第1期。
② 马学良：《民族语言研究文集》，中央民族大学出版社1999年版，第290页。

全国各地抽调了一大批少数民族工农出身的知识分子约100多人，参加此项工作，他们对本民族的情况熟悉，又非常热爱此项工作，是这支队伍中的生力军。加上北京以及从全国各地调来的少数民族语言的研究和教学人员，共组成一支有700多人的庞大队伍。

（2）举办少数民族语言调查训练班，培训大调查的业务骨干

对少数民族语言进行全面调查，是一项专业性很强的工作，既要有扎实的语言学的专业知识，又要有熟练地使用国际音标记录和分析语言的本领，还要有田野调查工作经验，这三方面缺少哪一方面都是不可思议的事，也会影响调查工作的质量。因此在调查队出发以前，对调查队伍进行培训是必不可少的。这一点在筹建少数民族语言研究所的报告中也有提及。该报告称："在中央民族学院和西南民族学院开办语言调查训练班，学员约450人，都将参加各工作队工作。"

1956年2月，根据既定方针，首先在中央民族学院举办了400多人的语言调查训练班。训练班分甲班和乙班，甲班是中央民族学院语文系的应届毕业生，乙班是从全国各地抽调来的有较高文化水平的少数民族干部。在训练班上，老一辈民族语言学家傅懋勣、马学良、罗季光、金鹏、喻世长、王辅世、李森等轮流讲授少数民族语言调查的理论和方法，对普及这一领域的知识起到了十分重要的作用。他们的分工大体是傅懋勣负责第三讲和第九讲，题目分别是：音位的基本理论和实际问题、语言的比较和文字方案的设计；马学良负责第一讲和第六讲，题目分别是：对于少数民族语言调查者的基本要求、汇集词汇和编排词汇的方法；罗季光负责第二讲，题目是：怎样分析语音和描写语音；金鹏负责第七讲，题目是：记录语法材料应注意的问题；喻世长负责第四讲，题目是：音位系统的分析和描写；王辅世负责第五讲，题目是：怎样分析和记录汉藏语系语言的声调；李森负责第十讲，题目是：关于制订"方言调查研究大纲"的一些问题。[①] 训练班的学员根据专业的不同，分别组成若干班级，在听了专题讲演以后，分别回到班级里由各班级的辅导员进行辅导和答疑。乙班的学员除了听训练班的讲座外，还专门由有经验的老师分别开设语言学、语音学、语言调查实习等课程，系统讲授与语言调查有直接关系的课程，使这些少数民族出身的工农干部在以后的语言调查

---

① 关于这次训练班讲课的具体内容，请参见马学良等：《语言调查常识》，中华书局1956年版，第1—175页。

中发挥了重要的作用。在训练班的开学典礼和结业典礼上，中国科学院哲学社会科学部、文字改革委员会、中央民族事务委员会等单位的领导，都亲临会场指导工作，特别值得一提的是，敬爱的周恩来总理在百忙中亲临训练班看望大家，给所有师生以巨大鼓舞。

一年后，在西南民族学院也举行了同样性质的语言调查训练班，不过规模比北京的训练班要小一些，仅有40多人参加了培训。

这两次训练班虽然时间都不长，只有4个月左右，但对于没有经验的学生和未开展过语言调查的老师，具有十分重要的意义，对以后开展的大调查的质量起到了重要的保证作用。直到数十年后，当人们回忆起这次集体培训，几乎所有参加教学的人员都留下了非常深刻的印象，获得了巨大的收益。

（3）根据专业方向，组成7个调查队。

我国少数民族主要分布在国家的周边地区，民族众多而语言差别很大，没有大规模的人力投入，在短时间内是不可能完成如此艰巨的任务的。因此在筹备少数民族语言研究所的建所计划里就已经考虑到工作队的建制和研究所里研究组的建制关系，报告强调指出："为配合工作的需要，所里也需成立七个研究组，同时动员各地语言工作者及民族学院的一部分力量，组成七个工作队立即到各地去进行调查研究。……这七个工作队就是所的七个工作组，主要是根据语言分的，同时也照顾到地区。"①

1956年，在少数民族语文研究史上是可以大书特书的一年。在这一年里，制订了发展少数民族语言研究的12年远景规划和5年计划；确立了帮助少数民族创制和改进文字的基本政策；组织了7个工作队共700多人分赴全国各少数民族地区调查语言；成立了中国科学院少数民族语言研究所；等等。

6、7月间，各工作队相继出发，根据有关文献记载，他们的任务及分工大体如下：②

  第一队——调查研究壮、布依、侬、沙（侬、沙合并于壮）、侗、

---

① 摘自《关于筹建少数民族语言研究所的报告》。该报告由中国科学院于1956年3月27日院常务会议通过。

② 以下各工作队的任务及分工内容，摘自《关于筹建少数民族语言研究所的报告》。

水家（现称水）、黎及其他亲属关系相近的语言，[19]56年确定壮文方案。对布依侬、沙能否使用壮文提出科学论证，以便在这个问题上达成决定。调查研究侗、水家、黎的方言，为[19]57年提出文字方案做准备工作。

第二队——调查研究苗、瑶及其他亲属关系相近的语言。[19]56年提出苗族文字方案并调查研究瑶语方言，为[19]58年提出瑶族文字方案做准备工作。

第三队——调查研究傣、傈僳、景颇、拉祜、哈尼、卡佤（现称佤）、民家（现称白）、纳西、独龙、阿昌、布朗、绷龙（现称德昂）族语言，[19]56年帮助进行傣仂文改进方案的试行工作，确定傣哪文改进方案；确定傈僳文字方案，景颇、拉祜文字改进方案；提出哈尼文字方案、卡佤文字改进方案；调查研究民家、纳西方言，为[19]57年提出文字方案做准备工作。

第四队——[19]56年补充调查研究各省彝语方言，确定新彝文方案，并对土家文字问题提出初步意见。

第五队——调查研究蒙古、达斡尔、东乡、土族、保安等语言。[19]56年按照内蒙自治区人民委员会的决定，协助进行蒙文的改革工作；提出达斡尔、土族文字方案；调查研究东乡、保安语言，为[19]57—[19]58年提出文字方案做准备工作。

第六队——调查研究维吾尔、哈萨克、柯尔克孜、乌孜别克、塔塔尔、塔吉克等语言。[19]56年向新疆提出有关发展新疆少数民族语言文字的意见；调查研究裕固、撒拉并提出解决他们的文字问题的初步意见。

第七队——调查研究藏、羌、嘉绒、西番（现定为普米）等语言。[19]56年提出藏语方言比较研究的结果，并对羌、嘉绒语言文字的解决提出初步意见。

对通古斯语族的满、锡伯、索伦（现称鄂温克）、鄂伦春、通古斯等语言和系属未定的朝鲜语、高山语也逐渐组织人力进行研究。

傅懋勣在总结这一阶段调查取得的成就时指出："到1959年共调查了壮……等42个民族的语言。调查成绩可总结为三条：第一，对一个民族说几种语言的情况有了进一步的了解……第二，对有方言的语言提出划分方言的意见……第三，不但调查了语言情况，而且调查了语言使用情况和有文字的情况……"①

我国开展少数民族语言大调查是史无前例的，取得的收获也是史无前例的。这一阶段的调查成果细说起来确实是巨大的，归纳起来主要有以下几个方面：

①基本上摸清了我国少数民族主要语言的分布、使用人口和使用状况、与周围民族语言的关系等等。调查队到达当地，首先要了解语言使用的一般情况，召开各种类型的座谈会，征求本民族各界各类代表人物的意见。查阅文献资料和当地的各类档案资料，进行面上的调查研究，因此，大调查首先取得的是调查对象的人文、历史、社会、宗教、传说、人口、分布、语言使用等方面的基本资料。这些背景资料对尔后开展的语言结构调查研究和文字方案的设计非常有帮助。

②调查了42个民族共50多种语言，特别对一个民族使用两种或两种以上的语言情况有了比较具体的了解。例如，瑶族、景颇族、裕固族、藏族等均使用两种或多种语言。此外还对当时尚未确定民族成分的一些已知语言如西番语（后来定为普米语）、珞渝语（后来定为珞巴语）、僜语、嘉绒语等进行了调查。每个语言在调查结束后，都对资料进行了初步整理，提出了划分方言土语的意见，并且进行了初步论证，写出了调查报告（均未公开出版）。

③据初步统计，收集了累计达1500个以上调查点的资料。每个点包括数千个常用词、一套语法例句，整理出一份音位系统，有的点还记录了相当丰富的长篇故事。这批资料是研究少数民族语言的宝贵财富。后来列入国家民委民族问题五种丛书之一的"中国少数民族语言简志丛书"就是在这次调查资料的基础上写成的。现在正在进行的"中国少数民族方言研究丛书"也是在大调查资料的基础上研究完成的。

④了解了我国各少数民族使用文字的情况。主要了解了这个语言是否原有文字，语言和文字的关系，文字与口语是否脱节；对无文字的民族，了解该民族对文字问题的意见，一些需要创制文字的民族，在对方言土语进行初步比较的基础上，提出划分方言土语的初步意见，对基础方言和标准音进行了初步论证。然后再深入地调查研究基础方言和标准音点。在此基础上提出需要创制文字的语言进行文字方案的初步设计，对需要改革或改进文字的语

---

① 傅懋勣：《建国三十五年来民族语言科研工作的发展》，《民族语文》1984年第5期。

言提出文字方案的改革或改进的意见。对不需要创制文字的民族，帮助他们选择一种适用的文字。

为少数民族创制文字是一项系统工程，既是一项严肃的政治任务，又是一项非常细致的科学工作。首先必须考虑文字的创制是否有利于该民族政治上的进步、经济上的发展和文化教育的提高，还要考虑有利于民族内部的团结以及与周围民族的关系。其次设计文字方案必须以语言资料为基础，必须对该语言有一个全面的了解。不仅了解点上的具体情况，而且要了解面上的具体情况，即了解该语言过去是否使用过文字，使用的文字和语言是否一致；该语言内部是否有差异，差异的具体情况如何。这些都是创制文字需要考虑的重要因素。因此在进行过程中采取了积极而又慎重的方针。另外，要广泛征求本民族有代表性的各界人士对创制文字的要求、意见和建议等，他们的态度往往在文字创制过程中有着举足轻重的作用。因为党和政府在解决少数民族语言文字的使用和发展问题上的一项重要的原则是"自愿自择"。上述这些方面都是在创制文字过程中需要认真考虑的重要因素。

大调查的主要目标是为没有文字的少数民族创制文字。自 1956 年起至 1958 年，先后在南方各省区召开了多次民族语文科学讨论会，为壮、布依、彝、苗、侗、黎、哈尼、佤、纳西、傈僳 10 个民族创制了 13 种拉丁字母形式的拼音文字，为傣、景颇、拉祜、苗（滇东北）4 个民族改进了文字。大调查起始于 1956 年，基本结束于 1958 年，部分工作队如第一、第三、第四工作队，直到 1960 年才全部撤回北京。其中大调查的高潮，实际是在 1956 年的下半年到 1957 年的全年。

少数民族语言调查是以语言为单位进行的。有的语言开展得早一些，有的开展得晚一些。有的基础好一些，有的基础差一些。有的语言早在少数民族语言大调查开始前就已经作为试点开展了很深入的调查研究工作。例如广西和云南的壮语、云贵川的彝语等的调查就是如此。

少数民族语言调查成就的取得，离不开理论的指导和方法的改进。1956 年语言调查训练班的讲座，后来以《语言调查常识》之名由中华书局于 1956 年出版，这是讨论民族语言调查研究方法论的第一本文集性专著。

3. 第二次民族语文科学讨论会后直至"文化大革命"结束

1958 年 3 月至 4 月，在北京召开了第二次民族语文科学讨论会，此次会议是在 1957 年反右斗争以后进行的，会议以大鸣大放和大字报的形式，总结了 1955 年以来的民族语文工作。会议原拟制订今后的语文规划，但是，会议期间，中央民委领导层的极"左"思想，干扰了会议的方向。[①] 从会后中央民委党组给中央的《关于少数民族语文工作问题的报告》中可以了解到：报告认为"这次会议是采取整风方式进行的，经过十五天的大鸣、大放、大辩论，总结了从 1956 年以来的工作，揭露和严厉批判了少数民族语文工作中的资产阶级个人主义和民族主义思想……"，认为他们在帮助少数民族创造文字问题上强调"异、分、纯"。认为："从事语文工作的资产阶级知识分子中还严重存在着无产阶级和资产阶级，社会主义与资本主义，社会主义与民族主义两条道路和两种思想的斗争。"并认为："他们的专业是资产阶级语言学，一定会损害社会主义事业。……在资产阶级语言学中，不仅没有一个正确的中国各民族语言表，甚至什么是语言、方言、土语的差别也没有答案，不能具体作区别。可见过去所谓语言学不仅是不正确的，不能反映语言和语言发展的规律，并且内容也是贫乏的。"报告还要求"会后在有关单位主要是科学院的整风中继续彻底进行"。在这种指导思想的影响下，1959 年 3 月，少数民族语言研究所在南宁召开工作队长会议，集中对一批"资产阶级知识分子和民族主义者"进行批判，提倡所谓跑步进入共产主义，民族融合，少数民族直接学习汉语文，"直接过渡"、"一步登天"，致使新创文字纷纷下马，机构和人员遣散，纷纷被赶到少数民族地区扫盲，教汉语文，挫伤了民族语文工作者的积极性，使民族语文工作遭受到巨大的损失。

在这一阶段，民族语文工作者的主要任务是配合当时的"中心工作"，只有少数专家学者，出版了一些专著。其中比较重要的著作有罗常培的《莲山摆夷语文初探》（合著，北京大学，内部铅印本，1950 年）、罗常培、蔡美彪的《八思巴字与元代汉语：资料汇编》（科学出版社 1959 年版），袁家骅的《阿细民歌及其语言》（科学出版社 1953 年版），马学良的《撒尼彝语研究》（商务印书馆 1951 年版），喻世长的《布依语语法研究》（科学出版社 1956 年版）、《布依语调查报告》（科学出版社 1960 年版），金鹏的《藏语拉萨、日喀则、昌都话的比较研究》（科学出版社 1958 年版），高华年的《彝语语法研究》（科学出版社 1958 年版），刘璐的《景颇语语法纲要》（科学出版社 1959 年版），徐琳、木玉璋的《傈僳语语法纲要》（科学出版社 1957 年版）等。还发表了一些文章，但据不完全统计，总数也不足百篇，大都发表在《中国语文》、《语言研究》以及部分报纸和文集里。其中学术价值较高者

[①] 参见玛利亚等编《中国民族语文政策与法律述评》，民族出版社 2007 年版，第 89 页。

有：罗常培的《国内少数民族语言系属和文字情况》(《科学通报》1951年第5期)、《为帮助兄弟民族创立文字而努力》(《中国语文》1954年第6期)，季羡林的《土火罗语的发现与考释及其在中印文化交流中的作用》(《语言研究》1956年第1期)，傅懋勣的《帮助少数民族创立和改革文字工作的情况和问题》(《语言研究》1956年第1期)、《关于少数民族语言中新词术语的问题》(《中国语文》1957年第10期)，马学良、罗季光的《我国汉藏语系语言元音的长短》(《中国语文》1962年第5期)，金鹏的《藏语动词屈折形态在现代拉萨话里衍变的情况》(《语言研究》1956年第1期)、《嘉绒语梭磨话的语音和形态》(合著，《语言研究》1957年第2期、1958年第3期)，高华年的《杨武哈尼语初探》(《中山大学学报》1955年第2期)，王均的《语言中的并存并用和规范化问题》(《中国语文》1962年第2期)，王辅世的《怎样分析和记录汉藏语系语言的声调》(《中国语文》1956年第6期)、《贵州威宁苗语的量词》(《语言研究》1957年第2期)，清格尔泰的《蒙古语巴林土语的语音和词法》(《内蒙古大学学报》1959年第1期)，周耀文的《怎样划分同一语支的语言》(《少数民族语文论集》1956年第2集)，韦庆稳的《广西壮文方块字研究》(《中国语文》1953年第1期)，胡坦、戴庆厦的《哈尼语的松紧元音》(《中国语文》1964年第1期)，袁家骅、张元生的《壮语构词法初步研究》(《少数民族语文论集》1954年第1集)，陈士林的《凉山彝语的使动范畴》(《中国语文》1962年第8—9期)，耿世民的《试论维吾尔语书面语的发展》(《中国语文》1963年第4期)，李永燧的《声调在音位系统中的地位》(《中国语文》1960年第2期)等。

在"大跃进"以后的1959年，正当国庆10周年之际，少数民族语言研究所提出三项献礼的集体项目：一是编写中国少数民族语言概况，有条件的每个语言一种；二是开始编写中国少数民族语言简志，按语族为单位合订出版；三是研究汉语对少数民族语言的影响以及在少数民族语言丰富发展中的作用。该所并将这三项任务布置给各语言组，列入各工作队的研究项目。一批初稿很快陆续完成，傅懋勣、罗季光等老一辈民族语言学家组成审稿组，对写出的初稿逐个进行审核、修改。这是在少数民族语言大调查以后，开始重视少数民族语言结构研究的具体表现。

自1959年起，这三项任务陆续有成果出来。首先，1959年，科学出版社出版了由中国科学院少数民族语言研究所主编的《中国少数民族语言简志·苗瑶语族》卷，后不久，又出版了《突厥语族》卷。与此同时，《中国语文》开始连载中国少数民族语言概况，成熟一篇发一篇，逐个介绍一种少数民族语言，一直到"文化大革命"开始，一共介绍了17种少数民族语言。汉语对少数民族语言丰富发展中的作用项目，也写出一批文章，陆续在《中国语文》杂志发表。如罗季光执笔的《汉语在瑶族语言丰富发展中的作用》（《中国语文》1961年第10期），王均的《壮语中的汉语借词》（《中国语文》1962年第6期），和志武的《论汉语在纳西语丰富发展中的作用》（《中国语文》1961年第7期），应琳的《苗语中的汉语借词》（《中国语文》1962年第5期），陈植藩的《朝鲜语中的汉语借词》（《中国语文》1964年第5期）等。与此同时，也有从理论上探讨这个题目的。如喻世长的《关于"汉语对我国少数民族语言影响"研究中的几个问题》（《中国语文》1961年第12期）。这篇文章的题注说明资料"引自中国科学院少数民族语言研究所的内部文稿"。我们姑且不去讨论开展这个题目当时"左"的历史背景，但是这组文章是系统的对少数民族语言与汉语接触和互相影响研究的重要开端。

第二节　改革开放以来的少数民族语言研究

如果说中华人民共和国成立以来，50年代是少数民族语言研究第一个黄金时代，后来由于极"左"思潮的影响，使少数民族语言研究基本上处于停顿。那么改革开放以来的30年，是少数民族语言研究的第二个黄金时代。而且，无论从哪个角度来分析，都比第一个黄金时代所取得的成就要大得多，丰富得多，深入得多。下面以各分支学科为单位，简要介绍和剖析所取得的成就。

一　少数民族语言调查更加深入细致

20世纪50年代对少数民族语言大规模普查结束后，小规模的田野调查和补充调查从未间断过。例如，孙宏开等对独龙语和怒族语言的调查，先后进行了7次，摸清的独龙语和怒族使用语言之间的关系以及怒族使用的3种不同语言的情况；1976年，欧阳觉亚、孙宏开、张济川、陆绍尊等组织了对喜马拉雅南麓的少数民族语言的调查，了解到这一地区至少有门巴语、仓洛语、博嘎尔语、格曼语、达让语、义都语、苏龙语、崩如语第7种藏语以外的少数民族语言；之后谭克让、瞿霭堂等又组织了西藏阿里地区的藏语方言调查，赵习等组织的东北3省的朝鲜语方言调查，王均、梁敏、罗美珍、俞翠容等组织的云南傣语的方言补充调查，都取得了不小的成果。

70年代末，国家民委提出民族识别任务，民族语言研究人员再次配合这一任务，陆续调查识别了不少新的语言，如孙宏开应四川民委的邀请，参加四川的民族识别工作，在川西民族走廊地区新发现羌语支语言7种和白马语；①梁敏、张均如在广西、云南中越边境地区调查，新发现仡央语支的语言5种；②欧阳觉亚、郑贻青在海南岛调查，新发现语言2种；照那斯图、赵相如、宋振纯等在新疆、青海调查，新发现了语言3种；此外，台湾学者和大陆学者发现高山族至少使用15种以上的语言；③等等。直至1995年止，中国少数民族语言的总数已经达到120多种。

新发现语言的调查研究有许多困难，最主要的是四难：发现难、调查难、记录难、鉴定难。

（1）发现难。空白语言调查最大的难点是如何发现它。前面已经提到，一些空白语言实际上包含在某些大语种里面，过去往往在调查研究该大语种的时候，发现它与大语种不一致，差别大，不像是某个大语种的方言，在人文特点方面也与周围民族不大相同。但是多数空白语言是在进行大语种调查时偶然发现的，有目的地去发现、调查空白语言，要在分布如此广阔地区普遍调查掩盖在汪洋大海中的小语种，好似大海捞针，是非常困难的。我们的办法是发动所有开展少数民族语言实地调查的学者，有机会在少数民族语言分布地区调查研究时，通过各种方式对有差异的民族语言进行地毯式的排查、访问、记录和分析。记得1981年在四川甘孜藏族自治州进行少数民族语言调查时，在该地发现一批羌语支语言的经过。此前虽然学术界已经传说在四川贡嘎山周围有一种与西夏语比较接近的语言，可能是历史上党项羌的后裔，是20世纪50年代中央民族学院的老师和学生在这一带进行语言调查实习的时候发现的，但没有公布具体语言资料以供参考。1981年，我们在当地政府、党校、政协等部门召开了各种类型的区乡干部座谈会，了解到这一带除了有藏语康方言和安多方言外，还有一些"地脚话"，但他们与之交谈

---

① 参见孙宏开《六江流域的民族语言及其系属分类——兼论嘉陵江上游及雅鲁藏布江流域的民族语言》，载《民族学报》第3期，云南民族出版社1983年版。
② 参见梁敏《仡央语群的系属问题》，《民族语文》1990年第6期。
③ 参见陈康《台湾高山族语言》，中央民族学院出版社1992年版。

时根本听不懂。于是我们对这些地脚话逐个进行记录,结果发现了属于羌语支的贵琼语、木雅语、扎巴语、尔龚语和却域语。调查结果公布以后,引起语言学界的重视,[①] 其后,国内外学者多次到这一地区对这些语言进行深入调查研究,取得了许多新的成果。与此同时,我们在广东、海南、云南、贵州、广西、湖南、新疆、西藏、青海、甘肃等省区开展语言调查,都发现了一些新的语言线索。

(2) 调查难。多数空白语言分布偏僻,使用人口少,调查者要到当地进行实地记录,无论交通、生活和工作都会遇到意想不到的困难。以调查阿侬语为例,它分布在云南怒江傈僳族自治州福贡县的木古甲村周围,离缅甸仅一山之隔。这里虽然离县城仅十多公里,但交通非常不便,村公所既没有开伙,也没有可以住宿的地方。当地既没有旅馆,也没有饭馆,食宿条件极差。我们不得不把发音合作人请到县城。但是,还必须经常到村子里核对材料,搞抽样,开座谈会等等。3个多小时的山路,尤其要跨越奔腾的怒江,经过一条一百多米长的摇摇晃晃、又破又烂的木板吊桥,实在是提心吊胆。再以调查分布在西藏自治区察隅县的格曼语、达让语和义都语为例,讲格曼语和达让语的居民为僜人,是我们国家民族识别的余留问题之一[②],他们分布在喜马拉雅东段中国西藏、印度和缅甸三国的交界地区,县里虽然通公路,但路况非常不好,无论从拉萨或昌都去县里,要翻越多座4000—5000米的雪山,而且没有班车,交通非常不便,我们只好雇私人的车,不仅车费昂贵,而且一路常抛锚、修车,下来推车是家常便饭。饥一顿、饱一顿也经常发生。在当地调查,住在乡政府的"招待所",即使撒了许多六六六粉,仍然不能够消灭虱子、跳蚤。这里还需要自己做饭,当地基本上没有市场,想买什么都没有,生活上的困难自不必说,尤其不能够忍受的是,通信联系不通,在当地工作近2个月,几乎与外界完全隔绝,带去的手机没有信号,长途电话根本打不通。这些困难是我们住在大城市的人难以想象得到的。

空白语言基本上都是分布在边境、海岛、高寒山区,人烟稀少或交通不便的偏僻地区,有些空白语言还跨境分布,往往是境外某种语言在某一历史时期,迁到我国境内来的。由于种种原因,调查研究空白语言要比调查大语

---

① 初步长篇调查报告见拙作:《六江流域的民族语言及其谱系分类》,载《民族学报》第3期。
② 参见黄光学、施联珠主编《中国的民族识别》,民族出版社2005年版,第232—237页。

种所付出的艰辛多得多。

（3）记录难。空白语言调查，虽然过去已经有了一定的线索，但是对它们的结构特点、分布状况、来龙去脉基本上没有可以借鉴的资料加以利用和参考，完全靠个人已往的调查研究经验去摸索，当然，我们在决定人选去做某种语言调查时，也考虑承担该语言调查研究的学者的专业情况，以及对该语言的熟悉程度，但是即使如此，仍然避免不了从事苗瑶语族或侗台语族语言研究的学者，去调查研究南亚语系的语言的情况。

虽然我们编写了统一的调查大纲，但是，由于对调查对象语言的情况不熟悉，尤其遇到语音、语法系统比较复杂的语言，记录、分析起来就非常困难。有的时候，为了搞清楚一项动词的语法范畴，往往要问几百上千个句子，才有可能将不同声韵母的动词词形屈折变化搞清楚。还有的时候，为了掌握该语音系统中的细微特点，不得不将调查记录的词表从头到尾反复排比和核对，以确定声韵调系统中有音位价值的例词。也有的时候，对一种语言的调查研究不得不经过反复多次的调查、核对和补充，才能够把这个语言的特点基本上搞清楚。

空白语言多数正在走向濒危或已经濒危，调查者往往要用极大的耐心启发发音合作人回忆自己母语中的固有的词语和语法现象。有的时候一不小心，就有可能把汉语或其他民族语言的语言现象来替代本来母语中应该有的语言现象。有的空白语言因为使用者越来越少，语言里已经很难找到比较生动的长篇故事，我们不得不用其他方式，比如请发音合作人将个人的经历或生产、生活的经过来替代自然语料的记录。

（4）鉴定难。首先，我们调查了一种语言，记录了3000多常用词和一套语法资料，整理了语音系统以后，马上遇到的一个难题是：它是否是一种独立的语言，还是某种语言的方言？有的民族内部使用的语言彼此差别非常大，例如，瑶族使用的不同语言，其中拉珈语属于侗台语族，布努语则属于苗瑶语族的苗语支，勉语则属于苗瑶语族的瑶语支。裕固族使用的两种语言，分别属于突厥语族和蒙古语族。怒族使用的3种语言，其中怒苏语和柔若语属彝语支，而阿侬语则属于景颇语支。景颇族使用的多种语言，其中只有景颇语属于景颇语支，其余都属于缅语支。蒙古语属阿尔泰语系蒙古语族，少数新疆的蒙古族使用的图佤语属于突厥语族，而云南蒙古族使用的卡卓语则属汉藏语系藏缅语族彝语支。回族使用的回辉语属南岛语系印度尼西亚语族占语支，另一部分回族使用的康家语则属于阿尔泰语系蒙古语族。藏族使用的嘉绒、尔龚、木雅、尔苏、史兴、贵琼等语言则属于羌语支。彝族使用的彝语属汉藏语系藏缅语族彝语支,而部分彝族使用的布赓语则属南亚语系越芒语族,使用的拉基语、普标语则属于汉藏语系侗台语族仡央语支,等等,遇到这样的情况比较容易处理。难的是有的语言,界限不像上面说的那样清楚,为了解决上述问题,我们不得不提出一些识别语言的方法以及区别语言和方言的标准。① 但是,在实际操作过程中仍然有许多理论问题不容易解决。这方面的问题有待于继续摸索。

鉴定难的另一个问题是空白语言的定位问题。对空白语言的调查研究,我们要求在论证它为一个独立语言的同时,要进一步论证它在同语系、同语族、同语支中的历史地位,而且这项要求在本项研究中占重要的比重。这就要求研究者具有较广博的知识,收集大量亲属语言的相关资料,进行历史比较研究,找到同源关系的确凿证据,并在此基础上,解决该语言的谱系分类问题。当然,这仅仅是初步研究,结论也是初步的,但这是必需的。在实际比较研究过程中,也出现同一个语言,不同的学者在调查研究以后,通过各自的比较,得出的结论完全不同的情况。我们认为,由于掌握的资料不同,研究的角度不同,研究者的学术背景不同,出现这种情况是允许的。这就为进一步的研究提出了新的要求。

这些新发现语言大都分布在交通极不便利的海岛、山区、边境,使用人口较少,过去不大为外人所知。它们有的还跨境分布,多数分布在境外;有的被使用人口较多的民族语言所掩盖,往往外出时使用汉语或大民族的语言,而仅仅在家庭或村寨中使用母语;有的过去甚至被当作"黑话"、"下等人的话"、"地脚话"被歧视。

在长期少数民族语言调查实践中,最近还陆续发现了一些具有不同语系特征的混合型语言,有人干脆叫它"混合语"。例如青海同仁县部分地区的土族,使用的语言兼有汉语、藏语及部分阿尔泰语系语言的特点,被学术界称为"五屯话"。② 甘肃省东乡族自治县有2万自称回族或东乡族的居民,使用一种既非(是)东乡语,又非(是)汉语的混合型语言,被学术界称为"唐汪话"。与此相类似的语言还有分布在广西的"五色话"、分布在新疆的"艾努话"、分布在甘肃的"河州话"等,它们的语言结构系统根据语言学家

---

① 参见孙宏开《语言识别和民族》,《民族语文》1988年第2期。
② 参见陈乃雄《五屯话初探》,《民族语文》1982年第1期。

的比较分析，均是两种或两种以上语言接触后，使其语言结构变得既非（有）甲语言集团的特点，又非（有）乙语言集团的特点的混合型语言，有的甚至还有丙语言集团的残存。

少数民族语言调查研究的成就是十分突出的。但是，在记录了那么多语言资料的同时，何以确定它们都是独立的语言，而不是某种通用语言的方言呢？就这个问题民族语言学界曾召开过专题讨论会，就语言识别的标准、语言和方言的界限、语言和民族的关系、一个民族使用两种或两种以上语言的历史原因等问题展开过讨论。孙宏开也曾发表过文章就这一问题进行过论述。①

此后，民族语文工作者在实践中积累了丰富的调查经验，不少人通过自己的工作实践在总结、提高。有讨论语音的，有讨论语法的，也有讨论词汇的，有关这方面的文章相当多。但最全面、系统的要算傅懋勣在《民族语文》上连载的《民族语言调查研究讲话》。此讲话从 1983 年第 4 期起，一直至 1988 年第 2 期止，先后共发表 29 讲。

语言作为一种社会现象，它的特点不仅反映在语言结构中，也反映在社会的使用中。50 年代有关这方面的调查是为了解决文字问题，时隔 30 多年，语言文字的使用已经发生一定的变化。为了了解这方面的特点，国家社会科学基金民族学科第七个五年计划中，专门把少数民族语言（包括书面语）使用情况的调查作为重点课题列入计划，并于 80 年代后期组织实施。共调查了 700 多个点，获得十多万人次的抽样和数十万个数据的资料，还获得了大量语言分布、语言文字使用、语言关系等方面第一手的文字资料，最终成果形成《中国少数民族语言使用情况》（中国藏学出版社 1994 年版）、《中国少数民族文字》（中国藏学出版社 1992 年版）、《中国少数民族语言文字使用和发展问题》（中国藏学出版社 1993 年版）等专著。

在长期、广泛、深入地对少数民族语言进行田野调查的过程中，积累了丰富的田野工作经验，目前已有不少学者正在从不同的侧面总结这方面的经验，其中包括田野调查的理论和方法，例如：如何编制调查大纲，如何记录语言和分析音位系统，如何搜集语法材料和记录长篇故事，如何建立一个不熟悉的语言的语法体系，如何搜集词汇材料、分析构词法和词汇系统以及编纂不同需要和不同类型的词典，如何在最短的时间准确、全面地认识自己不

---

① 参见孙宏开《语言识别和民族》，《民族语文》1988 年第 2 期。

熟悉的语言及其结构系统，以及如何为一种无文字的语言创造文字、设计文字方案、进行拼音教学等等。其中已经出版的有傅懋勣的《论民族语言调查研究》（语文出版社1998年版），陈其光的《语言调查》（中央民族大学出版社1998年版），王远新主编的《语言田野调查实录》（中央民族大学出版社2007年版）。这些经验都是从长期田野调查研究中积累起来的，应该说是非常宝贵，它们从长期田野调查的实践中来，对于指导少数民族语言田野调查的实践，是有非常重要的理论意义和实际意义的。

目前，少数民族语言田野调查已经积累了近2000个点的资料，这是一笔可贵的财富，它对于少数语言的深入研究打下了十分坚实的基础。

二 少数民族语言描写研究成果丰硕

少数民族语言研究是从描写语言的结构开始的。在理论上，受西方结构主义语言学派的影响较深。50年代的描写偏重在语音系统方面，这是因为与当时面临的任务有关。为没有文字的民族语言设计文字方案是以贯彻民族平等和语言平等的政治任务提出来的。那么，要完成文字方案的设计，首先必须正确地描写这个语言的音位系统，这是最主要的也是最基本的工作。

对少数民族语言语音系统描写研究影响最大、提出整理音位系统的原则和框架最早的是傅懋勣。他在1956年中国科学院学部成立大会上宣读的论文《云南省西双版纳允景洪傣语的音位系统》[①]可以说是一篇描写音位系统的范本。该文章包括5个部分：①傣族的分布地区和语言文字使用的情况；②允景洪方言的音位系统；③允景洪方言和西双版纳其他方言在音位系统上的差别；④通过本题目的研究在语言调查研究方法上提出的几项意见；⑤本题目研究在执行国家交付的任务中的作用。这篇文章实际上成了后来少数民族语言整理音位系统的楷模。

对少数民族语言的结构进行全面描写，大体有以下几种成果形式。

1. "概况"描写

前面提到，对少数民族语言结构的系统描写研究最初是用"少数民族语言概况"的形式出现的。60年代初，《中国语文》杂志开始陆续刊登。粉碎"四人帮"以后，《民族语文》杂志于1978年创刊。语言概况作为这个杂志的一个专栏，几乎每期一篇，持续刊登了十多年。每篇概况包括：①这个语

[①] 此文后来发表在《语言研究》1956年创刊号上。合作者：刀世勋、童玮、刀忠强。

言的分布、使用人口、使用状况、方言划分、谱系分类等一般情况；②这个语言的结构特点，包括音位系统及其简要描述，词汇特点和构词特点，主要语法特点；③这个语言如果有方言差异和文字还包括对方言差异情况的介绍和文字结构特点的描述等。每篇约 15000—20000 字。据初步统计，包括在国内外刊物和地方刊物以及一些文集上刊登的概况，到 21 世纪初，已经公开发表 100 多篇，其中不包括对被人们称为"混合语"的一些语言的描写。语言概况的刊布在国内外有一定影响，有的外国学者专门搜集中国民族语言概况，有的国家学者等某一语言概况一发表，马上在该国进行介绍和评述。

21 世纪初，在商务印书馆的支持下，孙宏开、胡增益、黄行等，发起将所有已经公布的语言概况，经过修订和补充，加上部分新发现但还没有来得及在学术界介绍的语言，收集起来，共 129 种，以语言发生学为理论框架，集合为一本专著，称《中国的语言》，于 2007 年出版。《中国的语言》是按照汉藏语系、阿尔泰语系、南岛语系、南亚语系、印欧语系、混合语的顺序排列的。在语系内部是按照语言谱系分类远近关系的顺序排列的。其中汉藏语系有 76 种语言，阿尔泰语系 21 种，南岛语系 16 种，南亚语系 9 种，印欧语系 1 种，混合语 5 种。此外还有朝鲜语，由于谱系分类目前还没有定论，暂时列在阿尔泰语系后面。由于汉藏语系语言比其他语系语言数量多，情况复杂，因此除了有语系、语族特点的论证外，藏缅语族语言还有语支的论证。《中国的语言》所介绍的 15 种南岛语主要分布在台湾地区，大陆也有零星分布，其中有的资料是作者自己记录的，多数引用了台湾学者调查研究的成果。《中国的语言》一书所展示的语言中，有相当一批语言已经濒危或正在走向濒危，个别语言在调查研究资料公布之际，已经完全失去交际功能，成为少数老人记忆里的语言。但是，语言是历史的产物。语言伴随着民族的产生和发展，记录着民族的兴衰。语言除了它的交际和交流思想的功能外，还有许多其他职能。例如：语言作为文化载体，积存和蕴藏着丰富的文化现象；语言作为信息载体，是使用该语言群体千百年来积累的知识和经验的总和，每个民族语言都记录着人类知识的一个侧面和局部，是人类知识和财富的重要组成部分。语言作为一种认知系统，一种思维方式的直接体现，包含着该语言使用者对客观世界的认知体系。这个体系有共性，也有特殊性。这个体系随着社会的进化而不断精密化。语言作为民族或族群的一个重要标志，是区别于其他民族或族群的重要特征。本民族对自己的语言有一种特殊的感情，因此，一般来说，语言的消失会给这个民族带来心理上不可弥补的缺憾、阴影和不快。因此建立和谐社会的过程中，建立一种母语和国家通用语言文字和谐共处，多语种并存并用，各司其职，各展其长，各得其所，这是各民族人民群众企盼的一件大事，也是保护语言多样性和文化多样性的一件大事。《中国的语言》的出版，为人们了解中国语言多样性和复杂性提供了一个重要的窗口，是中国语言学由年轻走向成熟的一个重要标志。

2. "简志"描写

对一个语言结构的描写，两三万字的语言概况毕竟过于简单，仅仅能够了解这个语言的简要情况。于是从50年代末起，对每个少数民族语言进行较为详细描写的计划开始制订并陆续实施。《中国少数民族语言简志丛书》最早是中国科学院少数民族语言研究所的集体项目，但由于当时的出版条件，在"文化大革命"前仅仅出版了两个语族的合订本，而且篇幅都不大。

1978年，国家民委民族问题五种丛书编辑委员会正式把《中国少数民族语言简志丛书》列为五种丛书之一陆续由民族出版社出版。至1987年止这套丛书共出版了57本，基本上每个语言一本。其中回、满、俄罗斯三个民族未写语言简志，裕固族语言简志出版了两本，分别描写了蒙古语族的东部裕固语和突厥语族的西部裕固语；门巴族、景颇族语言简志也各出版了两本，前者为错那门巴语和仓洛门巴语两种，后者为景颇语和载瓦语两种；高山族语言简志出版了三种，分别是布嫩语、阿眉斯语和排湾语；瑶族语言简志只出版了一本，但实际上介绍了瑶族使用的勉、布努、拉珈三种语言；因此这套丛书总共介绍了59种少数民族语言。

《中国少数民族语言简志丛书》较全面、深入、详细地介绍了各语言的特点。根据统一要求，每种语言简志都包括：①前言：对这个语言使用者的简要说明，也包括对这个语言分布、使用、语言地位和总特点的说明；②语音：即这个语言代表点音位系统的描述，有的语言方言差别大的，有不同方言代表点音位系统的描述；③词汇：对这个语言词汇系统的描述，包括词汇的组成、构词特点、外来词等；④语法：描述这个语言的语法系统，一般分词类和句法两大部分；⑤方言：如果这个语言有方言差别的话，则用一定的篇幅介绍方言的特点，并作方言异同的比较；⑥文字：如果这个语言有文字，则除了介绍文字的特点外，还简介文字的历史、使用状况、与口语的关系等。⑦附录：1000个左右常用词，方言差别大的语言往往附录不同方言对照的常用词。每本简志多的约18万字，少的7万多字。

从总体来看，这套丛书分别对某一种语言结构特点进行较详细的描写，特别对语言结构中的语法，做了比语言概况详细得多的描述。无怪乎国外学者经常把语言简志译成该语言的语法纲要，因为不少语言简志中语法部分的描述几乎占了全书的三分之二。语言简志的编写和出版标志着我国少数民族语言的描写研究水平达到了一个新的高度，也为少数民族语言的其他研究，特别是历史比较研究奠定了基础。世界各国的大图书馆都竭力收藏这套丛书，国内外凡研究中国少数民族语言的著作、论文，其参考书目几乎离不开这套丛书。

2005年，国家民委决定对这套丛书进行修订再版，成立了由孙宏开牵头的修订编辑委员会。此次修订原则上不做大的改动，仅仅对其中原篇幅较小的部分语言增补了较多新的内容，如瑶族语言简志分为勉、布努、拉珈3种，增写了满语简志。修订后的《中国少数民族语言简志丛书》共包括60种语言。拟依照语言远近关系，合订为6卷，其中藏缅语族的彝语支为1卷，其他语言为另1卷，侗台语族1卷，苗瑶语族和南岛语、南亚语为1卷，突厥语族加塔吉克语为1卷，满—通古斯语族和蒙古语族加朝鲜语为1卷。

3. 新发现语言描写

我国是多民族、多语言的国家。语言资源十分丰富。早在"文化大革命"前，已经调查了42个民族60多种语言。80年代以来，民族语言研究工作者深入少数民族地区进行语言调查，新发现了一批少数民族语言。它们大都分布在边境、高寒地区、海岛以及交通十分不便的山区。经过初步调查研究，已经确定为独立语言的有40多种。此外，台湾地区的高山族实际上也使用十多种少数民族语言。从1992年起，中国社会科学院已经把新发现语言的深入调查研究列入重点研究课题，以后又得到国家社会科学基金的资助，对未列入语言简志丛书的语言，逐个进行深入调查研究。21世纪以来，中国社会科学院A类重大课题将新发现语言深入调查研究列入计划，已经完成了第一期，目前正在进行第二期。截至2007年底，由孙宏开任主编和徐世璇任副主编的"中国新发现语言研究丛书"已经出版了37种，计划在今后三年内将继续完成20种左右新发现语言的调查研究。新发现语言的系统调查、深入研究与及时刊布，对于进一步了解我国的国情，对于发展我国的语言科学，推动民族语言研究的进一步发展，对于丰富祖国的文化宝库，繁荣我国各民族文化，对于深入研究我国各民族的渊源关系，认识我国民族大家庭多元一体格局的复杂性，进一步做好民族工作，促进和发展我国社会主义民族大家庭的团结和进步，都是大有裨益的。

新发现语言的描写实际上无论从篇幅或者内容来看，都要比语言简志深入一些，主要有以下几点不同：

（1）在绪论部分，将比较详细地对使用这种语言的居民的自然状况，包括历史来源、分布状况、社会结构、风俗习惯、与周围民族的关系等，用比较大的篇幅进行描述。在这一章，也将对语言使用状况、确切分布、内部差异、本民族对语言的态度、该语言与周围语言的关系、语言发展趋势等做出评估。

（2）在语音、语法、词汇的描写研究方面，将比语言简志有所深入，并尽可能将这种语言的结构特点做深入细致的揭示，力求摆脱语言简志那种格式化、千篇一律的描写模式，力求突出描写对象的本质特点，但又不失语言结构本身的系统性，使读者通过本书能够了解这个语言的基本状况。

（3）参考这种语言使用者的历史状况，将这种语言与周边语言进行比较，用较大篇幅论证这种语言的历史地位，解决这种语言是否是一种独立的语言。如果是，它区别于其他语言的标志是什么，它在同语系、语族、语支中的地位，在同语支中它与哪些语言最接近等。这就需要一方面抓住这个语言的本质特点，另一方面，要收集国内外同语系、同语族相关语言的资料，开展历史比较研究，才有可能解决好这个问题。

（4）为了解决历史比较研究的需要，又能反映该语言的本质特点，本丛书决定将附录的词汇由语言简志的 1000 左右，扩大到 2500 左右，删除语言简志中一些过时的政治术语，如"人民公社"、"生产队"、"大跃进"等，补充历史比较研究需要的基本词、核心词，并根据词汇的语义类别进行分类编排，以便于查找。有方言差别的语言，还列出不同方言的对照常用词。

（5）根据国外描写语言的惯例，本书增加了一定篇幅的长篇语料，这是因为：第一，长篇语料本身包括的内容有一定的历史价值、社会价值和研究价值。第二，长篇语料是自然状态下记录的口语，比调查者主观编好的例句更丰富、更真实。第三，长篇语料可以验证语法分析的可靠性和真实性，使著作更增加其学术价值。

（6）从总体来看，在内容上将在两个字上做文章，一个是"新"字，力争在体例上、材料上、方法上、观点上、系统上都尽可能突出一个"新"字。另一个是"丛"字。既然是丛书，就要求尽可能全面地对已经有了初步了解并分布在大陆的少数民族语言，一个不漏地开展实地调查研究，凡经过论证为独立语言的，都完成一部描写性的语言学著作，解决并回答我国究竟有多少种少数民族语言这样一个涉及国家基本国情的问题。

新发现的语言使用人口不多，但学术价值很高，出版以来，已经引起国内外语言学界的高度重视和巨大兴趣。美国著名语言学杂志美国语言学会会刊 Language 2003 年发布了由著名语言学家 Graham Thurgood 和 Frank Li 写的书讯。美国加州大学语言学系《藏缅区域语言学》从 2003 年秋季卷 (*Linguistics of the Tibeto-Burman Area*, Volume. 26.1, Fall 2003) 开始，连续刊登由各语族专家分别撰写的详细书评（2003 年卷第 123—207 页，2004 年卷第 111—160 页，2005 年卷第 99—105 页）。在法国的《东亚语言报》(*Cahiers de Linguistique Asie Orientale*, 2003 Volume 32)，著名语言学家沙加尔撰写了十多页书评。2007 年美国夏威夷大学出版社出版的《中国国际评论》(*China Review International* Vol. 13 No. 2) 也刊登了 10 页的长篇书评。这套丛书也受到国内学术界的好评和新闻宣传部门的注意，中央电视台于 2003 年 1 月在午间新闻和晚间节目报道了本项目的进展和出版情况；2003 年 2 月北京人民广播电台报道了对项目负责人的采访录音；北京晚报在 2002 年 12 月 17 日，《中国社会科学院院报》在 2002 年 10 月 31 日、2003 年 4 月、2005 年 9 月都对本课题及其成果进行了比较详细的报道。

4. 语法描写

对一个语言更深入的描写研究在改革开放这一历史阶段往往是以描写语法或某种语言深入描写研究的专著形式出现的。这些著作往往积累了作者一生对该语言的研究经验，应该是他们在该研究领域的重要代表作。例如，清格尔泰的《蒙古语语法》（内蒙古人民出版社 1992 年版），宣德五的《朝鲜语基础语法》（商务印书馆 1994 年版），戴庆厦、徐悉艰的《景颇语语法》（中央民族学院出版社 1992 年版），李永燧的《哈尼语语法》（民族出版社 1990 年版），邢公畹的《红河上游傣雅语》（语文出版社 1989 年版），张济民的《仡佬语研究》（贵州民族出版社 1993 年版），林向荣的《嘉绒语研究》（四川民族出版社 1993 年版），丁椿寿的《彝语通论》（贵州民族出版社 1993 年版），陈宗振的《西部裕固语研究》（中国民族摄影艺术出版社 2004 年版），黄布凡、周发成的《羌语研究》（四川人民出版社 2006 年版）等。另一种语法描写形式是对某个语言的一种方言进行深入的描写研究，往往列入孙宏开主编的方言研究丛书里。主要有向日征的《吉卫苗语研究》（四川民族出版社 1999 年版），刘光坤的《麻窝羌语研究》（四川民族出版社 1998 年版），周毛草的《玛曲藏语研究》（民族出版社 2003 年版），曹道巴特尔的《喀喇沁蒙古语研究》（民族出版社 2007 年版），尹蔚彬的《业隆拉坞戎语研究》（民族出版社 2007 年版），黄成龙的《蒲溪羌语研究》（民族出版社 2006

年版)。类似的著作还有张洋的《哈密方言研究》(新疆大学出版社1996年版),阿西木、米海力、宋正纯的《维吾尔语罗布话研究》(中央民族大学出版社2000年版)。胡增益的《鄂伦春语研究》(民族出版社2001年版),系统全面地分析描写了鄂伦春语的整体面貌,并且附录常用词和长篇语料,是鄂伦春语研究和满—通古斯语言研究中一部重要的著作。赛德克语是台湾赛德克人使用的语言。陈康、许进来著《台湾赛德克语》(华文出版社2001年版)从语音、词汇、词组、语法、方言等方面系统描述了赛德克语的结构体系,并附有赛德克、汉、英三种语言的对照词汇和短篇语料,是大陆出版的又一本对台湾高山族使用的一种语言进行全面研究的专著。罗安源、田心桃、田荆贵、廖乔婧等著的《土家人和土家语》(民族出版社2001年版),是一部兼有语言描写和历史探讨的著作,其特点是:不仅对土家语进行了系统的分析,而且对土家族的族源进行了探索。李锦芳、周国炎的《仡央语言探索》(中央民族大学出版社1999年版)是仡央语言研究领域的又一部新作。该书以若干专题的形式,探讨了仡央语言的语音、语法、词汇、系属以及语言与历史文化等若干方面的问题。由于仡央语言的独特地位,该书更有助于人们从另一个角度了解侗台语族语言的情况,思考东亚、东南亚语言的关系,将会在一定程度上推动侗台语族语言研究的深入发展。这些专著的篇幅一般都比较大,少的30多万字,多的70多万字,比语言简志和新发现语言研究丛书更深入地揭示了该语言结构的特点。

类似的著作在台湾地区也出版了一套,主要描写台湾的少数民族语言,计13种。由台湾远流出版事业股份有限公司以台湾南岛语言研究丛书的名义于2000年出版,描写了13种南岛语言。它们是黄美金的《邵语参考语法》、《卑南语参考语法》、《泰雅语参考语法》,齐莉莎的《鲁凯语参考语法》、《邹语参考语法》、《布农语参考语法》,张永利的《赛德克语参考语法》、《噶玛兰语参考语法》,张郁慧的《雅美语参考语法》,张秀绢的《排湾语参考语法》,叶美利的《赛夏语参考语法》,吴静兰的《阿美语参考语法》,林英津的《巴则海语》。这套丛书与《中国少数民族语言简志丛书》比较接近,每一种有语音和语法的简要描写,附录有数百个常用词,篇幅在七八万字左右。

5. 方言描写

少数民族语言方言研究体现了少数民族语言研究的深入,早在20世纪80年代初期,就出版了欧阳觉亚、郑贻青的《黎语调查研究》(中国社会科学出版社1983年版),瞿霭堂、谭克让的《阿里藏语》(中国社会科学出版社 1983 年版)，宣德五、赵习、金淳培的《朝鲜语方言调查报告》(延边人民出版社 1990 年版)。90 年代初，国家社会科学基金立项，将中国少数民族语言方言研究列入计划进行系统研究，一批方言研究专著以《中国少数民族语言方言研究丛书》陆续出版，该丛书由孙宏开主编，分别由四川民族出版社和北京民族出版社出版。丛书分两种类型，一种以描写某语言有特点的方言，前面已经进行了介绍，另一种是全面描写某个语言的方言。如张均如等合著的《壮语方言研究》(四川民族出版社 1999 年版)是由老、中、青三代学者共同完成的方言巨著，约 80 多万字。全书由绪论、语音、词汇、语法、壮文五章构成。附录有武鸣壮语同音字表、36 个调查点的词汇表和 50 多幅地图。全书材料翔实、内容丰富，有较高的学术价值。陆绍尊的《普米语方言研究》(民族出版社 2001 年版)和《门巴语方言研究》(民族出版社 2002 年版)，均从语音、语法、词汇、长篇语料等方面研究普米语和门巴语的方言。蒙朝吉的《瑶族布努语方言研究》(民族出版社 2001 年版)则介绍了布努语的方言土语区特点。周耀文、罗美珍的《傣语方言研究》(民族出版社 2001 年版)则主要从语音、词汇、汉语和巴利语对傣语的影响、文字等几个方面研究傣语方言语音和词汇。除此之外，还有一批方言研究的专著在这段时间里出版。如藏语是汉藏语系中一种重要的民族语言，有着较为复杂的方言状况，格桑居冕、格桑央京所著的《藏语方言概论》(民族出版社 2002 年版)，介绍了我国境内三大方言的主要特点，对藏语特点的全面了解无疑有着重要的意义。

6. 专题描写研究

对少数民族语言的专题描写研究，一直是少数民族语言研究的重点。改革开放以来，据不完全统计，国内各种刊物、文集共发表描写性研究论文 8000 多篇，几乎占了少数民族语言研究领域发表论文的一半左右。改革开放以前，专题描写偏重在语音方面，特别是一些语言里的特殊语音现象。例如复辅音、送气擦音、长短元音、松紧元音等等。这种描写一般停留在根据直观观察和听觉所得的结果来进行。近 30 年以来，对少数民族语言语音的描写更加全面和广泛，揭示出的少数民族语言中的特殊语音现象越来越多，如蒙古语中的吸气音、羌语中的长辅音、朝鲜语中的紧辅音、阿昌语中的清鼻音、白语中的声门混合挤擦音、蒙古语中的弱化辅音和弱化元音、裕固语中的带擦元音、拉珈语的鼻化元音、藏缅语中的卷舌元音、阿尔泰语系语言中的元音和谐、景颇语、独龙语中的弱化音节、藏语中的音节减缩等等。

较有代表性的文章有容舟的《蒙古语中的吸气音》(《民族语文》1980年第1期),谭克让的《阿里藏语中的复元音》(《民族语文》1980年第3期),陈宗振的《论西部裕固语的带擦元音》(《民族语文》1986年第2期),刘光坤的《羌语中的长辅音》(《民族语文》1986年第4期),张均如的《拉珈语的鼻化韵》(《民族语文》1992年第3期)。孙宏开的《藏缅语复辅音研究》(《三月三·民族语文论坛》1999年第1期),从藏缅语族复辅音的分类及其结构特点、复辅音的演变趋势和变化方式、复辅音演变过程中对音节各要素的影响三个方面,较全面深入地讨论了藏缅语族语言复辅音的特点,总结出其演变的总趋势是越来越少,演变的主要方式有脱落、融合、分化、替代和换位五种。同时文章还用大量的语言事实论证了复辅音消失过程中对语音系统中的辅音(声母)系统、元音(韵母)系统及声调系统所产生的影响。对语音的专题描写还有江荻的《藏缅语言元音的上移和下移演化》(《民族语文》2001年第5期),文章提出古缅语元音到现代缅语元音的演变是长元音舌位上移,藏语中短元音的舌位下移,如果类似现象在其他藏缅语言中都存在,那么可以看作藏缅语元音演变的一条规律。其他的论文还有:黄成龙的《羌语音节弱化现象》(《民族语文》1988年第3期),文章简要讨论了羌语音节融化引起的语音变化,促使羌语增加了许多辅音韵尾。赵岩社的《佤语的前置音》(《中央民族大学学报》2001年第4期),是对一种语言中具有特色的语音现象的描写分析。杨将领的《独龙语的长元音》(《民族语文》2000年第2期),描述了独龙语长元音的两种功能及其产生的有关因素。孔祥卿的《撒尼彝语60年的音变》(《民族语文》2002年第4期)通过对撒尼彝语1940年和2001年两种调查材料的对比,讨论了撒尼彝语60年来语音的变化,指出撒尼彝语的声母、声调方面变化较小,音系的变化主要在韵母。韵母的变化具体表现在相近元音合并,从而造成元音数量减少。同时值得注意的是,撒尼彝语正在产生鼻化韵,有可能导致其固有音韵系统格局的改变。赵则玲、郑张尚芳的《浙江景宁畲话的语音特点》(《民族语文》2002年第6期)一文,讨论了景宁畲话的语音特点,通过比较说明景宁畲话具有某些有别于客家话而接近于闽方言和浙南吴方言的特点。

我国北方语言中普遍存在元音和谐的语音现象,较早讨论元音和谐现象的文章是喻世长的《元音和谐中的三足鼎立现象》(《民族语文》1981年第2期),其后有布和的《东乡语的元音和谐现状分析》(《民族语文》1983年第4期),道布的《蒙古语的元音和谐与元音音位对立的中和》(《民族语文》

1984年第2期)。李兵对此进行了大量研究,他在《民族语文》杂志发表了一系列文章:《论通古斯语言元音和谐的语音学基础》(1998年第3期)、《满语元音系统的演变与原始阿尔泰语元音系统的重新构拟》(1999年第3期)、《通古斯语言唇状和谐形式特点与比较》(2000年第3期)、《元音和谐的类型学问题》(2001年第2期)、《舌根后缩元音和谐系统中性元音的可透性》(2002年第2期),对元音和谐问题进行了系统的理论研究。李得春的《近代朝鲜文献中的汉朝对音转写问题》(《民族语文》2001年第2期)一文,探讨谚文转写成国际音标需注意的问题,明清时期朝鲜文献中的汉字都有谚文字母标注的读音,这些反映当时的读音对于明清汉语音韵研究具有很大的价值,文章列出了谚文同国际音标和传统的31字母声韵对应音值,解释了正音、俗音、左音、右音等术语。侯尔瑞的《雅库特语与柯尔克孜、维吾尔语语音比较》(《中央民族大学学报》2001年第1期)一文,对比分析了现代雅库特语同柯尔克孜语、维吾尔语语音的同异点。北方语言的研究还有李美玲分析土族语语音的两篇文章:《土族语长元音的形成》和《土族语词首辅音f的演变》(均载《西北民族研究》2001年第1期),黄锡惠的《满语口语研究的重音问题》(《满语研究》2001年第1期)等。

上述这种语音描写一般停留在定性阶段,一般都是从语音学和音系学的角度进行描述。由于实验语音学的兴起,对少数民族语言语音的四色(音高、音强、音色、音长)描写研究进入了一个新的更加科学的定性和定量相结合的历史时期。目前已经对有影响的少数民族语言的整个语音系统,如藏语、蒙古语、维吾尔语、哈萨克语等进行了实验分析。这些语言的总体分析研究报告将在今后的若干年内陆续出版。此外还对少数民族语言中的一些特殊语音现象进行了专题描写研究。如鲍怀翘等的《佤语浊送气声学特性分析》(《民族语文》1990年第2期),孔江平的《道孚藏语双塞音声母的声学特性》(《语言研究》1991年第2期)、《道孚藏语双擦音声母的声学分析》(《民族语文》1991年第3期)、《苗语浊送气的声学研究》(《民族语文》1993年第1期)、《哈尼语发声类型声学研究及音质概念的讨论》(《民族语文》1996年第1期),确精扎布的《蒙古语察哈尔土语元音的实验语音学研究》(《民族语文》1989年第4期),王贤海的《国内几种少数民族语言擦音送气实验研究》(《民族语文》1988年第1期)等。

对少数民族语言语法的描写研究往往结合对整个语言的描写研究进行的。而专题描写是80年代才逐渐被重视。近十多年来进展很快,取得的成果也比较明显。仅仅从《民族语文》杂志1978年创刊到1996年第4期出版的100期来看,对语法的描写文章数量已经接近于语音描写的文章。① 在描写的深度和广度方面都是空前的,几乎涉及语法研究的所有方面。有对某种语言的某一词类特征的描写的,如李树兰的《论锡伯语的助动词》(《民族语文》1988年第4期),刘菊黄的《独龙语动词研究》(《语言研究》1988年第1期),杨焕典的《纳西语中的数量词》(《民族语文》1983年第4期),黄成龙的《羌语形容词研究》(《语言研究》1994年第2期),石林的《侗语代词分析》(《民族语文》1986年第5期),纪嘉发的《云南墨江彝语结构助词初探》(《语言研究》1992年第2期),向日征的《湘西苗语助词的语法特点》(《民族语文》1987年第2期),张蓉兰的《拉祜语动词的语法特点》(《民族语文》1987年第2期)等等。有对各词类语法范畴的特征、内容等进行描写的。如高尔锵的《塔吉克语动词的语态特点》(《民族语文》1990年第2期),拿木四来的《达斡尔语的谓语人称范畴》(《民族语文》1981年第2期),喻翠容的《傣语动词的情貌系统》(《语言研究》1985年第2期),李树兰的《锡伯语的领属范畴》(《民族语文》1982年第5期),陈康的《彝语人称代词的"数"》(《民族语文》1987年第3期),刘光坤的《论羌语代词的"格"》(《民族语文》1987年第4期),张济川的《藏语使动、时式、自主范畴》(《民族语文》1989年第2期),陈士林的《凉山彝语的特指和泛指》(《民族语文》1989年第2期),舒志武的《土家语形容词的"级"》(《语言研究》1994年第2期),刘照雄、林莲云的《保安汉语撒拉语里的确定与非确定语气》(《民族语文》1980年第3期),李树兰、胡增益的《满—通古斯语言语法范畴中的确定/非确定意义》(《民族语文》1988年第4期)等。

上述这些文章从一个侧面揭示了少数民族语言语法范畴的构成和语法意义、语法形式的多样性。在一定意义上丰富了理论语言学的宝库。有相当多的文章专门讨论了语法形式。在少数民族语言中,表达语法意义的语法形式丰富多彩,一般北方少数民族语言形态比较丰富,黏附性前缀、后缀、中缀等比较发达,屈折形态也是重要的语法形式,还有重叠形式等。南方少数民族语言一般以虚词作为语法意义的主要表现形式,当然也有重叠形式。如金淳培的

---

① 《民族语文》出版100期,该刊发表《奋发向上励精图治》编辑部文章,提到该刊共发表1100多篇文章,其中语音描写的文章150篇,语法描写的文章125篇。该文载《民族语文》1996年第4期。

《朝鲜语语法形式的意义特征》(《民族语文》1986年第3期)、陈晓云的《哈萨克语中词的重叠》(《民族语文》1988年第3期)、毛宗武的《瑶族标敏话词语重叠的语法功能和语法意义》(《民族语文》1989年第6期)、李炳泽的《回辉话的前缀》(《语言研究》1995年第2期)、张公瑾的《傣语德宏方言中动词和形容词的后附形式》(《民族语文》1979年第2期)、葆录的《关于蒙古语的某些构词后缀》(《民族语文》1981年第3期)、巴桑卓玛的《巴塘藏语动词屈折形态的分析化》(《民族语文》1990年第5期)等等。

句法描写也是语法描写的一个重要组成部分，在这方面也有一些比较深入的专题研究。例如道布的《蒙古语句子结构分析》(《民族语文》1979年第2期)、高尔锵的《塔吉克语基本句型分析》(《民族语文》1986年第1期)、崔允甲的《朝鲜语单句和复句的区分》(《民族语文》1982年第4期)、胡坦的《论藏语比较句》(《民族语文》1985年第5期)、罗安源的《苗语句法成分的可移动性》(《民族语文》1987年第3期)、贾唏儒的《谈谈蒙古语句子结构的几个问题》(《民族语文》1995年第5期)、赵斌的《中国各民族语言的语序共性分析》(《语言研究》1989年第1期)、特图克的《蒙古语并列复句分析》(《民族语文》1982年第1期)等等。

对于语法的研究包括综合研究多种语言中某一类语法共性和具体分析个体语言中的某种特殊语法现象这两个方面，根据内容的不同可以归纳为三类。第一类是运用共时语言学理论对多种语言中相近或相似的语法现象进行综合分析，对一些语法共性进行分类阐述。例如从类型学角度分析语法现象的论文主要有以下几篇。刘丹青的《汉藏语言的若干语序类型学课题》(《民族语文》2002年第5期)，论文首先对语序类型学的参项进行简述。语序类型学参项是由语序在不同语言中的结构差别所构成的某种关系或范畴，各种参项的类型学价值不是同等的，可以预测其他结构语序的参项在类型学和语言共性研究中具有较高的价值。然后结合汉藏语言的SOV、SVO、VSO语序类型，介词的类型，连词的类型，领属定语，形容词定语与关系从句，指称类"定语"等问题进行了讨论，具有较强的理论性。李永燧的《论藏缅语黏着语素与语言类型学》(《民族语文》2002年第2期)则对一些现代藏缅语言的黏着语素进行综合描述，认为一部分黏着形式是由实词虚化而来的，实词的语法化是藏缅语言的一个特点。原始藏缅语词根以单音节型为主要特征，早期虽有黏着语素，但在语言结构中不占统治地位，不属于黏着型语言。戴庆厦、傅爱兰的《藏缅语的形修名语序》(《中国语文》2002年第4

期）主要探讨了以下三个问题：复合词与短语形名结构的一致性和差异性；形容词定语前置与后置于核心名词在形式和功能方面的差别；形容词定语和指示词定语、数量定语共同修饰名词时可能出现的语序及其等级序列以及影响等级序列的条件。李大勤的《藏缅语人称代词和名词的"数"——藏缅语"数"范畴研究之一》（《民族语文》2001年第5期），在考察藏缅语言人称代词"数"范畴的类型及其表达形式的基础上，讨论人称代词和名词的"数"之间的关系，指出这两个系统之间大致呈现出三种情况，其形式手段的创新有着极为密切的关系。徐世璇的《缅彝语言体范畴研究》（《中国语言学报》第10期，2001年）提出缅彝语言的体存在着动貌和情貌两种不同的类别，两种类别的体可以复合，形成了体范畴的复合功能和多种层次。这种共时特点是由体范畴的历史性质决定的，分别来源于动词虚化和语法成分的两类体标记，其性质、功能和在句中的语序不同，经过长期的演变，共同组成了表示体意义的系统，但是仍然保留了各自内在的潜质，决定了缅彝语言体范畴的类别差异和复合功能。丁崇明的《汉语、藏缅语形容词重叠式的特殊用法》（《云南民族学院学报》2001年第5期）对汉语和藏缅语言中形容词的重叠用法进行了描述分析。

有的语法专题研究是以一个语言中的某种语法现象为主题，这方面的论文数量较多。如《民族教育研究》以增刊的形式出版了《动词研究专辑》(1999)，收入23篇研究动词的论文，涉及15个民族语言的动词研究。如戴庆厦的《景颇语的连动式》、傅爱兰的《普米语动词的"体"》、李锦芳的《仡央语言的动词虚化》、杨将领的《独龙语使动范畴语法形式的演变发展》、胡振华的《柯尔克孜语动词及其构成》、吉特格勒图的《论鄂温克语动词与人称关系》、买提热拉木·沙依提的《论古代突厥语中动词语态附加成分》等。还有许多散见于杂志上的文章，如胡素华的《彝语动词的体貌范畴》（《民族语文》2001年第4期）认为体和貌可以分开，体范畴有进行体、完成变化体、未完成变化体，貌范畴有完成貌、进行貌、将来貌、短时少量貌、长时频繁貌。两个范畴的表现手段和虚化程度各不相同。她在《彝语结构助词在不同层面上的多功能性》（《语言研究》2001年第2期）中对彝语结构助词的功能进行了多层面的分析。戴庆厦的《景颇语的话题》（《语言研究》2001年第1期）认为，景颇语是一种具有话题结构的语言，景颇语话题的特点是由其语法类型——以分析型为主但又有屈折型特点决定的。杨将领在《独龙语动词的使动范畴》（《民族语文》2001年第4期）中分析了独龙语使动范畴的共时特征，将使动语法意义概括为致使、致动和役使三类,语法形式有黏着和分析两类,两种形式相互制约而又互补并存,并从黏着形态向分析形式转化。马忠建《西夏语 SOV 型单句中宾语的形式》(《民族语文》2001 年第 2 期),叙述了单句中宾语的七种形式及分布条件,并对各种形式之间的关系进行初步的分析。黄布凡《羌语的体范畴》(《民族语文》2000 年第 2 期)提出,以往所说的时制范畴应归入体范畴。周毛草的《藏语的行为动词和行为结果动词》(《民族语文》2002 年第 6 期)对藏语中分别表示主体施加于客体的动作和客体受动后自身发出的动作这两类动词作了区别,并进行对比分析,概括出行为结果动词的五个特点。小门典夫在《凉山彝语的性质形容词和状态形容词》(《民族语文》2002 年第 4 期)一文中指出,凉山彝语的形容词在增加一个语法形式之后,有的性质发生变化,变为名词性成分,有的不发生变化,这两种形容词在结合关系和表达功能上也有差别,因此他认为凉山彝语的形容词有两种类别,一类为性质形容词,另一类为状态形容词。王锋在题为《白语名量词及其体词结构》(《民族语文》2002 年第 4 期)的文章中指出,白语的名量词比较发达,可与名词、指示代词、人称代词、数词构成多种体词结构。这些体词结构有各自固定的组合次序和结构关系,量词在这些体词结构中有时能够充当中心语。袁焱的《阿昌语的述宾结构》(《民族语文》2002 年第 4 期)从阿昌语述宾结构的类型、语法标记及受汉语影响产生的新形式等三个方面探讨了阿昌语述宾结构的特点。李山、周发成在《论羌语语法中的否定形式》(《民族语文》2002 年第 1 期)一文中,分析了羌语中陈述句、命令句和疑问句中的否定形式,讨论了否定副词前缀在多动词从句中的定位,亦对否定副词前缀的非否定用法和汉语的影响作了介绍。尹蔚彬以《业隆话动词的时、体系统》(《民族语文》2002 年第 5 期)为题,讨论了业隆话动词的时、体系统,分析动词的形态,并同周边其他藏缅语言动词的时、体系统进行了比较。戴庆厦的《景颇语"形修名"两种语序对比》(《民族语文》2002 年第 4 期)从语序类型学和语序蕴含共性的角度,在对比景颇语定(形)中(名)结构两种语序的语法结构和制约条件,以及分析语序模式与语法结构之间的互动关系的基础上,认为两种语序构成两种性质不同的定中结构,"名+形"语序是先有的,"形+名"语序是为了语用需要后来增加的,"名+形"构成的短语是一种不同于"形+名"短语的次短语。

对阿尔泰语言的语法研究主要集中在蒙古语族和突厥语族。也有少量跨语族研究的文章,许伊娜的《阿尔泰诸语句法类型及副动词范畴》(《民族语文》2001 年第 1 期)简略对比分析了维吾尔语、蒙古语、鄂温克语中副动词范畴的语义功能和句法结构特征,力图从结构类型特征方面认识这三种语言的异同。哈斯巴特尔在《关于蒙古语人称代词词干变格问题》(《民族语文》2001年第3期)一文中,分析研究了蒙古语人称代词早期形式和早期变格情况,认为几种不同变格词干是由词干和格词缀的固定形式中演变而来的词干形式。德力格尔玛的《论蒙古语构形法归属问题》(《中央民族大学学报》2001年第5期)对蒙古语的构形法进行了深入的讨论,提出传统蒙古语语法将词法划分为构词法和构形法,但构形实际上是表达句法关系的,不属于孤立的词,应归入句法学中的组词法,并对构形作了"组词手段的种类"和"组词造句的内容"的区分。突厥语族语言的语法研究论文数量不少,其中张定京对哈萨克语所作的语法研究较为引人注目,在《哈萨克语知情语气助词》(《民族语文》2001年第6期)一文中,他以语法意义和语法形式相结合的方法,介绍哈萨克语知情语气助词的特点和种类,对16个知情语气助词的分布、用法和表义情况作了详细的分析描写;在《哈萨克语限定和否定语气助词》(《中央民族大学学报》2001年第2期)和《哈萨克语关注格助词》(《语言与翻译》2001年第3期)两篇文章中,分别对哈萨克语的另两类助词进行描写分析,形成了哈萨克语助词研究系列。对维吾尔语语法的研究包括否定范畴、形态、语言结构和量词等多方面,这些论文分别发表在《语言与翻译》的2001年第2—3期,有李军、滕春华的《现代维吾尔语否定范畴探析》,胡毅的《零形态与维吾尔语语法》,李祥瑞的《现代维语的名名结构》,张玉萍的《维语量词的形象性和模糊性》(《语言与翻译》2001年第2期)、《维吾尔短语结构分析》(《民族语文》1998年第5期)、《维语单句中的语法语义关系》(《民族语文》1999年第6期)、《维吾尔语动词格框概说》(《民族语文》2000年第5期),对维吾尔语语法中的一系列问题进行了专题研究。木哈拜提·哈斯木的《维语鲁克沁话与标准语动词变位系统比较研究》(《民族语文》2002年第3期),在对鄯善维吾尔语鲁克沁话动词进行调查分析的基础上,同标准语进行对比,指出鲁克沁话动词不仅语音同标准语存在差异,而且变位形式也不同,有一些常用的动词变位形式具有独特性,标准语不用或不常用;反之亦然,标准语中也有一些鲁克沁话中没有的动词变位形式。金日、毕玉德的《有关朝鲜语词类问题上的不同观点评析》(《民族语文》2001年第6期),主要就中国、朝鲜和韩国的学者关于朝鲜语词类划分的标准、具体的词类设定以及词类下位分类等问题上的不同观点进行讨论。

词汇和语义的描写是少数民族语言研究的薄弱环节,比起语音研究和语法研究来，发表的文章数量比较少。在词汇研究的文章中，一般描述词的结构和构词特点的文章比较多，也有分析由于语言接触，引起语言借用的一些文章。例如，魏萃一的《维吾尔语词汇演变的规律性》(《民族语文》1981年第4期)，贾晞儒的《蒙古语复合词的语义结构分析》(《民族语文》1987年第2期)，梁敏的《壮语的同音词、多义词、同义词、近义词和反义词》(《民族语文》1982年第1期)，乐·色音额尔敦的《同仁保安语里的谐音合成词》(《民族语文》1982年第1期)，查干哈达的《蒙古语青海话的词汇特点》(《民族语文》1987年第1期)，朝克的《鄂温克语的构词方式》(《民族语文》1984年第2期)，朱建新的《简论凉山彝语附加式构词法》(《民族语文》1986年第2期)，刘光坤的《羌语中的藏语借词》(《民族语文》1981年第3期)，陈宗振的《西部裕固语中的早期汉语借词》(《语言研究》1985年第1期)，李得春的《朝鲜语中的满语借词与同源成分》(《民族语文》1984年第1期)，曹广衢的《壮侗语中的一些古汉语借词》(《语言研究》1996年第2期)等。研究语义的文章比较少，往往在20世纪90年代才出现一些较有分量的论文。如戴庆厦、胡素华的《彝语支语言颜色词试析》(《语言研究》1993年第2期)，斯钦朝克图的《蒙古语五种牲畜名称语义分析》(《民族语文》1994年第3期)，傅爱兰、李泽然的《哈尼语动物名词的语义分析》(《中国民族语言论丛》，中央民族大学出版社1996年版)，曲木铁西的《彝语义诺话植物名词的语义分析》(《语言研究》1993年第2期)等。全面描述某一语言的词汇系统和语义特点，最近也开始受到重视，如戴庆厦、徐悉艰合著了《景颇语词汇学》(中央民族大学出版社1995年版)，赵洪泽、米武作的《彝语修辞学》(四川民族出版社1991年版)等，都是对某个语言的词汇系统或语义特点进行描述的力作。

7. 语言分布描写——语言地图集

对少数民族语言的分布进行全面描写，是改革开放以后的一项重要工作。20世纪80年代初，酝酿编写《中国语言地图集》，此项工作一开始是中国社会科学院与澳大利亚合作进行的，包括汉语方言分布地图和少数民族语言分布地图各15张，此外还有民族分布图等，分别由中国社会科学院语言研究所和民族研究所的科研人员共同承担，双方成立了编委会，具体领导地图集的编辑出版工作。地图集包括综合图、地区图、语族图和部分语言图(包括方言)，大体描述了近80种少数民族语言。在文字说明中，给出了各地区、语族、语言的分布、使用人口、语言关系等信息。该地图集分中文版和英文版，均由香港朗文出版公司于20世纪80年代末陆续出版，出版后受到国内外语言学界的重视和好评。

进入 21 世纪,汉语方言的划分和少数民族语言的调查研究取得重大进展,有必要对原地图进行修订,在中国社会科学院、香港城市大学和商务印书馆的支持下,组成了邹嘉彦、张振兴、黄行为领导的修订工作委员会,经过五年左右的紧张工作,修订工作基本上完成,有望在 2008 年出版。此次修订,图集版面由原来的 4 开改为 8 开,装订由原来的散张改为合订,篇幅增加了一倍,少数民族语言的数量增加到 120 多种,文字说明不仅大大增加了篇幅,而且增加了地区、语族、语言等使用情况,语言关系和结构特点的描述。

少数民族语言的描写研究仍在继续深入,专题描写研究正方兴未艾。对重点语言的深入描写越来越得到重视,新的理论和方法陆续得到使用,由中央民族大学戴庆厦主持的《中国少数民族语言参考语法丛书》已经列入"十一五"规划正在实施,可以预料,在新的世纪里,少数民族描写语言学将得到更加广阔的发展。

三 少数民族语言历史比较研究有了良好的开端

这里主要讨论历史比较研究。这是近 30 年来少数民族语言研究的热点问题。从《民族语文》百期所发表的论文统计数,少数民族语言的历史比较研究的文章超出所有其他类论文就足以证明这一点。少数民族语言历史比较研究主要围绕以下三个领域进行:

1. 少数民族语言的谱系分类研究

通过比较研究,从发生学角度建立少数民族语言相互远近关系的谱系分类表,是这项研究主要目标。这方面的主要成果形式为论文,有讨论语系分类的,主要侧重在汉藏语系语言的分类,这方面的分歧意见比较大。阿尔泰语系分类也有不同意见,但国内全面讨论这方面的文章不多。

汉藏语系假设的提出大概是 19 世纪初。[①] 汉藏语系的语言虽然主要分布在中国,但它从提出的那一天起,就是一个跨国界的学科。开始的时候,人们对这个语系的概念并不清晰,有人叫它印度支那语系,有人叫它东南亚语系,等等。研究领域也仅仅是一些汉藏语系语言关系的个别问题的讨论,包

[①] 参见孙宏开、江荻《汉藏语系研究历史沿革》,载丁邦新、孙宏开主编:《汉藏语同源词研究》(一),广西民族出版社 2000 年版。

括东亚地区的一些语言。到 19 世纪末较明确提出汉藏语系概念的是孔好古（August Conrady），他首先提出了汉藏语系中包括汉语、藏缅语和台语的思想。20 世纪初，印度陆续出版了格里森和科诺合作的巨著 11 卷本共 21 册的《印度语言调查》①。书中把汉藏语系（书中称藏汉语系 Tibeto-Chinese Family）分成两大块，一块是汉台语族，另一块是藏缅语族。在这本书里，克伦诸语言被作为一个独立的语系与印欧语系、汉藏语系等并立。

差不多与《印度语言调查》发表的同时，英国人类学家戴维斯在英国剑桥大学出版社出版了他的著作《云南：印度和扬子江之间的纽带》②。书中讨论了汉语和掸语、藏缅语、孟高棉语等的分类问题，并将苗瑶语归入孟高棉语族，列入汉藏语系之下。

应该说，上述研究成果对后来者来说是有一定影响的。进入 20 世纪 30 年代前后，汉藏语系的研究形成了一个小小的高潮。相当一批国内外的学者如法国学者马伯乐（Maspero）、美国学者白保罗（Paul K. Benedict）、中国学者赵元任、李方桂，以及沃尔芬登（Stuart N. Wolfenden）、西门华德（Simon Walter）、谢飞（Robert Shafer）等都从不同的角度对汉藏语系进行了比较全面的讨论。

此后，国内外语言学界对此进行了长期的研究，但由于汉藏语系语言文献大大少于印欧语系，它所包括的语言有的至今仍然没有进行深入的调查研究，因此，直至今天，汉藏语系仍然是一个有待于深入论证的假设。这主要表现在，汉藏语系究竟包括哪些语族，学术界仍然意见不一致。学术界比较肯定汉语和藏缅语族的语言有同源关系，但汉语和藏缅语与南岛语族的语言、苗瑶语族的语言、侗台语族的语言、南亚语系孟高棉语族的语言等是否有同源关系，学术界则分歧很大，众说纷纭，莫衷一是。主要有五种比较大的分歧意见：第一，以著名语言学家李方桂在 20 世纪 30 年代提出的汉藏语系包括汉语、藏缅语族、苗瑶语族、侗台语族，这种观点得到了中国国内大多数语言学家的赞同。第二，美国学者白保罗于 20 世纪 70 年代提出，汉藏语系仅仅包括汉语和藏缅语族，他把苗瑶语族、侗台语族和南岛语共同组成南岛语系，认为这个语系与汉藏语系仅仅有接触关系，而没有同源关系。第三，法国学者沙加尔于 20

---

① G. A. Grierson, *Linguistic Survey of India*, Motilal Banarsidass, Calcutta 1903. 本书初版于 20 世纪初，全部出齐是 1927 年。

② Henry Rudolph Davies, *Yunnan: The link between India and Yangtze*, Cambridge University Press, 1909.

世纪 80 年代末提出汉语和南岛语有同源关系,中国天津南开大学的邢公畹支持这种观点。第四,云南民族大学王敬骝在第 34 届国际汉藏语会议上提出,成立华夏语系,包括汉语、越(孟高棉)、夷(侗台语)、苗(苗瑶语)、羌(藏缅语)。第五,潘悟云、郑张尚芳等进一步提出,汉语、藏缅语、南岛语、侗台语、苗瑶语、南亚语等都可能有同源关系,应该成立包括上述 6 个语言集团在内的华澳语系。现将三种主要观点列表比较如下:

语系名称	包括内容	提出时间	代表人物	备注
汉藏语系	汉语、藏缅语、侗台语、苗瑶语	1937 年①	李方桂、罗常培、傅懋勣、马学良等	
汉藏语系	汉语、藏缅语	1973 年②	白保罗、马提索夫等	他们将侗台语、苗瑶语、南岛语合为另一个语系称南岛语系
汉藏语系	汉语、南岛语	20 世纪 90 年代	沙加尔、邢公畹	邢公畹支持沙加尔的看法,但不反对李方桂等的看法
华澳语系	汉语、藏缅语、侗台语、苗瑶语、南亚语、南岛语	1995 年③	邢公畹、潘悟云、郑张尚芳等	包括了另三种观点中的汉藏语、南岛语、孟高棉语
华夏语系	汉语、孟高棉、侗台语、苗瑶语、藏缅语	2002 年④	王敬骝	汉语是越、夷、羌融合而成

---

① 李方桂首次以《中国的语言和方言》为题在上海《中国年鉴》上发表文章,对汉藏语系进行了全面分类,此前也有人讨论过汉藏语系(有人叫印度支那语系)的分类问题,但均不如此文全面。新中国成立后,李方桂的观点得到了国内大多数语言学家的支持。1951 年首先是罗常培在《科学通报》上发表文章,其后又与傅懋勣合作,于 1954 年在《中国语文》发表文章,全面讨论中国语言的谱系分类问题,1991 年马学良主编的《汉藏语概论》基本上使用了这个框架。与此同时,中国大百科全书等官方或半官方的著作,基本上都沿用这个分类框架。

② 白保罗关于汉藏语系分类的观点,较早曾发表过一些文章,但全面阐述他观点的著作应该算他 1973 年出版的《汉藏语导论》和 1975 年出版的《澳泰语:语言和文化》。这两本书的观点得到马提索夫的全力支持,也得到西方多数语言学家的赞同。

③ 参见潘悟云《对华澳语系假设的若干支持材料》,载王士元主编《中国语言学报》增刊第 8 卷,1995 年,美国加州柏克莱。

④ 参见王敬骝《华夏语系说》,载《汉藏语言研究——第三十四届国际汉藏语言暨语言学会议论文集》,第 257—285 页。

上表的各种分歧观点基本上产生在各个语族层面，其中一共是 6 个，涉及中国南方所有的少数民族语言。除了上述 5 种观点以外，还有人认为，现在的汉藏语系与印欧语系有亲缘关系，① 也有人认为汉藏语系与北高加索的语言有亲缘关系。② 由于这些观点缺乏有力的论证，也没有得到学术界的响应，故暂时可以不予理会。

产生上述分歧观点的原因是非常复杂的，从客观上讲，上述 6 个语言集团之间的错综复杂关系早在 19 世纪就有学者提出，但是都缺乏有力的论证。从目前已经发表的资料来判断，有的论证存在着神似，如汉语和藏缅语族语言的关系；有的存在着形似，如汉语和侗台语、苗瑶语之间的关系即属于这类情况；有的存在着某种割不断、理还乱的千丝万缕的联系，如南岛语和侗台语、苗瑶语和南亚语、南岛语和汉语等等。这些语族内部的一致性已经得到学术界的多数肯定，但语言集团（语族）之间却存在着很大的差异，他们分化的年代十分久远，以至难以测算和确定，构拟他们的原始面貌更是难上加难。从主观上讲，上述 6 个语言集团共包括了数百种乃至近千种结构类型极不相同的语言，持不同观点的学者由于学术背景不同，各自掌握的第二手语言资料面和深度不同，再加上研究的基础和方法不同，出现这样或那样的分歧应该是非常自然的。

1999—2003 年，国家社会科学基金支持了由孙宏开主持的项目《汉藏语同源词研究》，2004 年结题时，在其结题报告中有这样一段话："根据已经看到的结果是：汉语、藏缅语、苗瑶语、侗台语之间有同源关系的结论不大可能被否定。有一批数量不等以及过去不认为它们有同源关系的同源词被发现，同时还发现了一些其他有力的证据支持它们有同源关系。其中藏缅语与汉语关系最近，苗瑶语、侗台语与汉语的关系稍远。南岛语与侗台语、汉语都有一批数量不等的关系词，这些词是同源关系还是借贷关系，尚需要做再论证。中国的南亚语系一些语言与汉语、藏缅语似乎也可以找到一些关系词，但这些词在南亚语系内部并不一致同源，因此，借贷的可能性比较大，但也有待于进一步深入研究。"这仅仅是课题组的一家之言，这个结论仍然有待于进一步验证。

---

① 加拿大汉藏语系语言研究专家普立本 1995 年在美国出版的《中国语言学报》上著文，提出这一观点。见《中国语言学报》专刊第 8 期，1995 年。
② 俄罗斯东方学研究所学者 Starostin 在第 20 届国际汉藏语会议上提供长篇论文，讨论了汉藏语系语言与西伯利亚的叶尼塞诸语及北高加索语言的发生学关系。

近一二十年来，除了从语言结构本身探讨南方各少数民族语言关系外，人们往往结合使用这些语言的族群关系，包括历史、考古、迁徙乃至基因等方面的资料作参照，来讨论中国南方少数民族语言的关系。由于本文篇幅限制，关于这方面的比较全面的梳理和论述，请参阅吴安其的《汉藏文化的历史背景和汉藏语的历史分布》[载《汉藏语同源词研究（一）》，广西民族出版社2001年版]。

汉藏语系的源流是近年来学术界十分关注的热点，由于汉藏语言所具有的特点，历史比较语言学的传统理论和方法面临挑战，从不同的视角、运用不同的方法而产生的多种观点形成了热烈的讨论。为了推进汉藏语系语言的历史比较研究，孙宏开于1999年申请国家社会科学基金，同年与香港科技大学丁邦新合作，申请香港大学拨款委员会资金，组织京内外的专家学者，开展汉藏语同源词研究。经过5年左右的研究，初步建成一个开放性的服务于汉藏语系历史比较研究的包括古汉语构拟及方言、侗台语、苗瑶语、藏缅语、南岛语、南亚语等130种语言和方言的词汇语音数据库。同时，分四个层面开展专题研究。第一，梳理自18世纪以来，汉藏语系语言研究的主要成就，为本课题研究铺路，使本课题的研究做到心中有数。第二，对汉藏语系语言中存在的主要语言演变规律进行梳理，为确定同源词提供理论依据。第三，探讨适应汉藏语系语言历史比较研究的方法。第四，寻找语系和语族以及语族之间不同层次的同源词。目前已经由广西民族出版社出版了丁邦新和孙宏开主编的《汉藏语同源词研究（一）——汉藏语研究的历史沿革》（2000年）、《汉藏语同源词研究（二）——汉语、苗瑶语同源词研究》（2001年）、《汉藏语同源词研究（三）——汉藏语研究方法论的探索》（2002年）等。初步研究的结果是：汉语、藏缅语、苗瑶语、侗台语之间有同源关系的结论不大可能被否定。有一批数量不等以及过去不认为它们有同源关系的同源词被发现，同时还发现了一些其他有力的证据支持它们有同源关系。在寻找同源词的过程中，有一些同源语素实际上已经渗透到语言的各个层面。一些同源词仍然在词的层面，一些词已经语法化为一个构词语素，有的词已经语法化为一个前缀或后缀。因此出现了甲语言集团的词可能和乙语言集团的构词语素或丙语言集团的前缀同源。江荻的《汉藏语言演化的历史音变模型——历史语言学的理论和方法探索》（民族出版社2001年版）也是本课题的成果之一，全书分三个层次，第一是语言观，认为语言不仅仅"是最重要的交际工具"，而且是人类表达认知世界的方式，包括代际传承和社会文化传播等功能。第二探讨社会系统与语言系统之间必然的客观联系，以及语言结构的不同变化，认为语言演化的动力既来源于自身的符号系统，也来源于发展着的社会。第三通过对汉藏语元音、韵母、辅音、声母、音高、声调的分析，建立起语言与环境、语言结构和元素在不同开放程度的社会状态下的多项相关关系变化原理，构建出一套自足而相对完备的语言系统演化论。

在这一阶段，汉藏语系历史比较研究还出版了一批专著，如邢公畹的《汉台语比较手册》（商务印书馆1999年版）。该书以傣雅语为中心，参考西双版纳、德宏两种傣话和国外泰语，并涉及壮语、布依语、黎语、侗水语，举出汉台语"关系字"共909组，用语义学比较法探索汉语和台语的发生学关系。本书主要由绪论、汉台语比较词项索引、汉语和台语声母比较研究、汉语和台语韵母比较研究、汉台语比较研究中的深层对应五大部分构成，书末附有汉台语比较词项补正，举出了藏缅语、苗瑶语可对应的词项。本书可以和邢氏在《民族语文》发表过的《汉藏语系上古音同源字考》各篇对读。此书对深化汉台语关系问题的讨论和研究，做出了贡献。吴安其的《汉藏语同源研究》（中央民族大学出版社2001年版），内容可以分为两个部分，第一部分吸收考古学和民族学的新成果，论述汉藏语言各族群之间的文化渊源关系，为语言的源流关系提供文化历史的大背景，视野开阔，提出了一些新的见解。第二部分运用丰富的语料从核心词的词源等方面论证汉藏语言的同源关系，除了国内汉藏语言的材料之外，还涉及国外周边地区语言以及南亚语言和南岛语言的语料，讨论了汉语、苗瑶语、侗台语、藏缅语和汉藏语古音的构拟形式，对一些语音的演变现象和历史来源进行了解释。瞿霭堂、劲松的《汉藏语言研究的理论和方法》（中国藏学出版社2000年版）是在论文基础上整理而成的。除导论外，分系属、语音、语法和方言四篇。作者提出，汉藏语言在结构上有许多共同点，有共同的发展趋势，"汉语是汉藏语言同源链上苗瑶、壮侗语言和藏缅语言之间的桥梁"。另一部专著是张惠英的《汉藏系语言和汉语方言比较研究》（民族出版社2001年版），这是首部对汉藏语系语言和汉语方言进行历史比较研究的专著，将汉语和同语系语言的比较建立在现代口语的语言事实上，从汉语方言中寻求汉语和其他汉藏语言之间发生学的线索，而不是像以往的大多数研究以文献资料或古音构拟为基础，而将丰富的汉语方言现象排除在研究视野之外，从这一角度来说，这部专著具有较好的参考价值。江荻的《藏语语音史研究》（民族出版社2001

年版),全书分六章,分别从元音、辅音和声调几方面对藏语的语音演化进行探讨,阐释了藏语语音史上一些特别的音类变化,著作突破了长期以来国内划分三大藏语方言的局限,将境外的藏语西部方言和南部方言统筹考虑,有助于在阐述中将各种演化现象互相补充,因此观察和论述比较全面。有关汉藏语历史比较研究方面的论著还有:邢凯的《汉语和侗台语研究》(军事谊文出版社 2000 年版)。邢著认为,原始侗水语主要辅音的前置辅音可以有两个或多个,原则上所有的辅音均可作前置辅音;介音对现代侗水语声母的形式有重要作用。杨光荣的《藏语汉语同源词研究》(民族出版社 2000 年版)试图建立同源词语义、语音的二维度构造体系来探讨词源,但是"由于汉藏语同源关系的复杂性,以及语言学家对其研究的有限性,任何一种新见解(包括对理论、方法的认识)都有待实践的反复检验才能最后定论"(戴庆厦《序》)。此外还有施向东的《汉语和藏语同源体系的比较研究》(华语教学出版社 2000 年版),黄勇的《汉语侗语关系词研究》(天津古籍出版社 2002 年版)等。

在此问题上还发表了一系列的论文。如罗美珍的《试论台语的系属问题》(《民族语文》1983 年第 2 期)和《有关建立汉藏语系的几个认识问题》(《民族语文》1996 年第 4 期),陈其光、李永燧的《汉语苗瑶语同源例证》(《民族语文》1981 年第 2 期),邢公畹的《关于汉语南岛语的发生学关系》(《民族语文》1991 年第 3—5 期),《汉藏语系研究和中国考古学》(《民族语文》1996 年第 4 期),倪大白的《汉藏语系语言的系属问题》(《中国语言学报》1995 年第 6 期)、《南岛语与百越诸语言的关系》(《民族语文》1994 年第 3 期),孙宏开的《关于汉藏语分类研究中的一些问题》(《国外语言学》1995 年第 3 期),潘悟云的《汉藏语、南亚语和南岛语——一个更大的语言联盟》(《云南民族语文》1995 年第 1—2 期),吴安其的《从汉印尼几组词的对应看汉南岛语的关系》(《民族语文》1995 年第 4 期),陈保亚的《从核心词分布看汉语和侗台语的语源关系》(《民族语文》1995 年第 5 期)等。

有的讨论语族分类的,这方面分歧最大的数藏缅语族,因为这个语族内部语言数量多,情况复杂。因此发表的文章相对也多一些。如盖兴之的《试论缅彝语言的谱系分类》(载《民族语文研究文集》,青海民族出版社 1983 年版),孙宏开的《试论中国境内藏缅语的谱系分类》(载《东亚的语言和历史》,日本松香堂 1988 年版),戴庆厦等《关于我国藏缅语族系属分类问题》(《云南民族学院学报》1989 年第 3 期)。也有讨论其他语族语言分类的,如王辅世的《苗瑶语的系属问题》(《民族语文》1986 年第 1 期)、吴宏伟的《突厥语族语言的分类》(《语言与翻译》1992 年第 1 期)、王远新的《突厥语的分类及历史分期问题》(《满语研究》1994 年第 2 期) 等。

有的文章讨论语支分类的，也有的讨论某个语言在语系、语族、语支中的历史地位的。这方面的文章数量很多，其中不乏有较高学术价值者。例如，梁敏的《仡央语群的系属问题》(《民族语文》1990 年第 6 期)、林莲云的《撒拉语裕固语分类问题质疑》(《民族语文》1979 年第 3 期)、赵衍荪的《白语的系属问题》和孙宏开的《羌语支属问题初探》(均载《民族语文研究文集》，青海民族出版社 1983 年版)、张均如的《标语与壮侗语族语言的比较》(《民族语文》1989 年第 2 期)、张济民的《拉基语与仡佬语的关系》(《民族语文》1992 年第 3 期)、贺嘉善的《仡佬语的系属》(《民族语文》1982 年第 5 期)、倪大白的《海南岛三亚回族语言的系属》(《民族语文》1988 年第 2 期)、孙宏开的《从词汇比较看西夏语与藏缅语族羌语支的关系》(《民族语文》1991 年第 2 期) 等。

根据已经发表的意见，大体可以归纳出中国少数民族语言谱系分类表。

2. 语系、语族、语支的构拟和特点研究

传统的谱系分类框架基本上是语系、语族、语支、语言，虽然这种框架已经不能确切反映和概括一些复杂语系语言之间的亲疏关系，但是，要完全跳出这个框架也是不容易的。目前民族语言研究的学者们通常在讨论具体分类时，在语族与语支之间增加语群的层次，在语支和语言之间增加语组的层次，并建议统一英文术语，语系用 stock，语族用 family，语群用 division，语支用 branch，语组用 group，有人还有在语支下面用语团的，可用 section 表示。这组术语基本上是谢飞[1]在汉藏语导论中使用过的。

对汉藏语系的总体研究，国外较早，除了前面提到的谢飞的著作外，影响最大的数白保罗的《汉藏语言概论》[2]。在国内，汉藏语系的研究始于 20 世纪 80 年代，由马学良主编的《汉藏语概论》[3] 大体介绍了汉藏语系各语族的特点，第一次从总体上论述了中国境内汉藏语系语言的特点。对汉藏语系中某个方面或某些特点的专题研究，已经发表了不少有一定学术价值的文

---

[1] 参见 Robert Shafer, *Introduction to Sino-Tibetan*. Otto Harrassowitz • Wiesbaden, 1974, Germany.

[2] Paul K. Benedict, *Sino-Tibetan*, *A Conspectus*. Cambridge University Press, 1972, UK.

[3] 马学良主编：《汉藏语概论》，北京大学出版社 1991 年版。

章。例如，俞敏的《汉藏同源词谱稿》(《民族语文》1989年第1—2期)，邢公畹的《汉藏系语言及其民族史前情况试析》(《语言研究》1984年第2期)、《论汉语台语"关系字"的研究》(《民族语文》1989年第1期)、《汉台语比较研究中的深层对应》(《民族语文》1993年第5期)等，陈其光的《汉藏语声调探源》(《民族语文》1994年第6期)，吴安其的《汉藏语同源问题研究》(《民族语文》1996年第2期)，徐世璇的《汉藏语言的语音屈折构词现象》(《民族语文》1996年第3期)。研究阿尔泰语系的文章比汉藏语系的少得多，仅有数篇。如胡增益的《阿尔泰语言中的经济原则》(《民族语文》1989年第4期)，武·呼格吉勒图的《阿尔泰语系诸语言表示形容词加强语义的一个共同方法》(《民族语文》1996年第2期)，林莲云的《我国阿尔泰语的谐音词》(《民族语文》1984年第5期)，朝克的《论日本阿夷奴语和阿尔泰诸语代词的关系》(《民族语文》1993年第3期)等。

语族范围的比较研究在80年代取得了较大的进展。"七五"期间，国家社会科学基金把"中国少数民族语言比较研究"课题列入计划，由孙宏开牵头开展语族范围的历史比较，经过多年的潜心研究，已经有若干种语族的比较研究专著出版。其中有梁敏、张均如的《侗台语族概论》(中国社会科学出版社1996年版)，王辅世、毛宗武的《苗瑶语古音构拟》(中国社会科学出版社1995年版)，颜其香、周植志的《中国孟高棉语族语言与南亚语系》(中央民族大学出版社1995年版)等。此外，还有一批语族研究的成果也已经出版，其中有李增祥的《突厥语概论》(中央民族学院出版社1992年版)，王远新的《突厥历史语言学研究》(中央民族大学出版社1995年版)，倪大白的《侗台语概论》(中央民族学院出版社1990年版)，朝克的《满—通古斯诸语比较研究》(民族出版社1997年版)。

语族范围的专题研究也取得了长足的进步。其中以藏缅语族最为明显。藏缅语族有数百种语言，分布在中国和相邻的南亚诸国，语言情况十分复杂，研究难度较大。专题研究主要集中在语音和语法两个方面。其中讨论语音问题的文章有戴庆厦的《我国藏缅语族松紧元音来源初探》(《民族语文》1979年第1期)、《藏缅语族某些语言弱化音节探源》(《民族语文》1984年第2期)、《藏缅语的声调》(《藏缅语新论》，中央民族学院出版社1994年版)等，孙宏开的《藏缅语若干音变探源》(《中国语言学报》1983年第1期)、《藏缅语复辅音的结构特点及其演变方式》(《中国语文》1985年第6期)，黄布凡的《藏缅语声母对韵母演变的影响》(《中国语言学报》1991年第 4 期)，谢志礼、苏连科的《藏缅语清化鼻音、边音的来源》(《民族语文》1990 年第 4 期)。此外，孙宏开在《藏缅语语音和词汇》一书的导论部分，用了较大的篇幅，讨论了藏缅语单辅音的分化，复辅音的历史演变，复元音、长短元音、松紧元音、鼻化元音、卷舌元音等的来源，辅音韵尾的历史演变，声调产生的机制和分化的条件，弱化音节的来源和特点等。

　　藏缅语语法方面的专题研究也取得了不小的进步，发表了数量可观的论文，几乎涉及词类的许多语法范畴和形式。其中孙宏开较系统地讨论了藏缅语中的一系列语法问题。例如他发表了《我国部分藏缅语中名词的人称领属范畴》(《中央民族学院学报》1984 年第 1 期)、《藏缅语量词用法比较——兼论量词发展的阶段层次》(《中国语言学报》1989 年第 2 期)、《藏缅语人称代词格范畴研究》(《民族语文》1995 年第 2 期)、《试论藏缅语中的反身代词》(《民族语文》1993 年第 6 期)、《藏缅语疑问方式试析——兼论汉语、藏缅语特指问句的构成和来源》(《民族语文》1995 年第 5 期)、《我国藏缅语动词的人称范畴》(《民族语文》1983 年第 2 期)、《再论藏缅语中动词的人称范畴》(《民族语文》1994 年第 4 期)、《藏缅语中的代词化问题》(《国外语言学》1994 年第 3 期)、《藏缅语动词的互动范畴》(《民族语文》1984 年第 4 期)、《论藏缅语中的命令式》(《民族语文》1997 年第 6 期)、《羌语（藏缅语）动词的趋向范畴》(《民族语文》1981 年第 1 期)、《论藏缅语中动词的使动范畴》(《民族语文》1998 年第 6 期)、《论藏缅语的语法形式》(《民族语文》1996 年第 2 期)、《论藏缅语语法结构类型的历史演变》(《民族语文》1992 年第 5、6 期)、《藏缅语语法研究中的一些问题》(《云南民族语文》1988 年第 1 期)等，此外还有黄布凡的《藏缅语的情态范畴》(《民族语文》1991 年第 2 期)、《藏缅语动词的趋向范畴》、《藏缅语"指代→名"偏正结构语序》(《藏缅语新论》，中央民族学院出版社 1994 年版)等，戴庆厦的《藏缅语个体量词研究》(《藏缅语新探》，中央民族学院出版社 1994 年版)，李永燧的《汉语藏缅语人称代词探源》(《中国语言学报》1984 年第 2 期)、《藏缅语名词的数量形式》(《民族语文》1988 年第 5 期)等。这些文章都以专题形式讨论了藏缅语语法中的一些重要特点，其中有的文章还从国内外现代藏缅语中存在复杂的、差别很大的语法形式中，梳理出它们历史演变的脉络，讨论了各类形式之间千丝万缕的历史联系，从而把藏缅语语法的演变规律建立在确凿可信的理论基础之上。

　　侗台语族语言的专题研究也取得了一定的进展，发表了一定数量的论文。如邢公畹的《汉台语舌根音声母字的深层对应例证》(《民族语文》1995年第1期)，张均如的《原始台语声母类别探索》(《民族语文》1980年第2期)、《壮侗语族语音演变的趋向性、阶段性、渐变性》(《民族语文》1986年第1期)、《侗台语族轻唇音的产生和发展》(《民族语文》1995年第1期)，李钊祥的《现代侗台诸语言声调和韵尾的对应规律》(《民族语文》1982年第4期)，郑贻青的《原始台语声类在靖西壮话里的反映》(《民族语文》1987年第6期)，倪大白的《侗台语复辅音声母的来源及演变》(《民族语文》1996年第3期)，梁敏的《壮侗语族诸语言名词性修饰词组的词序》(《民族语文》1985年第5期)、《壮侗诸语言表示领属关系的方式及其演变过程》(《民族语文》1989年第3期)等，曹广衢的《壮侗语趋向补语的起源和发展》(《民族语文》1994年第4期)，薄文泽的《侗台语的判断词和判断式》(《民族语文》1995年第3期)。

  苗瑶语族专题研究的论文相对来说，比汉藏语系其他两个语族要少一些，而且大都偏重在语音方面，语法专题研究比语音少。在这方面中央民族大学的陈其光发表了一系列研究苗瑶语的论文，如《苗瑶语入声的发展》(《民族语文》1979年第1期)、《苗瑶语浊声母的演变》(《语言研究》1985年第2期)、《苗瑶语鼻音韵尾的演变》(《民族语文》1988年第6期)、《苗瑶语族语言的几种调变》(《民族语文》1989年第5期)、《古苗瑶语鼻冠塞音在现代方言中反映形式的类型》(《民族语文》1984年第5期)、《苗瑶语前缀》(《民族语文》1993年第1期)，张琨的《古苗瑶语鼻音声母字在现代苗语方言中的演变》(《民族语文》1995年第4期)，曹翠云的《汉、苗、瑶语第三人称代词的来源》(《民族语文》1988年第5期)。

  阿尔泰语系各语族的研究，数突厥语族方面的文章多，研究深度也比较明显。其中吴宏伟发表了一系列研究突厥语的论文。如《突厥语族语言的词重音问题》(《民族语文》1995年第5期)、《论突厥语族语言的长元音》(《民族语文》1996年第3期)、《突厥语族语言元音和谐的类型》(《语言研究》1991年第6期)、《影响突厥语族语言元音和谐的几个因素》(《民族语文》1990年第1期)、《关于突厥语族一些语言部分词首辅音演变的几个问题》(《民族语文》1992年第5期)、《突厥语族语言双音节中元音的相互适应和相互排斥》(《语言与翻译》1993年第1期)等，此外还有魏萃一的《试论我国突厥语的特点》(《民族语文》1983年第5期)，邓浩的《论原始突厥语的结构类型》(《新疆师范大学学报》1988年第2期)、《突厥语后置词形成问题质疑》(《语言与翻译》1993年第3期),王远新的《突厥语族语言的后置词与词类分化》(《民族语文》1987年第5期)、《突厥语族语言基数词的历史演变》(《语言研究》1989年第2期),张亮的《中国突厥语名词格的比较》(《民族语文》1991年第2期),赵明鸣的《突厥语族语言与格类型比较研究》(《民族语文》1993年第2期),张定京的《关于突厥语言的辅助名词》(载《中国民族语言论丛》,中央民族大学出版社1994年版)等。

蒙古语族总体研究的成果较突出的是喻世长的《论蒙古语族的形成和发展》(民族出版社1983年版),这是中国学者第一本研究蒙古语族的专著。作者根据蒙古语族各语言语音、语法和词汇的比较,提出了蒙古语族语言的历史分期为古代、中古、近古和现代四个发展时期。与此同时,内蒙古大学的师生在20世纪80年代初也发表了一批综合研究蒙古语族的论文,集中刊登在《内蒙古大学学报》1982年第3期上。其中有呼格吉勒图的《蒙古语族语言基本元音的比较》,包力高的《关于蒙古语族诸语言的长元音和复合元音》,森格的《蒙古语族语言辅音比较》,哈斯巴特尔的《关于蒙古语族诸语言格的范畴》,斌巴的《关于蒙古语族诸语言人称代词的几个问题》,乐·赛音额尔敦的《关于蒙古语族诸语言的副动词》,包·吉仁尼格的《蒙古语族语言动词态诸形态的比较》,季荣的《关于蒙古语族语言几个后置词起源的探索》等[①]。自那以后,还陆续发表了一些关于蒙古语族研究的论文。如刘照雄的《浅谈蒙古语族中动词的特点及句法功能》(《语言研究》1982年第2期),陈乃雄的《中国蒙古语族语言的构词附加成分》(《内蒙古大学学报》1985年第4期),呼和巴尔的《蒙古语族语言名词的人称领属形式》(《蒙古语言文学》1986年第5期),王鹏林的《蒙古语族"格附加成分"的问题》(《民族语文》1983年第1期)等。

满—通古斯语族综合研究起步较晚,发表的论文比其他语族少,仅见数篇,如李树兰、胡增益的《满—通古斯语言语法范畴中的确定/非确定意义》(《民族语文》1988年第4期),马学良、乌拉熙春的《满语支语言中的送气清擦音》(《民族语文》1993年第6期),赵杰的《锡伯语、满语语音演变的比较研究》(《民族语文》1988年第1期)等。

也有一些文章是讨论方法论的。汉藏语系、阿尔泰语系与印欧语系特点

[①] 有关此问题的详情请参阅陈乃雄《我国蒙古语族语言研究概况》,《民族语文》1987年第4期。

不同，在历史比较研究的方法论方面应该有自己的特点。在这方面一些学者进行了尝试，发表了一些文章进行讨论。如邢公畹的《汉苗语语义学比较法试探研究》(《民族语文》1995年第6期)，王辅世的《苗语古音构拟问题》(《民族语文》1988年第2期)，孙宏开的《原始藏缅语构拟中的一些问题——以"马"为例》(《民族语文》1989年第6期)，马学良的《汉藏语系研究的理论和方法问题》(《民族语文》1996年第4期)等。

3. 各语言的历史演变研究

这方面的研究是不平衡的，主要集中在以下几种类型的语言。第一，有文献的语言，特别是历史文献比较久的语言，人们往往利用文献和现代口语的关系，研究它们历史演变的脉络；第二，方言差别比较大的语言，往往从方言演变的不平衡，研究原始语言的面貌；第三，使用人口较多的语言，往往容易得到人们的重视；第四，保存古老面貌比较多，或者说比较保守的语言，人们往往喜欢利用这个语言的资料来讨论语族、语支和另一些语言的特点，从而也加深了对这个语言历史演变的研究和认识。

以藏语为例，藏语有7世纪的古藏文，有分布在国内外差别较大的5个方言，20世纪50年代对藏语方言进行过较全面的调查，之后又进行过多次补充调查，积累了丰富的第一手资料，因此藏语史的研究具有得天独厚的条件，近若干年取得的成就令人瞩目。不仅出版了数量可观的专著，如瞿霭堂、谭克让的《阿里藏语》(中国社会科学出版社1983年版)，王尧的《吐蕃金石录》(文物出版社1982年版)，胡书津的《简明藏文文法》(云南民族出版社1987年版)等；也发表了有相当水平的学术论文。仅就《民族语文》杂志，创刊以来就发表了数十篇较有分量的论文。如张济川的《古藏语塞音韵尾读音初探》(《民族语文》1982年第6期)、《藏语声母lh-的来源和演变》(《民族语文》1990年第2期)，胡坦的《藏语的语素变异和语音变迁》(《民族语文》1984年第3期)，瞿霭堂的《藏语动词屈折形态的结构及其演变》(《民族语文》1985年第1期)，黄布凡的《藏语方言声调的发生和分化条件》(《民族语文》1994年第3期)、《古藏语动词的形态》(《民族语文》1981年第3期)，格桑居冕的《藏语动词的使动范畴》(《民族语文》1982年第5期)，罗秉芬的《古藏语复辅音韵尾中d—的演变——从古藏文手卷P、T、1047看古藏语语音演变》(《民族语文》1991年第3期)，江荻的《藏语sr-声类变化的扩散及中断》(《民族语文》1996年第1期)等。至于散见于文集、各民族院校的学报、其他专业刊物上刊登的这方面文章，其总数会远远超出《民族语文》杂志刊登的数量。本文不可能全面介绍每个语种的研究情况，但是，从这一侧面，我们大体可以了解到少数民族语言的历史研究所取得的成就。

中国少数民族语言研究中心建立了一个新中国成立以来少数民族语言研究著述目录数据库，从这个库所反映的情况来看，各少数民族语言历史研究的论文，总数约在 2500 篇左右，绝大部分是改革开放以来发表的。从近几年的发展变化来看，比例呈逐年上升趋势。可见，少数民族语言比较研究将是今后研究的一个重要领域。

由于我国少数民族语言多数无文字和文献可考，这方面的研究著作或论文主要依据语言或方言的历史演变不平衡这一客观事实，通过比较，从历史残存在各语言或方言中的蛛丝马迹中寻找线索，其中有些著作或论文，由于使用的是第二手材料，作者对所用材料的背景并不熟悉，难免有妄议者。此外，中国少数民族语言的复杂程度是其他语系所无法比拟的，借用传统的方法遇到了不少困难，人们正在寻找和探索新的适合于中国历史语言学的研究方法。在这个过程中，走点弯路，付一点学费，是在所难免的。但无论如何，不论专题研究也好，全面比较也好，总体水平正在逐步提高。

在开展历史语言学研究的过程中，有一些理论和方法问题必须加以研究并取得共识。例如就汉藏语系的历史比较研究来说，如何构拟原始汉藏语？在缺乏亲属语言资料佐证的情况下，原始汉语的构拟是否行得通？所谓远程构拟（从上到下）、基础构拟（从下到上）及专题构拟的理论基础如何？可行性又如何？它们之间的关系如何？如何在构拟原始母语时排除干扰因素（非本质因素）？有人把构拟原始母语比作求数学上的"最大公约数"，而不是"最小公倍数"，这种比喻是否恰当？原始汉藏语的语音系统是什么样子？是十分庞杂的声类系统和韵类系统，还是比较简单的？声调是汉藏语系的一个特点，但声调是后起的现象，声调产生的机制是什么？为什么汉藏语系一定要产生声调？在研究汉藏语系音系时能否跳出声、韵、调分析的圈子，采用元、辅音分析法比较两者的利弊？

在词汇比较中，如何确定亲属语言的同源词？区分早期借词和同源词的标准是什么？如何看待语言接触，在历史比较研究中能否回避语言接触问题？如何认识不同历史阶段的语言接触对语言演变的影响？现在发现，汉语不同方言中均有少数民族语言的底层，底层理论在历史比较语言学中的地位应如何估价？如何建立词族？如何分析语义网络？在历史比较研究中词族研究的意义和地位如何？如何避免同源词研究中任意的"拉郎配"现象？

在语法比较中也存在不少问题。例如原始汉藏语究竟是什么类型的语言，分析、黏着，还是屈折？如何认识原始汉藏语的语法体系？与汉语有亲缘关系的藏缅语中，一些保留原始面貌较多的语言大多有丰富的黏着形态，这些形态成分是什么时候产生和发展起来的？能否构拟它们的原始形式？它与汉语的关系如何？被西方一些语言学家排除在汉藏语系之外的壮侗（侗台）、苗瑶两个语族的语言在语法类型上何以如此接近汉语？类型语言学与历史语言学在某一方面是否可以找到交汇点？

以上这些一直困惑着历史比较语言学界的问题，虽然有了一个良好的开端，不断有人著文讨论，但距离彻底解决，还需要走漫长的路。

四　少数民族语言应用研究方兴未艾

少数民族应用语言学的研究服从并服务于国家语言规划的需要，这方面的研究是在中华人民共和国成立以后才得到重视并加以实施的。40多年来取得了显著的成就。在少数民族语言研究领域主要包括语言规划、语言教学、语言信息处理、语言翻译等方面的研究。现分述如下：

1. 少数民族语言规划研究

少数民族语言规划主要目的是：

（1）贯彻民族平等和语言平等的原则，使宪法赋予的"各民族都有使用和发展自己的语言文字的自由"这一思想既能在法律上得到保障，又能在实践中得到认真的贯彻执行，消除历史上歧视少数民族语言文字的现象。

（2）使各民族的语言文字在使用中不断发展，在发展中不断规范，从而使语言规划工作能促进各民族地区社会的发展、科技的进步和文化教育水平的提高，促进国家现代化建设的发展。

（3）根据自愿自择的原则，在保证各民族语言文字充分使用和发展的前提下，鼓励各民族互相学习语文，增进彼此的了解，加强并促进各民族的大团结。

根据上述目的要求，国家制定法律，保障各少数民族语言的平等地位和使用母语的权利，除了宪法的规定外，刑事诉讼法也规定："各民族公民都有用本民族语言文字进行诉讼的权利。人民法院、人民检察院和公安机关对于不通晓当地通用语言文字的诉讼参与人，应当为他们翻译。"

"在少数民族聚居或者多民族杂居的地区，应当用当地通用的语言进行审讯，用当地通用的文字发布判决书、布告和其他文件。"

民族区域自治法除了重申上述内容外，还规定："民族自治地方的自治机关根据国家的教育方针，依照法律规定，决定本地方的教育方针，各级各类学校的设置、学制、办学形式、教学内容、教学用语和招生办法。"

"招收少数民族为主的学校，有条件的应当采用少数民族文字的课本，采用少数民族语言讲课，小学高年级或中学设汉语文课，推广全国通用的普通话。"

"民族自治地方的自治机关教育和鼓励各民族的干部互相学习语言文字。汉族干部要学习当地少数民族的语言文字，少数民族干部在学习、使用本民族语言文字的同时，也要学习全国通用的普通话和汉文。"

"民族自治地方的国家工作人员，能够熟练使用两种以上当地通用的语言文字的，应当予以奖励。"

上述这些规定，是开展少数民族语言规划工作和研究的指导思想和依据。近几十年来，语言规划研究主要围绕以下几个问题开展研究：

（1）为无文字的民族和文字不完备的民族创制和改进民族文字。这项工作早在 20 世纪 50 年代就基本完成。到 80 年代，在第八个五年计划期间，根据我国的新创文字和改进文字均处在试行阶段，使文字的使用受到一定的局限的情况，根据政府实施民族语言规划的需要，组织了《我国新创和改进的少数民族文字试验推行工作经验总结和理论研究》课题组，对新创和改进文字逐个进行调查研究，通过访问座谈、文献收集、实地调查、现场测试、社会问卷等综合方法，调查了解各文种实际的试行效果和本民族群众对文字的评价。调查的内容包括这些文字在学校教育、社会扫盲、行政司法、广播影视、图书报刊的出版发行、宗教活动和日常生活的使用，以及文字的跨境使用、新老文字的关系等问题。每个文种都根据调查结果写出总结报告。[①]目前，大多数文种已经完成总结报告，并按规定程序向国务院提出正式推行这些文字的申请报告。

（2）对原有文字进行规范，扩大它们的使用范围，使其在文化教育中发挥更大的作用。少数民族文字有的有悠久的历史，如藏文创制于 7 世纪，其余如维吾尔文、哈萨克文、朝鲜文、蒙古文、傣文、彝文等都有较长的历

---

① 参见黄行《我国新创与改进少数民族文字试验推行工作的成就与经验》，《民族语文》1996 年第 4 期。

史，其中大部分已经有比较规范的习惯用法。过去这些文字主要用于宗教活动或上层社会，普通群众很少掌握。近几十年民族语文工作者主要做普及工作，包括学校教育和社会上成年人扫盲，也兼顾提高，同时在新闻、出版、影视、广播等领域逐步扩大各民族语言文字的学习和使用。民族语文工作者还做了大量的编译工作，如各科、各级、各类的课本，规范用的词典等。据不完全统计，仅就新中国成立以来，就出版了各类词典400多种。此外，还出版了大量文学作品，有的是译自国内外的名著，有的是整理本民族传统优秀的文学遗产，如诗歌、小说、民间故事、唱词等。

对于原有文字中不通用或不规范的，则征得本民族的同意，进行规范或改进。例如，德宏傣文的改进工作，取得了较显著的成效。德宏傣文采用的是缅文字母，而傣语和缅语是不同语族的语言，语音差别较大，缅语声母多，韵母少，傣语正好相反。民族语文工作者与傣族各界人士一起，经过三次修改，达到了比较满意的效果。① 最近，通过专家总结，已呈报国家批准为正式文字推广使用。凉山规范彝文是在原有彝文的基础上，经过反复调查研究，进行科学整理和规范，从各地收集到的数千个彝字中，精选代表凉山彝语语音系统的819个彝字，在字形、读音、书写、使用（包括标点符号的使用）和新词术语等方面建立明确、固定、统一的标准，使彝文全面、确切地代表凉山彝语。② 原有彝文经过规范，使之变得易学、易认、易读、易推广的一种音节文字，很受广大彝族干部、群众的欢迎，并于1980年经国务院批准为正式文字推广使用。目前已有十多个县使用这种文字扫除了文盲，在学校教育、新闻出版、广播影视、普及科学知识等方面取得了明显的效果。③

少数民族语言文字的规范内容是十分广泛的，就一个语言来说，就包括语音规范、语法规范、词汇规范、书写规范等等，但语音、语法、书写等方面，一般不直接反映社会的变革，比较容易做好这方面的工作。而词汇却不同，它是社会的一面镜子，一种新事物的出现，首先用什么名称来表达这个新事物，就存在一个新词术语问题。傅懋勣在总结民族语文新词术语的表达方式时提出有6种：a. 用已有的语言材料创造；b. 旧词赋于

---

① 参见周耀文《德宏傣文改进回顾与展望》，《云南民族语文》1993年第3期。
② 参见陈士林《规范彝文的实践效果和有关的几个问题》，《民族语文》1979年第4期。
③ 彝文在推行中所取得的成就是明显的，有关详情请参见马黑木甲、姚昌道《彝文在凉山的普及给人们的启示》，《民族语文》1993年第2期。

新义；c. 意译；d. 音译；e. 半意译半音译；f. 音译加本民族语言的通名。①他在文章中认为，上述这些方式"在许多少数民族语言中是常见的，有些民族全部使用，有些民族只用其中的某几种方式。就这些方式本身来说，只要是客观存在于某个语言当中，就应该是符合规范的，不能说哪种方式符合规范，而另几种方式不符合规范"。但是，事情的复杂性在于实践中如何贯彻这些原则。在使用中，经常会出现词义不确切、标音不统一、书写不一致、一词多形，等等，因此有必要使用政府行为来制订新词术语规范的原则和实施细则，通过新词术语的规范机构来不断开展术语的规范工作，出版起规范作用的新词术语词汇集等。目前，在规范化问题的研究中，各语种都总结出一些成功的经验和行之有效的方法，较好地解决了各民族语言文字自身使用和发展问题。

（3）开展国内外语言规划研究。这方面的成果以我国第一部反映国外相关情况的资料集——周庆生主编的《国外语言政策与语言规划进程》（语文出版社 2001 年版）为代表。全书共 7 章 62 小节，分为语言政策、语言立法、语言规划、语言传播四编，囊括了大洋洲、欧洲、美洲、亚洲、非洲的主要国家关于语言政策和语言规划的论文和文献，资料翔实，内容丰富，对于开阔国内学术界和有关政府部门的视野，具体了解各国的语言政策、语言规划、语言立法有很大的帮助，在我国相关领域的研究和现实工作中具有重要的参考价值。戴庆厦、成燕燕、傅爱兰、何俊芳合写的《中国少数民族语言文字应用研究》（云南民族出版社 2000 年版）一书，在分析我国少数民族语言文字的现状和历史的基础上，试图探索新时期少数民族语言文字使用的特点、变化及对策。道布的《关于创制少数民族文字问题的几点反思》（《三月三·民族语文论坛》2000 年第 1 期）认为，对新创制的少数民族语言文字，既要看到它在一定范围内的实际功能，也要看到它仍具有不可忽视的象征功能、文化功能和教育功能；既要保障少数民族有使用和发展自己的语言文字的自由，又要尊重他们学习使用全国通用的汉语文的自主选择。在少数民族文字与汉文的社会功能相互补充又在各自使用范围内不可替代的情况下，不应该消极地看待或夸大少数民族文字使用范围的局限性，而是要正确处理好使用少数民族文字和使用汉文的关系。另外该文还对 20 世纪 50 年代

---

① 参见傅懋勣《关于少数民族语言中新词术语的问题》，《中国语文》1957 年第 10 期；《关于少数民族语言中新词术语问题的几点意见》，《民族团结》1962 年第 3 期。

苏联专家谢尔久琴柯的创制文字的四点经验提出批评，认为其中很多方面不适合中国国情。周庆生的《国民政府时期国共两党的民族语言政策》（《民族语文》2000 年第 1 期）较系统地梳理了 1927 年至 1949 年间，国共两党历次代表会议的文件或决议中有关少数民族语言文字使用的规定，以及国民政府和苏维埃政权的有关法令和条例，重点分析并阐述了该时期国民党的边疆语言政策和实践以及共产党的少数民族语言文字总方针及其实践。中华人民共和国建立 50 年来，民族语文工作的巨大发展和民族语文研究所取得的丰硕成果，对促进中华民族的凝聚力、提高各民族人民的教育水平和文化科学素质，发挥了重要作用。为此《民族语文》杂志以本刊评论员的署名，发表了题为《成绩辉煌、任重道远——民族语文工作和民族语文研究五十年回顾》（1999 年第 5 期）的文章，全面系统地回顾和总结了我国民族语文工作及民族语文研究所取得的成功经验与不足，并对新世纪的民族语文研究和民族语文现代化等问题作了展望。李旭练、钟廷雄的《我国民族语文工作的基本政策及其成就》（《三月三·民族语文论坛》1999 年刊）就我国民族语文的基本状况、民族语文工作的基本政策、民族语文工作的成就三个方面，作了全面审视，指出了 50 年来的民族语文工作在少数民族文字的创制、改进和选择，机构设置与队伍建设，科学研究工作，标准化、信息化工作，民族语文在各个领域中的应用等方面所取得的可喜成就。吴景寿、佟加·庆夫的《新疆锡伯语言文字工作 50 年回顾与展望》（《语言与翻译》1999 年第 4 期）对新疆锡伯语言文字工作半个世纪来所走过的历程及其经验教训作了扼要回顾，并对以后如何加强新疆锡伯语言文字的学习和使用及其管理等提出了建设性的意见和建议。类似的文章还有吴景寿、佟加·庆夫的《新疆语言文字工作 50 年》（《语言与翻译》1999 年第 3 期）和《新疆胡都蒙文推行工作回顾与展望》（1999 年第 2 期），达·巴特尔的《50 年来我国蒙古语辞书的编纂与出版》（《民族语文》1999 年第 5 期），陈毓贵的《发挥城市的中心作用、努力推进我区语言文字工作》（《语言与翻译》1999 年第 1 期），舒景祥的《努力做好黑龙江省朝鲜语文工作》（《黑龙江民族丛刊》1999 年第 2 期）以及乌云达来、李宝山、包汉的《新时期黑龙江省蒙古语文工作的几点思考》（《黑龙江民族丛刊》1999 年第 1 期）等文，也就本地区或本部门的民族语文工作和民族语文现代化等有关问题作了不同层次的探讨。所有这些，充分地反映了近半个世纪以来，我国少数民族语言文字研究这块园地百花盛开、异彩纷呈、硕果累累的繁荣景象。关于民族语文工作，舍·那木吉拉著《中国民族语文工作的创举:蒙古语文"八协"工作二十年回顾》(辽宁民族出版社2001年版),回顾了我国八省、自治区20年来蒙古语文工作的历史,对于"八协"的职责和运作形式、"八协"的历史功绩和协作中遇到的理论、政策问题以及如何继续加强"八协"进行了全面的探讨。

与语言规划和政策相关的论文还有黄行的《我国的语言和语言群体》(《民族研究》2002年第5期),认为语言和语言群体是目前民族学界讨论的与民族和族群问题有关的一对范畴,同一语言的使用者不一定有共同的语言交际行为和语言认同态度,因此语言和语言群体可能是不一致的,在进行语言规划时有必要加以区别和明确。文章第一次提出"语言"和"语言群体"这两个概念的联系和区别,并且在这一论述的基础上,对我国少数民族语言群体发生影响的年龄、地区分布和语言使用场合等多种因素作了分析。周庆生的《中苏建国初期少数民族文字创制比较》(《民族语文》2002年第6期)从国家政治和文化教育建设的视角,比较中苏两国在建立社会主义政权后的初期为帮助少数民族创制新文字而制订的政策和规划及其实施情况,探索文字创制的客观规律。关于文字政策的文章还有陈云华和王春燕的《当代新疆两次重大文字改革刍议》(《语言与翻译》2002年第1期),指出新疆的维吾尔文和哈萨克文1949年后曾经进行过两次重大改革,其中的经验教训是值得认真吸取的。对语言政策规划进行回顾思考的文章有周炜的《西藏语言政策的变迁》(《西北民族研究》2002年第3期),文章对西藏不同时期的语言政策作了历史的回顾,对政策的变化进行了阐述。高莉琴的《西部大开发与新疆的语言问题》(《语言与翻译》2002年第1期)则是对现实问题的探讨,在经济发展和改革开放的进程中,少数民族语言必然面临急剧变化的新局面,在西部大开发开始实施的时候,提出多民族地区的语言问题是非常必要和及时的。

2. 少数民族语言的教学研究

少数民族语言教学大致有三种类型,第一是母语教学。一般少数民族聚居的单语地区在初等教育期间,以母语为主,如延边朝鲜族自治州、西藏自治区、新疆维吾尔自治区和内蒙古自治区的部分地区、凉山彝族自治州的部分地区等。第二是双语教学。主要指少数民族语言与汉语的双语教学。第三是对少数民族的汉语文教学。总体来说上述三种类型的语言教学,除了第三种针对杂、散居地区的少数民族外,基本上都涉及双语教学问题。由于居住情况、母语使用情况(包括母语态度)、少数民族文字的历史背景、师资力量、教学经费等多种复杂因素，各地、各民族语言的双语教学体制有很大的差别，一般都是根据本地区的特点和条件制定适合当地情况的双语教学方案。有的低年级进行母语教育，到中年级加学汉语文；有的从一开始两种语文同时进行，但有所侧重；也有的一开始仅学汉语文，到高年级再学习民族语文；也有的单教汉语文，仅仅用民族语文进行辅助教学。总之，开展双语文教学以提高广大民族地区中小学的教学质量，已经引起各地的教育部门和科研单位的重视，几乎所有的民族地区教育部门都把双语教学作为一个重要研究课题来抓，近30年来，列入国家社会科学基金有关双语教学研究的课题有十多个，有不少地区已经从不同的角度总结出开展双语对比教学、编写双语教材、制定双语教学体制等方面的经验，取得了可喜的成果。如余惠邦主编的《双语研究》（四川大学出版社1995年版）深入调查研究了四川藏区和彝区的双语使用、双语教学等方面情况和经验，而且从理论上探讨了我国的双语现象。云南少数民族双语教学研究课题组主编的《云南少数民族双语教学研究》（云南民族出版社1995年版）则对分布在云南境内的彝、哈尼、傣、拉祜、苗、壮、佤、景颇、傈僳、瑶、纳西、白12个民族的双语使用、双语教学进行调查，逐个写成调查报告，在深入研究的基础上，完成总论，概括了云南双语教学的历史、现状、经验和问题。周耀文的《中国少数民族语文使用研究》（中国社会科学出版社1995年版）是他毕生从事民族语言规划研究的经验总结，其中不乏有一些关于双语教学方面很有见地的论文，如《民族语文与民族教育》、《双语现象与双语教育》、《论在我国民族地区建立多种形式的双语文教育体制》、《从云南民族地区的语言实际出发建立小学双语文教学体制》、《论语言社会功能大小与教学语言使用层次高低》等。据初步统计，近十多年来，我国涉及双语教学和研究的专著、文集已经出版了20多种，发表双语教学研究的论文1000多篇，其中不乏较高学术水平者。例如：戴庆厦主编的《语言关系与语言工作》（天津古籍出版社1990年版）、中国少数民族双语教学研究会编辑的《双语教学研究专集》（《民族教育》，1989年）、《中国少数民族双语研究论集》（民族出版社1990年版）。随着改革开放的发展和西部大开发战略的实施，双语教育在我国这样一个多民族统一国家的语言生活中越来越重要，民族语言学界关注的目光也越来越多地投向这一领域，具体体现为，出版或发表了一批有很好学术价值的著作和论文。主要有戴庆厦主编的《双语学研究》论文集系《民族教育研究》2000年增刊。内容包括双语学的理论与方法、双语教学实验及个案研究、双语现状描写、双语历史演变、中国少数民族的双语及双语教学、港澳地区的双语教育和普通话推广、对外第二语言（汉语）教学、对比语言研究，等等。不同语言之间结构特点的对比研究不仅对于认识语言类型差异有重要意义，而且也是语言教学、尤其是双语教学的现实需要。盖兴之、宋金兰的《双语教学的理论与实践》（云南大学出版社2000年版），以云南诸少数民族的双语教学为例，重点探讨了双语教学的理论、模式，双语学习的理论，及双语教学中的语言翻译问题。成燕燕、关辛秋、苗东霞、玛依拉等的《哈萨克语汉语补语习得研究》（民族出版社2001年版）运用第二语言习得理论分析哈萨克族学生学习汉语补语所出现的偏误现象，对产生偏误的原因进行解释。全书共分五章，并且附有"哈萨克族学生学习汉语补语偏误语料"。由王远新编的庆祝中国少数民族双语教学研究会成立二十周年暨第八届学术研讨会论文集《双语教学与研究》（第二辑，中央民族大学出版社2002年版）共收入学术论文和研究报告27篇，内容涉及双语教学、双语理论、双语关系、双语态度及第二语言教学和对外汉语教学等多方面。专著《广西壮汉双语文教学研究》（广西民族出版社2002年版）是对广西壮族自治区双语教学的探讨。壮文是1949年后创制的新文字，是南方少数民族新创文字中唯一批准推行的正式文字。广西的壮汉双语文教学自壮文推行以来持续开展，几十年中掀起过高潮，也出现过低谷，在实践中不断总结经验和教训，对壮汉双语双文教学进行摸索探讨不仅将推动本民族的教育工作，而且对南方各少数民族的双语教学也有着重要的借鉴意义。此外还有许河龙等编《中国朝鲜语文教学研究会第七届年会论文集》（延边教育出版社2001年版）等。

在中国，最早提出双语问题的是严学宭和马学良，但是较早论证这个问题的是孙宏开的论文《试论我国的双语现象》（《民族研究》1983年第6期），之后不久，马学良、戴庆厦也发表了《我国民族地区双语研究中的几个问题》（《民族研究》1984年第4期）。近年来，双语教学论文的数量非常多，20世纪末21世纪初达到高潮，如盖兴之的《纳西族双语地区的汉语中介词研究》（《中央民族大学学报》1999年第2期），才让措的《青海省同仁地区藏族小学生藏汉双语教学实验研究报告》（《中国藏学》1999年第3期），胡振华的《吉尔吉斯斯坦共和国的东干语及汉语教学研究》（《语言与翻译》1999年第4期），张学杰、张洪林、陈远鸿的《贵州少数民族地区女童双语教学科学化的理论与实践研究》（《贵州民族研究》1999年第2期）指出了目前贵州省少数民族地区女童双语教学中存在一些不科学、不规范的现象，提出了双语教学科学化、规范化的模式及对策。薛才德的《景洪城区居民的语言使用及其文化背景》(《思想战线》1999年第1期)就云南景洪城区多民族杂居、语言以汉语与傣话为主，又混有其他民族语言的语言使用特点和现象，指出了各民族间相互通婚是形成双语混用现象的主要原因。普忠良的《我国彝族地区彝汉双语教育现状与发展前瞻》(《贵州民族研究》1999年第4期)从我国彝区彝汉双语教育问题入手，对我国彝区彝汉双语教育现状、教育模式和当前存在的问题等作了论述和分析，认为彝区彝汉双语教学只有逐步解决和完善教学的衔接、教学目标的确定、教学大纲和教材设计以及从理论与实践的结合上研究如何充分发挥语言优势和提高教学质量等问题，才能够开创出具有彝区特色的彝汉双语教育体制的新局面。刀丽芳的《傣汉双语文同步施教的实践与探索》(《云南民族语文》1999年第1期)从傣汉双语文同步施教的必要性和傣汉双语文同步施教的实践两个方面的分析研究后，认为西双版纳傣族地区的学校走傣汉双语文同步施教是提高本地区教学质量的有效途径。翁燕珩的《浅析浸没型双语教育》(《民族教育研究》1999年第3期)，江丽的《谈双语语音教学中的音位概论》(《语言与翻译》1999年第1期)，朱红的《西藏地区双语教学中的问题及对策：城镇中小学双语教学浅析》(《西藏民族学院学报》1999年第1期)，普忠良的《彝族双语教育模式》(《中国民族教育》1999年第5期)，王维阳的《浅谈毕节地区的双语文教学》(《云南民族语文》1999年第2期)，罗安源的《西部大开发中的语言教育问题》(《中央民族大学学报》2001年第3期)，罗茂忠《西部大开发与民族语文教育》(《云南民族语文》2001年第1期)。有关的文章还有：贺明辉《简谈民族语文对发展广西民族教育的作用》(《三月三·民族语文论坛》2001年第1期)，宝玉柱《清代蒙古族寺院教育及其语言教育》(《中央民族大学学报》2001年第5期)，陈宝国的《双语双文教学促进学生语文能力发展的研究》(《中央民族大学学报》2002年第5期)，文才的《论民族教育与民族文字教材的关系及作用》(《青海民族研究》2002年第1期)等。在发表众多的论文中，有的讨论双语教学的理论，有的讨论方法；有的讨论教学类型，有的讨论经验教训；有的讨论地区双语教学，有的讨论民族双语教学；等等。从这些论文中，我们不难看出，双语教学确实是我国少数民族地区提高文化教育水平的重要途径。从70年代起，成立了中国少数民族双语教学研究会，已经召开过7次全国性学术会议，与会学者从不同的角度讨论双语教学中出现的问题，交流各地开展双语教学和研究的经验，总结实行双语教学所取得的成果,推动了少数民族双语教学的健康发展。

3. 少数民族语言的翻译研究

翻译研究是语言应用研究的一个重要方面,新中国成立前,著名语言学家季羡林就发表过《谈翻译》(《观察》第 1 卷第 21 期,1947)的文章。中华人民共和国成立后,国家对翻译工作给予了足够的重视,从中央到地方,都成立了专门机构,从事民汉互译工作,出版了大量政治、科技、文化、教育、历史、文学、宗教等方面的著作。特别是改革开放以来,翻译和出版机构逐步健全和完善,翻译工作者队伍得到充实,翻译成果越来越多。

汉语和少数民族语言互译是一项十分重要的工作,特别是文字历史比较悠久的语种,有一支训练有素的翻译队伍,他们在实践中积累了丰富的经验,并把这些经验上升到理论,发表了数量相当可观的著作和论文。这些论著内容涉及翻译学基础知识、翻译史、翻译理论和方法、具体语言互译的研究和讨论等等。据不完全统计,目前已经出版研究翻译问题的专著十多种,每年有近百篇文章发表。其中有讨论翻译理论问题的,如周季文的《藏汉翻译中的管界问题》(《民族语文》1986 年第 3 期),刘克璋的《翻译的基本准则》(《语言与翻译》1993 年第 3 期),色·贺其业勒格的《蒙古语翻译的由来和发展》(《蒙古语文》1983 年第 2 期),李绍年的《翻译中词语处理的原则》(《语言与翻译》1986 年第 2 期),和即仁的《漫谈翻译》(《贵州民族研究》1987 年第 2 期),熊泰河的《翻译标准信、达、雅新思考》(《云南民族语文》1994 年第 3 期)等。有讨论翻译方法的,如李绍年的《关于翻译方法》(《语言与翻译》1987 年第 2 期),李炬的《浅议翻译技巧》(《语言与翻译》1994 年第 4 期),李英勋的《行政公文中汉译维中的定语翻译方法》(《语言与翻译》1994 年第 3 期),贺文宣的《藏文赞颂词汉译技巧管窥》(《西北民族学院学报》1991 年第 2 期),吴可勤的《从中外名著的维译本中看汉语形象语言的翻译方法问题》(《喀什师范学院学报》1993 年第 3 期)等。但是更多的是讨论各具体语言中的翻译问题。如史铸美的《谈谈汉、哈语翻译中的词语处理问题》(《民族语文》1979 年第 1 期),杨才铭的《汉蒙翻译中的动词时、态、体的对应规律》(《西北民族学院学报》1981 年第 1 期),王春德的《苗族人名的翻译》(《民族语文》1979 年第 3 期),普日科的《试论汉译藏基本科技语中存在的问题》(《西藏研究》1993 年第 1 期),李军的《兼语句汉维翻译浅谈》(《语言与翻译》1993 年第 4 期),和建国的

《纳西族文化汉译问题浅谈》(《云南民族语文》1991年第2期),太平武的《论汉译朝中的增减译法》(《延边大学学报》1993年第2期),张余蓉的《谈汉彝姓氏翻译书写形式的规范》(《民族语文》1992年第3期)等。

语言翻译理论与实践在我国少数民族语言文字研究领域中占有重要的位置,民汉互译中存在许多理论和方法问题。1999年,周季文、傅同和以藏汉互译为例,出版了他们合作的专著《藏汉互译教程》(民族出版社1999年版),这部看起来像教科书,但是实际上全面讨论了翻译的理论、方法,是他们长期开展翻译工作和语言研究工作的经验总结。近年来有关这方面的研究论文也日渐增多,呈现出不断深入和发展的良好势头。其中主要论文有丁石庆的《双语翻译之文化透视》(《语言与翻译》1999年第3期)、黄忠廉与刘丽芬的《翻译观流变简析》(《语言与翻译》1999年第4期),陈世明的《当代新疆翻译理论研究观综述》(《语言与翻译》1999年第2期),阿孜古丽·沙来的《汉维语引用修辞格比较翻译》(《语言与翻译》1999年第1期)等。另外,和即仁的《纳西东巴古籍整理中的词语翻译》(《云南民族语文》1999年第3期),张敬仪的《浅谈汉译维中的用词技巧》(《西北民族学院学报》1999年第3期)等也是探讨有关语言翻译理论与技巧的。华侃的《藏译佛典中佛教词语的译创》(《中国藏学》2000年第3期),胡云飞的《二十世纪中国译学论说举要述译》(《语言与翻译》2000年第2期),帕提古丽的《从习俗文化差异看汉语语词的哈译》(《语言与翻译》2002年第3期),王小红的《浅谈满语字在句子中的作用及其汉译方法》(《满语研究》2002年第2期)等都是从一个侧面讨论翻译工作中的理论和方法问题的。

我国少数民族语文翻译问题研究的深入,一方面促进了翻译质量的提高,建立了有自己特色的翻译理论和方法,另一方面也促进了少数民族语言和汉语的平面比较研究,有利于民汉双语教学。

五 少数民族文化语言学研究初具规模

语言既是文化的载体,又是文化的一种反映和表现形式,这种密不可分的相互关系使得语言同文化的关系成为语言研究必不可少的内容。早在新中国成立前,罗常培先生就语言与文化的关系进行过精辟的论述,但是作为一门分支学科,则是近几年的事情。张公瑾近十年对文化语言学进行了深入的研究,出版了《文化语言学发凡》(云南大学出版社1998年版),这部专著分理论篇、应用篇和背景篇三部分,对语言与文化的关系、民族文化的内涵、文化语言学与其他语言学科的关系以及文化语言学研究的方法论等问题进行了深入的探讨。之后，他又主编了《语言与民族物质文化史》（民族出版社2002年版），是文化语言学的又一部重要著作，该书的内容包括南方民族农作物、饮食、建筑、纺织、铸造、地名等物质文化的起源和传播的语言学考证，以及从语言资料出发对北方民族物质文化的考察和阐述。该书作者在多年从事少数民族语言和文化研究的基础上，分别从语言现象和一些词源考证出发，对衣、食、住等多方面的传统文化进行论述。内容包括以下十几个专题：物质文化史在语言中的积淀，中国稻作的起源和壮侗民族稻作文化，古越人的谷田文化，农作物的族际传播，竹筒饭和啖鼠文化，蒸馏酒的出现和传播，茶的古称和传播，"橄榄"、"干栏"的语源，地名与古代村寨，南方少数民族的弓弩与枪炮，纺织文化和铸造文化的起源与发展，游牧民族的物质文化，渔猎采集文化的变迁等。以前对少数民族物质文化史的研究虽已有不少成果，但从语言学的角度使用语言材料进行考证和探索，该著作尚属首次。此外，他还有一些论文，讨论语言与文化的关系，如《文化语言学与民族语言研究》（《三月三·民族语文论坛》2001年第1期）等。李锦芳所著的《侗台语言与文化》（民族出版社2002年版）以侗台语族群的语言和文化为研究对象，对侗台语言和相应的族群文化进行分析探讨，显示了语言和文化之间密切的联系和互动关系。他的另一篇论文《中国稻作起源问题的语言学新证》（《民族语文》1999年第3期）通过论证侗台、南岛语"水稻"一词的同源关系来说明侗台语与南岛语"稻"一词对应，说明两者在未分化的六千多年前，侗台、南岛语先民已在华南地区发展水稻栽培业。本文还从语言学的材料推断，提出了华南是中国的栽培稻发源地的观点，从语言学的角度，支持"中国栽培稻起源于华南"的说法。类似的著作还有韦达的《壮语文化论》（广西民族出版社2006年版），该著作共16章，除总论讨论了文化语言学的一般理论外，都是以壮语为例，揭示了壮语文中蕴涵的丰富文化现象。

斯钦朝克图最近专门研究生殖器名称与语言的关系，发表了一系列文章，如《蒙古语生殖器名称与原始宗教图腾崇拜》（《民族语文》1999年第6期）、《生殖器名称与自然崇拜》（《民族研究》2001年第2期）、《祖先崇拜与生殖器名称》（《民族语文》2001年第4期）等，他运用文化语言学的理论和方法，在系统描写和综合考察蒙古语生殖器名称的基础上，比较和分析了蒙古语生殖器名称与阿尔泰语系以及汉藏语乃至印第安语中相同或相近的一些名称及其所蕴含的原始宗教和图腾崇拜的文化内涵，较客观地揭示了民族语言和文化之间的关系。罗美珍的《傣、泰语地名结构分析及地图上的音译汉字》(《民族语文》1999年第2期)通过傣、泰语地名结构及其含义的分析研究，得出了傣、泰和壮侗、黎等族曾有过共有地理环境和原始村庄稻文化的新观点。周毛草《藏语藻饰词中的形象思维与逻辑思维》(《民族研究》2000年第2期)，阐述了藏族民族精神和思维方式对藏语藻饰词的结构方式及词义词性选择方面的制约作用。主要论文还有李锦平的《苗语俗语的文化分析》(《贵州民族研究》2000年第4期)，蔡崇尧的《数字在维吾尔语中的文化内涵和修辞色彩》(《新疆师范大学学报》2000年第1期)，张玉萍《维吾尔语颜色词语及其文化透视》(《新疆大学学报》2000年第3期)，哈斯巴根《关于蒙古语非第一音节元音弱化和脱落过程中的文化现象》(《内蒙古师范大学学报》2000年第3期)，黄平文《壮语亲属称谓词的社会文化透视》(《三月三·民族语文论坛》2000年第1期)，黄锡惠《满语地名与满语文化》(《满语研究》2000年第2期)，刘平《维吾尔文字演变中的宗教承传作用》(《语言与翻译》2000年第1期)，牛汝极的《原始突厥语的拟测与突厥语民族文化特征追寻例证》(《西北民族研究》2000年第2期)。

  在我国，民族语言文化相对于汉语言文化，是边缘文化，它同中心文化具有互补性。文化语言学要把民族语言研究提高到揭示语言的普遍规律、揭示语言普遍存在的文化性质和文化价值的高度来认识，将其看成语言学和文化研究中不可或缺的领域，使其获得广泛的关注，这是文化语言学在21世纪必须承担、并且要力求实现的任务。这方面的论文有对某一具体的语言事实、如一类词语等进行分析，揭示其中所蕴含的民族思维特征、共性，历史、经济背景等文化意义。刘剑三的《临高黎语关系词的文化内涵》(《民族语文》2001年第3期)通过对临高语和黎语中一些关于热带、海洋、山林、稻作、习俗等具有鲜明地域特征和浓厚民族特色的关系词的分析，探讨其来源，尝试从民族迁徙和交往的角度揭示蕴含其中的文化背景。这方面的论文还有：华侃的《藏族地名的文化历史背景及其与语言学有关的问题》(《西北民族研究》2001年第3期)，杨惠滨的《入关前满族语言中的物质经济文化基因》(《满语研究》2001年第1期)，韦达的《壮语地名的文化色彩——壮族语言文化系列研究之一》(《中南民族学院学报》2001年第4期)，阿布力米提·尤努斯的《维吾尔民俗语言及其研究》(《语言与翻译》2001年第2期)，周亚成、古丽巴克的《哈萨克族的"巴塔"习俗及其语言》(《语言与翻译》2001年第4期)，马伟的《撒拉族文化与委婉语》(《语言与翻译》

2001年第3期），茹娴古丽·木沙《谚语与格言中反映出的民族文化异同》（《语言与翻译》2001年第3期），以及樊敏的《布依族民歌的语言特色》（《云南民族语文》2001年第1期），刀洁的《金平白傣的谚语及其韵律特点》（《云南民族语文》2001年第1期）等。从语言中的词语看文化现象的有以下几篇：乌力吉和图亚的《〈蒙古秘史〉中的印藏文化痕迹》（《民族语文》2002年第4期），通过《蒙古秘史》中的语言材料探查其中的印藏文化痕迹，通过有关的证据分别阐述了蒙古人与印藏文化的接触、蒙古族文化中吐蕃文化、印度文化的痕迹。李锦平的《从苗语词语看苗族农耕文化》（《贵州民族研究》2002年第4期）从同农业有关的词语展现出苗族农耕文化的特点和渊源。黄中祥的《哈萨克语中含有人体器官词惯用语的文化内涵》（《语言与翻译》2002年第4期）从哈萨克语中一类具有共同语义成分的词语分析了其中所蕴含的文化意义。哈斯巴特尔的《从满语词源文化看不同民族关系》（《满语研究》2002年第2期）通过对词源的追溯，以文化为观察视点揭示了满族与其他民族不同的关系。同样讨论满族文化的还有黄锡惠的《满族文字的异质文化影响》（《满语研究》2002年第1—2期）。对于生态环境的认识和表现是族群文化的一个组成部分，这一内容可以通过不同的语言形式反映，李天元的《贵州彝语地名与生态环境》（《民族语文》2002年第1期）就以此为内容，通过对贵州黔西北地区部分彝族地名的来源考察和诠释，揭示了彝语地名所蕴含的丰富的生态历史资料信息。戴良佐的《新疆民族语地名含义》（《西北民族研究》2002年第4期）对新疆的地名进行了考证，展示了蕴含在地名中的不同民族语言的含义。

　　认知、思维、想象等心理活动都同具体的文化特质密切相关，因此体现在语言中的心理因素也无不带有文化的印记，骆惠珍的《维汉动物名词的联想与比喻》（《语言与翻译》2002年第3期），马锦卫的《试析彝语修辞中的心理现象》（《西南民族学院学报》2002年第1期），孙汝建的《塔布心理对语言修辞的影响》（《民族语文》2002年第4期）都是从语言现象出发来观察分析文化心理的特点。亲属称谓是体现文化特点的一个重要视点，因此有关的研究一直受到重视，邹中正和秦伟的《汉族和藏族亲属称谓的比较研究》（《西藏研究》2002年第3期）从这一角度对汉族和藏族的亲属称谓进行对比，从而体现出两种文化之间的异同。从某一具体现象出发对两种文化的不同现象进行对比研究的还有刘戈的《回鹘文契约中的"bil"与汉文契约中的"知"现象考》（《民族研究》2002年第5期）。有的论作从宏观角度综合分析语言和文化之间的异同，例如纳日碧力戈在《关于语言人类学》（《民族语文》2002年第5期）中提出，真实的世界是同一的、有机联系的，但不同的文化出于自己的分类而将它分成了不同的类别，各个族群的思维逻辑是相同的，不同的是文化视点，因此能够使用多种语言的人就能够同多个文化群体交流。冯运莲的《从语言的文化功能看民族文化的差异》（《湖北民族学院学报》2002年第4期）也对相关问题作了阐述。

六 语言濒危现象研究受到重视

随着全球经济一体化和地区经济发展速度的加快，随着广播、电视、网络、通信等媒体的发展和普及，随着一些封闭、半封闭状态的地区、族群的迅速开放，随着官方语言或通用语言传播力度的加强，一些弱势语言的功能将陆续减弱，最后濒临消亡，这似乎已经成为不以人们的意志为转移的客观趋势。在当代社会，语言接触已经成为语言之间最普遍、最重要的关系之一，由于接触而引起的变化几乎发生在各种语言之中，一些受到强势语言的冲击而导致弱势语言的使用功能和结构系统逐步衰退，进而发生语言的生存危机。20世纪80年代以来，濒危语言问题已经是国际语言学界的一个热门话题，也是摆在语言学家面前的一个不能回避的问题。语言学家们估计，世界上现有6000多种语言，在21世纪将有大部分语言陆续失去它的交际功能而让位于地区的官方语言。因此，1993年联合国教科文组织将该年确定为抢救濒危语言年，1995年11月18至20日，在日本东京召开关于濒危语言国际学术讨论会，联合国教科文组织的官员和与会各国的专家学者出席了会议。会上，成立了国际濒危语言情报交流中心和亚太地区语言学研究部，协调濒危语言工作。会议作出决议称："这次来自世界各地的濒危语言问题专家在此集会，对国际濒危语言情报交流中心及亚太地区语言学研究部的成立表示衷心的拥护。作为关心世界濒危语言的语言学家，全体与会者保证竭尽全力向国际濒危语言情报交流中心提供合作与协助，因为这是我们大家的一项极为重要的事业。"1996年联合国教科文组织总干事在西班牙的一次讨论语言政策的国际会议上提出，需要研究世界语言现状的问题。他还具体指出：需要"预备有关世界语言现状的初步的联合国教科文组织的报告，记录地球上人类丰富的语言的多样性，并解释影响世界不同地区语言的问题，以鼓励人们更为关注人类的语言财富，为研究语言的进化、介绍保护现存语言的最新措施作出贡献"。1997年第29届联合国教科文组织大会对《世界语言报告》这一项目予以批准。1998年5月26日，联合国教科文组织总干事给各国联合国教科文组织和语言学家们发出公开信，该信描绘了世界上的语言状况，认为在今后20年中将有一些语言陆续消失。总干事认为，语言作为人类的宝贵财富，它的消失是人类不可弥补的损失。他要求各国的有关机构和语言学家提供合作，完成《世界语言报告》并定期出版。虽然此举为非约束性的行为，但它告诉我们，弱势语言的消亡是新形势下全球的一个总趋势，是对语言多样性和文化多样性的一个严重挑战，重视濒危语言问题是一个有良知的语言学家的神圣职责，是绝对不可以袖手旁观的。

2000年10月中国民族语言学会与《民族语文》杂志社召开濒危语言专题研讨会，第一次将濒危语言问题正式列入了会议议程，孙宏开在会上做了《关于濒危语言问题》的主题发言（载《语言教学与研究》2001年第1期），论述了中国少数民族语言使用的情况，指出部分弱势语言已经处于濒危状态，有的语言正在消亡或已经消亡。他认为，弱势语言的陆续消失是全球性的问题，是时代的总趋势，是人类不可弥补的巨大损失。因此在现阶段，应重视濒危语言的调查研究，抓紧濒危语言资料的抢救和保存，并采取有效措施，延缓弱势语言向濒危状态的转化。张公瑾也在会上以《语言的生态环境》为题做了主题发言（载《民族语文》2001年第2期），论述了语言的大规模消亡给人文生态环境造成的损害、给人类文明造成的损失。他认为语言是一种文化，是各民族在适应特定环境的过程中形成的，不应用"先进"、"落后"的标准来评价。多语言共存是人类的一种幸运，只懂得自己母语的人眼界必然受到限制；而且没有众多语言的并存，几种强势语言也难以形成和发展。因此，人类不能因为自己的愚昧而丢失手中最有价值的财富，对濒危语言要努力加以保护。他提出了推行双语教育的对策，认为形成一个平等使用各种语言的文化氛围，使各种语言经常有机会被使用，是保护濒危语言的重要措施。曹志耘在会上做了关于《濒危方言问题》的发言。在此前后，语言学界开始了这一新领域的研究。

徐世璇所著《濒危语言研究》（中央民族大学出版社2002年版）是我国在这一领域的第一部理论性专著。全书共分五章，对语言所蕴含的文化价值和人类文明成果进行了阐释，对语言消亡的历史和当前状况、语言消亡的具体现象进行描述，对导致语言濒危的原因和发生的过程进行分析，对国际社会关于语言濒危问题的反响和所采取的行动进行了综合报道，并且提出了对策，认为现代化不应以放弃传统的语言文化为代价，倡导和发展双语应该成为当代语言使用的一种趋势。在现代化进程中，通用语和本族语并非是截然对立，互相矛盾的，而应该相辅相成、互补共存。本族语的留存将有利于保护文化多样性的人文生态环境，有利于实现可持续发展的经济战略。

戴庆厦、邓佑玲的《濒危语言研究中定性定位问题的初步思考》(《中央民族大学学报》2001年第2期)对濒危语言概念的内涵和外延进行讨论，认为界定濒危语言的指标体系有主有次，当前濒危语言研究的主要任务是要解决定性定位问题，提出了衡量濒危语言的核心指标和参考指标，提倡进行个案调查、理论研究、思考对策和措施。戴庆厦主编的《中国濒危语言个案研究》(民族出版社2004年版)是国家社会科学基金的"十五"重点项目，该专著对土家、仡佬、赫哲、满、仙岛等语言的使用情况进行了较为深入的调查研究，分析了这些语言的濒危状况，并进行了理论上的概括。类似的著作还有周国炎的《仡佬族母语生态研究》(民族出版社2004年版)，何学娟的《濒危的赫哲语》(黑龙江教育出版社2005年版)，李锦芳等著《西南地区濒危语言调查研究》(中央民族大学出版社2006年版)等。

有关这一问题的论文还有普忠良的《从全球的濒危语言现象看我国民族语言文化生态的保护和利用问题》(《贵州民族研究》2001年第4期)。徐世璇、廖乔婧的《濒危语言问题研究综述》(《当代语言学》2002年第2期)，对濒危语言的研究理论进行综合论述，从语言濒危现象调查和前景预测、语言濒危的类型和层级、语言衰亡原因等方面，对这一新领域的重大理论问题进行讨论，反映了国外相关研究的新动态。徐世璇还在《语言濒危原因探析》(《民族研究》2002年第4期)一文中，以语言濒危现象为例证，对引起语言濒危的原因进行分析，认为产生语言濒危乃至消失的原因有两类，其中由于主动的语言转用造成的本族语消失是产生当代语言濒危现象的主要原因。在此基础上，进一步对影响语言转用的人口比例、文化基础、经济优势等多种基本社会因素进行分析，提出这些社会因素互相交织在一起，对语言的使用发生综合的影响，最终由取得优势的因素决定语言的发展趋势。周滨的《抢救濒危语言：我们能够做什么》(《满语研究》2002年第1期)就人文学者面临当前日益普遍的濒危语言现象应持什么态度，提出了自己的看法。舍那木吉拉的《制约民族语言发展变化的三个要素》(《内蒙古社会科学》2002年第5期)认为，语言同任何事物一样，其发展、变化都受内部和外部因素的制约，在多民族国家中对少数民族语言发展变化（或变异）起制约（或影响）作用的要素主要有三个：语言意识、语言环境、语言政策，这三者互为条件、密不可分，但是所起的制约作用是不相等的。各民族使用语言文字的情况各有差异，三个要素的制约作用也不相同。谢肇华的《民族语文与民族现代化——以新疆锡伯族为例》(《中央民族大学学报》2002 年第 2 期)，指出一些人口较少的民族在语言选择和使用方面出现了逐渐转用强势语言、放弃本民族语言文字的趋势，认为锡伯族母语文使用功能衰退的原因与其本民族中普遍存在民族语文"无用论"、"过时论"的思想有关。而历史的经验证明，语言文字不存在过时与落后的问题，它是一种文化，应作为本民族的文化财富加以保留，使之成为少数民族实现现代化的有利工具。何俊芳以《赫哲族语言丢失的社会文化因素分析》(《中央民族大学学报》2002 年第 2 期) 为题，对 20 世纪 30 年代特别是 50 年代以来赫哲语的使用功能每况愈下，目前更是使用人数大大减少，使用范围快速缩小的社会文化原因进行了分析，认为导致这一结果的主要因素是：人口基数小，居住分散，生活、生产方式发生变化，混合家庭大量增多，没有本民族的文字，本民族语言观念改变。其中同其他民族组成的混合家庭大量增加，在家庭中停止使用本族语，是赫哲语在较短时间内严重丢失的最主要原因。

七 实验语音学和计算语言学研究开始起步

计算语言学和实验语音学是民族语言学界建立不久的新学科，20 世纪 80 年代中期才开始筹建，在中国社会科学院民族研究所成立实验室，购置设备，培养人才，因此这是一门非常年轻的学科，相对来说发表的著作和论文比其他分支学科要少。下面分两个分支学科介绍。

1. 实验语音学

用实验语音学的手段研究语言声学的新作有孔江平的《论语言发声》(中央民族大学出版社 2002 年版)，这部专著从语音学、言语声学和嗓音生理的角度，全面介绍了作者在语音嗓音发声类型方面的研究，分为基础部分、中国民族语言发声类型的语音学研究、发声的声学研究、声带振动的生理研究、基于发声的语音学框架讨论等共五个部分，涉及发声的语音学分析及理论、声学特征、分析方法和数字成像的动态声门研究，通过实验科学的手段，对语言发声的原理和类型及我国少数民族语言丰富的语音发声现象作了精确的分析。

论文主要有呼和的《关于蒙古语的音节问题》(《民族语文》1998 年第 3 期) 和《蒙古语元音的声学分析》(《民族语文》1999 年第 4 期)，黄行的

《苗瑶语方言亲疏关系的计量分析》(《民族语文》1999年第3期)和《语音对应规律的计量生成方法》(《民族语文》1999年第6期),王世杰、周殿生的《维哈柯文字仿真发声的关键技术原理及实现》(《语言与翻译》1999年第4期)以及石锋的《中和水语的声调分析》(《民族语文》1998年第2期)等。其中呼和的文章用声学语音学的理论和方法对蒙古语标准元音进行了系统的定量、定性分析。如对词首音节圆唇后元音的舌位高低排列、非词首音节短元音的数量和音值、词末(或闭音节末)弱短元音、词首和非词首音节长元音音色差别、音长对元音音色的影响以及复合元音的特点等问题提出了一些新见解。黄行的前一篇文章根据苗瑶语方言之间音类相关系数的聚类分析,得到了每一个方言自成一类到所有方言只分两大族群之间任何一个层次分类的新观点。后一篇则利用苗瑶语语料库的材料,通过统计任何两个主、客位方言之间对当地音类波数、客位方言音类的先验随机分布概率,和加权对当比率与随机概率差异的显著度检验,认为如果客位方言某音类和主位方言的加权对当比率显著高于其他随机分布概率,那么这种差别是因两种方言的同源关系造成的。作者据此采用了一种可以自动建立语音对应规律的算法,全面建立和手工比较了有一定等效性的苗瑶语方言声、韵、调的语音对应规律系统,同时还讨论了语言计量研究和传统研究不同的、基于概率论而不是决定论规律的语言观和方法论的意义。王世杰、周殿生的文章提出并论述了在HAWK汉维哈柯俄文处理系统支撑下,使用语音波形拼接法的原理,如何实现维吾尔文文语转换过程及其特定系统的问题。在合成音系的划分上,研究出一种新方法,即利用音节和复合字库的对应性,细分合成音素单位的层次,提高了文语转换的效率减少底层处理与整体过程的难度。这为阿尔泰语系所属文字的文语转换研究解决了一大难题。

艾杰瑞、艾思麟、李绍尼等的《论彝语、白语的音质和勺状会厌肌带的关系——喉镜案例研究》(《民族语文》2000年第6期),发现彝语和白语的发音还与假声带、勺状会厌肌带和会厌软骨的颤动与缩放功能有关。孔江平、沈米遐、陈嘉猷、曹道巴特尔的《藏语声门阻抗参数的相关分析和聚类研究》(载《人机言语通讯技术论文集》,清华大学电子工程系主编,2000年),曹道巴特尔、陈家猷、沈米遐、孔江平的《藏语100人的声门阻抗研究》(同上),郑玉玲、呼和、陈家猷的《蒙古语三音节词重音研究》(《第四届汉城国际阿尔泰语学术讨论会论文集》,2000年)等。伊·达瓦、大川茂树、白井克彦的《蒙古语主要方言的声学和音律特征分析分类》(《民族语文》

2001年第1期)和《蒙古语多方言语音识别及共享识别模型探索》(《中央民族大学学报》2001年第4期)两篇论文,通过语言的声学特征、音律信息及语言结构的统计概率考察蒙古语的主要方言,分析结果表明,所采用的各种实验语音分析方法不仅直观、符合实际,而且信赖性较好。许卓的《红葵土语音系模板初探》(《三月三·民族语文论坛》2001年第1期)以管辖音系理论作为理论框架,对壮语红葵土语的语音进行理论性探讨,主要讨论这一土语中的音系模板及元素延伸问题。这方面的论文还有:刘向晖的《维语词重音的节律栅及其参数》(《语言与翻译》2001年第3期)等。

2. 计算机语言学

计算语言学的研究集中在少数民族语言文字的信息处理方面。少数民族语言信息化建设在科技发展、社会进步的形势的推动下,现实意义越来越凸显,学术界的重视程度也越来越增强。多语言、多文种并存是我国的一个基本国情。由于社会历史原因,我国少数民族语言文字的发展水平参差不齐,这使我国民族语文现代化的前进步伐面临着严峻的挑战。但在党和国家的高度重视下,党的十一届三中全会以来,特别在近十多年来,有关我国民族语文现代化问题的规划和研究呈现出了稳妥而有序的发展态势。由李晋有主编的《中国少数民族语言文字现代化文集》(民族出版社1999年版)收录了民族语文标准化、信息处理工作探讨、计算语言学基础理论和技术设计、信息科技本地化等方面的论文40余篇,基本上反映出目前我国民族语文现代化工作过程的基本轮廓和大致发展方向。本书的出版无疑对推动我国少数民族语文工作和民族语文现代化问题的深层研究有其重要的学术意义和价值。

有关新疆少数民族语文信息化的文章有三篇,盛桂琴的《也谈互联网上的维吾尔文拉丁字符问题》和《浅谈维、哈族人名的罗马字母转写问题》分别载于《新疆大学学报》2002年第3期和《语言与翻译》2002年第1期,前一篇针对《互联网上的维吾尔文拉丁字符问题》(《民族语文》2002年第2期)一文中提到的两套网上维吾尔文拉丁字符的合理性问题,从拉丁字母读音的国际习惯、维吾尔语的语音特点、字母使用的经济原则、拉丁字母的国内使用情况、地名"单一罗马化"的要求等几个方面进行了分析,指出它们各自的长处和不足,并在此基础上对网上维吾尔文拉丁字符提出了自己的看法。另一篇是佟加·庆夫的《新疆少数民族文字软件研发应用状况与发展建议》(《语言与翻译》2002年第1期)。云南省是我国少数民族种类最多的省份，因此云南省的民族语文信息化工作对于少数民族文化教育水平的提高关系重大，陈锡周的《云南少数民族语言数据库》(《云南民族大学学报》2002年第1期) 就云南省民族语文的信息化建设进行了综合的论述。

黄行近几年在这信息处理方面发表了好几篇文章，如《苗瑶语方言亲疏关系计量分析》(《民族语文》1999年第3期)、《语音对应规律的计量生成方法——苗瑶语方言语音对应规律示例》(《民族语文》1999年第6期)、《语素的计量分析与识别方法》(《民族语文》2000年第6期) 等，通过分析苗语方言从方法论角度开展了语言和方言亲疏关系的研究。此外，还有刘援朝的《电脑的多种支持技术与我国少数民族传统文字问题》(《贵州民族研究》2002年第4期)，周殿生、吐尔根·依不拉音的《互联网上的维吾尔拉丁字符问题》(《民族语文》2002年第2期)。关于信息技术的有：华沙宝的《蒙古文网络信息技术处理的对策》(《民族语文》2002年第6期)，嘎日迪、赛音、张主的《关于我国满文信息处理现代化技术方面的进展》(《满语研究》2002年第2期)。

关于机器翻译的有：巴达玛敖德斯尔的《汉蒙机器翻译中的蒙语词语法属性描述》(《民族语文》2002年第4期)。此外，还有2002年中国民族语言学会第八届研讨会上的一些论文：华沙宝的《蒙古文的若干特征和技术处理对策》，巴达玛敖德斯尔的《面向信息处理的蒙古语词语分类体系》，森格的《信息处理有关的蒙古语人称代词的某些问题》等。计算机运用中的民族语言文字研究虽然刚刚起步，同传统的研究领域相比，无论在广度还是深度上都有待进一步推进，但是作为具有时代特色、符合现实需要的重要课题，这一良好的开端具有深远的意义。

3. 少数民族文字信息处理研究

中国少数民族语言复杂，文字形式多种多样。从字母形式看有拉丁字母 (新创文字都采用拉丁字母)、阿拉伯字母、回鹘文字母、梵文字母等，还有彝文音节文字，方块式拼音的朝鲜文。在拉丁字母中，还有过去传教士创制的正、反、横、竖的大写拉丁字母文字等。书写格式有从上至下的蒙古文、锡伯文、满文；有从左至右的藏文、傣文、朝鲜文、彝文及拉丁字母形式的新创文字；有从右至左的维吾尔文、哈萨克文、柯尔克孜文等。这些复杂情况给少数民族文字的信息处理带来了一定的难度。

少数民族语言文字领域的信息处理研究工作起步较晚，是近十年来才开始的，目前汉文、西文与某一种少数民族文字混合编辑、排版系统已经比较普及。中国社会科学院民族研究所研制的多文种少数民族文字与西文、汉文的混合排字系统已经获得成功，1994年已经通过专家鉴定，目前除朝鲜文外，所有通用的少数民族文字均可与汉文、西文统一编码、共用字库，实现输入、储存、显示、混合排印等多种功能。北大方正集团公司也开发了多种少数民族文字计算机排版系统。

少数民族语言信息处理的另一项重要内容是语料库研究。目前藏缅、苗瑶、侗台3个语族语言的词汇语音数据库已经基本建立，带标记属性和结构规则的300多种语言或方言和数十万条词项的数据已经录入计算机，它将服务于语言描写、语言比较以及词典编纂等方面的深入研究，特别对于语言关系的计量描写研究起重要作用，将完全改变过去传统落后的手工方式。另一种类型的大规模真实文本语料库也已经开始建立，目前藏语和蒙古语已经形成一定规模。根据这种语料库生成的语言词典库和知识库，将为今后进一步开展少数民族语言领域的文献摘要、文本处理、知识获取、机器学习乃至机器翻译等自然语言理解工作提供基本的工具。

此外，中国社会科学院民族研究所研制的藏语拉萨话的文—语合成系统，是在建立了拉萨话的语音声学参数数据库的基础上，采用共振峰参数合成的方式，完成了拉萨话语音系统全部733个有调音节（单字词）的合成，达到了比较自然、真实的较好效果。该研究所还开发了少数民族语言的多媒体系统，设计了语音工作站和数字录音设备相连接的，能用于语音声学分析、建立声学参数数据库、进行语音合成和开发少数民族语言学习系统的工作平台。

总之，计算机在少数民族语言研究中的应用，无论是作为它的研究辅助手段，还是作为一门民族语言学的分支学科——计算机语言学，这方面的研究工作还刚刚起步，可以预料，将在少数民族语言研究中发挥越来越重要的作用。

八　少数民族古文字古文献研究成果卓著

文字是社会的产物，一个民族在其社会发展比较迅速的时期，随着社会经济和文化的发展和内外交际的需要，创制了记录自己语言的文字。中国民族古文字的创制是各民族社会历史发展的产物，是我国少数民族优秀的传统文化的具体体现，也是中华民族优秀传统文化的重要组成部分。其中不少文字，历史悠久，如佉卢文在公元前已传入我国，粟特文有2世纪至3世纪的铭文，焉耆—龟兹文有5世纪的文献，藏文、突厥文、回鹘文、于阗文、契丹字（分大字和小字）、西夏文等均有千年以上或千年左右的历史。其余如彝文、4种傣文（傣仂文、傣绷文、傣哪文、傣端文）、察合台文、八思巴字、女真大字、女真小字、朝鲜训民正音、东巴文、哥巴文、尔苏文、白文、满文、方块壮字、水书、汪忍波傈僳文等都有长短不等的历史。

民族古文字有浩如烟海的文献。大体可以分为：

①图书类：其中有：著作、词（字）典、辞书、译著、谱牒、宗教经典（包括贝叶经）等。

②文书类：其中有：契约、信函、木牍、木简、手卷等。

③金石类：其中有：碑刻、哀册、墓志、石幢、石经、摩崖、印鉴、钱币、牌镜以及瓦片、扑骨等。

④题记类：其中有：壁画题记、树皮刻字、石壁墨书、绢帛题字等。

这些文献对于研究我国的历史、考古、语言、宗教、文学、天文、历法、医学等都具有十分重要的学术价值，整理、发掘和研究这些文化遗产，是民族语文工作者义不容辞的责任。新中国成立前，有不少学者对民族古文字进行了研究，如王静如、罗福成、罗福苌等对西夏文和契丹文的研究，季羡林等对吐火罗文（焉耆—龟兹文）的研究，罗常培、蔡美彪等对八思巴字的研究，傅懋勣、方国瑜等对纳西东巴文的研究，冯家升等对回鹘文的研究，马学良、闻宥等对彝文的研究，张怡荪、于道泉、金鹏等对古藏文的研究，罗常培、邢公畹等对古傣文的研究等等，都取得了一定的成绩，发表了不少成果，为新中国民族古文字的研究打下了一定的基础。

新中国成立以后，特别是近30年来，民族古文字的研究取得了长足的进步，无论在资料的收集、文献的整理、解读、新文种的发现等方面都取得了显著的成绩。1980年，筹备成立了"中国民族古文字研究会"，同年8月，在河北省承德市举行了首次学术讨论会，同年10月，在北京举办了"中国民族古文字展览"正式展出了16种民族古文字的珍贵文献以及以及研究成果，在社会上和学术界引起了较好的反映。之后，研究会召开了十多次学术讨论会，其中有7次全国性会议，5次专题性会议。这些会议交流了民族古文字研究领域的成果，推动了民族古文字研究的不断深入，一批有水平的研究成果陆续问世，并且编入《中国民族古文字研究》文集（已出版数集）。

中国民族古文字研究会还组织编辑出版了全面介绍中国民族古文字的专著《中国民族古文字》（1982年版）、《中国民族古文字图录》（中国社会科学出版社1990年版）。

中国民族古文字虽然已经形成一支数百人的研究队伍，但具体到每个文种，有的多些，有数十人；有的少些，仅数人；少数文种仅有兼职人员从事研究，因此研究水平和成果参差不齐。近30年来，成果最突出的应该算西夏文、古藏文、突厥文、回鹘式蒙古文、八思巴字、纳西东巴文、老彝文、契丹文、满文等，也取得了显著的成果。新发现的一些文种，如尔苏沙巴文、白文、汪忍波傈僳文、水书等，在解读和文献整理方面都取得了不小的进展。这些新文种的发现对于研究文字发展史，对于了解语言的历史演变都起到了很好的作用。

从语言学的角度对我国少数民族古文字古文献进行研究，有不断深入和发展的态势。在这一阶段出版的著作极其丰富，发表的论文不计其数。在不同的文种做出贡献的的有王尧等对古藏文及其碑文的收集、整理、研究做出的贡献，龚煌城、史金波、李范文、聂鸿音等对西夏文做出的贡献，清格尔泰、刘凤翥等对契丹文做出的贡献，耿世民、陈宗振、哈米提、雅森·吾守尔、牛汝极等对新疆的一批古文字所做的解读和研究，照那斯图等对八思巴文的研究做出的贡献，方国瑜、傅懋勣、和志武、喻燧生、李静生等对纳西东巴文做出的贡献，马学良、陈士林、丁椿寿、武自立、黄建民、沙马拉毅等对古彝文做出的贡献，道布等对回鹘式蒙古文的整理和研究做出的贡献，刀世勋、张公瑾等对古傣文研究做出的贡献，等等。

另一方面，也必须充分认识到，从总体来看，目前取得的成绩还是十分初步的，一些文种的释读和文献的整理刚刚起步，有的文种研究目前还是空白，一些文种的重要文献还散失在国外，科研队伍的水平和素质还有待提高，研究、教学、文博、考古、图书等系统的协作、交流有待加强，研究方法有待改进。

九 民族语言理论和方法研究获得重视

民族语言学科在长期研究实践的基础上逐步开始进行经验总结和理论升华，而且对一些重大理论问题坦率直陈的进行讨论的良好学术气氛，通过质疑和辩论，使理论认识更加清晰，研究方法更加完备有效。在这一方面有通论性的论文,也有总结性的文章。孙宏开的《开创新世纪民族语文工作的新局面》(《民族语文》2002年第6期),这篇以中国民族语言学会第八届研讨会大会发言为基础的文章,从加强田野调查和共时描写、做好历史比较、重视应用研究和深入古文字古文献研究几个方面,提出抓住机遇,迎接挑战,开创新世纪民族语文工作的新局面的一些思路。文章认为当前需要解决以下几个认识问题:对语言事实的描写与解释的关系,继承传统和创新的关系,引进、借鉴和发扬本土特色的关系等,他还提出端正学风的问题。

江荻的《20世纪的历史语言学》(《中国社会科学》2001年第4期)概述了20世纪世界范围内历史语言学的主要事件、相关理论和研究方法的进展情况。内容包括古文献材料对印欧语格局的影响、世界语言的系属分类、理论与方法的创新和新世纪的展望。

对声调发生的理论探索,有两篇争鸣的文章,一篇是徐通锵的《声调起源研究方法论问题再议》(《民族语文》2001年第5期)就声调起源的研究方法进行讨论,他认为,历史比较法只适用于发生学上有同源关系的语言现象,不同语言的声调是分别独立产生的,相互缺乏同源关系,因而历史比较法无助于声调起源的研究。语音易变性和音系结构格局稳固性的对立统一是支配音变的一根杆杠。结构格局的稳固性决定了古今音变机理的共同性或相似性,因此可以用显示语言中总结得出的音变机理去解释历史上已经完成的音变规律。另一篇是瞿霭堂的《声调起源研究的论证方法》(《民族语文》2002年第3期)就研究声调起源的方法提出看法,认为"响度说"音节理论不符合汉藏语言音节的响度顺序,对汉藏语言声调起源的原因没有解释的意义。文章提出"协合说"、"辅音持阻紧张度转移说"、"特征转移和功能转移同时不同步"、"初始声调产生时,对立声调的语音特征同步转移"等观点,对汉藏语言声调起源进行解释。同时指出历史问题必须历史地看待,从方法论的角度讨论了历史语言学的主要目标和根本任务。戴庆厦的《关于汉藏语语法比较研究的一些理论方法问题》(《中央民族大学学报》2001年第2期)提出,汉藏语系语法比较的重要性表现在以下三个方面:为汉藏语的历史比较提供证据,为语言类型学提供材料,为语言教学提供理论方法上的依据。目前要加强单一语言(或方言)的微观语法描写,建立供汉藏语比较研究的语料库,探讨汉藏语比较研究的理论和方法。

此外还有一些理论和方法探索的论著，如吴安其的《语言的分化和方言的格局》(《民族语文》1999年第1期)，周有光的《文字发展规律的新探索》(《民族语文》1999年第1期)，罗安源的《田野语音学》(中央民族大学出版社1999年版)等，都在理论和方法上进行了一定深度的阐述。

中国少数民族语言研究的成果非常丰富，由于篇幅的限制，本文仅仅反映了其中极少一部分，挂一漏万，在所难免，敬请读者原谅，并批评指正。

上面分九个部分简要论述了改革开放以来少数民族语言文字研究方面的情况。在这一历史阶段，少数民族语言学科发展了一些新的分支学科，如应用语言学（社会语言学）、文化语言学、实验语音学等，由于起步较晚，成果还不多。但可以预料，这些分支学科将在21世纪会有较大发展。

附录

中国语言分类简表

语系	语族	语支	语言	方言土语	备注
汉藏	汉		汉语	7个方言区96个片	方言划分有分歧
汉藏	藏缅	藏	藏语	3个方言	境外有2个方言
汉藏	藏缅	藏	仓洛语	内部有差异	境外有分布
汉藏	藏缅	藏	门巴语	2个方言	境外有分布
汉藏	藏缅	藏	白马语	2个方言3个土语	
汉藏	藏缅	羌	羌语	2个方言12个土语	
汉藏	藏缅	羌	嘉绒语	3个方言	方言划分有分歧
汉藏	藏缅	羌	普米语	2个方言	
汉藏	藏缅	羌	尔龚语	3个方言	
汉藏	藏缅	羌	史兴语	2个土语	
汉藏	藏缅	羌	尔苏语	3个方言	
汉藏	藏缅	羌	拉坞戎语	2个方言	
汉藏	藏缅	羌	贵琼语	内部有差异	
汉藏	藏缅	羌	扎巴语	内部有差异	
汉藏	藏缅	羌	木雅语	2个方言	
汉藏	藏缅	羌	却域语	内部有差异	

续表

语系	语族	语支	语言	方言土语	备注
汉藏	藏缅	羌	纳木依语	内部有差异	
汉藏	藏缅	彝	彝语	6个方言26个土语	
汉藏	藏缅	彝	傈僳语	3个方言	
汉藏	藏缅	彝	拉祜语	3个方言	境外有分布
汉藏	藏缅	彝	哈尼语	3个方言	境外有分布
汉藏	藏缅	彝	基诺语	2个方言	
藏	藏缅	彝	怒苏语	3个方言	
汉藏	藏缅	彝	白语	3个方言	
汉藏	藏缅	彝	土家语	2个方言	
汉藏	藏缅	彝	堂郎语		
汉藏	藏缅	彝	柔若语	2个土语	
汉藏	藏缅	彝	末昂语		
汉藏	藏缅	彝	纳西语	2个方言6个土语	
汉藏	藏缅	彝	卡卓语		
汉藏	藏缅	彝	桑孔语		
汉藏	藏缅	彝	毕苏语		境外有分布
汉藏	藏缅	景颇	景颇语		境外有分布
汉藏	藏缅	景颇	独龙语	2个方言	境外有分布
汉藏	藏缅	景颇	博嘎尔语	2个方言	境外有分布
汉藏	藏缅	景颇	义都语		境外有分布
汉藏	藏缅	景颇	格曼语		境外有分布
汉藏	藏缅	景颇	达让语		境外有分布
汉藏	藏缅	景颇	苏龙语		境外有分布
汉藏	藏缅	景颇	崩如语		境外有分布
汉藏	藏缅	景颇	阿侬语		境外有分布
汉藏	藏缅	缅	阿昌语	3个方言	
汉藏	藏缅	缅	载瓦语		
汉藏	藏缅	缅	勒期语		境外有分布
汉藏	藏缅	缅	波拉语		
汉藏	藏缅	缅	仙岛语		
汉藏	藏缅	缅	浪速语		境外有分布

续表

语系	语族	语支	语言	方言土语	备注
汉藏	侗台	壮傣	壮语	2个方言13个土语	境外有分布
汉藏	侗台	壮傣	布依语	3个土语	
汉藏	侗台	壮傣	傣语	4个方言9个土语	境外有分布
汉藏	侗台	壮傣	临高语		汉族使用
汉藏	侗台	侗水	侗语	2个方言6个土语	
汉藏	侗台	侗水	水语	3个土语	
汉藏	侗台	侗水	毛南语		
汉藏	侗台	侗水	莫语	2个方言	
汉藏	侗台	侗水	佯僙语		
汉藏	侗台	侗水	仫佬语		
汉藏	侗台	侗水	拉珈语		
汉藏	侗台	侗水	标话		汉族使用
汉藏	侗台	侗水	茶洞语		汉族使用
汉藏	侗台	黎	黎语	5个方言10个土语	
汉藏	侗台	黎	村语		
汉藏	侗台	仡央	仡佬语	4个方言	
汉藏	侗台	仡央	布央语		
汉藏	侗台	仡央	普标语		
汉藏	侗台	仡央	拉基语		
汉藏	侗台	仡央	木佬语		
汉藏	侗台	仡央	蔡家语	内部有差异	
汉藏	苗瑶	苗	苗语	3个方言24个土语	境外有分布
汉藏	苗瑶	苗	布努语	2个方言5个土语	
汉藏	苗瑶	苗	巴哼语	2个方言	
汉藏	苗瑶	苗	炯奈语		
汉藏	苗瑶	勉	勉语	4个方言8个土语	境外有分布
汉藏	苗瑶	畲	畲语	2个方言	
汉藏	苗瑶	畲	巴那语		
阿尔泰	突厥	西匈	维吾尔	3个方言	
阿尔泰	突厥	西匈	哈萨克		境外有分布
阿尔泰	突厥	西匈	撒拉语		

续表

语系	语族	语支	语言	方言土语	备注
阿尔泰	突厥	西匈	乌孜别克		境外有分布
阿尔泰	突厥	西匈	塔塔尔		境外有分布
阿尔泰	突厥	西匈	土尔克语		境外有分布
阿尔泰	突厥	东匈	柯尔克孜	2个方言	境外有分布
阿尔泰	突厥	东匈	图佤语		境外有分布
阿尔泰	突厥	东匈	西部裕固语		
阿尔泰	蒙古		蒙古语	3个方言	境外有分布
阿尔泰	蒙古		达斡尔语	4个土语	
阿尔泰	蒙古		东部裕固语		
阿尔泰	蒙古		土族语	2个方言	
阿尔泰	蒙古		东乡语	3个土语	
阿尔泰	蒙古		保安语		
阿尔泰	蒙古		康家语		
阿尔泰	满—通古斯	满	满语		
阿尔泰	满—通古斯	满	锡伯语		
阿尔泰	满—通古斯	通古斯	鄂伦春语		境外有分布
阿尔泰	满—通古斯	通古斯	鄂温克语	3个方言	境外有分布
阿尔泰	满—通古斯	通古斯	赫哲语	2个方言	境外有分布
南岛	印尼	台湾	泰雅语		
南岛	印尼	台湾	赛德克语		
南岛	印尼	台湾	赛夏语		
南岛	印尼	台湾	布农语		
南岛	印尼	台湾	邹语		
南岛	印尼	台湾	卡那卡那富语		
南岛	印尼	台湾	沙阿鲁阿语		
南岛	印尼	台湾	鲁凯语		
南岛	印尼	台湾	排湾语		
南岛	印尼	台湾	卑南语		
南岛	印尼	台湾	阿美语		
南岛	印尼	台湾	雅美语		
南岛	印尼	台湾	噶玛兰语		

第五章　民族语言文字研究 30 年　321

续表

语系	语族	语支	语言	方言土语	备注
南岛	印尼	台湾	巴则海语		
南岛	印尼	台湾	邵语		
南岛	印尼	占	回辉语		境外有分布
南亚	孟高棉	佤德昂	佤语		
南亚	孟高棉	佤德昂	德昂语	3 个方言 4 个土语	
南亚	孟高棉	佤德昂	布朗语	2 个方言	
南亚	孟高棉	佤德昂	布芒语		
南亚	孟高棉	佤德昂	户语		
南亚	孟高棉	克木	克木语		境外有分布
南亚	孟高棉	克木	克蔑语		
南亚	越芒	越芒	京语		境外有分布
南亚	越芒	俫	俫语		境外有分布
南亚	越芒	俫	布赓语		
南亚	越芒	莽	莽语		
南亚	越芒	莽	布兴语		
印欧	伊朗	帕米尔	塔吉克语	2 个方言	境外有分布
印欧	斯拉夫	东斯拉夫	俄罗斯语		境外有分布
系属未定语言			朝鲜语	4 个方言	境外有分布
混合语			五屯话		
混合语			唐汪话		
混合语			倒话		
混合语			扎话		
混合语			五色话(诶话)		
混合语			艾依努话		有不同意见

说明：

1. 上表中所有语言的发生学分类是依据传统的观点。
2. 资料截至 2007 年 12 月底。

第 六 章

世界民族研究 30 年

朱 伦

第一节 引言:世界民族研究

"世界民族研究"是一门综合性的应用学科,它主要以研究当代世界各种民族现象、民族问题、民族政策和民族主义理论,探索民族关系的互动规律与治理之道为基本使命。在中国民族学与人类学的学科体系内,世界民族研究是比较晚近建立的学科之一,今年刚好进入"而立"之年。经过30年来的建设与发展,这一学科现已初具规模:它拥有全国性学术组织"中国世界民族学会",出版有专业学术刊物《世界民族》杂志,形成了一支以专业研究人员为骨干、有诸多相邻学科的教学和科研人员广泛参与的学术队伍,产生了一些重要的学术成果。

世界民族研究在我国是一个具有鲜明特色的学科,它的产生既与我国"民族研究"的传统有关,在一定意义上说又是对这个传统的突破和发展。在1979年以前,民族研究的对象基本上是我国的少数民族,很少涉及外国少数民族。随着1979年世界民族研究学科的建立,这个局面发生了根本性的改变,从而大大拓展了中国的民族研究事业。现任中国社会科学院民族学与人类学研究所所长郝时远研究员曾说:从研究范围上看,世界民族研究是与国内民族研究平行的研究领域;国内民族研究涉及多个学科,世界民族研究也同样如此。① 当然,从学科内部建设和发展的角度说,与国内民族研究

---

① 郝时远研究员的这番话,是20世纪90年代中期针对一些对开展世界民族研究的怀疑和非议意见,在民族所一次全体大会上说的。自1980年中国社会科学院民族所设立世界民族研究室直到90年代中期,国内一直有人对该学科的存在持怀疑态度。例如,80年代中期,民族所世界民族研究室

的深度和广度相比，世界民族研究现在只能说处在初始阶段。但是，世界民族研究也形成了不同于国内民族研究的特点和优势，这特别表现在研究对象上。

世界民族研究学科从建立之始，就没有完全按国内"民族研究"的传统来设定自己的研究对象；它在坚持以研究外国少数民族问题和民族政策为中心任务的同时，不断拓展自己的研究领域。例如，它对民族主义基本理论和民族—国家的研究，对全球化和民族—国家间区域一体化现象的研究，对跨界民族问题的研究，对种族主义问题的研究，对国际移民问题的研究，对殖民主义与世界土著人问题的研究，对国外"民族"概念及民族类型的研究等，都是我国传统的"民族研究"不曾涉及或不甚关注的。特别是在民族政策和民族理论研究方面，世界民族研究工作者对外国民族政策类型的研究，对当代自由主义有关民族主义问题和少数民族问题的理论发展的研究，大大丰富和发展了我国"民族理论"研究的内容，以至于引发学科改革的趋向。例如，在一些民族院校，现在开设了民族政治学或政治人类学专业，而民族理论则被纳入该专业之下进行教学。这种改革是有创新意义的，是符合国际学术界学科建设规范的，有利于培养国际化的民族政治学和政治人类学专业人才，进而也有利于民族学与人类学学科在我国的发展与应用。

总而言之，世界民族研究在直接为我国民族工作提供国外经验教训服务、直接为我国外交工作提供民族知识服务、直接为国人了解世界民族进而了解自己提供比较认识服务、直接为我国的民族学与人类学事业拓展研究领域服务四个方面，都做出了一定的贡献。而且，开展世界民族研究的意义及其结果，还间接促进了我国民族理论的发展。世界民族研究在探讨国外民族问题产生的社会背景和民族政策的理论基础时，自觉或不自觉地在资本主义社会与社会主义社会之间、在外国与中国之间、在自由主义理论与马克思主

在开展"种族问题"研究时，民族所内就有人认为：研究非洲的俾格米人，对我们解决少数民族问题有什么用啊？国内的少数民族问题都研究不过来，还研究什么世界民族呀！当然，这是一种极端的态度，不足为取。当时，比较中立的看法是认为世界民族研究的内容可以分散到"民族研究"的不同学科中去，不必单独设立研究室。这与我国当时的"民族研究"框架和定义有关。特别是在国内学界把"民族"等同于"少数民族"、把"民族研究"等同于"少数民族研究"、把世界民族研究视为服务于国内民族研究的氛围下，世界民族研究在拓展自己的研究领域时难免不受到一些非议。后来，随着人们认识的提高，特别是在我国把传统的"民族研究"学科改为"民族学与人类学"学科后，对于世界民族研究作为一个独立的研究领域，人们也就不再有任何异议了。

义理论之间进行比较，这种比较对建立和发展具有中国特色的民族政治理论具有实际的促进作用。任何"中国特色"，都是与外国比较而言的；认识中国民族问题的特点，建立中国特色的民族政治理论体系，也离不开对外国民族问题和民族政治理论的了解和比较。现在，有关世界民族问题的研究和教学，日益受到我国民族院校和有关大学的民族学、人类学、社会学、政治学、历史学、人文学等专业，以及一些高校的民族问题研究基地或中心的重视，包括受到中央党校和中央国家机关党校教学的重视，道理也就在此。但是，面对国家和社会各界对世界民族和民族问题愈来愈迫切、愈来愈全面、愈来愈深入的求知需要，我们要清醒地认识到，我国的世界民族研究现仍处在初步建设的阶段，离这样的需要还差得很远。回顾世界民族研究学科在我国建立与发展的30年历程，发扬成绩，弥补缺陷，进一步推动世界民族研究事业的发展，是目前我国世界民族研究学科建设的重要任务。

第二节 学科的建立与发展

世界民族研究学科在我国的建立与发展，除了我国改革开放后国运昌盛、学术繁荣的大环境使然外，要归功于老一辈民族学家的远见卓识；归功于全国有关单位领导人的重视和支持；归功于全国许多学人的学术志趣和贡献。

一 研究机构的建立

中国传统的作为学科概念的"民族研究"，基本上限于研究中国国内的少数民族，而对外国少数民族和当代世界各种民族现象则很少涉及。当然，就一般的民族问题研究而言，我国对世界民族的研究，如对民族主义问题和现代"民族—国家"现象及国际关系问题的研究，可以追溯到中国近代史开始的时候。但是，我国对这些问题的研究一直基本上是历史学和政治学的任务，而从民族学或人类学与政治学结合上研究世界民族问题，并为此建立世界民族研究学科，则是从1979年中国世界民族研究会（后改为"中国世界民族学会"）的成立和中国社会科学院民族研究所世界民族研究室的设立（1980年）开始的。由此，中国世界民族研究会的成立，也就被我国民族学与人类学界大多数人视为"世界民族研究"学科建立的标志；当然，也有以中国社会科学院民族研究所世界民族研究室的设立为标志的意见。但根据国际学术界的惯例，前一种意见更可取，因为中国世界民族研究会是全国性的学术组织，而中国社会科学院民族研究所世界民族研究室则是部门下的研究单位，尽管中国社会科学院享有我国"最高学术殿堂"的地位，它的下属研究所或研究室通常也是相关学科的中心，总体上一般代表着国内相关研究领域的最高水平。

世界民族研究学科在我国的建立，可以说是应运而生的。1978年我国实行改革开放的国策后，百业待兴，百业俱兴。1979年5月，中国民族学家的代表们聚集云南省昆明市，举行了"全国民族研究工作规划会议"。据阮西湖教授回忆，在这次会议召开前，他与时任中国社会科学院民族研究所所长的牙含章先生进行了充分商谈，决定在这次会议上提出开展世界民族研究、成立"中国世界民族研究会"的建议，并计划在中国世界民族研究会的建议通过后，再向中国社会科学院提出在民族研究所内设立世界民族研究室的建议。第一个建议得到了与会学者的一致赞成，并于1979年9月完成了在民政部注册的工作。第二个建议于1979年下半年报请中国社会科学院审核，并于1980年7月得到正式批准。当时的中国社会科学院领导，特别是宦乡副院长，非常支持开展世界民族研究，鉴于世界民族研究对象之复杂、范围之广泛、内容之丰富、意义之重大和任务之艰巨，宦乡副院长还提出待条件成熟时在中国社会科学院内建立世界民族研究所的设想（随着宦乡先生的不幸离去，这个设想也就只是设想了，尽管这种设想的现实意义、可能性和远见卓识是无可置疑的）。[①]

如果说宦乡先生和牙含章先生作为院、所领导对世界民族研究学科的建立起到了决策作用的话，费孝通先生对世界民族研究学科的贡献则更多地体现在学术上。费孝通先生（时任民族研究所副所长）与宦乡副院长一同出席了中国世界民族研究会成立大会暨首届学术讨论会上（1980年5月），就世

[①] 在笔者着手撰写这篇学科回顾文章时，阮西湖教授一再对我说要特别指出宦乡副院长的支持和贡献。阮西湖教授认为，由于当时的阻力很大，没有宦乡副院长的支持，世界民族研究学科特别是世界民族研究室的建立是很困难的。当然，笔者在这里也要特别指出阮西湖教授对世界民族研究学科建立的贡献。阮西湖教授是该学科的主要创立者，是他首先提出建立中国世界民族研究会的建议，并负责学会成立的筹备工作；学会成立后，他即担负秘书长之责，后任第一副会长，现为名誉会长；在中国社会科学院民族研究所世界民族研究室的设立过程中，他是筹备组负责人，并在李有义先生短暂担任研究室主任期间实际负责研究室的全面工作，不久之后即担任研究室主任。他还是《民族译丛》的主要创办者之一。

界民族研究的任务、学科建设和发展方向作了长篇发言。①两位先生的发言,为世界民族研究的学科定位奠定了基础,阮西湖教授后来将其概括为"六字方针"和"二为宗旨",即世界民族研究的内容涉及国外民族和民族关系的"情况、问题、理论",宗旨是"为国内民族工作服务,为我国外交工作服务"。②在这次会议上,费孝通先生和宦乡先生同被推举为中国世界民族学会名誉会长。费孝通先生晚年辞去了许多名誉职位,但唯独保留了中国世界民族学会名誉会长一职,直至他辞世,足见他对中国世界民族学会的支持和热爱。

在中国世界民族学会的建立和发展过程中,老一辈民族学家和其他学科的专家也给予了有力的支持和关心。李有义先生连续担任前三届理事会会长;吴文藻先生、吴泽霖先生、杨堃先生、杨承志先生、林耀华先生、季羡林先生等自本学会建立起即担任顾问;国内知名学者赵宝煦教授、宋蜀华教授、熊锡元教授、李毅夫教授、汤正方教授、徐世澄教授、宁骚教授、杨圣敏教授、潘志平教授、龚学增教授、朱晓明教授等,都曾担任或现在继续担任副会长。学会的工作还得到了国家有关部委、地方和军队有关单位领导的

---

① 笔者曾根据录音整理了两位先生的发言,以会议简报形式刊出;但二位先生的文集似乎没有留下他们在这次会议上的讲话记录。费先生在民族所工作期间,对世界民族研究多有指导,他的严谨也给笔者留下了深刻印象。大概是1981年春天,费先生主持时任世界民族研究室主任李有义先生的一位研究生毕业论文答辩会,笔者当时任答辩会书记员。在笔者草拟的论文评语中,有"该论文以马克思主义民族理论分析斯里兰卡的民族问题"一语,费先生拿过去一看,马上让笔者在"该论文"后加上"试图"二字,并提高声音解释说,加上"试图"二字很有必要,也很有意义。接着,他又问道:"谁能说谁真正掌握了马克思主义民族理论?"费先生说这句话时的表情和场面,让笔者至今不忘。当时他侧对着笔者,但马上又转向在场的所有答辩委员,询问了一声"啊?"好一会儿都无人应答,他自己也停下话来,任由在场的人遐想。也许,他当时是有感而发,是在批评那种动辄拿马克思主义唬人的学风,笔者的那句不严谨的论文评语只不过是个引子而已。

② 这"六字方针"和"二为宗旨"当然是对的,但需要完善。2003年,民族所世界民族研究室被列入中国社会科学院重点学科建设工程时,我们在学科陈述中把这六字方针完善为"史志、问题、政策、理论"八字方针。国外民族政策研究一直是世界民族研究的重点,有必要加以明确和强调;而对"问题"和"理论"的解释,我们不只是指国外少数民族问题和外国解决少数民族问题的理论,也包括世界各种民族问题类型和各种有关民族问题的理论学说,前者如民族—国家间的关系问题等,后者如民族主义理论。关于"二为宗旨",我们将其发展为"四为宗旨",即增加了"为丰富和发展中国特色的马克思主义民族理论做贡献,为建设和发展我国的民族学与人类学事业做贡献"这两个宗旨。我们对世界民族研究学科的方针和宗旨的陈述,得到了民族所学术委员会和院重点学科建设工程评审委员会的认可。这里,我建议还应该加上"为中华民族了解世界民族进而认识和发展自己做贡献"这个宗旨。在中国全面走向世界、和平崛起的过程中,在最终完成两岸统一、维护中华各民族的团结和国家根本利益的过程中,促进国人了解世界民族进而认识和发展自己,应当成为世界民族研究工作者义不容辞的责任。

支持。曾任国家民族事务委员会常务副主任的赵延年先生担任了第4届和第5届理事会会长，现任名誉会长；中国人民对外友好协会会长陈昊苏先生担任了第6届和第7届理事会会长，现任名誉会长；曾任中国社会科学院常务副院长的郑必坚先生、中共中央联络部部长李树铮先生、中共中央统战部副部长张声作先生、内蒙古自治区政协主席千奋勇先生和副主席谭博文先生、云南省副省长赵廷光先生、云南陆军学院郑汕将军等，长期担任本学会的顾问或副会长。

当然，世界民族学科的建立与发展，最重要的是中国社会科学院民族学与人类学研究所的支持。该所对我国世界民族研究学科建设的贡献，一是体现在对中国世界民族学会的扶持上，二是体现在对该所世界民族研究室的建设上。

关于第一个方面，学会秘书处一直设在该所世界民族研究室内，该室负责人一直担任学会秘书长的职位；[①] 郝时远研究员自担任民族学与人类学研究所副所长、所长以来，一直兼任学会常务副会长、执行会长，2005年担任会长，长期直接领导着学会的建设和发展。在资金上，该研究所也给予学会很大支持。从学会建立起，学会内部刊物《世界民族研究通讯》（随着1995年《世界民族》创刊而停办）的印制费用，一直由该所承担。学会召开的历届会员代表大会和学术讨论会，都得到了该所的大力资助。

关于第二个方面，自1980年该所设立世界民族研究室以来，历任主要所领导都十分支持该研究室的发展和建设。该研究室科研人员最多时达到26人（包括1名秘书和1名资料管理员）；加上当时的《民族译丛》编辑部人员（世界民族研究室主任阮西湖兼任编辑部主任，编辑部人员和世界民族研究室人员经常相互协助甚至互调工作），一共有30余人。20世纪80年代后期，随着中国社会科学院人员缩减和学科调整，当时的民族研究所也有合并甚至取消世界民族研究室的声音，但主要所领导都坚持保留和巩固该研究室。90年代以后，随着苏联、东欧国家的解体，世界民族问题凸显，国内对世界民族问题的重视程度愈来愈高，世界民族学科也得到加强和新的发展。2003年，世界民族研究室被列入中国社会科学院"重点学科建设工程"之中，这标志着世界民族研究学科在中国民族学与人类学学科中的地位得到了

[①] 第一任秘书长为阮西湖研究员（任期为1980—1986）；第二任秘书长为穆立立研究员（任期为1986—1993）；第三任秘书长为赵锦元研究员（任期为1993—1997），现任秘书长为朱伦研究员（任期从1997年至今）。

进一步的巩固和提高。

在世界民族学科的建立和发展过程中，全国其他单位的支持也是不可少的。正是由于全国各单位对世界民族问题研究的重视，使本学科得到了蓬勃发展。仅就对中国世界民族学会的资金支持来说，先后有中央民族大学、国家民委民研中心、四川省民委、吉林省民委、云南省政协、云南省民委、广西民委、内蒙古政协、内蒙古社科院、内蒙古经贸外语学院、湖北大学、陕西师范大学、华中师范大学、中南民族学院、湖北民族学院、上海社科院、上海交通大学等20多家单位资助过学会召开的各种学术会议。

但是，全国有关单位对世界民族研究学科建设的贡献，主要还是体现在本单位对世界民族研究的重视上。现在，在全国各个重要的民族学研究和教学单位、中心或基地，对世界民族研究的重要性认识与日俱增。例如中央民族大学在其民族学与社会学学院内，也设有世界民族研究室；而其他十余所民族大学或民族学院，也在相关的系科设立了世界民族问题研究中心等机构，或配备有专职的世界民族研究和教学人员。中国社会科学院的一些涉外研究所，如俄罗斯东欧中亚研究所、亚非研究所、拉美研究所、欧洲研究所、世界历史研究所、世界宗教研究所等，有相当多的学者研究世界民族问题。而在有关省、市和自治区社科院内，对世界民族问题的研究也得到领导的支持，并形成了自己的优势和特色。如云南社会科学院、广西社会科学院对东南亚民族问题的研究，新疆社会科学院对中亚民族问题的研究，吉林社会科学院对东北亚民族问题的研究，上海社会科学院对阿拉伯世界民族问题的研究。值得特别提及的是，在全国普通高校中，特别是那些重点大学如北京大学、清华大学、中国人民大学、上海交通大学等，在国际政治或国际关系学院内，普遍开展了对世界民族问题的研究。在全国的党校系统，自20世纪90年代后期起，结合马克思主义理论的研究和教学，当代世界民族问题亦受到前所未有的重视。特别是自2002年起，"当代世界民族问题"被列为中共中央党校和中央国家机关党校的基本教学内容之一。在国家有关部委及其所属院校，以及在军队或军事院校中，也有一些机构和专家以研究世界民族问题为主要任务。

二 学术刊物

任何学科的存在与发展，都离不开专业学术刊物的支撑。在中国世界民族学会建立之初，就出版有《世界民族研究通讯》。该通讯开始为不定期的内部油印活页，印行 20 多期。内容多为世界民族学会工作信息、中外学术交流报道和翻译资料。当时担任世界民族研究室资料组组长的王恩庆先生（1987 年辞世）负责编印工作。1986 年，该通讯改为铅印，每年 4 期，每期 5 万字左右。内容除学会工作信息外，主要是国内学者撰写的国外民族情况和民族问题文章，以及部分翻译资料。自 1990 年，该通讯改为一年两期，每期 8 万至 10 万字左右。1995 年，随着《世界民族》杂志的公开出版，《世界民族研究通讯》停办。在《世界民族研究通讯》铅印本存在期间，穆立立研究员和葛公尚研究员先后担任主编，为该通讯的编辑出版付出了大量精力。

在世界民族学科建立之前和之后很长一段时间里，最值得一提的出版物是《民族译丛》。该译丛是在 50 年代内部刊物《民族问题译丛》的基础上，于 1978 年下半年创刊的国内公开发行的刊物。该译丛为季刊，每期 12 万字，至 1995 年 6 月一共存在 18 个年头，出了 68 期（1978 年和 1995 年分别出 2 期）。随着中国加入世界版权组织，该译丛于 1995 年下半年停刊。《民族译丛》的编辑出版，对世界民族研究在我国的发展曾经起到了十分重要的作用。国内民族学界正是通过《民族译丛》了解国外民族学进展的。时至今日，许多学者仍怀念这个刊物，该刊物发表的论文资料现仍被国内许多学者所引用。阮西湖研究员和郝时远研究员先后担任该译丛的主编。

1995 年下半年，《世界民族》杂志的创刊对我国世界民族研究学科的建设和发展来说具有里程碑意义。从此，世界民族研究学科有了自己的专业刊物。《世界民族》杂志一出版，不仅立即得到我国民族学与人类学界的热烈欢迎和重视，其他相邻学科也纷纷给予高度评价和认同，吸引了各方面的专家学者踊跃投稿。它由当初的季刊改为双月刊，由原来每期 80 页扩展为 100 页，现仍不能满足全国学者投稿的需要，不断有建议扩大版面的声音。目前，《世界民族》杂志不仅是世界民族研究专业的核心期刊，而且也成了我国民族学和人类学整个学科的重要刊物。在一些民族院校和相关专业的成果评价指标体系中，在《世界民族》发表的论文与在《民族研究》发表的论文被同等看待。《世界民族》杂志是我国世界民族研究学科发展的产物，同时也对世界民族学科的发展起着促进作用，继续办好这份专业杂志，办出特色和优势，是全国世界民族研究工作者的共同希望。①

---

① 《世界民族》主编为郝时远所长，编辑部现有编辑人员 5 人，他们是：吴家多、丁克定、黄海惠、刘真、蔡曼华（返聘）。

除了《世界民族》专业杂志外,全国十余所民族院校的学报,也是世界民族研究工作者发表成果的重要园地。特别是自20世纪90年代初以来,上述院校学报发表的有关世界民族研究的论文明显增多。在中国社会科学院主办的一些涉外研究刊物上,也多有一些有关世界民族问题的论文发表。特别值得一提的是,《中国社会科学》杂志自20世纪末也陆续发表了一些研究世界民族问题与民族主义理论的重要论文。此外,《中国民族报》、《环球时报》、《学习时报》等报纸,也经常就世界民族热点问题刊登一些深度分析文章。

三 学术活动

中国世界民族学会作为一个全国性的学术组织,在团结全国有关单位和学者共同推动世界民族研究学科发展的过程中,发挥了不可替代的作用。中国世界民族学会的学术活动,主要是召开全国性学术讨论会和专题讨论会。

全国性学术讨论会通常与学会会员代表大会一同召开。从学会成立到2005年,一共召开了8届会员代表大会,由此,全国性学术讨论会也举行了8次,从1980年到1989年每隔3年召开一次,1989年以后每隔4年召开一次(1980年5月和1983年6月在北京、1986年10月在成都、1989年10月在北京、1993年9月在桂林、1997年9月在北戴河、2001年10月在呼和浩特、2005年9月在武汉)。全国性学术讨论会是一种综合性会议,会期一般四五天,与会代表一般在100人左右,人数最多的一次会议(2001年)有160余人参加。会议形式通常按地区或专题分为几个小组会举行。前6次会议均按亚洲、非洲、欧洲和美洲大洋洲分为4个组讨论;后两次会议则按"民族主义理论"、"外国民族政策"、"全球热点问题"、"跨界民族问题"、"国际移民与海外华人"等专题进行分组。这个变化反映了自90年代中期以后我国世界民族研究在向广度和深度发展。全国性学术讨论会传统上按照大洲分组,这与当时本学科的主要关注是研究各国的民族政策有关。与会者提交的论文基本上都是国别民族问题和民族政策,自然要按洲分组讨论。但在1997年的会议上,参会论文即呈现出多样化,只是还不足以按照专题分组讨论。而到了2001年和2005年的会议上,按照专题分组讨论的条件已经成熟。这是世界民族研究发展的必然,是走向成熟的标志。今后全国性学术讨论会的分组讨论,将基本上遵循按专题分组的形式进行。

专题讨论会一般在50人左右,通常在两次全国性学术讨论会间隔之间举行。按照有关部门的学会工作管理规定,可每隔一年召开一次。但鉴于世界民族问题的广泛性,特别是自 20 世纪 90 年代以来世界各地民族问题的普遍凸显,本学会每年至少举行一次专题讨论会,最多时一年召开过四次专题会议。1990 年以前,中国世界民族学会举行的最重要的两次专题会议,分别是在 1984 年和 1986 年与联合国教科文组织共同举办的"反对种族隔离制国际学术会议"。这两次会议产生了重要的国际影响。宋蜀华委员在出席联合国反对种族歧视委员会会议时,与会委员向他表达了对中国学者参与反对种族隔离制和种族歧视的实际行动的敬意,并特别提到了这两次会议的意义;筹划和组织这两次会议的阮西湖教授后被推举为国际人类学与民族学联合会执委会代表亚洲的唯一执委;他还应外交部之邀参加接待到北京访问的联合国"反种族歧视十年行动"的官员。这两次会议在新南非也产生了很好的反映,对我国与新南非的顺利建交发挥了积极作用。1990 年以后,随着苏联、东欧民族问题的激化和世界民族主义热点问题的增多,中国世界民族学会单独或与其他单位联合召开了一系列专题讨论会,主要有:"拉美民族一体化理论研讨会"(1990,北京)、"苏联民族危机与联盟解体研讨会"(1991,北京,连续举行四次)、"南斯拉夫民族冲突研讨会"(1991,北京)、"中东民族问题研讨会"(1991,北京)"东北亚跨界民族问题与地缘政治研讨会"(1992,吉林)、"非洲部族冲突研讨会"(1994,北京)、""民族'概念及相关理论学术讨论会"(1998,北京)、"世纪之交世界民族问题回顾与展望研讨会"(1999,北京)、"东南亚华人移民研讨会"(2002,厦门)、"东南亚跨界民族与区域合作研讨会"(2003,昆明)、"中亚西亚民族关系研讨会"(2004,西安)、"全球化与民族主义研讨会"(2006,上海)、"科索沃宣布独立及其影响座谈会"(2008,北京)等。

通过举办全国性学术讨论会和专题讨论会,中国世界民族学会团结了全国广大会员,推动了全国世界民族研究工作的开展,学会也因此成为我国民族学与人类学界最有活力和凝聚力的学会之一。值得一提的是,中国世界民族学会的学术活动,还吸引了台湾地区学者的兴趣和参与。台湾"民族主义学会"(主要研究世界民族主义理论和民族问题)曾组织十多位学者参加"中国世界民族学会第六届全国学术讨论会"。

四 研究队伍和人才培养

世界民族学科在 1979 年建立时,研究人员主要来自三个方面:一是涉外研究人员；二是外语工作者；三是民族问题研究人员；其中，又以第一类研究人员居多。在中国世界民族学会成立时的60余名首批会员中，大多数是涉外单位的研究人员，如外交部、中联部、外文局、新华通讯社、人民日报国际部、光明日报国际部、中国社会科学院世界历史所、西亚非洲所、拉美所、苏联东欧所（现为俄罗斯东欧中亚所）、亚太所，以及北京大学等高校的国际政治系或外语系。但核心力量则来自当时的中国社会科学院民族研究所和中央民族大学民族研究所。随着世界民族研究学科的发展，随着民族学和人类学在我国高校教学中的普及，世界民族研究队伍现也发生了重大变化。中国世界民族学会在册的个人会员现大约为500人左右，其中多半是高校特别是民族院校民族学和人类学专业的教研人员，其次是国际问题研究人员。值得一提的是，我国有关单位的"民族理论"专业和马克思主义研究专业的人员，自90年代初也陆续加入到世界民族研究队伍之中。此外，从会员分布情况看，学会建立时的会员主要来自在京有关单位，来自地方单位的会员寥寥无几。现在，情况发生了重大变化：在京单位的会员与地方单位的会员数大约相等，后者还略多一些。除西藏和港澳台外，中国世界民族学会会员分布在全国各省市自治区，其中又以内蒙古、云南、广西等民族省区的会员居多。自1997年，中国世界民族学会采取了"单位会员"与"个人会员"相结合的组织体制。单位会员以大学和大学所属的院系、中央有关部委的研究所和地方社科院的有关研究所为基本单位。目前，单位会员有50多个。凡单位会员的教研人员，自然成为学会的成员，无须再办理个人会员登记手续。根据这个情况，中国世界民族学会的会员人数，现估计有800人左右。

  世界民族研究学科在后备人才培养方面，也做出了一定成绩。1985年，中国社会科学院研究生院招收了首批4名世界民族专业硕士研究生。自此以后，全国有关大学也相继招收世界民族研究方向的研究生。目前，全国有20多个硕士和博士授予点招收世界民族研究方向的研究生。例如：中国社会科学院研究生院民族学系，自2000年起每年都招收世界民族研究专业的硕士生，并承担了国内外数名博士和博士后的进修指导工作。中央民族大学、中南民族大学、北京大学、上海交通大学、云南大学、云南民族学院、广西民族大学，在有关系科内也连续招收世界民族研究方向的硕士生或博士生；甚至像重庆西南大学这类传统上不是民族学研究中心的院校，现也在招收世界民族研究方向的研究生。应该指出的是，世界民族专业硕士和博士授予点，现在全国还不多，只有中国社会科学院研究生院、中央民族大学社会学与民族学学院、云南大学等少数单位有授予点，而大多数情况是在诸如民族学、文化人类学、宗教学、民族理论、国际政治、世界历史等学科下设立世界民族问题研究方向。这也体现了世界民族研究的多学科与多角度的特点。值得一提的是，在全国所有民族院校和一些普通高校相关专业的本科生教学中，世界民族教学现被普遍列为必修课或选修课。

但是，从世界民族研究任务的需要来说，本学科研究队伍的现状和后备人才还是很难令人满意的。现在，世界民族专业研究实体全国只有三家，它们是：中国社会科学院民族学与人类学研究所世界民族研究室（编制 12 人）、中央民族大学社会学与民族学学院世界民族教研室（编制 8 人）、国家民族事务委员会民族问题研究中心世界民族处（编制 5 人）。而大多数以世界民族研究为主要方向的科研教学人员，都是零散分布在有关大学和研究单位的相邻学科之内。在全国十余所民族院校内，在中国社会科学院的一些涉外研究所如西亚非洲研究所、拉美研究所、俄罗斯中亚东欧研究所、亚洲太平洋研究所、美国研究所、欧洲研究所、世界历史研究所、世界宗教研究所内，各有一两名或两三名以世界民族问题为主要研究方向的教学和研究人员；在中央其他有关部位的下属研究单位如现代国际关系研究院、国际问题研究所，在一般高等院校如北京大学、清华大学、厦门大学的有关学院内，以及在一些省、市、区社科院的相关研究所内，也有一些主要从事世界民族问题研究的人员。但以世界民族研究为专业或主业的科研教学人员，全国加起来也不过在七八十人左右。当今世界有 200 多个国家和 3000 多个各种类型的"民族"，民族问题（包括国际移民问题）又是那么突出、那么频发、那么复杂、那么重要，仅有这点专业研究力量就显得十分不够了。因此，加强世界民族研究队伍建设，其中主要是培养和增加研究人员，应当引起全国有关科研教学单位的进一步重视。

第三节　学术成果简述

30 年来，世界民族研究取得了相当丰富的成果，这里，我们按民族史志研究、民族问题研究、民族政策研究和民族理论研究分别简要述之。

一　世界民族史志研究

世界民族研究是一个新兴学科，因此在学科建立之初，对世界民族情况的研究和介绍占有突出地位。在20世纪80年代上半期,本学科承担了1978年版《辞海》、中国大百科全书《民族卷》和《民族词典》3部工具书中世界民族条目的拟定和撰写工作。前两部工具书收录世界民族条目各约400—500条,《民族词典》收录2000多条。在此基础上,《世界民族大词典》于80年代末编写完毕,并于1994年出版,该大词典收录的世界民族条目达12000多条。与此同时,还编译了《世界民族译名手册》,该手册收录了40000多个世界民族词目。这4部工具书对世界民族情况的介绍,可基本满足我国各界读者查阅的需要。在这些工具书的编写过程中,中国社会科学院民族研究所世界民族研究室担负了组织工作,李毅夫研究员发挥了学术带头人的作用。

20世纪80年代,本学科还翻译和编译了世界各大洲民族史志著作多种。正式出版的译著有《拉丁美洲各族人民》(李毅夫译)、《澳大利亚和大洋洲各族人民》(李毅夫译)、《美洲土著的房屋和家庭生活》(陈观胜、李培茱译)、《美洲人类的起源》(朱伦译)等;内部印制的资料则有《欧洲民族概况》(赵锦元等编译)、《南亚民族概况》(刘兴武编译)、《非洲民族概貌》(葛公尚、曹枫编译)、《西非民族概况》(葛公尚、曹枫编译)、《中非民族概况》(葛公尚、宋丽梅编译)、《非洲民族人口与分布》(李毅夫、葛公尚编译)、《拉丁美洲各国民族概况》(朱伦编译)、《1978年美洲的印第安居民》(洪学敏编译)、《被流放的民族》(王攸琪编译)、《苏联"新的历史性人们共同体"资料》(阮西湖等编译)等。[①] 最近,中国世界民族学会组织翻译的《民族学与人类学译丛》(郝时远、朱伦主编),其中包括一本有关世界民族史志的译著——《世界各国的族群》。与此同时,本学科的研究人员还翻译出版了《外国民族学史》(汤正方译)、《民族与民族学》(李振锡译)、《国外民族学概况》(李毅夫、王恩庆编译)三部民族学基础著作。当时,我国还没有自己编写的民族学教材,这三部译作的出版对我国民族学学科建设和民族学教学发挥了重要作用,至今仍是我国民族学或人类学专业教学的参考书和必读书。

本学科在翻译介绍国外学者的世界民族史志著作和资料的同时,还编写了相关著作。其中最主要的有《世界民族常识》(李毅夫等著)、《各国民族概览》(李毅夫等著)、《异域风情》(李振锡主编)、《世界风俗概览》(赵锦

[①] 此处所列举的编译资料,皆由当时的中国社会科学院民族研究所内部印刷。

元主编）和《世界民族与文化》（赵锦元主编）。在综合性著作《世界民族概论》（李毅夫、赵锦元主编）、《欧洲民族概论》（穆立立著）和《亚洲民族概论》（陈鹏著）中，也包括了民族史志的内容。20世纪90年代初，中国世界民族学会曾计划编写世界各国民族志丛书，并出版了《加拿大民族志》（阮西湖著）和《澳大利亚民族志》（阮西湖著）等，但终因条件不成熟而没有继续做下来。最近，中国世界民族学会组织完成了十卷本《世界民族》（郝时远、朱伦主编）的编写（该书被列入"国家十一五图书出版规划"，这是世界民族研究学科的著作首次被列入国家图书出版计划，预定2009年出版），其中第六卷到第九卷的内容是五大洲国别民族志。

民族志主要是描写性的工作，这需要作者深入到描写对象中去长期观察，对描写对象有比较全面的了解。由于受这一条件的限制，我们编写的世界民族志作品大都是取自第二手资料，只能说大致介绍了世界各国的民族情况。至于我国对世界民族史的研究，除了世界通史和国别史研究中有一些简要叙述外，真正的世界民族史著作现还没有出现。世界民族史研究应包括世界民族通史、地区民族史、国别民族史和族别史四大类，开展世界民族史研究是一项非常重要的学科基础建设工作，这有待我国世界民族研究工作者继续努力。虽然我国的世界民族研究以当代世界民族问题为主攻方向，但这决不意味着世界民族关系史研究不重要。一切现实问题研究，都离不开历史研究这个基础，尤其对世界民族问题研究来说，不了解世界民族关系的历史演变，很难说清楚现实问题是什么和为什么。

二 世界民族问题研究

世界民族研究学科建立之初，本着为解决国内民族问题服务的宗旨，国别民族问题研究自然成了本学科的研究重点。从1980年到90年代中期，我国学者发表的世界民族问题研究成果，基本上都是对有关国家内部民族问题的探讨。这一点，充分反映在中国世界民族学会前五次全国学术讨论会的论文中。但随着学科的发展，世界民族研究工作者对世界民族问题研究的认识不断细化和深入，现基本形成了将世界民族问题分为四类研究的共识：一是国别民族问题研究；二是地区民族问题研究；三是国际移民问题研究；四是民族—国家问题研究。

1. 国别民族问题研究

这是世界民族问题研究的重点领域。中国世界民族学会召开的八次全国学术讨论会，共收到论文 400 余篇，其中 70% 左右是国别民族问题研究论文。第一次学术讨论会论文被选编成《世界民族问题初探》一书，由中国社会科学出版社 1981 年出版。第二次学术讨论会一部分论文被编成《世界民族研究》一书，由世界知识出版社 1984 年出版；一部分被编成《世界民族研究》第 2 集（李毅夫、阮西湖主编），由中国世界民族学会 1985 年内部印行。第三次和第四次学术讨论会论文陆续在《世界民族研究通讯》发表。第五次学术讨论会论文，部分被选入《当代世界民族问题与民族政策》（郝时远、阮西湖主编）一书中；第六次到第八次学术讨论会论文，部分被《世界民族》杂志选用，部分在其他相关刊物发表。自 1995 年《世界民族》杂志创刊以来，国别民族问题研究是该刊的主要栏目之一，发表的论文有 150 多篇。与此同时，还有一些专著或文集出版，如《苏联民族危机与联盟解体》（郝时远阮西湖主编，四川民族出版社 1993 年版）、《世界民族与民族问题》（朱在宪、孙运来主编，中国社会科学出版社 1989 年版）、《南斯拉夫联邦解体中的民族危机》（郝时远主编，四川民族出版社 1993 年版）《中亚的民族关系：历史、现状与前景》（潘志平主编，新疆人民出版社 2003 年版）、《东南亚五国民族问题研究》（韦红，民族出版社 2003 年版）、《二十世纪世界民族问题报告》（葛公尚主编，民族出版社 2005 年版）、《21 世纪世界民族问题热点预警性研究》（熊坤新主编，民族出版社 2006 年版）等。30 年来，本学科对国别民族问题的研究，涵盖了世界上六七十个主要的多民族国家，大致反映了当今外国民族问题的基本状况。

在对国别民族问题研究方面，现在的薄弱环节是比较研究和分类研究不够。从发表的论文来看，基本上是一个论者写一个国家，还没有人对外国民族问题进行比较和分类。欧洲国家的民族问题与美洲国家的民族问题有什么不同，亚洲国家与非洲国家又有什么不同？即使同属一个洲，即使有类似的历史文化背景，不同国家的民族问题又有哪些共性和区别？例如美洲国家的土著人问题，虽然都有受殖民统治的共同历史背景，但现实表现是不尽相同的。再如"少数民族问题"这个概念，也是可以进行比较和分类研究的，如少数民族的规模及其问题的性质，就存在不同。我国民族问题研究界传统上对民族问题形成了重要性、长期性和复杂性的认识，但在某些国家，民族问题就不是那么重要，那么长期和那么复杂的；而就某些民族来说，问题也不是那么重要，那么长期和那么复杂的，如类似于巴西亚马孙地区亚诺马米人那样的群体，问题重要不到哪里去，也谈不上长期和复杂。20 世纪 90 年代后期，我国学者提出民族问题还有普遍性和国际性特点，但普遍性和国际性的程度（包括广度和深度）如何，则是可以具体分析的。世界上至少有30多个国家，没有本义上的民族问题；至少还有30多个国家，民族问题不是那么突出的；还有几十个国家，主要是存在由国际移民形成的族群问题。民族问题的国际性，也只是在具体情况下才成立，而不是一切民族问题都有国际性。因此，对国别民族问题进行比较和分类研究，是亟须做的工作，是世界民族研究工作者下一步努力的方向。只有进行这样的比较和分类研究，我们对当今世界民族问题的认识才能更加深入和全面。对国别民族问题进行比较和分类研究，需要个案研究基础和研究者分析问题的能力。个案研究基础现在基本具备了，如前所说，我国学者已经对六七十个国家的民族问题有所研究，现在需要有人有意识地来对这些个案进行综合分析和比较。国别民族问题研究要创新，要深入，比较研究是一条可行的路径。

2. 地区民族问题研究

地区民族问题是相对于国别民族问题而言的，就其表现来说，可分为三种情况：一是跨界民族问题；二是历史背景和现实表现有共性的区域民族问题；三是基于地缘政治而产生的次区域民族问题。关于第一种情况，我国学者主要关注我国与周边国家之间的跨界民族问题。中国世界民族学会围绕我国与周边国家的跨界民族问题先后召开了五次专题研讨会。20世纪90年代，重点是研究中国与东南亚、东北亚的跨界民族；2000年以后，则转向中国西北地区与中亚的跨界民族。这些研讨活动，最后促成了《当代国际政治与跨界民族研究》一书（葛公尚主编，民族出版社2006年版）的出版。这是一部综合性的跨界民族研究文集，研究对象包括世界各地区的典型跨界民族，以及我国与周边国家的几个较重要的跨界民族。其他成果还有《东南亚跨界民族研究》（赵廷光、刘达成主编，云南民族出版社1998）、《跨国苗族研究》（石茂名，民族出版社2005年版）和《中国西北跨国民族文化变异研究》（马曼丽、安俭、艾买提，民族出版社2003年版）。跨界民族之间的族类认同与国家认同的关系，跨界民族的历史同一性与现实分化，跨界民族对地缘政治和国家关系的影响，是学者们研究的焦点。第二种情况的地区民族问题研究，现有成果主要是以五大洲为单位的研究，这方面的代表作有《欧洲民族概论》（穆立立，中国社会科学出版社1997年版）、《亚洲民族概论》（陈鹏，民族出版社1998年版）、《非洲民族主义研究》（李安山，中国国际广播出版社2004年版）、《印第安世界》（朱伦、马莉，广西人民出版社1994年版)、《拉丁美洲民族问题》(吴德明，中国社会科学出版社 2004 年版) 等；前文提到的《世界民族概论》和《当代世界民族问题与民族政策》，也是按照五大洲进行研究和编排的。第三种情况的研究，代表作有《帝国霸权与巴尔干"火药桶"》(郝时远，社会科学文献出版社 2000 年版)、《中南亚的民族宗教冲突》(潘志平主编，新疆人民出版社 2003 年版)、《中亚的地缘政治文化》(潘志平主编，新疆人民出版社 2003 年版) 等。

与国别民族问题研究不同，地区民族问题研究涉及国际关系和国际政治的历史与现实，这要求地区民族问题研究者须有更宽广的视野和更深邃的眼光。在这方面，郝时远研究员的《帝国霸权与巴尔干"火药桶"》一书，可视为一个范例。但从整体上看，我国对当今世界的地区性民族问题的研究是比较薄弱的。世界民族问题专业研究者往往就地区民族问题谈论地区民族问题，对地缘政治、地区经济、地区历史如何影响地区民族问题则关照不足；而国际问题研究者注重的往往是政府间关系，对民族民间因素则考虑较少。地区民族问题研究与国际问题研究如何发挥各自的特点，同时又取长补短，这是双方学者相互合作、相互借鉴的结合点。

3. 国际移民问题研究

我国对国际移民的研究，目前以海外华人研究为重点，最近五年出版有《海外华人研究论集》(郝时远主编，中国社会科学出版社 2002 年版)、《欧洲华侨华人史》(李明欢，中国华侨出版社 2002 年版)、《国际移民环境下的中国新移民》(高伟浓等著，中国华侨出版社 2003 年版)、《漂泊与根植——当代东南亚华人族群关系研究》(曾少聪，中国社会科学出版社 2004 年版)、《少数民族华侨华人研究》(赵和曼，中国华侨出版社 2004 年版)、《境外华人问题讨论集》(周南京主编，香港社会科学出版社有限公司 2005 年版) 等十多部文集和著作。这些成果广泛涉及世界各地华人的生存与发展现状，与当地主流社会的关系，以及华人的双重认同和双重国籍诉求问题。

我国对海外华人的研究，传统上属于中华民族研究的范畴，且主要是对华人移民史的研究，如陈翰笙先生主编的《华工出国史料》所遵循的思路。但随着研究的深入，现在则把他们作为所在国家的少数群体来研究，且主要从民族学角度考虑问题，分析他们与所在国家其他民族的关系。这无疑代表了我国对海外华人研究的方向，也是符合当今国际移民研究的大趋势的。目前，我国对国际移民现象的研究，力量还不是很雄厚，重视程度也有待提高。我国在海外华人研究方面有优势，但如何把海外华人研究放到国际移民的大背景下来研究,如何根据华人移民情况构建自己的国际移民研究的理论范式,还有待努力。另一方面,我们不仅要重视出境移民的研究,也要开展对入境移民的研究。在对入境移民研究方面,我们虽然也做了一些田野工作,如对近年来进入我国的韩国工作移民的调查,但从总体上说还未形成基本的研究队伍,更缺乏有影响的研究成果。

4. 民族—国家问题研究

民族—国家问题研究传统上主要包括两个方面:一是民族与国家的关系研究,也就是民族—国家形成研究;二是民族—国家间的关系研究,即所谓国际关系研究。在外国学术界,这两个方面的研究是密不可分的,在政治学教学中是一个单元。但在我国学术界,对这两方面的研究在传统上则形成了政治学和民族学之分,而且,这两个学科对民族—国家现象的研究都不够重视。我国政治学界的国际关系研究,基本上不研究国际关系的基本单位——民族—国家,而且往往把民族—国家关系浓缩为政府间的关系。这个局面直到现在也没有根本的改变。例如我国对欧盟一体化和其他地区一体化组织的研究,现在基本上是从制度建设、政府关系和经贸往来的角度入手的,而对地区一体化的原动力——民族—国家的局限性与发展问题较少研究。我国民族问题研究界,传统上是研究少数民族问题的,也很少研究民族—国家现象。更不可思议的是,有些论者把国际关系排除在民族问题研究之外,说到民族研究,就是指多民族国家内部的少数民族研究。例如,我国一些论者对"民族形成"的论述,通常是以诸如汉族、蒙古族等"民族"而不是以诸如"中华民族"、"法兰西民族"为对象的。但是,国际学术界的"民族形成"研究,恰恰是指后者。

20世纪90年代以后,我国学者开始重视"民族—国家"现象研究。北京大学宁骚教授的《民族与国家》一书(北京大学出版社1995年版),是这方面的代表作。该书系统梳理了民族—国家的基本理论,并尝试解释了单一成分的民族—国家与多元成分的民族—国家之间的同一性本质。岳蓉的《英国民族国家研究》(贵州人民出版社2004年版)一书,可能是我国学术界对民族—国家现象进行个案研究的第一部专著。齐世荣主编的《法兰西的兴衰》一书(陕西三秦出版社2005年版),用很大篇幅研究法兰西民族—国家的形成、发展和演变,也是一部具有重要意义的个案研究著作。民族—国家的个案研究十分重要,只有有了充分的个案研究积累,才有可能在比较中对现代民族、民族—国家和民族主义现象形成一些新的理论见解。《全球化背景下的民族国家研究》一书（贾英健，中国社会科学出版社2005年版），对全球化背景下民族—国家的适应性和职能变化进行了比较全面的研究，并对全球化与民族—国家的互动趋势进行了探讨。如果说宁骚教授的《民族与国家》一书遵循的是民族—国家研究的传统范式，贾英健博士的这本著作则体现了民族—国家研究的前沿趋向。

总之，我国的世界民族研究在上述四个方面都取得了一些成果，但在研究的深度和广度方面还有待继续努力。当代世界各种民族问题的产生和发展，一方面与传统的民族主义意识形态和现代民族—国家格局形成的历史背景有关，另一方面又与当前全球化和地区一体化的现实运动密切相连。这为我们认识和研究当代世界民族问题增加了难度。随着冷战时代的结束，世界问题虽然全面释放出来，但现在还不能说完全尘埃落定了。如何认识和把握当代世界各种民族问题的基本特点和发展趋势，是本学科的持久研究课题。

三 外国民族政策研究

外国民族政策研究是与国别民族问题研究紧密联系在一起的，二者共同构成了我国世界民族研究学科的核心领域。前文提到的郝时远、阮西湖主编的《当代世界民族问题与民族政策》一书，充分体现了这一点。最近，朱伦主编的《50国民族政策》（中国社会科学出版社2008年版）一书，则集中反映了我国学者对外国民族政策的研究现状。李德洙、叶小文主编的教材性质的《当代世界民族宗教》（中共中央党校出版社2003年版）一书，其中也涉及一些国家的民族政策。阮西湖撰著的《20世纪后半叶世界民族关系探析》（民族出版社2004年版）一书，主要探讨了苏联的民族联邦制、南非的种族隔离制、加拿大和澳大利亚的多元文化主义。在对外国民族政策研究方面，我国学者特别重视民族地方自治的研究，为此还在21世纪初召开了一次国际学术讨论会。王铁志、沙伯力主编的《国际视野中的民族区域自治》（民族出版社2002年版）一书，就是这次学术讨论会的成果。

为我国民族工作提供国外民族政策借鉴，是本学科的基本任务之一。在以往国别民族政策研究的基础上，近几年在向比较研究和综合研究的方向发展。我国民族理论界过去除了研究我国的民族区域自治制度、苏联的民族联邦制及马克思主义民族理论外，对其他国家的民族政策类型和当代自由主义有关民族问题的理论发展，几乎没有任何研究。正是由于世界民族研究的开展，外国的民族政策类型或模式，以及自由主义理论有关少数民族集体权利与公民个人权利之间的关系的不同观点,才为国内逐步了解。朱伦在《世界各国民族政策巡礼》一文(《中国民族报》2006年8月4日、11日、18日、25日和9月1日连载)中,将外国民族政策类型归纳为民族联邦制、民族地方自治、土著人保留地、多元文化主义、民族一体化、民族问题地方化、民族问题社团化、民族问题政党化和民族问题公民化九种主要模式,并简要指出了这些模式的特点。他在其主编的《50国民族政策》一书中,对这九种民族政策模式作了进一步的阐述,并对它们之间的共同性和区别、相互兼容和不兼容的方面进行了比较。但从总体上说,我们对当代国家各种民族政策模式的理论基础、实践效果和发展趋向的研究,还有待继续深入。

四 民族理论研究

世界民族研究十分重视对国外民族理论的研究,有些成果甚至对国内民族理论界产生了一定影响。这里,我们就"民族"本体研究、民族主义研究、民族政治理论研究三个方面略作回顾。

1. "民族"概念研究[①]

任何学科都有自己的核心概念,如"经济"对于经济学、"社会"对于社会学等。但在我国,任何学科也没有像民族学科这样对自己的核心概念"民族"一直争论不休。在我国传统的民族研究领域,或当前的民族学与人类学研究领域,对"民族"本体的研究和认识是争议最多的话题,自1930年代以来每隔10年左右就发生一次大讨论。10年左右的时间,是一个学科的一代学人成长成熟的周期,前人讨论没有解决的问题会被后来者重新提起。我国民族学界为什么对"民族"概念争论不休呢?究其原因,是我们汉语的"民族"概念没有大家基本认同的定义,而这又是对国外相关概念的引进消化不良造成的。

在国际学术界,对人们共同体的研究分属两个学科——民族学和政治学。民族学关注的"民族"是一种非现代化的异己社会,传统上被定义为"ethnos"(族类);随着ethnos被现代化所打碎,西方民族学现在的研究对象主要是处在现代国家之中的异族群体"ethnic group"(族群)。民族学强调揭示研究对象的文化特征、内部结构和生活方式如何不同于现代社会和现代文明,并试图对研究对象的文化演进和适应进行解释。而政治学研究的对

---

① 参见本书第一章、第三章相关论述。

象则是现代化的"nation"（民族）、它与 state（国家）的密切关系，以及"民族—国家"（nation-state）间的关系，即"国际关系"（international relation）；与此同时，政治学还研究"亚民族"（nationality）的存在和他们的政治权利问题。但在我国，这两个学科的研究界限在很多时候是不明确的，[①]而且，两个学科还都把自己的研究对象叫"民族"。由于这个原因，汉语"民族"一词现在成了一个无法定义的概念。对此，我国有许多学者撰文进行研究，试图使我国民族学科在核心概念上逐步走向规范化和国际化。其中，郝时远的两组论文具有代表性。第一组论文是《重读斯大林民族定义》之一、之二和之三（《世界民族》2003年第4—6期），作者在这3篇论文中还原了斯大林民族大义的所指，对国内的误读、误用进行了全面分析，指出：斯大林的民族定义是针对诸如美利坚民族、法兰西民族和中华民族这样的人们共同体而讲的，我国学界以斯大林的定义来对照诸如汉族和其他少数民族等次级人们共同体，这是误读、误用。第二组论文涉及的是西方民族学的"民族"概念，共有5篇："Ethnos 和 Ethnic group 的早期含义与应用"（《民族研究》2002年第4期）、"美国等西方国家社会裂变中的'认同群体'与 ethnic group"（《世界民族》2002年第4期）、"对西方学界有关族群（ethnic group）释义的辨析"（《广西民族学院学报》2002年第4期）、"美国等西方国家应用 ethnic group 的实证分析"〔《中南民族大学学报》（人文社会科学版）2002年第4期〕、"中文语境中的'族群'及其应用泛化的检讨"（《思想战线》2002年第5期）。这些论文的发表，使我们对国外民族学核心概念的使用情况有了比较明确的认识，对国内民族学界核心概念的规范化和国际化有促进作用。此外，朱伦发表的《西方的"族体"概念系统——从"族群"概念在中国的应用错位说起》一文（《中国社会科学》2005年第4

---

① 据传，中国社会科学院民族所一位已逝去的从事民族理论研究的前辈，有人给他戴上民族学家的称号，他坚决不接受，说自己是研究民族政治理论的，与民族学家不沾边。可是，这种专业意识目前在许多人那里则不是那么清楚的，一会儿称自己是民族学家，一会儿又称自己是民族理论家。而实际上，这样的"两栖者"对自己所说的"民族"在这两个专业里的区别都无定见。目前，我国的学科设置把民族理论研究包括在民族学学科之下，而政治学学科通常又不重视民族理论问题研究，这是一个有待研究的问题。依笔者之见，把民族理论研究纳入政治学之下更合理。民族理论研究的是民族政治问题，民族学研究的是族类文化问题。但在目前的学科设置下，有些民族理论研究者不研究民族政治问题，却去研究族类文化，这不利于民族理论研究的发展。我国的民族理论研究多年来乏新可陈，而且与国际学术界对不上话，这与民族理论研究者专业意识不强、专业成果不专业有一定关系。

期),从实证研究和学理分析的角度,对西方政治学的"民族"(nation)和"亚民族"(nationality)、民族学的"族类"(ethnos)和"族群"(ethnic group)概念的来龙去脉及其区别进行了比较系统的分析,并对在国内如何运用这些概念提出了看法。朱伦发表的"'跨界民族'辨析与现代'泛民族主义'问题"(《世界民族》1999年第2期)一文,则从政治学和民族学两个角度研究"跨界民族"现象,论证了"跨界民族"的现实分化,得出了不能把"跨界民族"视为同一民族(nation或nationality),并应以"跨界人民"(people across the boundaries)来界定的结论。近年来,在对国外"族体"概念的研究中,阮西湖、徐杰舜、纳日碧力格、潘蛟、马戎等学者的论文和观点,也都具有代表性,在国内民族学界都有一定的影响。

2. 民族主义研究

国际学术界一般认为,民族主义是起源于西欧社会的现代现象,既是一种社会意识形态,又是一种社会政治运动。民族主义作为一种社会意识形态,它的本义是对人类现代社会的最高组成单位——"民族—国家"合理性的理论回答;而民族主义作为一种社会政治运动,则是试图把民族与国家或国家与民族统一起来的实践行为。在论述"民族—国家"的合理性上,民族主义一方面把它与帝国统治、教会专制和封建割据进行比较,并以人民主权或民族主权取代王权,这赢得了现代市民社会的支持,并由此使民族主义普及到全世界;但另一方面,民族主义在论述"人民"(people)或"民族"(nation)的本质特征时强调语言文化等外在表现的同一性,这则使民族主义的实践充满了矛盾。现代民族—国家,普遍是以强势人民或民族为核心、裹挟一些弱势人民或民族建立起来的,这就否定了民族主义理论所主张的民族同一性原则;而为了坚持这个原则,民族主义要么实行同化主义,要么支持分离主义,但这在实践中又是不可行的,或者说没有绝对的合理性和普遍性。由此,民族主义陷入了两难境地。而且,民族主义本来想以民族—国家为基础建立一种和平和合理的世界秩序,但在实践中却没有做到这一点。理论和实践的矛盾,使民族主义自诞生起200多年来在国际学术界成了一个众说纷纭的话题。

在人类社会的现代化过程中,民族主义是一种真正影响全人类的社会意识形态,它使人类社会目前形成了200多个民族—国家。无论你是有神论者还是无神论者,无论你是自由主义者还是马克思主义者,都是生活在一个具体的民族—国家之中;一个人可以离开一个民族—国家,但必须同时归属另一个民族—国家。到目前为止，还没有任何一种意识形态可以真正超越或取代民族主义。因此，尽管人类社会现已进入了全球化时代，但民族主义无论是作为意识形态还是作为政治行为，并未因此而稍有减弱，相反，却以更加强烈的表现和更加精细的方式普遍影响着人们的感情和日常生活。因此，在最近二三十年间，国际学术界对民族主义问题的研究变得空前活跃，与民族主义诞生的18世纪后期相比，与民族主义在全世界传播的19世纪和20世纪相比，成果的数量和质量都有增加和提高。18世纪后期产生的一些民族主义论说，它的田野经验是西欧社会；19世纪和20世纪产生的一些民族主义论说，则立足于世界其他地区的经验；而在目前的民族主义问题研究中，人们的视野则可以关注到全世界。而且，以往的民族主义论述，往往带有革命性的激情；而目前的民族主义研究，则更多地表现为冷静的思考。但与国际学术界相比，我国学术界对民族主义问题的研究相对薄弱。

20世纪90年代以前，我国学术界连一部研究民族主义的著作都没有，我国出版的一些工具书对民族主义的解释，也大多是几句概念性的批判。这种局面随着90年代初世界性民族主义思想和运动再现新一轮浪潮而发生了改变。因为面对苏联和东欧国家的解体，我们在承认这个现实的时候也必须对这种承认给予理论上的合理回答。但是，直到90年代中期，这种研究也是很敏感的话题，有些成果只能以内部报告而不是公开发表的形式完成。例如，郝时远主持的国家"八五"项目《当代世界民族问题研究》，只公开出版了中期成果——《当代世界民族问题与民族政策》一书，而最终成果则是内部报告——《20世纪第三次民族主义浪潮及其对我国的影响》。徐迅的《民族主义》一书（中国社会科学出版社1998年版），可能是我国在90年代公开出版的唯一一部民族主义问题研究著作。但是，该著的基调也是对民族主义的批判，而在客观、全面和深入的学术论述方面尚不充分。朱伦的《走出西方民族主义古典理论的误区》一文（《世界民族》2000年第2期），可能是90年代我国民族理论研究界发表的唯一一篇研究民族主义理论问题的学术论文，该文后被《中国社会科学》（英文版，2001年第4期）转发。

进入21世纪以后，我国对民族主义问题的研究开始出现高潮。中国世界民族学会在2001年至2006年连续召开了六次学术讨论会，收到学术论文近300篇，其中民族主义研究论文占有相当大的比例（约占四分之一），而在此前召开的历次学术讨论会上，很少收到有关民族主义问题研究的论文。这几年，国内有关刊物（如《世界民族》）发表的民族主义研究论文也逐渐增多，互联网上对民族主义问题的讨论也比较热烈。主要著作有《世界民族主义论》（王联，北京大学出版社2002年版）、《非洲民族主义研究》（李安山，中国国际广播出版社2004年版）、《民族主义、国家结构与国际化：南斯拉夫民族问题研究》（余建华，民族出版社2004年版）等。值得一提的是，我国学术界近几年对国外民族主义研究著作的译介比较重视，这对促进我国学术界的民族主义研究多有帮助。现已出版的译著有法国学者吉尔·德拉诺瓦的《民族与民族主义》（郑文彬、洪晖译，生活·读书·新知三联书店2005年版）、英国学者安东尼·史密斯的《民族主义：理论、意识形态、历史》（叶江译，上海世纪出版集团2005年版）、西班牙学者胡安·诺格的《民族主义与领土》（朱伦译，中央民族大学出版社2008年版）、美国学者塞顿-沃森的《民族与国家》（吴洪英、黄群译，中央民族大学出版社2008年版）等，在此不一一列举。

近代以来，中国社会和民众对民族主义的认知，主要是在反对西方列强侵略的历次斗争中实现的。中华人民共和国国歌中的一句歌词——"中华民族到了最危险的时候，每个人被迫发出最后的吼声"，颇能说明中华民族的民族主义觉悟过程。由于近代中国压倒一切的历史使命是"救亡图存"斗争，中国的知识分子对民族主义的理解和思考也只能服从于这种斗争，许多人为此甚至不得不投笔从戎，这直接导致中国知识界对民族主义的理论研究和深入思考的不足。例如，对于18世纪和19世纪之交的西方一些著名民族主义理论家的经典著作和论述，我国连一本都没有翻译出版，更不要说撰写研究著作了。中国社会和民众对民族主义的理解，大多来源于少数知识精英对民族主义的不同实践的实用主义注释，这些注释对民族主义有的否定，有的肯定，由此，进一步造成了人们对民族主义问题的认识混乱。时至今日，我国学者对民族主义问题的研究，大多数依然关注的是民族主义的功能、价值、类型和发展变异，而基础理论研究则一直不足。一些论者对民族主义进行的误读与误解，对民族主义的功能和价值判断存在偏差，甚至把一些误用民族主义的现象和例证作为民族主义本身加以批判，在一定程度上反映了我国学术界对民族主义问题研究存在片面性，尤其是把民族主义恶名化的偏见值得注意。在这种情况下，我国学术界和政治生活一听到"民族主义"一词就敏感起来：西方舆论一批判中国搞民族主义，马上就有人出来试图洗刷这个"恶名"，但就是不说一说民族主义的本质是什么，西方国家搞不搞民族主义。而且，我国学术界还勉为其难地证明爱国主义与民族主义的区别，认为爱国主义是好的，而民族主义是坏的。实际上，民族主义和爱国主义没有本质区别，二者是同义词，是一对双胞胎。我国有些学者，是把民族主义（nationalism）等同于族类主义（ethnicism）或族类中心主义（ethnocentrism）了，后者才是不合乎时代精神的观念。

当然，民族主义作为一种意识形态有其思想上的缺陷和模糊性，而作为一种社会政治运动又有其实践上的条件和局限性，但这不是民族主义的本质内容。如何客观、全面、深入地认识民族主义问题，需要我国民族主义问题研究学界继续努力。而且，我国有些学者还常常从教条主义出发，以马克思主义经典作家在彼时彼地对极端民族主义行为的批判为依据，试图论证马克思主义对民族主义的排斥与否定，试图论证民族主义只是资产阶级或自由主义理论的东西。但这无助于解释和认识民族主义问题。从理论上说，自由主义和马克思主义对民族主义的认识区别，主要表现在对民族主义的物化形式民族—国家的统治权和内部管理制度上，而不是对民族—国家现象是肯定还是否定上。无论是自由主义还是马克思主义，对民族主义所主张的民族—国家都不是一概排斥或一味赞成的，而对民族—国家的未来都认为必然走向消亡。实际上，民族主义主要是一种人们共同体之间基于共同利益和共同命运的政治划分观念，而不是一种人们共同体内部的社会治理理论。如果一定要在自由主义和马克思主义之间建立对民族主义问题认识的原则对立，那是徒劳的。国内有学者认为马克思主义反对民族主义而讲国际主义，而国外有学者则批判社会主义国家奉行民族主义，好像自由主义国家不讲民族主义而讲国际主义似的。实际上，这两种认识都是不合实际的。

3. 民族政治理论研究

广义的民族政治研究，包括国际政治研究和多民族国家内部的族际政治研究，而在我国目前的学科体系下，民族政治主要是指后者，由此，国内民族问题研究界也有以"族际政治"来界定后者的建议，但习惯上还是使用"民族政治"者居多。

民族政治是民族关系的上层建筑，而民族政治理论则是在一定的价值观影响下，指导设计这种上层建筑的理念。因此，民族政治理论通常是由一些如何对待民族问题和如何处理民族关系的基本立场和主要观点组成的，这些立场和观点又受一定时代的社会思潮所左右。例如，在以往的同质化的民族—国家观念影响下，民族同化主义是主导理论，而现在，多元文化主义则受到普遍赞同。再例如，在种族主义观念影响下，一些国家曾经公开奉行种族歧视和种族隔离政策,而这两种政策现在普遍受到谴责。

当代世界的主要国家,大多数是多民族国家,因此,如何处理民族问题是这些国家共同探索的课题。在 20 世纪里,世界上逐步形成了前文所说的 9 种主要的民族政治模式,或者说民族政策,即民族联邦制、民族地方自治、土著人保留地、多元文化主义、民族一体化、民族问题地方化、民族问题社团化、民族问题政党化和民族问题公民化。比较这些模式的异同,从中总结普遍的价值理念,反过来为促进民族关系的和谐提供思想指导,是民族政治理论研究的最高目标。在这方面,我国的世界民族研究工作者在最近几年进行了一些深入思考。朱伦发表的《民族共治论:对当代多民族国家族际政治事实的认识》(《中国社会科学》2001 年第 4 期)一文,从民族政治的民主和共和理念出发,认为"民族共治"是多民族国家处理民族关系的必由之路。为证明这个观点,他还连续发表了《论民族共治的理论基础与基本原理》(《民族研究》2002 年第 2 期)、"自治与共治:民族政治理论新思考"(《民族研究》2003 年第 2 期)、"民族政治理论与实践的当代发展"(《中国社会科学院院报》2006 年 9 月 15 日)等论文,引起国内学术界的关注和讨论,国外学术界也有介绍。杜文忠发表的《自治与共治:对西方古典民族政治理论的宪政反思》(《民族研究》2002 年第 6 期)一文,则从宪政学和现代共和制度的角度论证了各民族共同治理国家的合理性与合法性。王健娥的《族际政治民主化:多民族国家构建和谐社会的重要课题》(《民族研究》2006 年第 4 期)一文,则从民主政治原理出发论证了民族政治的民主化问题。上述几篇论文,从国际比较的视野论述民族政治理论的发展与创新,明确提出多民族国家民族政治的民主、共和与共治之观点,这也是目前国际学术界所关注的理论前沿问题。上述几篇论文之所以在民族政治理论研究方面有创新思考,与我国的民族政治实践的先进性有密切关系。我国民族政策的基本理念是促进各民族共同团结奋斗、共同繁荣发展,提倡各民族之间的平等、团结、互助与和谐,由此在民族政治理论上提出民主、共和、共治的观点是顺理成章的。西方传统的自由主义政治理论以公民个人政治权利为基础,忽视多民族国家民族政治问题和少数民族的集体政治权利保障,这种局面直到 20 世纪末才有所改变。西方当代一些自由主义政治理论家,现在也感觉到了自由主义政治理论的这个缺陷,试图修正和发展自由主义。如加拿大学者金利卡,就主张自由主义政治理论应该能够包括对少数民族政治集体权利的保障,把民主和自由等价值引入到多民族国家的民族政治关系中。在这个问题上,我国的民族政治实践是走在世界前列的，我国的少数民族享有充分的集体政治权利。

改革开放30年来，我国的民族工作取得了巨大成绩，但我国的民族理论工作者对这些成绩的理论总结还是相当不够的；我国的民族政策是先进的，但我国的民族理论工作者很少有人把这些政策上升为可以与国际学术界对话的基本理论，更少有人对我国的民族政策与国外的民族政策从价值观的角度进行比较研究。这个任务，有待熟悉国内外民族政治理论的新一代学者来完成。在这方面，关凯的《族群政治》（民族出版社2007年版）一书，虽然还不够深入细致，但其国际视野和与国际对话的用心，包括其专业性，是值得鼓励的。

第四节　主要问题和改进方向

经过30年的努力，世界民族研究学科现在我国已初具规模，并取得了一定成绩，但在学科建设方面仍有许多工作要做，特别是在队伍建设、机构设置和基础研究方面要进一步加强。只有如此，世界民族研究才能不断推出新成果。

1. 队伍建设

本学科现有研究队伍的规模，远不能适应我国对世界民族问题研究的需要。如前文所说，我国的世界民族专业研究者，至多有六七十人，这与我国民族学其他学科的研究队伍不成比例，更与我国的大国地位对世界民族问题研究的需要很不相称。世界民族研究范围很广，需要对世界民族问题的各个研究点基本照顾到。如果能形成300人左右的研究队伍，是比较理想的：100多人专门研究国别民族问题和民族政策；50人左右研究各种基础理论问题；50人左右研究地区热点民族问题；50人左右跟踪国外研究动态。

2. 机构设置

目前，我国仅在中国社会科学院民族学与人类学研究所和中央民族大学社会学与民族学学院设有世界民族专业研究和教学机构，这个情况很不利于本学科的发展。笔者认为，全国其他十余所民族大学和民族学院，都应当设立世界民族专业研究和教学机构，以培养具有世界眼光的民族工作人才。在一些重点大学的相关学院内，在省级党校和一些政治院校，在一些省市的社科院内，也应设立世界民族问题研究教学单位。而在中国社会科学院内，建立世界民族研究所也应作为一个目标重新提出来。这个目标在20世纪80年代初中国社会科学院的发展规划中就设想到了，现在到了落实的时候了。无论是从我国人文社会科学的学科布局的角度说，还是从国家需要的角度说，都有必要建立这个研究所。现在，建立世界民族研究所的条件已基本具备。当今世界民族问题的重要性，我国参与世界事务时对世界民族问题的了解需求，我国民族工作对国外经验和教训借鉴的需要，30年来世界民族研究学科的学术积累，《世界民族》专业杂志的存在，都为我们建立世界民族研究所提供了有利条件。

3. 基础研究

世界民族研究的范围非常广泛，本学科现在主要是研究多民族国家内部的民族关系问题和民族政策。但这种研究，离不开对世界民族问题的历史发展的深刻理解，离不开对民族问题的基础理论的系统研究。这两点，如不加以弥补，势必成为妨碍本学科发展的两个软肋。目前，亟需开展的工作包括世界民族史研究、世界民族教材的编写和民族主义基本理论的研究。

世界民族是一个广阔的知识领域，人文社会科学的各个学科几乎都涉及对这一领域的研究，并有各类成果发表。这里，笔者只能就民族学专业的情况作一简单回顾，难免挂一漏万；此外，限于讯息不够，我国港、澳、台学界对世界民族研究的情况，这里也未提及，对此，敬请学界同仁原谅。